Eveline Goodman-Thau

Vom Archiv zur Arche

Geschichte als Zeugnis

Für Harald Seubert
In Verbundenheit
der Weggenossenschaft ...

Röcken im Mai 2019

Eveline Goodman-Thau

Verlag Edition AV

Eveline Goodman-Thau

Vom Archiv zur Arche

Geschichte als Zeugnis

CIP-Titelaufnahme der Deutschen Nationalbibliothek:
Eveline Goodman-Thau; Vom Archiv zur Arche. Geschichte als Zeugnis

Auflage 1. Tsd., Bodenburg, Verlag Edition AV

ISBN 978-3-86841-222-2

1. Auflage 2018
© 2018 by Verlag Edition AV, Bodenburg

Der Verlag unterstützt die Arbeit der Kurt-Wolff-Stiftung

Mitglied von *book:fair*

Das Umschlagbild zeigt: Cattle Car Memorial to the Deportees at Yad Vashem,
Mount of Remembrance, Jerusalem by Moshe Safdie

Umschlag: Jürgen Mümken
Satz: Andreas W. Hohmann
Druck: Leibi / Neu-Ulm

Printed in Germany

ISBN 978-3-86841-222-2

Die Sprache hat es unmissverständlich bedeu-
tet, dass das Gedächtnis nicht ein Instrument
für die Erkundung des Vergangenen ist, viel-
mehr das Medium. Es ist nämlich Sprache in
jedem Fall nicht allein Mitteilung des Mitteil-
baren, sondern zugleich Symbol des Nicht-
Mitteilbaren.

Walter Benjamin

Du bist der, der schreibt und der geschrieben
wird.

Edmond Jabès

Ich wollte, ich wäre eine Beethovensche Sym-
phonie oder sonst irgend etwas, was fertig
geschrieben ist. Das Geschrieben-werden tut
weh.

Franz Rosenzweig

Inhalt

Vorwort

Vom Archiv zur Arche

„Das Zeugnis verbürgt nicht die faktische
Wahrheit der im Archiv aufbewahrten Aussa-
gen, sondern deren Unarchivierbarkeit, deren
Äußerlichkeit dem Archiv gegenüber: Also als
die Notwendigkeit, mit der sie sich – als Exi-
stenz einer Sprache – der Erinnerung wie dem
Vergessen entzieht.“

Giorgio Agamben

„Es wird keine Trauer geben.“

Jean-Francois Lyotard

„Wenn auch nach Auschwitz keine Erzählung mehr möglich ist,
besteht doch die Pflicht zu sprechen, ohne Unterlass für jene zu
sprechen, die sprechen konnten, weil sie das wahre Wort bis zum
Äußersten bewahren wollten, ohne es zu verraten. Sprechen, um
ein Zeugnis abzulegen, aber wie? Wie kann ein Zeugnis dem idyl-
lischen Gesetz der Erzählung entgehen? Wie kann man vom „Un-
vorstellbaren" sprechen – das sehr schnell, sogar für die, die es
erlebt hatten, unvorstellbar wurde –, ohne beim Imaginären Zu-
flucht zu suchen?"[1]

Die Geschichte aus der Perspektive von Auschwitz zu schreiben, ist
in der Tat eine Unmöglichkeit: es soll ja nicht nur darum gehen wie
es eigentlich gewesen ist, sondern wie es wirklich geschehen ist. Die
Wirklichkeit von Auschwitz ist unvorstellbar, eine Geschichte, die
auch als Erzählung unimaginär, mit keinen Worten zu beschreiben
ist. Der Gang ins Archiv ist hier überflüssig: alle historischen Berichte
und Augenzeugenbeschreibungen können uns keine wirklichen Aus-
künfte über Auschwitz liefern.

In meiner Monographie „Arche der Unschuld" habe ich versucht
diese Problematik zum Ausdruck zu bringen.

„Zum ersten Mal eine Realität ohne Urbild. Der Anfang und das
Ende in einem. Keiner, der spricht, eine Schöpfung ohne Sprache.
Die Präsenz des Menschen ist da. Nicht in den minutiös ausge-
führten Dokumenten. Nicht in den mit Blut bespritzten Zellen,
nicht in den Gesichtern der Häftlinge, photografiert, registriert,
tätowiert, nummeriert, aufgeschrieben, alles dokumentiert bis auf

das letzte Detail. All dieses ist ja das Ende des Details, das Ende der Erkenntnis aus dem Detail, aus der Tatsache, dem Faktum, dem Dokument. All dies sagt nichts aus, da hier Anfang und Ende in einem sind. Nicht Leben und Tod – Anfang und Ende. Leben und Tod wäre wieder die Erinnerung an das Urbild, an einen Anhaltspunkt."[2]

Die entscheidende Differenz und damit die Verbindung zwischen einer unbestimmten, mehr oder weniger immer gegenwärtigen kollektiven Erinnerung und einem historischen Bewusstsein ist möglicherweise folgende: Bei einem historischen Bewusstsein handelt es sich um Antworten auf eindeutig gestellte Fragen. Insofern es solche Antworten anbietet, kann es nicht einfach historische Ereignisse als Fakten aufzählen, sondern es besteht die Notwendigkeit diese Ereignisse zu einer sinnstiftenden Erzählung zusammenzufügen, zu einer Erzählung, die sich in jeder Generation immer wieder aufs Neue interpretieren lässt. Die Interpretation dieser Erzählung wiederum konstituiert das kollektive Gedächtnis. Im Wandel der Wahrnehmung von Geschichte haben diese zwei Bereiche, das historische Bewusstsein und das kollektive Gedächtnis, ihren Ort. Geschichte wahrnehmen heißt, den Ort bestimmen, an dem die Unendlichkeit, die neutrale Zeit, durch die Existenz des Einzelnen gebrochen wird. Es ist der Ort, an dem Geschichte und Biographie sich kreuzen, der Einzelne seinem Leben Sinn gibt. Das kollektive Gedächtnis ist in dieser Hinsicht das Kollektiv aller Biographien – in den Worten der Rabbinen: „Alle haben am Berge Sinai gestanden." So konnte auch der damalige Präsident des Staates Israel, Ezer Weizmann, bei seinem Besuch in Deutschland im Bundestag (sinngemäß) sagen: „Ich bin es, der aus Ägypten herausgeführt wurde, ich bin ins Babylonische Exil gegangen, ich bin im Mittelalter verfolgt worden, in Auschwitz umgebracht worden und in Israel wieder auferstanden als Volk."

Die Tradition des Chassidismus zeigt dies in aller Deutlichkeit. Die Chassidim fangen nämlich eine Geschichte an mit einem: „Maise schehojo – eine Geschichte, die passiert ist". Jeder weiß, dass sie nicht wirklich so geschehen ist, darum muss betont werden, das hier im Mund des Erzählers die Wirklichkeit sichtbar ist, die dem normalen Auge verborgen ist: Es ist das Geheimnis der Wahrnehmung, die sich jetzt offenbart durch die Worte des Erzählers. Diese Sprache muss aber erst übersetzt werden durch den Hörer. Ein guter Erzähler öffnet die Augen seiner Zuhörer für eine Wirklichkeit, die bis zur Erzählung noch nicht in die Welt gekommen ist. Wir haben es hier zutun mit einer Erkenntnis, bei der ein Bewusstseinswandel stattfindet, der alle Masken durchbricht und etwas zur Sprache bringt, was sonst nicht erkannt worden wäre. Diese Einsicht wird nicht immer artikuliert, sie wird wahrgenommen durch das innere Auge von Erzähler und Zuhörer, wobei alle Verschiedenes aufnehmen und zur Begegnung bringen. Nicht der Inhalt ist hier wichtig, sondern die Sprachbegegnung. Eine Erzählung ist also Begegnungssprache, wo Sprache und Handlung eins sind: die Erzählungshandlung findet ihre Begegnungssprache.

Jede Erzählung ist also wirklich, so wie sie erzählt ist. In diesem Augenblick aufgehoben, verbindet sie Zeit und Ewigkeit, ist sie Deutung schlechthin. Die gesamte Geschichte des Volkes Israel wird im Geschehen einer jeden Zeit neu erlebt und gewinnt damit symbolische Bedeutung für die Zukunft. Die Geschichte des jüdischen Volkes ist nämlich keine Aufzeichnung der Vergangenheit, sie ist vielmehr eine Begegnung mit Gott in der Gegenwart. Jedes Geschehen, sei es eine Errettung oder eine Katastrophe, bietet Anlass, in verständlicher und unzweideutiger Sprache zu erkunden und auszudrücken, was im Glauben gelernt wurde, um die Zukunft aufzubauen. Somit wird ein Kontinuum in der Geschichte gebildet.

Wenn im normalen Ablauf der Geschichte ein Bruch erfolgt, ein Bruch, den man als das „Zerstörte Haus"[3] bezeichnen könnte, wenn also die gesamte Existenz eines Menschen auf Erden in Frage gestellt wird - wie in der Nacht der Tempelzerstörung -, dann verinnerlichen die Juden dieses Erleben und formen die Symbole, die die Bausteine für die Zukunft bilden sollen. In diesem Sinn erinnern wir uns an die berühmten Worte des Rabbi Elasar und des Rabbi Hanina: „Lest nicht ‚Eure Söhne' (banim), lest vielmehr ‚Eure Bauleute' (bonim)."[4] So sind die Erzählungen letztendlich die Bausteine der jüdischen Geschichte und die Erzähler die Bauleute, die die Steine von einer Generation zur anderen weitertragen: das Heute als Brücke zwischen Gestern und Morgen bauen.

Gefährten auf dem Weg zu haben, bedeutet gemeinsame Erinnerung zu leben, jenseits der historischen Wahrheit – sogar wenn wir alle Daten rekonstruieren, können wir das Leben nicht restaurieren wie Bilder. Die Menschen brechen den Rahmen, den wir ihnen geben.

Es gibt somit also keine Erinnerung – auch nicht die intimste oder persönlichste –, die sich von ihrem sozialen Kontext, von der Sprache und dem System von Symbolen, die von der Gesellschaft über Jahrhunderte hinweg geprägt worden sind, trennen lässt. Wir haben es hier zutun mit einem Beispiel eines Selbst, eines Individuums oder Subjekts, die als Mittler der Welt agiert. Die Welt ist aus dieser Sicht nicht die Schöpfung Gottes oder die Naturwelt, sondern der Plan, den die Menschen in der Welt sehen, den sie sozusagen in die Welt als Sinn „hineinlesen". Wir sprechen hier in der Sprache von Religion und Moderne, von göttlicher Vorsehung für die Welt und menschlichen Vorstellungen der Welt, die aus dem Bewusstsein der Freiheit geboren sind. Es erinnert an die bekannte Rede Karl Jaspers von 1946 über die Schuldfrage:

> „Politische Freiheit beginnt damit, dass in der Mehrheit des Volkes der Einzelne sich für die Politik seines Gemeinwesens mit haftbar fühlt – dass er nicht nur begehrt und schult – dass er vielmehr von sich verlangt, Realität zu sehen und nicht zu handeln aus dem in der Politik falsch angebrachten Glauben an ein irdisches Paradies, das nur aus bösem Willen und Dummheit der Anderen nicht verwirklicht werde – dass er vielmehr weiß Politik sucht in der konkreten Welt den je gangbaren Weg, geführt von dem Ideal des Menschseins als Freiheit."[5]

Im Kontext der andauernden Debatte zum kollektiven Gedächtnis geht es also am Anfang um einen neuen Begriff der αρχή, nicht um einen „Neuanfang", der eine Wiederholungsgeste in sich trägt, sondern um einen *Bereschit* – hebr. im Anfang –[6], welches ein bisher ungedachtes Ereignis darstellt, ein qualitativer Sprung aus der Zeit in die Zeit hinein, einen Ort suchend, wo Zusammenhänge noch nicht fixiert sind, wo noch nicht alles gesehen, gehört und gesagt ist, wo alles Wissen in einem Überspringen verstummt: wo die Zeit sozusagen umspringt.

> „Und plötzlich in diesem mühsamen Nirgends, plötzlich
> die unsägliche Stelle, wo sich das reine Zuwenig
> unbegreiflich verwandelt – umspringt
> in jenes leere Zuviel.
> Wo die vielstellige Rechnung
> zahlenlos aufgeht."[7]

Die freie Entscheidung für diese Aufgabe wäre dieser qualitative Sprung in die Zeit hinein als Anfang, Ort des Anfangs, aus dem Archiv in die Arche, nicht in die griechische arché, sondern in die hebräische teva (das hebräische Wort für Arche, welches sowohl Arche (Noachs) als auch Wort bedeutet), eine Bedeutung geboren aus der Erfahrung, dass das menschliche Zeugnis der Buchstaben aufgehoben ist in der Arche des Textes, der in den Fluten der Zeit allen Wellen widersteht.

„Fangen wir nicht mit dem Anfang an und schon gar nicht mit dem Archiv, sondern mit dem Wort 'Archiv' und mit dem Archiv eines vertrauten Wortes, Arché, entsinnen wir uns, benennt zugleich den Anfang und das Gebot. Dieser Name führt augenscheinlich zwei Anfangsgründe zusammen zu einem: den Anfangsgrund nach Maßstaben der Natur bzw. der Geschichte, da, wo die Dinge ihren Anfang haben – als physischer, historischer oder ontologischer Anfangsgrund -, aber auch den Anfangsgrund nach Maßstäben des Gesetzes, da, wo die Menschen und Götter gebieten, da, wo die Autorität die soziale Ordnung geltend gemacht wird – der nomologische Anfangsgrund. Da, wo, haben wir gesagt, und an jenem Ort. Wie ist dieses da zu denken? Und dieses Statt haben oder dieses Platz nehmen der arché?"[8]

Anfang und Gebot sind im griechischen Verständnis von arché miteinander verbunden. Die Antwort von Jerusalem auf Athen war die Freiheit: jeder Mensch setzt seinen eigenen Anfang durch seine oder ihre Entscheidung anzufangen. „Du brauchst die Arbeit nicht zu vollenden, aber du bist auch nicht frei, dich ihr zu entziehen", heißt es in den „Sprüchen der Väter" (2,21), dem Mischna-Traktat, das keinen talmudischen Kommentar hat, sodass jeder Einzelne ihn zu seiner Stunde auslegen kann. Der erste Teil des Satzes ist klar: Niemand lebt ja ewig. Aber umso überraschender ist der zweite Teil: wörtlich "du bist kein freier Mensch, dich ihr zu entziehen. Du bist eben hier nicht frei, nicht durch ein Gesetz gebunden, sondern ganz einfach durch die Erkenntnis deiner freien Entscheidung, nicht auf dein Menschsein zu verzichten: sich der historischen Stunde und damit der Geschichte zu stellen.

Der Gang vom Archiv zur Arche verläuft eben über den Menschen selbst. Zeugnis ablegen bedeutet einen persönlichen Bezug zur Vergangenheit darzustellen jenseits der allgemeinen Meinung: Geschichte in Gedächtnis verwandeln, zu erzählen, um so auch Gedächtnis in Geschichte zu verwandeln: das heißt, zu handeln im Bewusstsein einer Verantwortung für die Welt, in der er oder sie lebt.

Im vorliegenden Buch habe ich versucht anhand von Aufsätzen und Vorträgen aus mehr als drei Jahrzehnten meiner Forschungs-und

Lehrtätigkeit in Deutschland mich der Thematik von Archiv und Arche bezüglich der Gestaltung von Geschichte als Zeugnis anzunähern und aus gegenwartsbezogenen Perspektiven zu beschreiben.

Jüdische Geschichte ist gekennzeichnet vom Bruch und Kontinuität – dies ist offensichtlich ein Gegensatz, der in der jüdischen Idee der Erinnerung seinen Ausdruck findet. Bruch und Kontinuität sind so auch die Grundlage des jüdischen Geschichtsverständnisses, das diesen Gegensatz nicht aufhebt, sondern furchtbar macht.

Die Fragen, mit denen wir uns in diesem Band beschäftigen, sind nicht entweder jüdisch oder deutsch, da im Kontext der Vernichtung des europäischen Judentums Deutschtum leider nicht ohne weiteres vom Judentum zu trennen ist.[9]

Aus diesem Grund ist es wichtig über den jüdischen Geschichtsbegriff nachzudenken, der in der Begegnung von Zeit und Ewigkeit seinen Ort hat, im Riss wo Geschichte und Biographie sich kreuzen. Es ist ja nie ganz möglich über „die Geschichte" zu schreiben ohne auch die „eigene Geschichte" zu erzählen. Durch seine Biographie ist der Mensch Bruch der Zeit und in dieser Hinsicht verkörpert er den „Ausnahmezustand" schlechthin. Wir hören mit eigenen Ohren, gedenken im eigenen Herzen und sehen mit eigenen Augen, und wissen. Um dieses Wissen ringt jeder Einzelne von uns mit sich selbst und mit den Menschen, mit denen er lebt in der Begegnung mit der uns entfliehenden Zeit, ständig.

Das Leben also nicht als Selbstverständlichkeit, auch nicht als Staunen oder Verzweiflung, sondern als ein ständiges „Ringen mit Gott und der Welt" im positiven wie im negativen Sinne hat mich, wie auch viele andere meiner Zeitgenossen, grundsätzlich geprägt. So ist auch jedes wirkliche Gespräch ein Gespräch „darüber" im doppelten Sinn des Wortes. Es bedeutet ein Leben im Zeitbruch, wo der Mensch die Zeit bricht und dort einen Einbruch erlebt, der nicht zum Zusammenbruch, sondern vielmehr auch zum Aufbruch führen kann. Im Zeitbruch leben ist also in einem bestimmten Sinne ein Glücksfall: ein Aus-Dem-Glück-Herausfallen.

Mein Leben ist geprägt von meiner Geschichte und der des jüdischen Volkes und so fühle ich mich als Überlebende der Schoah in dieser Generation verpflichtet, eine jüdische Existenz zu leben, die Geschichte zu deuten und zu versuchen anderen, insbesondere der nächsten Generation einiges davon zu vermitteln. Es ist ein Mandat, das niemand mir gegeben hat, das ich aber nur in dieser Form auf mich nehmen kann, um Zeit-Bruch in Zeitbruch zu verwandeln. Im

Erzählen über diesen „Glücksfall" gibt es viele Stationen - einige will ich im folgenden nachspüren, als biographischen Hintergrund der in diesem Band gesammelten historischen Studien.

Seit jener Zeit, an die ich mich noch erinnere, lernte ich erkennen, dass man im Wiedererleben der Erfahrungen der Vergangenheit und im Einbezug dieser Erfahrungen in alle Bereiche des Lebens ein Glied in der Kette der Geschichte wird und so ihre innere Dynamik verstehen kann. Dies ist so, da der Mensch nicht aus einem theologischen oder philosophischen System, einem Dogma oder einem festgelegten Glaubensrahmen entstanden ist, sondern aus einer Kette von Einsichten in die Natur des Menschen und die Struktur der Welt. Diese Einsichten entwickelten sich im Laufe der Jahrhunderte zumeist aus den Tiefen der Verzweiflung und der Krise in verschiedenen kulturellen Kontexten aus gemeinsamer Erfahrung. In philosophischer Sprache können diese Erkenntnisse als Ausdruck einer ständigen Suche nach Sinn im Leben bezeichnet werden, oder vielleicht besser: als eine Suche nach dem Sinn des Sinns. Was hier wichtig ist, ist die Tatsache, dass diese Einsichten die innere Qualität der Existenz beleuchten und somit eine Bedeutung gewinnen, die unsere Erfahrungen von Vergangenheit, Gegenwart und Zukunft aufheben.

Ich nannte diese Erkenntnis einen Glücksfall – ich wurde nämlich geboren am „Scheideweg", im „Riss der Zeit", im „Zeitbruch", im „Ausnahmezustand", zwischen Ost und West, zwischen Tradition und Moderne, zwischen einer jüdischen Welt und einer christlichen, zwischen 1933 und 1938, zwischen dem Aufstieg des Nationalsozialismus in Deutschland und dem „Anschluss" Österreichs, zwischen der Chance des europäischen Judentums, ganz und gar im europäischen Leben integriert zu werden und ihrem tragischen Scheitern.

In dieser Dimension der Zeit bin ich hineingeboren. Es war in vielen Hinsichten ein Bruch. Ein Bruch mit der Zeit, wie wir sie erfahren, ein Weltbruch – der Hoffnungen, die meine Eltern in Wien hatten, ein Bruch ihres Lebens. Für mich war es der Bruch unseres Hauses: Einer meiner frühesten Erinnerungen ist, dass wir bei meiner Großmutter wohnen und im wahrsten Sinne des Wortes aus Koffern leben. Für mich ist kein Kontinuum der Sinngebung mehr da. Alles muss „wiedererkannt" und auf einen Fokus gerichtet werden. Jegliche Kontinuität ist dahin, keine Interpretation ist mehr vorgegeben, wieder und wieder muss man neuen Sinn finden, da der Text – der Kontext – sich radikal, unwiderruflich geändert hat. Mein Vater flüchtet nach Holland, und wir bald, aber auch eine Ewigkeit, nach ihm, buchstäblich mit dem letzten Zug am 31. Dezember 1938, - in diesem Jahr genau vor 80 Jahren – am Tag, an dem unser österreichischer Pass ablief. Auch in Holland waren die Dinge nie beständig. Die Kriegsjahre verbrachten wir im Versteck. Für mich ein doppeltes Exil, von der Umgebung, in der ich diese Jahre verbracht habe. Äußerlich als Verbündete, aber innerlich ohne Band, ohne eine gemeinsame Sprache. Dieses als „Ausnahmezustand-in-der-Welt-Sein" betrachte ich als einen Glücksfall. Selbstverständlich entstand es als eine Strategie zum Überleben. Es bedeutete ein tägliches Brechen mit akzeptierten Normen und Interpretationen der Umgebung. Für mich war es eine Ausleben des Bruches, des Lebensbruchs jüdischer Familien in Europa, als sie Schiffbruch erlitten, zerschmettert wurden an dem Felsen der Festung Europa. Jener Festung der europäischen Kultur- die wir geprägt, und die uns geprägt hatte und an der wir selbstverständlich teilnehmen wollten-, die uns aber als Fremdkörper in ihrer Mitte vernichtete.

Aus dieser Erfahrung entwickelte ich eine Hermeneutik des Verdachts: Man kann sich nicht auf Traditionen, Texte, Bücher, Fußnoten, Institutionen, Experten, Disziplinen, Paragraphen, Regeln verlassen. Sie müssen alle mit einem großen Verdacht betrachtet werden. An jeder Ecke droht die Gefahr: in jedem Augenblick und zu jeder Zeit können sie sich gegen dich wenden. Das Rationale ihrer Existenz sind die Gesetze und Regulationen, die sie ins Leben gerufen haben: diese müssen um jeden Preis geschützt werden, geschützt auch gegen Kritik, gegen den menschlichen Geist, den sie in Frage stellen könnte. Im Grunde ist ihre ganze Existenz ständig bedroht vom Zusammenbruch ihrer „Monumente". Aber menschlichen Wahnsinn überleben heißt, keine Wahl haben. Es gibt keine Institutionen mehr, auf die man sich verlassen kann, keine Fußnote, die man zitieren könnte, man muss zurück und suchen nach einer Art des Anfangs aus den Ruinen eine neue Welt zu schaffen, einen neuen Ort der Existenz, einen neuen Text, einen neuen Kontext – keinen permanenten, nur einen neuen.

Dies war der Anfang meiner Lehrtätigkeit in Holland, in Israel und seit 1981 in Deutschland. Jüdische Studien und ihre Einbettung im Abendland, wurde mein Fach im weitesten Sinn des Wortes. Mein akademisches Studium ergänzte ich durch „Lernen", allein, mit anderen, auch bei Rabbinern in Jerusalem und großen Gelehrten der Hebräischen Universität: Shlomo Pines, Ephraim Urbach, Gershom Scholem, Nathan Rotenstreich, Jeshaja Leibowitz, Eliezer Schweid und vielen anderen. Die Wahl meiner Lehrer war mir immer sehr wichtig: ich wollte sehen, wie sie an die Materie herantraten. Am meisten habe ich jedoch von meinen Schülern gelernt, da ihre Fragen das Neue, das Unerwartete, das Noch-Offene für mich darstellten. Bis 1981 war ich nie nach Deutschland gekommen – es war ein Tabu-Land. Meine Eltern hatten uns keinen Hass auf die Deutschen vermittelt, aber es war ein abgeschlossenes Kapitel: Man wollte uns Juden dort nicht, die Verweigerung und Verletzung war zu groß ... Deutsch war meine Muttersprache, es wurde zuhause gesprochen, aber auf der Straße, als ich Kind in Holland war, nicht erlaubt. Die deutsche Sprache: die meist geliebte und meist gehasste...

Eine Tatsache bleibt, dass ich die meisten meiner Schriften in einer Sprache schreibe, die meine Kinder und Enkelkinder nicht lesen können. Der Inhalt des Buches ist ihnen wohl bekannt, es schöpft aus den Quellen des Judentums. Die äußere Form aber, in die ich es gießen musste, ist ihnen fremd, unvertraut.

Es erklärt vieles über meine Lehrtätigkeit in Deutschland, meine Arbeit mit den Studenten – in vieler Hinsicht sind sie die Schüler, die Martin Buber, Hermann Cohen, Franz Rosenzweig und viele andere nie gehabt haben, die aber ihre Lehre in sich tragen. Immer wieder ist mir aufgefallen, wie die Augen von jungen Menschen in Deutschland aufleuchten, wenn man ihnen Texte von jüdischen Gelehrten gibt. Viele dieser Texte sind wie für heute geschrieben, und meine Arbeit trifft somit den Kern des akademischen Studiums und verweist auf die tiefgehenden Folgen, die das Abendland durch den Verlust an jüdischem Gedankengut erlitten hat. Sicherlich können wir diese abgebrochenen Traditionen nicht wieder herstellen, aber diese jungen Menschen sind die einzigen in der ganzen Welt, die dieses Gedankengut, geboren aus ihrer Kultur, in ihre Sprache aufnehmen können. Diese Prägung ist notwendig, um nicht die Geschichte des europäischen Judentums für immer und ewig unter das Zeichen Auschwitz zu schreiben. Dieses Geschenk sollten wir Hitler nicht posthum machen. Die Begegnung von Judentum und Abendland ist so zur Aufgabe geworden, zu einer Aufgabe, die aus meiner Biographie, über meine Biographie hinausreicht.

Dies ist für mich auch die Brücke nach Jerusalem, wo ich mit meiner Familie zuhause bin, einem Land, das zur Zeit nicht nur äußerlich, aber auch innerlich durch einen Kulturkampf ohne gleichen zerrissen wird, nicht zuletzt, weil es Europa als geistiges Hinterland verloren hat. Europäischer Humanismus als jüdisches Erbe Europas ist kein überzeugendes Ethos für große Teile der säkularen Israelis, die um ihr Judentum kämpfen, gegen den wachsenden Einfluss des Rabbinats und den Versuch den Staat als Theokratie zu gestalten.

Leider hat der Konflikt sich in den letzten Jahren so zugespitzt, dass solche Geschichten fast naiv klingen. Es ist aber gut, sich daran zu erinnern, dass es einmal so war und wir, d.h. beide Seiten, wenn wir wollen, alles verändern können.

Israel ist ein Land der Unmöglichkeiten und so ist auch dieser unmögliche Alltag, in dem Schlag und Gegenschlag zur ‚Normalität' geworden sind, wo man jeden Tag von einer Krise in die andere geworfen wird, wo im letzten Jahr nicht nur Hunderte durch Selbstmordattentäter, sondern auch an einem jeden Tag mehr als eine Person in diesem kleinen Land in einem Verkehrsunfall umgekommen ist, wo die Wirtschaft, die Politik, die Gesellschaft von innen zerrissen wird, zur Möglichkeit geworden.

Es wird – könnte es anders sein unter Juden – unaufhörlich über alles diskutiert, die Medien lassen alle, Rechts und Links, gleich ans Wort, aber es gibt keine Lösungen, auch keine Aussicht auf eine Lösung und das macht Israelis so müde: Kriege waren immer Blitzkriege und dann kam die Hoffnung auf eine Lösung. So war es 1956, 1967, 1973. Erst ab 1982 wird es mühsam, herausgezogen, verfehlte Chancen, falsche Berechnungen, messianische Hoffnungen, schwache und starke Regierungen. Der große Einbruch war ohne Zweifel der Mord an Jitzchak Rabin, der den Abgrund zwischen Juden und Juden aufriss... und der Friedenstaube die Flügel abschnitt... Es war nicht nur die Tatsache, dass damals die Hoffnung auf Frieden enttäuscht wurde, sondern dass der Riss, der bereits in der Gesellschaft vorhanden war, nun vor allen Augen sichtbar wurde...

Die Bedingungen des Friedens sind in Israel genau so umstritten wie unter den Palästinensern, und so lange beide Seiten nicht den Frieden wählen über den „Krieg um die Bedingungen", wird es keinen Frieden geben. Frieden bedeutet, sich für den Frieden entscheiden und auf Krieg verzichten. Die Frage ist, ob Juden und Araber, Israelis und Palästinenser um des Friedens Willen auf Land, Ehre und Geschichte verzichten können. Nirgends in der Bibel steht, dass man für Land den Tod wählen soll... möglicherweise kann man durch diesen Verzicht Ehre und Geschichte retten für sich, Kinder und Enkelkinder.

Es gibt also heftige Debatten innerhalb Israels, mit Juden und Muslimen, zwischen Israel und den Palästinensern, zwischen Israelis und den Juden in der Diaspora, und zwischen Israel und der Welt - Europa, Amerika, Asien, Afrika. Mit all diesen ‚Partnern‘ gibt es Debatten über das, was Herzl einst ‚Kein Märchen‘ genannt hat.

Sollten wir eine moderne Demokratie sein. ‚Normal‘ wie alle anderen Länder in der westlichen Welt, oder gehören wir zum Nahen Osten, wo es eine andere, mehr traditionell geprägte Verbindung gibt zwischen einer religiösen und einer nationalen Identität, wo Muslime nicht immer mit Christen, und Juden nicht immer mit Muslimen heiraten wollen, nicht weil es religiöse Barrieren gibt, sondern traditionelle. Religion ist viel mehr Teil der allgemeinen Kultur, als dies in der westlichen Demokratie der Fall ist, und keine (künstliche) Trennung zwischen Staat und Religion, wie notwendig sie auch in der heutigen Spannungslage ist, kann dieses auflösen.

So ist die Debatte über den jüdischen Charakter des Staates Israel wieder ins Zentrum gerückt, sogar die Frage, ob man das Judentum in der Diaspora besser erhalten kann als hier in Israel. Es geht also nicht nur um die Loyalität von Juden in der ganzen Welt mit dem Staat Israel, sondern um die Frage von Zentrum und Peripherie, die bereits am Anfang im Streit zwischen einem kulturellen und einem politischen Zionismus zur Debatte stand.

Mein Vater hat öfters gesagt, dass dies die letzte und schwierigste Prüfung des Volkes Israel ist: als es noch in der Diaspora war, konnte es noch ‚lachen‘ über die Völker, die keine Gerechtigkeit in ihren Staaten pflegen. Jetzt sind wir freie Bürger im eigenen Land und müssen im eigenen Haus Gerechtigkeit üben, ein Haus, das nur so Bestand haben wird.

Mein Lehrer Chaim Cohn, bekannter Rechtsgelehrter und Oberrichter Israels, einer der bedeutendsten jüdischen Humanisten und Vorkämpfer für Menschenrechte drückte seine Hoffnung für den Staat in folgenden Worten aus:

„Mein großer Wunsch ist, dass meine Enkel und Urenkel in einem Staat aufwachsen, in dem es keine Kulturkämpfe mehr geben mag, und dass sie die jüdische Tradition in der Weise ehren und fortsetzen werden, zu der ich sie erzogen habe. Aber ich habe auch Wünsche, die nicht persönlicher Natur sind. Ich bin einer derjenigen, die beim Aufbau des Staates vom Anfang an aktiv teilgenommen haben, und selbstverständlich ist es mein großer Wunsch, dass der Staat nicht nur überlebt, sondern auch sein eigentliches Ziel erreicht, ein Musterstaat zu sein, wovon wir noch sehr weit entfernt sind."[10]

So sind viele von uns noch immer auf dem Weg – wissen um das große Wunder dieses Staates, welches die hebräische Sprache nicht nur aus dem klassischen in eine Alltagssprache verwandelt hat, wo jedes Kind in der ersten Klasse bereits die Bibel in der Ursprache verstehen kann, aber auch Wissenschaftssprache geworden ist, eine Sprache, die jüdische Kinder in der ganzen Welt jetzt sprechen und in der an Universitäten gelehrt wird. Es gibt heute eine israelische Kultur, die dem jüdischen Staat, dem Staat Israel, seinen besonderen Charakter verleiht, der genau wie andere Staaten in der Welt eine eigene Kultur hat. Es geht nicht nur darum, jüdische Tradition in Erinnerung zu halten, oder sie religiös zu praktizieren, sondern sie zur Renaissance zu bringen. Diese Neubelebung hat selbstverständlich politische Aspekte, die jedoch erst in einer ernsthaften Auseinandersetzung nach innen wie nach außen zu einer kulturellen Basis für Bewohner dieses Landes, Juden wie Nichtjuden, werden kann. Israel, als erster jüdischer Staat in der neuen Welt, trägt in dieser Hinsicht eine besondere Verantwortung für das zukünftige Judentum als Ganzes. Auch gibt es in Israel zur Zeit, neben der politischen und gesellschaftlichen Debatte, eine Welle der Solidarität, die auf vielen kleinen und großen Privatinitiativen basiert. Wenn Institutionen zusammenbrechen, wenn die Wirtschaft zunehmend privatisiert wird und auf Profit aus ist, entstehen Koalitionen zwischen Menschen, die nicht funktionalisiert sind und zu einem wirklichen Neuanfang führen. So ist sicherlich nicht alles verloren, nur muss die Spirale der Gewalt endlich gebrochen werden, und dafür brauchen wir einen politischen Durchbruch auf beiden Seiten der Konfliktparteien.

Der jüdische Pädagoge Ernst Simon erinnerte sich 1974 an eine Bemerkung seines Freundes und Lehrers Gershom Scholem vor fünfzig Jahren, kurz vor seiner Einwanderung in Palästina. „Sie", sagte Scholem damals zu Simon, „werden die Erfüllung der religiösen Gebote predigen. Ich werde Vokabeln lehren. Warten wir ab, wobei mehr herauskommt."[11]

Religiöse Gebote und Vokabeln sind aus der Sicht dieser deutschjüdischen Denker keinen Gegensätze, sondern ergänzen einander und drücken die Art und Weise aus, in der sich die jüdische Tradition in der Begegnung mit anderen Kulturen immer wieder auf das Eigene als festen Boden nicht zurückgezogen, sondern gegründet hat. Diese Basis hatte zwei Aspekte: es ging einerseits um eine Lebenspraxis, eine Weltanschauung, die verwurzelt im Religiösen, traditionsstiftend weiterwirkt, und andererseits um eine Offenheit für das zeitgemäß Neue, das Unvollendete.

Das Vertrauen auf die Macht des Wortes, die ansteckende Mächtigkeit des Lehrens und des Lernens, hat das Judentum von seinen frühen Anfängen geprägt und in allen Zeiten vor dem Untergang bewahrt. Die Begegnung mit dem Fremden im Eigenen wird so zum Chiffre einer Tradition, die sich ihre Identität immer aufs neue erringen muss. Die Begegnung von Tradition und Moderne bleibt eine ständige Herausforderung: Säkularisierung nicht nur als eine Überwindung der Religion zu sehen, sondern die Verweltlichung religiöser Bilder und Inhalte wahrzunehmen, wie aus ihnen neue Formen entstehen. Es geht also nicht um eine Aufklärung *von* der Religion, sondern um eine Aufklärung *in* der Religion, die in den gegenwärtigen globalen Spannungen, in denen die Problematik von Nationalismus und Religion weltweit zu einer Kernfrage geworden sind.

Wir wollen im Gang von Archiv zur Arche nicht fragen nach Schuld und Unschuld. Die „Gnade der frühen Geburt" oder die „Unschuld der späten Geburt" sind keine Kategorien, die uns weiterhelfen können; auch nicht die Kategorien Opfer und Täter – der Wettbewerb, Opfer zu sein, ist ja in vollem Gange, und Täter gibt es bis zum heutigen Tag genug in der ganzen Welt. Wir wollen nicht reden aus der Perspektive der Moderne, wo wir selbst Meister unserer Geschichte sind, oder aus einer Perspektive der Post-Moderne, wo der Blick zurück nicht mehr nötig und daher nicht mehr möglich ist, oder gar aus einer Post-Post-Moderne, wo wir ohne Geschichte leben können und wollen. Wir empfinden die Evidenzen der Säkularisierung, deren Erscheinungsbild Max Weber verbindlich beschrieben hatte, als er seinerzeit das Stichwort der „Entzauberung der Welt" anbot. Wo einst Magie und Mythos das Gegebene sanktionieren, regiert heute Technologie und Kalkül. Die durchrationalisierte Welt erscheint uns jedoch undurchdringlich, abweisend, eine Kreation der Fachleute. Durch Zahlen und Zeichen Kommunikation zu ermöglichen ist zum globalen Ideal geworden. Max Weber ist schon 1920 zutiefst besorgt, wenn er sagt: „Wer weiß noch, wer künftig in jenem Gehäuse wohnen wird und ob am Ende dieser ungeheuren Entwicklung ganz neue Propheten oder mächtige Wiedergeburt alter Gedanken und Ideale stehen werden oder aber – wenn keines von beiden – mechanisierte Versteinerung, mit einer Art von krampfhaftem Sich-wichtig-Nehmen verbrämt."[12]

Diese „Unbebaustheit" ist ein Zeichen unserer Zeit geworden, in der Vertriebene sich einer Gesellschaft, die sich selbst fremd geworden ist, bedroht fühlen. – Ein nihilistisches Exil, in der Erinnerung keinen Ort mehr hat. Die unterdrückte Vergangenheit springt als überholte Gegenwart ins Auge: jeder Moment ist schon vorbei, schon eingeholt vom nächsten, der ihn ersetzt, ihm ähnlich sein will, in der Anonymität der leeren Zeit. Daten sind nicht mehr Geburtsdaten von Ereignissen, Tage, in denen das Eigene und das Fremde sich begegnen und zur geistigen Erneuerung führen, sondern gehen verloren im Strom der Zeit, die keine Barmherzigkeit kennt, nichts vom Einzelnen zu erzählen weiß. Das Zwiegespräch zwischen Mensch und Mensch hat, da kein anderer Ort Mitzeuge ist, seinen Sitz im Leben verloren. Degradiert vom Kommunikationszwang hat es seine Lebendigkeit eingebüßt. Frage und Antwort sind „eingespielt", wie die Musik in einem Interview werden Lücken gefüllt, das Schweigen unhörbar gemacht.

Der Philosoph Walter Benjamin hat diesen Zustand im Tiefsten seiner Seele empfunden. In der 8. seiner Thesen Über den Begriff der Geschichte redet er über den „Ausnahmezustand":

> „Die Tradition der Unterdrückten belehrt uns darüber, dass der Ausnahmezustand, in dem wir leben, die Regel ist. Wir müssen zu einem Begriff der Geschichte kommen, der dem entspricht. Dann wird uns als unsere Aufgabe die Herbeiführung des wirklichen Ausnahmezustandes vor Augen stehen; und dadurch wird unsere Position im Kampf gegen den Faschismus sich bessern. Dessen Chance besteht nicht zuletzt darin, dass die Gegner ihm im Namen des Fortschritts als einer historischen Norm begegnen. – Das Staunen darüber, dass die Dinge, die wir erleben, im zwanzigsten Jahrhundert "noch" möglich sind, ist kein philosophisches. Es steht nicht am Anfang einer Erkenntnis, es sei denn der, dass die Vorstellung von Geschichte, aus der es stammt, nicht zu halten ist."[13]

Dieses Gefühl für den Ausnahmezustand, das Gefühl der „Nichtzugehörigkeit" macht Benjamin wirksam im Kampf gegen den Faschismus und seinen historischen Stachel, der im Namen des Fortschritts die Aufhebung der Zeit zum Instrument macht und sich jedes Mittels bedient, um sein Ziel zu erreichen.

Der Zeitbruch, jener Einbruch des Ereignisses ohne Vorbild, kann die Geschichte als Fortschritt nicht aufhalten. Das Problem ist eben kein philosophisches, sondern menschliches, sondern ist der Mensch, der im Riss der Zeit zu stehen vermag, der selbst die Ausnahme ist. Dies ist der einzige „Zustand", den es gibt; in dieser Hinsicht ist der Mensch derjenige, der zu dem Stand der Dinge steht. Kein Vorbild, sei es ein Geschichtliches oder gar ein Menschliches, kann hier zur Erkenntnis, zur Einsicht führen.

Benjamin bezieht sich hier auf eine Definition der Souveränität von Carl Schmitt, die lautet: „Souverän ist der, wer über den Ausnahmezustand entscheidet."[14]

In den Augen Carl Schmitts legitimiert der Souverän seine Autorität dadurch, dass er über den sozialen Gruppen steht, die, obwohl sie alle das beste wollen, ihre Rivalitäten und gegensätzlichen Interessen nicht überwinden können, weshalb die Gefahr eines Rückfalls in die Barbarei besteht. Hier ist die „Entscheidung" Ausdruck einer Angst vor dem Chaos. Sie schöpft nicht aus dem Reservoir der menschlichen Werte, ihre Überzeugungskraft stammt nicht aus der Sittlichkeit, und auch nicht aus einem Konsens der Plausibilität. Der „Wert" der Entscheidung liegt vielmehr in der autoritären Beseitigung jeglichen Zweifels, jenes Relativierungsmechanismus, der einander widersprechenden Argumentationen innerhalb des gesellschaftlichen Lebens zulässt. Die Bedeutung, die Carl Schmitt dem Akt der Entscheidung zuspricht, beruht auf der These, dass der Ausnahmezustand außerhalb der Regel liegt, eben nicht aus einer Regel oder irgendeiner Form der Legitimation abzuleiten ist, sondern im Augenblick aus einem Nichts geboren sein soll. Nach Carl Schmitt hat das Souverän deshalb nicht nur die Entscheidungsbefugnis, zu bestimmen, was in einem Ausnahmezustand zutun ist, sondern auch die Autorität festzulegen, „wann eine solche Situation, in der er allein und nach eigenem Gutdünken zu bestimmen hat, überhaupt vorliegt"[15]. Er steht außerhalb der normal geltenden Rechtsordnung, bestimmt aber zugleich, da er für die Entscheidung zuständig ist, wann und ob die Verfassung in toto suspendiert werden kann. Dies ist die Haltung Carl Schmitts 1934.

Gegen diese „Freiheit der Entscheidung", die aus dem Nichts geboren ist, der sich nichts „erinnern" kann, setzt Benjamin die Gunst der Stunde. Anders als Schmitt interessiert ihn weniger die juristische Frage nach der Souveränität als das Problem der Rückgewinnung von moralisch gerechter Handlungsfähigkeit. Die menschliche Handlung als Ausdruck der Freiheit und der Gerechtigkeit steht hier zur Debatte, eine Frage, die in jüdischer Tradition in Bezug auf das Gesetz als Voraussetzung gegeben ist. Das Gott-Mensch-Verhältnis basiert im Judentum auf einer freien Entscheidung auf beiden Seiten. Diese Entscheidung ist als eine Gabe gegeben, eine Gunst der Stunde, die eine *Obedience to the Unenforceable* erlaubt, die sich nicht aus dem Gesetz ab-

oder herleiten lässt, sondern der freien Entscheidung des Menschen als Vorbedingung bedarf und deshalb durch den Menschen als frei wählendes Individuum bedingt ist.

Im Zeichen von Archiv und Arche ist der Mensch somit als einziges Geschöpf in der Welt in einem „Ausnahmezustand": aufgespannt zwischen Himmel und Erde, ist der Mensch zugleich Trennungspunkt sowie auch Bindeglied zwischen diesen beiden Polen. Der Mensch ist es, der die Wirklichkeit als Ganzes, im Heute der Entscheidung zur Handlung im Guten oder im Bösen zu erkennen und zu erfahren vermag.

So wird Geschichte auch in ihrem doppelten Sinn gesehen als gelebte und erlebte Zeit, als die kollektive Erfahrung der ganzen Menschheit und als die Erfahrung des Einzelnen in seinem Ausnahmezustand.

Zeit wird so erfahren als Begegnung und Beziehung, die eben erst im Moment des Geschehens erkannt werden kann. Sie wird also nicht als Anfang oder Ende erfahren, sondern immer als Mitte der Zeit, im Augenblick des Erinnerns, wenn das Neue im Inneren erkannt wird als „Gunst der Stunde" im Übergang vom Archiv zur Arche.

Im 21. Jahrhundert trägt Europa den Zeitbruch des Europäischen Judentums in sich – ein Bruch, der nicht zu heilen ist, dessen Spuren noch immer als Riss ins Auge fallen. Das Ausmaß dieses Verlustes hat eine Tragweite für die Europäische Kultur als Ganzes und greift bis tief in die Wurzeln dieser Kultur, als Erbe Europas, ein. Die Identität einer Gesellschaft wird jedoch nicht bestimmt durch das Geschehene selbst, sondern durch die Art und Weise wie Geschichte erinnert wird.

Wir leben in einer bedingten Zeit, in einer Gegenwart, die aus einem zurückgewandten Blick in die Zukunft schaut und Vergangenheit, Gegenwart und Zukunft im sinnstiftenden Gedächtnis eines jeden Einzelnen verbindet, wo wir aus dem Archiv der Tatsachen einen Weg zur Arche der Zeugenschaft als Anfang suchen.

Dort auf der schmalen Brücke, aufgespannt zwischen Himmel und Erde, bekommt die Suche nach Sein und Sinn einen Ort, wo die Endlichkeit der menschlichen Existenz der Unendlichkeit des Kosmos begegnet, jenseits der vorweggenommen Antworten auf die ersten Fragen nach den letzten Dingen. Dort begegnen und fragen einander die Antworten auf die Fragen „Was kann ich wissen?" und „Was kann ich tun?" im historischen, und auf die Fragen „Was kann ich hoffen?" und „Was ist der Mensch?" im meta-historischen Bereich. Der Verzicht auf diesen Ort würde das Ende bedeuten, ein Ende, das auch den Anfang mit sich reißen würde in einen Abgrund, in dem Leben und Tod jeglichen Sinn verloren haben.

So zeugen die Beiträge in diesem Band von der besonderen Bedingung der Suche nach Wahrheit in einer Welt, in der der Wille zur Macht in einer bisher ungedachten Radikalität für das Böse beansprucht wurde und zur Zerstörung, nicht nur des europäischen Judentums, sondern auch der Traditionen, die Europa geprägt haben, geführt hat. Im gemeinsamen Suchen nach Sinn wird die Verknüpfung von Theorie und Praxis, die im jüdischen Denken von seinen frühen Anfängen bis zum heutigen Tag in vielen Varianten zutage getreten ist, nochmals deutlich und möglicherweise zur Chiffre, in der jede Erkenntnis an der Praxis geprüft wird; wo jeder Mensch als Einbruch in die Geschichte Kontinuität schafft durch sein nacktes Dasein als Mensch, als Ausnahme die Regel verstärkt, die Normen der Gesellschaft fixiert, die Lebenswelt der nächsten Generation bestimmt. In dieser Hinsicht sind wir die Kinder unserer Gedanken, aber auch ihrer Eltern.

Universitäten gewinnen als Orte der Verständigung über unser Thema eine neue Bedeutung. Noch immer besetzen sie die Begriffe des wissenschaftlichen Diskurses, der sich gerade in den problematischen Feldern der Geschichtsarbeit und der zukünftigen Ethik mit einer Medienwirklichkeit auseinandersetzen muss, die nicht selten sehr prekäre Formen der künftigen Wissengemeinschaft vorwegnimmt. Die relative Nichtentfremdung akademischen Arbeitens ist wichtig, um eine solche Verständigung vor der Unmittelbarkeit von Praxis zu ermöglichen.

„Es ist ein Glück für Europa, von religiöser Vielfalt geprägt zu sein und dieser Umstand hat die Kultur auf großartige Weise bereichert. Daher gehört das Judentum nicht wegen Auschwitz zu Deutschland, sondern es gehört zu Deutschland und Europa, weil es Teil unser kulturellen Identität und Vielfalt ist. Das Judentum zu verstehen, heißt für uns Europäer immer auch, uns selbst zu verstehen."[16]

Die Zeit kann man nicht aufheben - nicht bewahren, da die Erinnerung selektiv ist – nicht zum Stillstand bringen, weil sie ja weitergeht – und nicht auf eine höhere Ebene heben, da man in ihrer Gegenwart lebt. Diese Gegenwart ist eine Einstzeit, wo Vergangenheit und Zukunft sich treffen. Im Raum bedeutet dies das Ende eines Weges erfahren, wo sich plötzlich eine große Wahrheit auftut.

Schreiben nach Auschwitz bedeutet nicht ohne und nicht mit Auschwitz schreiben zu können: sich dieser paradoxalen Spannung bewusst zu stellen im vollen Bewusstsein der Unaufhebbarkeit dieser Dialektik.

Es bedeutet aber auch, nicht in der Spannung verhaftet zu bleiben, sondern sie in eine Wahrhaftigkeit zu verwandeln, wo ich als Mensch für die Wahrheit hafte, eine Wahrheit, die in dieser Welt möglicherweise nicht durch die List der Vernunft erreichbar, sondern im Herzen eines jeden Einzelnen aufgehoben ist, und ihre Stärke erhält durch das Band, das sie zwischen den Menschen stiftet.

Im Zweifelsfall erinnere man sich an das berühmte Wort von Rabbi Bunam, der seinen Schülern den Ratschlag gab, immer zwei Taschen zu haben, um nach Bedarf in die eine oder die andere greifen zu können: in der rechten soll der Spruch liegen: „Um meinetwillen ist die Welt erschaffen worden" und in der linken „Ich bin Erde und Asche".

Zum Schluss ein Zitat von Friedrich Nietzsche, der uns jenseits von Gut und Böse folgendermaßen über Europa und die Juden in Bezug auf möglichen Nutzen und Nachteil der Historie für das Leben belehrt:

„Was Europa den Juden verdankt? – Vielerlei. Gutes und Schlimmes, und vor allem Eines, das vom Besten und Schlimmsten zugleich ist: den großen Stil der Moral, die Fruchtbarkeit und Majestät unendlicher Forderungen, unendlicher Bedeutungen, die ganze Romantik und Erhabenheit der moralischen Fragwürdigkeiten – und folglich gerade den anziehendsten, verfänglichsten und ausgesuchtesten Theil jener Farbenspiele und Verführungen zum Leben, in deren Nachtschimmer heute der Himmel unserer europäischen Kultur, ihr Abend-Himmel glüht - vielleicht verglüht. Wir Artisten unter den Zuschauern und Philosophen sind dafür den Juden – dankbar.–"[17]

Die Frage bleibt, ob du auf der Bühne der Weltgeschichte wählst, Spieler oder Zuschauer zu sein: im Hinblick auf die Zeit macht das möglicherweise keinen Unterschied, weil sie nicht aufzuheben ist, nur als Einstzeit zu leben. Es hängt nur davon ab, ob du, Mensch, etwas damit anfangen kannst.

An dieser Stelle möchte ich meinen herzlichen Dank aussprechen an Herrn Martin Schmiederer, der dieses Buch in der ersten Phase bearbeitet hat, und an meinen Verleger Herrn Andreas W. Hohmann, der die Veröffentlichung zu einem guten Ende gebracht hat.

Eveline Goodman-Thau
Jerusalem, im Januar 2018

Anmerkungen

[1] Sarah Kofman, Erstickte Worte, Passagen Verlag Wien, 2005, S. 49

[2] Vgl. Eveline Goodman-Thau, Arche der Unschuld. Vernunftkritik nach Auschwitz, Lit Verlag Berlin, 2008, S. 3-5

[3] Hebr. churban bajit, gemeint ist hier die Tempelzerstörung in Jerusalem

[4] Babylonischer Talmud, Berachot 64; vgl. Jes. 54,13

[5] Karl Jaspers, Die Schuldfrage, erstmals erschienen in Heidelberg 1946, hier zitiert aus der Neuausgabe, Mai 1987, S. 82f.

[6] Das hebräische Wort Bereschit bedeutet keinen historischen, aber einen qualitativen Anfang.

[7] Rainer Maria Rilke, Duineser Elegien, in: Sämtliche Werke, Bd 2, Frankfurt a.M. 1975, S. 704

[8] Jacques Derrida, Dem Archiv verschrieben, Berlin 1997, S.9

[9] „Ein junger Deutscher schrieb mir, er hoffe, die Juden mögen, wenn sie an Deutschland denken, sich des Wortes Jesajas erinnern: „Gedenket nimmer des Frühern, dem Vormaligen sinnt nimmer nach." Ob die messianische Zeit den Juden Vergessen schenken wird, weiß ich nicht. Es ist ein heikler Punkt der Theologie, aber von uns, die illusionslos in einer unmessianischen Zeit leben müssen, wird mit solcher Hoffnung das Unmögliche verlangt. So erhaben das sein mag, wir können es nicht liefern. Nur im Eingedenken des Vergangenen, das niemals ganz von uns durchdrungen werden wird, kann neue Hoffnung auf Restitution der Sprache zwischen Deutschen und Juden, auf Versöhnung der Geschiedenen keimen.", in Gershom Scholem, Juden und Deutsche, Judaica 2, Frankfurt a.M. (1970) 1987, S. 46

[10] Eveline Goodman-Thau, Immer bleib ein Mensch. Gespräch mit Chaim Cohn, Jüdischer Almanach 1998, Frankfurt a.M. 1997, S. 170-185

[11] Ernst Simon, Entscheidung zum Judentum, Frankfurt a.M. 1980, S. 160

[12] Max Weber, zit. aus: Wissenschaft als Beruf, Reclam Stuttgart, 1995, S. 73 ff. Text folgt der Originalausgabe: Wissenschaft als Beruf, München/Leipzig, Duncker und Humblot, 1919, S. 3-37

[13] Walter Benjamin, Gesammelte Schriften, hg. Rolf Tiedemann und Herrmann Schweppenhäuser, Frankfurt a.M. 1974 ff., Bd. I,2, S.697

[14] Carl Schmitt, Politische Theologie. Vier Kapitel zur Lehre der Souveränität, Duncker&Humblot Berlin, 10. Auflage, 2015 S.13

[15] Ebd., S.13-21

[16] Sascha Spoun, Grußwort des Präsidenten der Universität Lüneburg zur Antrittsvorlesung von Eveline Goodman-Thau, in Eveline Goodman-Thau, Wissen und Bildung. Moderne jüdische Philosophie als Kulturkritik, Verlag Traugott Bautz, Nordhausen 2016, S. 8

[17] Friedrich Nietzsche, zit. aus: Jenseits von Gut und Böse. Vorspiel einer Philosophie der Zukunft, Mussarion-Ausgabe, München 1925, S.206 f.

Zur Einführung

Aus den Quellen der Arche

„Umsonst werden wir verkauft, wie Vieh zur Schlacht." (Ps. 44,23)

„Gott erneuert in seiner Güte jeden Tag das Schöpfungswerk."
(Jüdisches Gebetbuch)

*„Die Himmel sind Gottes und die Erde hat er den Menschenkindern gege-
ben."* (Ps. 115,16)

*„Und Jitzchak sprach zu Abraham, seinem Vater und sagte: Mein Vater! Und
er sprach: Hier bin ich, mein Sohn. Und er sprach: Siehe, hier ist das Feuer
und das Holz, wo ist aber das Lamm zum Opfer? Und Abraham sprach: Gott
wird sich ersehen das Lamm zu Opfer, mein Sohn. Und sie gingen zusammen."* (Gen. 22,7-8)

„Ajeka, wo bist du?" (Gen. 3,9)

*„Und er sprach: Was hast du getan! Die Stimme des Blutes deines Bruders
schreit zu mir auf von dem Boden."* (Gen. 4, 10)

*„Siehe ich setze vor dir heute das Leben und den Tod, und du wählst das
Leben."* (Dtn. 30,19)

„Hineni – hier bin ich." (Gen. 22,1)

„Alles ist vorgesehen und die freie Wahl ist gegeben." (Sprüche der Väter
3,19)

*„Ich gedenke der Treue deiner Jugend und der Liebe deiner Brautzeit, wie du
mir folgtest in die Wüste, in ein Land, das nicht gesät ist."* (Jer. 2,2)

„Einst wird Moses und die Kinder Israels singen..." (Ex. 15,1)

Aufgehoben in der Arche des Textes –
Tradition als Heimat

Ein Text, der auf eine Tradition aufgespannt ist,
wie Saiten auf dem Holz einer Violine!
Emmanuel Lévinas

Der Vorabend

Als die Feinde mein Haus zerstört hatten, nahm ich meine kleine Tochter auf
die Arme und floh mit ihr in die Stadt. Bestürzt, gejagt lief ich Tag und Nacht
in Eile und Hast; kurz vor Einbruch der Dunkelheit am Vorabend des Ver-
söhnungstages erreichte ich den Hof des großen Bethauses. Berge und Hügel,
die uns Geleit gegeben hatten, waren hinter und geblieben, und ich und das
Kind, wir betraten den Vorhof. Aus den Tiefen schwebte das große Bethaus
empor, zu seiner Linken das alte Lehrhaus, und Tor gegenüber Tor, das neue.
Jenes war das Haus des Gebetes, diese Stätten der Lehre, nicht waren sie aus
meinem Augen gewichen all die Tage, und hatte ich sie tagsüber vergessen,
so kamen sie des Nachts, im Traum und im Wachen. Jetzt, da die Feinde
mein Haus zerstört hatten, flüchtete ich mit meiner kleinen Tochter hierher,
an diesen Ort. Mich dünkte, sie kannte ihn, so viel hatte sie von ihm gehört.
Friedens Stille herrschte im Vorhof, schon hatte Israel das Nachmittagsgebet
beendet, und alle saßen daheim beim Abendmahl, dem letzten vor dem Fast-
tag, um sich zu rüsten für die Qualen des kommenden Tages, um wohlauf
und stark zu sein für Reue und Buße.

Ein kühler Wind wehte im Vorhof und umfing den letzten Rest Wärme,
der in den dicken Wänden verblieben war. Ein weißer Nebel kräuselte und
stieg empor im Innern des Hauses, ein Dunst, die Kinder nennen ihn Engels-
hauch. Ich reinigte mein Herz von allem, das die Feinde uns angetan hatten
und wandte meine Gedanken dem Versöhnungstag zu, er steht vor der Türe:
festlich und heilig, freundlich und voll Liebe und Barmherzigkeit und Gebet,
es ist genehmer und wird erhört mehr als an anderen Tagen. Möge bloß ein
des Gebetes Kundiger vor der Toralade stehen! Ward doch in den späten Ge-
schlechtern die Zahl der Vorbeter, die schlicht das Gebet sprechen, gering,
und groß die Zahl der Gebetssänger, die ihrer Kehle Ehre zollen und das Herz
veröden. Und ich habe doch Kräftigung not, mehr noch meine Tochter, ein
Kind, es wurde seinem Boden entrissen.

…

Er, der Augen gibt zum Sehen und Ohren zum Lauschen, wandte mir Blick und Ohr zum alten Lehrhaus hin. Dichtgedrängt standen in ihm die Juden, die Toralade war offen. Voll alter Torarollen war die Lade, und aus ihrer Mitte hervor leuchtete eine neue Rolle in rotem Überwurf mit silbernen Punkten. Diese Rolle hatte ich geschrieben zum Aufstieg der Seele vergangener Tage, ein silbernes Schaublech hing an ihr und eingeprägt darin Buchstaben, sie leuchteten von innen her. Stand ich selbst fern, ich sah sie. Ein dickes Seil war vor die Rolle gezogen, sie möge nicht ausgleiten und fallen.

Und ganz von selbst verhüllte sich meine Seele und ich betete wie die vom Gebetmantel Umhüllten und Kittel Tragenden. Und auch mein kleines Kind, es war eingeschlummert, wiederholte aus dem Schlaf Gebet nach Gebet in schönen Melodien, wie sie kein Ohr je vernommen. Ich tue nicht groß, ich übertreibe nicht.[1]

Samuel Joseph Agnon

Einführung

Die Vernichtung des europäischen Judentums, die Zerstörung seiner geistigen und lebendigen Tradition in Europa und die daraus resultierende Abwesenheit des Judentums im Abendland hat in vielen Hinsichten beide Größen heimatlos zurückgelassen.

Die Welt von Gestern war nicht zurückzuholen, blieb aber in lebendiger Erinnerung, insbesondere für das deutsche Judentum, welches Deutschland als richtige Heimat empfand und daraus mit Gewalt vertrieben wurde. Das Judentum wurde zerschmettert auf dem Felsen Europas und verbannt aus Traditionen, die jahrhundertelang von Juden mitgeprägt wurden. Das Ausmaß dieser Zerstörung wird allmählich mehr und mehr deutlich und prägt Europa bis zum heutigen Tag im positiven wie im negativen Sinne. Deutschland als Land blieb für viele Juden verschlossen, die deutsche Kultur im weitesten Sinne war jedoch immer anwesend.

Die klassische jüdische, deutsche, und deutsch-jüdische Philosophie und Literatur stand und steht in vielen akademischen Bibliotheken nebeneinander.

Zwischen Juden und Deutschen gab es und gibt es für viele Juden damals und bis zum heutigen Tag kein wirkliches Gespräch mehr: Die Shoa ist trotz aller Versöhnung und allen Erneuerungsversuchen der Abgrund zwischen den beiden, weil die Toten nicht wiederbelebt werden können und die Friedhöfe keine gemeinsame Heimat bilden, wo Trauma, Trauer und Trost aufgehoben sind.

Das Judentum, geprägt von einer Tradition, die in der Erinnerung nicht nur das Geheimnis der Erlösung, sondern der Heimkehr sieht, entwickelte die Hermeneutik einer „Tradition als Heimat".

Bei einer Reflexion über den Ort des jüdischen Denkens im Abendland sind Metaphern wie „Bruch und Kontinuität" einerseits wichtig, um die Signaturen dieses Ortes zu konturieren, doch zugleich sind sie die Merkmale dieses undefinierbaren Ortes selbst. Sie entstammen jener historischen Katastrophe, die in die Geschichte unserer Generation eingeschrieben ist. Eingeschrieben sind die Metaphern in den Herkunftsort ihrer verlorengegangenen Geschichte und weisen zugleich als Beschreibungsgröße über ihren Untergang hinaus.

Der Widerspruch, der zwischen den beiden Größen „Bruch" und „Kontinuität" wiederspricht, erlaubt, eine Brücke zu bauen über den Abgrund, über den kein Gespräch möglich ist. Im Blick auf die kontinuierliche Zeit heißt es, eine Möglichkeit zu schaffen, die Pflöcke des Zeltes aufs Neue mit einem Seil zu überspannen, unter dem Tradition sich entfalten kann.

In diesem Sinne ist es wichtig, Nutzen und Nachteil der Historie als festen Anhaltspunkt kritisch zu betrachten, jedoch wäre es verfehlt, die Zukunft fortzuschreiben oder idealistisch zu betrachten. Durch eine solche kritische Betrachtung werden Gegenwart und Zukunft zu einer Indikation des erinnerten Gedächtnisses, das in seiner Bildhaftigkeit und Brüchigkeit ein Kontinuum in der Zeit aufspannt, wo die Vergangenheit als reale Gegenwart aufleuchtet. Raum und Zeit gewinnen so eine Dimension der Offenheit, in der Gegensätze nicht aufgehoben werden, sondern sich fruchtbar begegnen.

Sie zeigen eine breite Tragweite der Fragestellung, wie auch den Verzicht auf eine festgelegte Methode der Annäherung, wodurch die Vielfalt der Suche sich widerspiegelt. Dies erlaubt eine Vertiefung des Verstehens im bewussten Bruch, gängigen Denkgewohnheiten, die trotz aller wissenschaftlichen Begründungen heimatlos geworden sind. Wir sind leider nicht mehr in den Fußnoten unserer Vorgänger aufgehoben…

Tradition als Heimat meint einen Bruch mit dialektischer Begrifflichkeit und Aufbruch in einen Horizont von Metaphern, deren Bedeutung erst in der Suche nach einer Kontextualität entsteht. Es meint eine Aufhebung der üblichen Unterscheidungen im abendländischen wissenschaftlichen Diskurs zwischen Religion, Wissenschaft, Kunst und Philosophie als geistige Disziplinen und die Frage ihrer Verflechtung, um das Wissen in seiner Ganzheitlichkeit darzustellen.

Die Spannungen, die in Europa zwischen Religion und Philosophie ausgetragen wurden und jetzt im Zusammenbruch der Traditionen, die diesen Kontinent geprägt haben, als Riss ins Auge fallen, machen die Suche nach neuen Denkmöglichkeiten zur Herausforderung. Die Aufgabe, die die denkende Bewältigung unserer politischen, sozialen und vor allem unserer menschlichen Probleme uns stellt, lassen in den Ruinen der sich auflösenden Materie neue Funken aufleuchten.

Die Erinnerungsgesten der Feierlichkeiten zur Befreiung Europas vom nationalsozialistischen und kommunistischen Würgegriff und die gesellschaftliche Diskussion, die dieses Ereignis in Bezug auf Deutschland – sicher auch in seiner wiedervereinten Form – und in Europa ausgelöst hat, wird die Verschiedenheit der Erinnerung, das „Leben von Bruch und Kontinuität" nochmals deutlich und zeigt, wie die Spuren dieses Ereignisses in alle Bereiche des Lebens eingeschrieben sind und meistens auf ganzheitliche Deutung noch immer warten.

Keine historische Aufarbeitung der Tatsachen, sei sie noch so gründlich, kann die geistesgeschichtlichen Spuren in den traditionellen Denkmustern auswischen, wenn diese Arbeit nicht begleitet wird von einem Überdenken der Prämissen, auf die die Gesellschaft sich stützt.

Erinnerung allein kann diese Aufgabe nicht übernehmen, wenn nicht zugleich die Frage nach einem glaubwürdigen Ethos gestellt wird, das es erlaubt, die Kontinuität *als* Bruch, also als Scheitern der Tradition als sicheren Angelpunkt zu denken und zu gestalten.

Text und Tradition

In der Begegnung von Individuum und Gesellschaft, des Einzelnen mit sich selbst und mit seiner Umgebung, findet die Gestaltung von Tradition statt, und es ist möglicherweise das Verdienst der jüdischen Tradition als historischem Phänomen, welches dieses gerade in Europa am deutlichsten zeigt. So ist auch der Verlust an Tradition in Europa gekennzeichnet vom Verlust des europäischen Judentums, welches neben dem antiken griechisch-römischen Erbe und dem Christentum das Denken in Europa geprägt hat. Die Erfahrungen, die die Völker Europas am Ende dieses Jahrhunderts machen mussten, sind ein Glied in der Kette, das – trotz oder gerade *wegen* der damit verbundenen Grausamkeit – unentbehrlich ist, um weiterzuleben und um den kommenden Generationen dies auch in würdiger und richtiger Weise zu ermöglichen.

Es geht darum, die verschiedenen Bereiche unseres Lebens zusammenzutragen und nicht nur eine historische oder systematische Rekonstruktion oder sogar Fragestellung anzustreben, sondern den Verlust an Tradition als Heimat zu reflektieren, neue Wege des Diskurses zu suchen und im Nachdenken und Nachdichten den Spuren zu folgen, wo Leben, Lernen und Lehren sich abwechselnd befruchten. So kann aus den vielfarbigen Steinen des Textkorpus ein Mosaik entstehen, welches zwar die alten Steine benutzt, sie aber in einem neuen Gebilde zusammensetzt. Das Lesen dieses Gebildes als Textbild erlaubt einen Durchbruch durch die Ordnungs- und Zweckbestimmtheit hindurch, ein Lesen, welches die Gegenwartserfahrung aus dem Kreislauf der Wiederholung erlöst und in etwas Hinausweisendes verwandelt.

Durch diese Wahl des freien hermeneutischen Handelns wird eine Verfügbarkeit der Erfahrung hergestellt, durch die eine Kontinuität in der Tradition, basierend auf einer Vielfalt der Möglichkeiten, in der die Wirklichkeit sich dem Menschen darbietet, auch dargestellt werden kann.

In diesem Sinne kann das Spektrum unseres Traditionswissens erweitern und grenzüberschreitend zur Sinngebung beitragen. Es würde eine Suche nach einer jüdisch bestimmten Traditionslinie im abendländischen Denken bedeuten. Die historische Bedingtheit dieser Tatsache ist in der europäischen Geistesgeschichte weitgehend vergessen worden. Im Interpretieren der Geschichte liegt jedoch, wie aus den jüdischen Quellen hervorgeht, das Geheimnis der *Arche* als Text, im Gegensatz zum *Archiv* als Sammlung von Texten.

Die jüdische Tradition beruht, wie auch andere religiöse Traditionen, auf einem schriftlich festgelegten Kanon, der einerseits die Geschichte des Volkes Israel beinhaltet, aber darüber hinaus auch die Grundlage bildet für den jüdischen Glauben. Das Epos der Bibel ist Erzählung in dem Sinne, dass es immer wieder erzählt werden muss. Im Erzählen wird die Zeit zur Wirklichkeit. Im Munde des Erzählers wird das Ereignis herausgerissen aus der Vergangenheit und in die Gegenwart gerückt. Als Erzähler bewirkt der Mensch seine eigene Verwirklichung – er bekommt einen Namen und erlöst damit sich selbst und die Geschichte aus ihrer Anonymität. Er schreibt die Geschichte und wurde so auch in die Geschichte eingeschrieben, dadurch, dass er die Geschichte als seine eigene benennt. Sie ist nun nicht mehr die

Geschichte von anderen, die ihm fremd ist, sondern im Antlitz der Geschichte erkennt er sein eigenes „Menschsein". Ebenso ist die rabbinische Hermeneutik weniger interessiert an einer Rekonstruktion der Vergangenheit als an einer glaubwürdigen Gegenwart als Lehre für die Zukunft. Sie benutzt keine historisch-kritische, sondern eine traditionsstiftende Methode. Nicht, was empfangen wird, kann je mit Sicherheit festgestellt werden; was weitergegeben wird an die nächste Generation ist jedoch von höchster Bedeutung, um die Zukunft zu ermöglichen. So wurde die Heilige Schrift sorgfältig aufgeschrieben, jede Rolle, jeder Satz, ja sogar jeder Buchstabe wurde mit größter Behutsamkeit behandelt. Die Lehre, die Moses geboten hatte, wurde „zum Erbteil der Gemeinde Jakobs" (Deuteronomium 33,4).

Die Quellen des Judentums leben somit im Doppelbezug von *Geschichte* und *Zeugnis*. Zugleich nämlich bestand ein Drang, nicht nur Hüter dieser Erbschaft zu sein. Rabbi Jose, ein Priester aus dem ersten Jahrhundert, lehrte in diesem Sinn: „Möge das geistige Gut deines Nächsten dir so kostbar sein wie dein eigenes, und widme dich dem Lernen der Tora, weil sie dir nicht als Erbe zukommt. Und alle deine Taten werden im Willen des Himmels sein." (Sprüche der Väter 2, 17)

Rabbi Jose brachte zum Ausdruck, was die Bibel in seiner Zeit für eine Bedeutung hatte: Um ein wirkliches Erbe zu sein, ist es nicht genügend, dass sie gelesen und gelernt wird, die Bibel als Tora („Lehre") muss in jedem Wort immer wieder neu entdeckt werden. Um dies als Gemeinschaft zu erreichen, musst du, so Rabbi Jose, der Priester, lernen, das geistige Erbteil, das heißt die Interpretationen der anderen, wie deine eigenen zu respektieren. Nur so kann die Tora das wahrhaftige Erbteil der Gemeinde Jakobs werden. In der jüdischen Tradition findet dieser Prozess auf zwei Ebenen statt, durch das Lernen und das Beten als zwei Möglichkeiten, Tradition zu stiften und die „Mitte der Zeit" mit Inhalt zu füllen.

In der jüdischen Tradition ist die Bibel, d.h. der TeNaCH: Tora (Die fünf Bücher Mose), Neviim (Die Propheten), Ketuvim (Die Schriften), die sprachliche Form der Gotteserfahrung. Sie ist die Heilige Schrift, weil sie immer wieder die mündliche Aussage Gottes nötig hat, um verstanden zu werden. Das gesprochene Wort Gottes findet ständig ein Echo in der Interpretation, die das schriftliche Wort wieder in ein mündliches Wort zurückübersetzt. Die jüdischen Gelehrten machen daher eine Trennung zwischen mündlicher und schriftlicher Lehre, bestehen aber darauf, dass beide am Berge Sinai gegeben wurden. Die mündliche Lehre, die sich im Laufe der Jahrhunderte in der jüdischen

Tradition entwickelte, ist der Ausdruck des geistigen und des religiösen Lebens des Volkes und unterscheidet Israel von den anderen Nationen der Welt.

Martin Buber beleuchtet die Intertextualität der Bibel als Ausdruck von Text und Kommentar mit folgenden Worten: „Die hebräische Bibel will als ‚Ein Buch' gelesen werden, so dass keines ihrer Teile in sich beschlossen bleibt, vielmehr jeder auf jeden offengehalten wird; sie will ihren Leser als ein Buch in solcher Intensität gegenwärtig werden, dass er beim Lesen oder Rezitieren einer gewichtigen Stelle die auf sich beziehbaren, insbesondre die ihr sprachidentischen, sprachnahen oder sprachverwandten erinnert und sie alle einander erleuchten und erläutern, sich miteinander zu einer Sinneinheit, ein einem nicht ausdrücklich gelehrten, sondern dem Wort immanenten, aus seinen Bezügen und Entsprechungen hervortauchenden Theologumenon zusammenschließen.

Buber setzt sich kritisch mit der historischen Bibelforschung seiner Zeit auseinander, die den literarischen Entstehungsprozess und den philologischen Wert der Texte unterstreicht und die rabbinische Tradition als einen späteren Überbau sieht. Er zeigt uns durch eine Übersetzung, dass die Sprache der Bibel an sich sinn- und einheitsstiftend ist und dass die jüdische Auslegung nicht eine „nachträglich geübte Verknüpfung" darstellt: „Im Wirken dieses Prinzips ist eben der Kanon entstanden (...).“[2]

Franz Rosenzweig betont in einem Brief an Jakob Rosenheim im Hinblick auf eine Auseinandersetzung zwischen Orthodoxie und Liberalismus über die Einheit der Bibel, dass die moderne Quellenscheidung für ihn kein grundsätzliches Problem darstellt:

„Auch wir übersetzen die Tora als das eine Buch. Auch uns ist sie das Werk eines Geistes. Wir wissen nicht wer es war; dass er Mose war, können wir nicht glauben. Wir nennen ihn unter und mit dem Sigel, mit dem die kritische Wissenschaft ihren angenommenen abschließenden Redaktor bezeichnet: R. Aber wir ergänzen dieses R nicht zu Redaktor, sondern zu Rabbenu.“[3]

Nach Rosenzweig ist es wichtig, die verschiedenen Teile gerade in ihrer Widersprüchlichkeit versammelt zu sehen. „Es gibt kein früh und kein spät in der Tora", lautet ein bekanntes rabbinisches Diktum, das zwar davon wusste, dass die Geschichte linear verläuft und dass die verschiedenen Teile des Kanons aus vielen Epochen stammen, das aber ein Verständnis suchte, was von der Hand des Redaktors als Rabbenu durch die Zeiten geführt werden wollte, um selbst ein Glied in der Kette der Tradition zu werden: letztendlich lebt jüdische Hermeneutik vom menschlichen Zeugnis der Buchstaben, aufgehoben in der Arche des Textes, die in den Fluten der Zeit allen Wellen widersteht.

Die Heilige Schrift als Erbe zu begreifen, heißt nämlich, die Gemeinde als ein Glied in der Kette der Traditionen zu sehen. Damit die Bibel ein wirkliches Erbe des jüdischen Volkes wird, genügt es nicht, sie zu lesen und zu kennen; sie muss immer wieder neu entdeckt werden, in jedem Wort, in jedem Moment der Geschichte lebendig gemacht und mit Bedeutung gefüllt werden. Dieser Akt der Reaktualisierung geschieht sowohl auf individueller als auch gemeinschaftlicher Ebene durch den Akt der Interpretation.

Jüdische Hermeneutik[4] als methodisches Bindeglied zwischen *Text* und *Tradition* beschäftigt sich nicht in erster Linie mit der Auslegung der Schrift, sondern vielmehr mit der Frage, wie menschliche Erfahrungen – die im Laufe der Jahrhunderte in der jüdischen Tradition in religiöser Sprache ausgedrückt und aufgezeichnet wurden – im Text aufleuchten. Die Kunst, die Heilige Schrift als das Wort Gottes „sprechen zu lassen", noch bevor eine bestimmte Bedeutung daran geknüpft wurde, ist ein Merkmal jüdischer Hermeneutik als Heimatsuche von ihren frühen Anfängen an gewesen, und die Sehnsucht nach den Geheimnissen der Tora hat zu jeder Zeit Gott und Mensch verbunden. Die Reflexion über die Rolle des Menschen und die menschliche Handlung steht im Mittelpunkt des hermeneutischen Diskurses. Manchmal deutet die Erörterung die Quelle, und manchmal dient die Quelle als Illustration der Erörterung. Wir haben es hier also weniger mit einer Interpretation zu tun, als vielmehr mit einer Begegnung mit der Schrift, die sich jeder Systematik entzieht und die sich immer wieder an jeder Auslegung orientieren muss. Jüdische Hermeneutik lässt sich also nicht aus einer Gesetzlichkeit ab- oder herleiten, sondern bedarf der freien Entscheidung des Menschen als Vorbedingung und ist deshalb durch den Menschen als frei wählbares Individuum bedingt. Diese Freiheit hebt die hermeneutische Handlung auf eine höhere Ebene, die den Bund mit Gott immer aufs Neue bestätigt.

Im Begriff „Tora" als Heilige Schrift, die durch die Übersetzung in eine mündliche Lehre dem Menschen erst zugänglich wird, eröffnet sich aus jüdischer Sicht eine Wirklichkeit, die konkret und erhaben neben der realen Wirklichkeit einen zentralen Ort im Leben des Volkes einnimmt. Das Diktum „Israel und die Tora sind eins" galt als

Leitwort und erlaubte das offene und verborgene Sehen durch die Irrtümer und den Schein der Welt hindurch. In diesem Sinne ist „Tora" kein Ausdruck für Gesetz oder Glaube, Gebot oder Weisheit, sondern ein Ausdruck dafür, dass Gott Schöpfer der Welt ist und dass er diese Welt nur mit ihr und um ihretwillen erschaffen hat. Das Lernen der Tora als Lebensweg ist so zum Kern der jüdischen Hermeneutik geworden.

Die Bibel und im Grunde alle Texte, die daraus im Laufe der Jahrhunderte entstanden sind, sind Zeugnis einer ständigen Suche nach geistiger Heimat, wo man „Fremd in der Welt ist, aber zu Hause bei Gott".[5] Ein Ort[6], wo das Paradox zwischen Leben und Lehre aufgehoben ist und wo Himmel und Erde sich sozusagen küssen.

Identität und Heimat

Der leider zu früh verstorbene jüdische Historiker Amos Funkenstein erklärt am Anfang seines Buches „Jüdische Geschichte und ihre Deutungen":

> „Eine Kultur oder eine Gesellschaft kann ihre Existenz und ihre unverwechselbaren Merkmale als eine Selbstverständlichkeit oder als einen vorgegebenen Teil der Beschaffenheit der Welt betrachten, als eine natürliche Gabe. Keins von beiden traf mit Blick auf die jüdische Kultur seit der biblischen Zeit zu. Das ständige Behaupten und Geltendmachen ihrer Identität und ihres Vorzugs deutet bereits darauf, daß sie nicht als selbstverständlich vorausgesetzt wurde. Eine Kultur, die sich selbst nicht als selbstverständlich betrachtet, ist per definitionem eine sich selbst reflektierende Kultur. Jüdische Selbstreflexion nahm die Gestalt historischen Bewußtseins an."[7]

Damit ist nicht gemeint, dass die Juden Zweifel an ihrer Stellung in der Welt oder ihrer Zukunft hätten. Bis ins 19. Jahrhundert galt, dass die Verheißung Gottes die weltliche Existenz des Volkes als Vorwegnahme der Ewigkeit garantierte, die allerdings trotzdem immer wieder auf Erklärung angewiesen war, eine Erklärung, die in der Bibel gegeben war. So sollte sich das Volk nicht mit der Erwählung Gottes gegenüber anderen Völkern rühmen, sondern diesem besonderen Verhältnis musste ein Inhalt gegeben werden, es musste in jeder Epoche mit neuem Inhalt gefüllt werden: Nach innen als jüdische Gemeinschaft und nach außen im Bezug auf die Umwelt, auf die verschiedenen Kulturen, mit denen es in Berührung trat. Man darf annehmen, dass dies eine der Kernfragen des jüdischen Monotheismus von seinen frühen Anfängen bis heute in allen seinen Zügen und unterschiedlichen Interpretationsweisen gewesen ist und noch immer ist. Die Verbindung mit Gott war erst garantiert, wenn die Juden als Gemeinschaft ihre Identität gefunden hatten.

Sicherlich hat diese Selbstreflexion letztendlich auch zum endgültigen Bruch in der Antike zwischen Judentum und Christentum geführt. Die verschiedenen Entwürfe von religiöser Identität brachen unter dem äußeren Druck der Verfolgungen zusammen. Die Gemeinschaft suchte einen Halt, eine Stütze, indem sie aus historischen Begebenheiten ein glaubwürdiges Ethos für ein Zusammenleben, auch in Krisensituationen, herleitete. Selbstfindung war das Ziel dieser Suche nach Identität, die sich einerseits aus dem Gefühl einer Gemeinsamkeit, aber andererseits auch aus einem tiefen Wunsch nährte, nicht in ein blindes Befolgen von Diktaten von außen zu verfallen, seien sie von religiöser, sozialer oder historischer Art.

Das historische Bewusstsein, welches das Judentum von seinen frühen Anfängen an geprägt hat, überdauerte Jahrhunderte von Unterdrückungen, Krisen und Verfolgungen. Immer fand man einen „logisch-religiösen" Grund, die Geschichte zu deuten. Gerade aus der Krise, oder besser gesagt aus der Deutung der Geschichte, wurde für die nächste Generation ein glaubwürdiges Ethos der Wirklichkeit für eine hoffnungsvolle Zukunft geschaffen. Jede Wendung in der Geschichte Israels musste eine Deutung erfahren; keine erschien selbstevident, weder in guten, noch in schlechten Zeiten.

Der Unterschied *und* die Verbindung zwischen einer unbestimmten, mehr oder weniger immer gegenwärtigen kollektiven Erinnerung und einem historischen Bewusstsein ist möglicherweise folgende: Bei einem historischen Bewusstsein handelt es sich um Antworten auf eindeutig gestellte Fragen. Insofern es solche Antworten anbietet, kann es nicht einfach historische Ereignisse als Fakten aufzählen, sondern es besteht die Notwendigkeit, diese Ereignisse zu einer sinnstiftenden Erzählung zusammenzufügen, zu einer Erzählung, die sich in jeder Generation immer wieder aufs Neue interpretieren lässt.[8] Die Interpretation dieser Erzählung wiederum konstituiert das kollektive Gedächtnis. Im Wandel der Wahrnehmung von Geschichte haben diese zwei Bereiche, das historische Bewusstsein und das kollektive Gedächtnis, ihren Ort. Geschichte wahrnehmen heißt, den Ort bestimmen, wo die Unendlichkeit, die neutrale Zeit, durch die Existenz des Einzelnen gebrochen wird. Es ist der Ort, wo Geschichte und Biographie sich kreuzen, der einzelne seinem Leben Sinn gibt. Das kollektive Gedächtnis ist in dieser Hinsicht das Kollektiv aller Biographien – in den Worten der Rabbinen: „Alle haben am Berge Sinai gestanden". So konnte auch vor einige Jahren, der damalige Präsident des Staates Israel, Ezer Weizmann, bei seinem Besuch in Deutschland im Bundestag (sinngemäß) sagen: „Ich bin es, der aus Ägypten herausgeführt wurde, ich bin ins Babylonische Exil gegangen, ich bin im Mittelalter verfolgt worden, in Auschwitz umgebracht worden und in Israel wiederauferstanden als Volk".

Es gibt somit keine Erinnerung – auch nicht die intimste oder persönlichste –, die sich von ihrem sozialen Kontext, von der Sprache und dem System von Symbolen, die von der Gesellschaft über Jahrhunderte hinweg geprägt worden sind, trennen lässt. Wir haben es hier zu tun mit einem Beispiel eines Selbst, eines Individuums oder Subjekts, das als Mittler der Welt agiert. Die Welt ist aus dieser Sicht nicht die Schöpfung Gottes oder die Naturwelt, sondern der Plan, welchen die Menschen in der Welt sehen, die sie sozusagen in die Welt als Sinn „hineinlesen". Wir sprechen hier in der Sprache von Religion *und* Moderne, von göttlicher Vorsehung für die Welt *und* menschlichen Vorstellungen der Welt. Gerade dieser Zusammenhang muss erkannt werden, wenn wir die Frage der Verbindung zwischen der gegenwärtigen „Krise in den Geisteswissenschaften" und dem Verlust an jüdischem Geistesgut im Abendland klären wollen. Es soll hier nicht darum gehen, diese Krise zu „beweisen" oder gar die Verbindung mit dem Verlust zu unterstellen, nur soll es darum gehen, die Verbindung zwischen den beiden zu befragen.

Diese Fragen gewinnen eine besondere Brisanz nicht nur jetzt in der Postmoderne, sondern auch angesichts der Suche nach Orientierung und Heimat, die die gesamte westliche Welt nach dem Zusammenbruch der von Ost-West Konflikt geprägten Nachkriegszeit durchzieht. Sie ist gekennzeichnet von einer wachsenden Sorgen um den Weltfrieden, ausgelöst durch krisenhafte gesellschaftliche Erscheinungsformen und Kriege wie etwa vor einigen Jahren im Balkan und seit dem „Arabischen Frühling" im Nahen Osten, im andauernden Afghanistan-Konflikt, wie auch durch die Angst vor dem allgemein wachsenden Fundamentalismus der islamischen Welt. Die Suche der westlichen Demokratien nach Orientierung in einer mehr und mehr durch Technologie, Medien und somit durch Wirtschaftsinteressen und -systeme beherrschten Welt gefährdet insbesondere Gesellschaften, deren Identität nicht aufgehoben ist in der oben beschriebenen Verbindung zwischen Geschichtsbewusstsein und kollektivem Gedächtnis – einer Verbindung, die es erlaubt, auch in einer Krise, einem Zivilisationsbruch, wie wir diese Krise nennen wollen, eine Kontinuität zu gestalten. Ein kollektives Gedächtnis ist hierdurch angesprochen, das die Gesellschaft solidarisch zusammenhält, trotz aller Verschiedenheit der Meinungen, die sicherlich auch für die Kontinuität unentbehrlich sind.

Es ist wichtig diese Fragen in der Begegnung zwischen „Deutschtum" und „Judentum" zu thematisieren, nicht aus der Perspektive der Schuldfrage oder gar des Scheiterns der Emanzipation der Juden in Deutschland, sondern durch eine Reflexion über die Bedeutung des jüdischen Erbes für das Abendland.

An der Schwelle zum 21. Jahrhundert lohnt es sich, angesichts der wachsenden Konjunktur apokalyptischer Geschichtsentwürfe auf die sich langsam verwischenden Spuren der vermeintlichen Freiheit von der Geschichte zurückzublicken. Die Frage nach Form und Inhalt eines endgültigen Abschieds von der Geschichtskonzeption der Moderne gewinnt eine neue Brisanz im Hinblick auf die Spannungen, die in Europa bis in die Gegenwart zwischen modernem Geschichtsoptimismus und Apokalypse, zwischen einem Denken, das die Hoffnung auf Fortschritt noch nicht aufgegeben hat und einem Streben nach einem Ende der Geschichte spürbar sind. Der Drang nach Frieden und der Drang nach Krieg in vielen Regionen der Welt ist möglicherweise eines der wichtigsten Zeichen der Suche nach Sinn in einer heimatlosen Welt, am Ende eines Jahrhunderts, das auch durch Massenvernichtung von unschuldigen Männern, Frauen und Kindern gekennzeichnet ist.

Die heilige Schrift als Heimat im Doppelbezug von Geschichte und Zeugnis

Die Bibel ist ein religiöses Buch in dem Sinne, als es Erfahrungen zwischen Gott und Mensch festhält, insbesondere das Verhältnis des Gottes Israels zu seinem Volk Israel, aber auch darin, wie dieses Verhältnis in einer bestimmten Epoche der Geschichte verstanden wurde. Die Kreatur in der Suche nach und in der Antwort auf den Schöpfer, der Schöpfer in der Suche nach und in der Antwort auf seine Kreatur, dies sind die ewig wiederkehrenden Themen der Bibel. Die Worte und Namen, die für diese Erfahrung gewählt werden, sind aber nie identisch mit der Erfahrung an sich. Die Erfahrungen selbst bleiben stumm aus Ehrfurcht vor der Begegnung mit Gott.

Der Text ist nicht ohnmächtig gegenüber dieser Begegnung, jedoch wählt der Schreiber bewusst und absichtsvoll diesen Weg: Er gestaltet mit der Schrift eine Art Leiter zwischen Mensch und Gott, und dabei weiß er, dass es eben gerade nicht die Stufen dieser Leiter sind, die das Auf und Ab bestimmen und ermöglichen. Es sind die Abstände zwischen diesen Stufen, die den Weg bestimmen, ihm gleichsam im Schweigen eine Stimme geben. Jede Begegnung mit einem religiösen Text, sei es in religiösem oder wissenschaftlichem Rahmen, muss diese Gleichzeitigkeit von Nähe und Ferne, das Anwesende und das Abwesende, die Fülle und die Leere mit einbeziehen. Im Bild der Leiter Jakobs ist das Verhältnis zwischen dem konkreten Text und den religiösen Erfahrungen zu verstehen. Die Leerstellen zwischen den Stufen müssen entdeckt werden. In der Sprache einer alten jüdischen Redeweise: „Die Tora wurde geschrieben, schwarzes Feuer auf weißes Feuer." Das schwarze Feuer sind die Buchstaben der Tora, die es uns ermöglichen, sie zu lesen; sie sind aber zugleich nur Rahmen für die sie ausfüllenden Zwischenräume.

Es ist wichtig, dass eine historische Betrachtung eines religiösen Textes die Möglichkeit einschließt, den Text in seinem historischen Kontext ahistorisch zu betrachten, d.h. einen religiösen Text in seiner grundlegenden Problematik zu sehen, nämlich in der Problematik von Sprache und Zeit. Sprache in dem Sinne, als menschliche Sprache nie ausreichend ist, eine Brücke zwischen Mensch und Gott zu schlagen – und Zeit in dem Sinne, dass der Mensch eben endlich und bedingt, Gott aber unendlich und unbedingt ist. Einen religiösen Text verstehen heißt daher, in seiner Ohnmacht seine Stärke zu entdecken: Nur ohne Macht, d.h. ohne wirklich vollkommen begrifflich zu sein, also ohne den Leser ganz überzeugen zu wollen, kann seine Wirklichkeit entdeckt werden.

Einen religiösen Text „sprechen zu lassen" heißt, ihn für einen Augenblick aus seinem historischen Kontext zu lösen und ihn wie „am ersten Tag" zu hören. Die Abschiedsreden von Mose an das Volk Israel im Buch Deuteronomium sind ein Beispiel für dieses Brechen der Historizität des Textes, welches eine Begegnung mit einer anderen Wirklichkeit ermöglicht. Zwei Dinge werden hier erreicht: Einerseits wird die Gegenwart mit der Vergangenheit verbunden und so als eine wirkliche Erfahrung erlebt, und andererseits wird die Gegenwart als Ewigkeit erlebt, die in jedem Augenblick wieder Gegenwart werden kann. Der Vorgang vollzieht sich also auf der horizontalen Ebene der Zeitlichkeit und auf der vertikalen, wo die Ewigkeit in die Zeit einbricht.

Nicht nur die Propheten und die Weisen in Israel sollen in ihren Aussagen legitimiert werden, sondern für jede Generation soll die Möglichkeit geschaffen werden, den heiligen Text als das lebendige Wort Gottes wahrzunehmen, wie es von der ersten Generation, die durch Gott aus Ägypten zum Berg Sinai geführt wurde, erlebt wurde. Die Heilige Schrift ist in dieser Hinsicht in jüdischer Tradition nämlich nicht nur „Schrift", in dem sie das gesprochene Wort Gottes darstellt. Wie in Mose das Wort Gottes hervorbricht, so wird durch den Bericht dieses Geschehens dem Volk ermöglicht, dem Gott zum Munde zu werden. Durch das Sprechen Gottes werden Zeit und Ewigkeit in ihrer Widersprüchlichkeit aufgehoben.

Übersetzbarkeit und Heimatlosigkeit

Walter Benjamins Aufsatz „Die Aufgabe des Übersetzers" beleuchtet eben diesen Aspekt aus einem etwas anderen Blickwinkel:

> „Es gewährt es jedoch kein Text außer dem heiligen, in dem der Sinn aufgehört hat, die Wasserscheide für die strömende Sprache und die strömende Offenbarung zu sein. Wo der Text unmittelbar, ohne vermittelnden Sinn, in seiner Wörtlichkeit der wahren Sprache, der Wahrheit oder der Lehre angehört, ist er übersetzbar schlechthin. Nicht mehr freilich um seinet-, sondern allein um der Sprachen willen."[9]

Walter Benjamin erkennt am Ende seiner Ausführungen, dass der „Sonderfall" des „heiligen Textes" den Schlüssel zum Verständnis der Übersetzbarkeit sprachlicher Texte überhaupt birgt. Buchstaben sprechen nicht. Hermeneutik lässt aus dem „Text", dem Gewebe der Zeichen und der grammatischen Funktion immer neu das lebendige Wort entstehen. In diesem Sinn erschafft sie sich ihren Gegenstand erst. Abgeleitet zu sein und doch das, wovon sie abhängt, immer wieder ins Leben zu rufen – dieser Zirkel hermeneutischer Erkenntnis tritt als Modell der Übersetzung, am Verhältnis von Übersetzung und Original, zu Tage.

Franz Rosenzweig beschreibt die Relation zwischen Übersetzung und Original in seinem Aufsatz über „Das Formgeheimnis der biblischen Erzählungen"[10] als „Lebensbezug". Steht die Übersetzung im „Lebensbezug" zum Original, bringt sie etwas von seinem „Wesen" zum Ausdruck, ist Ausdruck des Lebens, das sich nicht objektivieren lässt, das sich in keinem Element fassen lässt, noch die Summe der Einzelelemente ist und doch das ganze Werk konstituiert. Das Werk ist lebendige Ganzheit in geschichtlicher Offenheit. Dies beinhaltet den Begriff seiner Übersetzbarkeit. Die Einzelne Übersetzung teilt etwas vom Leben des Werkes mit, indem sie einen Aspekt seines geschichtlichen Daseins entfaltet. Erkennen wir den Augenblick als unvergesslich, ein Welt als übersetzbar in sich, so sprechen wir ihm ein Dasein zu, das sich in jedem Moment mit dem äußerlich feststellbaren Konturen dieses Daseins – der Zeitgrenze, der Raumgrenze – zusammenfällt, d.h. wir sprechen ihnen „Geschichte, die Intention, zu leben und weiterzuleben", zu.

Übersetzbarkeit ist Bedingung der Möglichkeit der Übersetzung, sie ist eine Übereinstimmung vor der Übereinstimmung der Wörter, der Syntax des „Sinns", ja in gewissem Sinne vor der Sprache überhaupt. Denn die Intention auf „Antwort" liegt bereits jedem Sprechakt zugrunde. Übersetzbarkeit ist der lebendige Impuls, der das Werk erst als Ganzes konstituiert, gerade weil er über den Korpus, die faktische Grenze des Werks, hinaus drängt. Wie sich die Übersetzung dem faktischen Dasein des Werkes verdankt, so verhilft sie ihrerseits dem Werk zum geschichtlichen Weiterleben. Was der hermeneutische Zirkel im erkenntnistheoretischen Sinn formuliert, fasst Benjamin unter das Paradigma geschichtlicher Wirklichkeit. Benjamin wendet den alten metaphysischen „Wesens"-Begriff ins Geschichtliche, das heißt: Die Bedeutung, das „Wesen" eines Gegenstandes, legt sich in seinem geschichtlichen Dasein aus. Die Geschichte ist der umfassendere Begriff. Erst in ihr – im Überleben – kommt der Begriff des individuellen Lebens zu seinem Recht.

Das ständige Suchen Benjamins nach einem eigenen Ausdruck, das Unsagbare auszusagen, ist am engsten verbunden mit seiner Sprachphilosophie, wobei Offenbarung und die Beschäftigung mit heiligen Texten ein immer wiederkehrendes Thema sind. Benjamin wendet sich gegen die konventionelle Auffassung von Übersetzung, die ein gegenüber oder Nebeneinanderstellen gleichwertiger Ausdrücke aus verschiedenen Sprachen anstrebt. Bei Benjamin handelt es sich um die Übersetzung der eigenen Sprache in die andere durch ein Kontinuum von Verwandlungen, für dessen Objektivität Gott selbst einsteht.

Wir begegnen hier der geistigen Nähe zwischen Walter Benjamin und Franz Rosenzweig in ihrer Suche nach jüdischen Wurzeln. Die Sprache war für beide der Ort, an dem sich Himmel und Erde begegnen. Wo die Spuren der Schrift noch erkennbar und nachvollziehbar sind. Sie ist für beide auch der Ort, wo sich Sprachtheorie und Geschichtsphilosophie begegnen. In ihrem Verständnis der Sprache als schöpferischem Akt werden Schöpfung und Offenbarung verbunden mit Erlösung als geschichtsphilosophischem Prinzip. Für Benjamin ist der Mensch der Erkennende derselben Sprache, in der Gott Schöpfer ist. Es gibt kein Geschehen oder Ding in der belebten oder unbelebten Natur, das nicht in gewisser Weise an der Sprache teilhat. Denn jedem ist es wesentlich, seinen geistigen Inhalt mitzuteilen. Nach Benjamin führt die Gleichsetzung des geistigen mit dem sprachlichen Wesen zum Begriff der Sprachphilosophie, zum Begriff der Offenbarung.

In dieser Welt aber ist der Mensch nie ganz zu Hause, und aus dieser grundlegenden Heimatlosigkeit – die sicher für Benjamin, aber auch im Fall Rosenzweigs existentiell besetzt ist – wächst die Idee der Erlösung aus der Zeit hin zur Ewigkeit. Übersetzen heißt für Benjamin, in beiden Zeitdimensionen zu leben. Sein geistiger Weg ist gekennzeichnet durch die Tatsache, dass er den ganzheitlichen Sinn im Bruchstück sucht. Praktisch bedeutet dies, dass er die systematische Philosophie aufgibt, um sich der Kommentierung großer Werke zu widmen, seine Lust am Sammeln auf das Gebiet von Zitaten verschiebt, als Flaneur „auf dem Asphalt botanisieren geht", um in der Gestalt des „Engels der Geschichte" ein Motiv für die letztendliche Bedeutung des Menschen auf der Erde zu finden.

Benjamin ist auf der Suche nach einem verlorenen Kanon, nach Bruchstücken einer Tradition, die verloren gegangen ist. Dieser Kanon kann nur durch eine neue Anordnung der gesammelten Zitate wieder hergestellt werden. Der Mensch als Flaneur in der modernen Welt ist noch fähig, das Verlorene in die Gegenwart zu übersetzen, um so die Flut des Fortschrittes aufzuhalten. Ein Bild, welches Benjamin jahrelang fasziniert hat, war die Darstellung des „Angelus Novus" von Paul Klee, die er in der IX. These „Über den Begriff der Geschichte" interpretiert: Gottes Handeln in der Vergangenheit ist sein Sprechen als Versprechen, welches in jedem Augenblick Gegenwart werden kann. Das Eingedenken des Sprechens Gottes als Schöpfer eröffnet so die Möglichkeit für den Menschen, die Sprache schöpferisch zu beleben und aus den Quellen einen Sinn für Gegenwart und Zukunft zu gewinnen. In dieser Hinsicht ist es der Übersetzer als Interpret in der

Gegenwart, der den Sinnbogen zwischen Vergangenheit und Zukunft als lebendiges Glied herstellt.

Heimat als erzählte Zeit

Die biblische Geschichtsschreibung als Quelle der Erinnerung ist so auch die Grundlage der messianischen Hermeneutik für Fragen der Interpretation. Die jüdische Tradition hat nie eine Geschichtsschreibung im klassischen Sinn ausgebildet. Im Gebet findet Geschichte als Erinnerung ihren tiefsten Ausdruck. In dem uralten jüdischen Morgengebet heißt es: „Gott erneuert in seiner Güte Tag für Tag und immerfort das Werk der Schöpfung." Wie Gott seine Schöpfung immer wieder erneuert, so erkennt der Mensch jeden Tag aufs Neue seinen Bund mit Gott. Gott ist nicht nur der Schöpfer der Welt, er hat sich in der Offenbarung mit dem Menschen verbunden und bewirkt so an jedem Tag eine Neuschöpfung.

Wenn das Heute für einen Augenblick die Vergangenheit verlassen hat, eröffnet sie die Möglichkeit, sich der Zukunft zuzuwenden. Dieser Blick nach vorn erlaubt eine Aufhabung der dialektischen Spannung zwischen Vergangenheit und Zukunft und schafft einen neuen Zeitraum. Eine Heimat in der Zeit.

In der „Urzelle" des Stern der Erlösung entwickelte Franz Rosenzweig so auch ein neues Verständnis von Zeit. Die Vergangenheit kennenlernen meint keine „Liebe zum Fernsten", dem „Allgemeinen", sondern das, was „aus dem Geschehnis, also aus dem Allerbesondersten was es gibt, aufsteigt". Wie im Wort des letzten Propheten das Wort des ersten Propheten angerufen wird, und wie Väter an Söhne appellieren und umgekehrt, so geht das Besondere *„schrittweise von einem Besonderen zum nächsten Besonderen, von einem Nächsten zum nächsten Nächsten (…) So ist der Ordnungsbegriff dieser Welt nicht das Allgemeine, weder die Arche noch das Telos, weder die natürlich noch die geschichtliche Einheit, sondern das Einzelne, das Ereignis, nicht Anfang oder Ende, sondern Mitte der Welt. Sowohl vom Anfang wie vom Ende aus ist die Welt ‚unendlich', vom Anfang aus unendlich im Raum, dem Ende zu unendlich in der Zeit. Nur von der Mitte aus entsteht in der unbegrenzten Welt ein begrenztes Zuhause, ein Stück Boden zwischen vier Zeltpflöcken, die weiter und weiter hinaus gesteckt werden können. Erst von hier aus gesehen werden auch Anfang und Ende aus Grenzbegriffen der Unendlichkeit zu Eckpfeilern unseres Weltbesitzes, der ‚Anfang' zur Schöpfung, das ‚Ende' zur Erlösung."*

Was Rosenzweig über die Zeit sagt, wirkt auch im Tradieren des Judentums. Ich erlaube mir, dies mit einem Beispiel aus meiner Kindheit im Versteck in Holland während der Nazi-Zeit zu veranschaulichen:

Mein Vater, ein gesetzestreuer aber moderner Jude, hatte einem holländischen Freund von dem jüdischen Brauch erzählt, am Neujahrstag zur Erinnerung an die Erneuerung von Natur und Geist eine Frucht aus neuer Ernte zu essen. Es war im Herbst des Jahres 1944 – vor Einbruch eines der schlimmen Kriegswinter. Zwei Wochen vor Neujahr kam dieser Mann auf einem klapprigen Fahrrad und brauchte…eine Weintraube. Er hatte sie in der Nähe eines Bauern ausfindig gemacht, der sie in seinem Gewächshaus züchtete. Mein Vater war natürlich überglücklich und legte folgendes Gelöbnis ab: Den Segensspruch für die neue Frucht am Rosch Haschana wollte er von nun an stets über Trauben sprechen. Nachdem ich nach Israel gezogen war, pflegte mein Vater uns oft zu besuchen, und obwohl es im Sommer in Israel Trauben in Fülle gab, wussten meine Kinder: Vor Rosch Haschana isst Großvater keine Trauben – wegen seines Erlebnisses in der Zeit der Shoa…

Diese Geschichte zeigt deutlich, wie die persönliche Geschichte eines Menschen Teil seiner jüdischen Erfahrung wird; wie die persönliche Geschichte und die des jüdischen Volkes eins werden; und wie religiöse Symbole, wie das Essen der Frucht aus neuer Ernte, der Bewahrung des Vergangenen dienen und so für die Gegenwart Bedeutung gewinnen. Das jüdische Gesetz schreibt nicht vor, welche Frucht man essen soll. Mein Vater jedoch verband seine eigene Erinnerung mit der Erinnerung des jüdischen Volkes und wurde damit zum lebendigen Glied in der Kette der Tradition. Später leistete ich meinen eigenen Beitrag zu dieser Geschichte: Bevor die Israeliten das Land Israel betraten, schickten sie – so steht es im 4. Buch Mose – Kundschafter aus, um das Land zu erkunden. Von ihrer Reise brachten sie eine Weintraube mit. Das Volk erschrak vor der Größe all dessen, was es in diesem Land gab und wagte nicht, es zu betreten. Mein Vater, pflegte ich zu sagen, aß nie von den Früchten dieses Landes. Sein Schicksal war es, von den Früchten der Diaspora zu essen. Er blieb im Exil.

Als die Rabbiner versuchten, den Sinn der Zerstörung des Tempels zu deuten, fiel auch ihnen diese Geschichte aus dem 4. Buch Mose (Kap. 14) auf, in der so lebhaft geschildert wird, wie das ganze Volk nachts weinte, als die Kundschafter mit ihrer Nachricht eintrafen. Mit den Worten des Rabbiners Jochanan:

„Diese Nacht war der Anbruch des 9. Tages des Monats Av [die Nacht der Tempelzerstörung], *denn Gott hatte gesagt ‚In dieser Nacht habt ihr unnütz geweint* [d.h. ihr hättet mir vertrauen sollen und keine Furcht haben dürfen, das Land zu betreten], *nun aber werdet ihr Grund haben, jahrhundertelang zu weinen (...)‘.*"[11]

Die gesamte Geschichte des Volkes Israel wird im Geschehen einer jeden Zeit neu erlebt und gewinnt damit symbolische Bedeutung für die Zukunft. Die Geschichte des jüdischen Volkes ist nämlich keine Aufzeichnung der Vergangenheit, sie ist vielmehr eine Begegnung mit Gott in der Gegenwart. Jedes Geschehen, sei es eine Errettung oder eine Katastrophe, bietet Anlass, in verständlicher und unzweideutiger Sprache zu erkunden und auszudrücken, was im Glauben gelernt wurde, um die Zukunft aufzubauen. So wird ein Kontinuum der Geschichte gebildet.

Wenn im normalen Ablauf der Geschichte ein Bruch erfolgt, ein Bruch, den man in als das ‚Zerstörte Haus‘[12] bezeichnen kann, wenn also die gesamte Existenz eines Menschen auf Erden in Frage gestellt wird (wie in der Nacht der Tempelzerstörung), dann verinnerlichen die Juden dieses Erleben und formen Symbole, die die Bausteine für die Zukunft bilden sollen. In diesem Sinn erinnern wir und an die berühmten Worte des Rabbi Elasar und des Rabbi Hanina: „Lest nicht ‚Eure Söhne‘ (*banim*), lest vielmehr ‚Eure Bauleute‘ (*bonim*)."

Die Krise der Tradition ist so ein fruchtbarer Boden für einen Neuanfang. Jede Stunde, jede Situation, in der der Mensch sich befindet, ist eine Stunde der Entscheidung. *„hakol zafuj we-hareschut netuna"* – „Alles ist vorgesehen und die Wahl ist gegeben" haben die Rabbinen das Paradox zwischen Gottes Allwissenheit über die Zukunft und der freien Wahl der menschlichen Entscheidung innerhalb der Zeit genannt. Religiöser Determinismus braucht die Freiheit des Menschen. Aus dieser Spannung lebt die messianische Hermeneutik als Geschichtsschreibung in jüdischer Tradition. Die Offenheit der Interpretation auf der textuellen Ebene öffnet die Zeit für die Ewigkeit.

Heimkehr

Die bekannte französische Philosophin Sarah Kofman, die vor einigen Jahren freiwillig aus dem Leben geschieden ist, hat die Entscheidung, ihre Autobiographie als Heimat zu schreiben, vor sich hergeschoben, da sie eigentlich nur die Geschichte eines kleinen jüdischen Mädchens schreiben wollte, das zwischen zwei Welten hin- und hergerissen wurde und weil sie wusste, dass sie damit ihr „Todesdatum verschieben würde", wie sie 1991 schrieb: „Für mich sind diese Dinge so wichtig, dass ich den Eindruck habe: wenn es gesagt ist, werde ich nichts anderes mehr schreiben können." Ihre Schriften zu wichtigen Trägern und Kritikern der europäischen Kultur, wie Rousseau, Nietzsche und Freud, waren nur Umwege, um sich „einen Namen" zu machen. Ihre Signatur liegt beschlossen in den ersten Sätzen ihrer letzten kleinen Schrift: im Umweg zur Heimat.

> „Von ihm habe ich nur noch den Füller. Ich habe ihn eines Tages aus der Handtasche meiner Mutter genommen, in der sie ihn mit anderen Andenken an meinen Vater aufbewahrte. Einen Füller, wie es ihn heute nicht mehr gibt, und den man mit Tinte füllen musste. Ich habe ihn während meiner ganzen Schulzeit benutzt. Er hat mich ‚verlassen', bevor ich mich entschließen konnte, ihn aufzugeben. Ich besitze ihn immer noch, er ist mit Klebestreifen geflickt, er liegt vor meinen Augen auf meinem Arbeitstisch und zwingt mich, zu schreiben, zu schreiben. Vielleicht waren meine zahlreichen Bücher Umwege, die notwendig waren, um endlich ‚dies' erzählen zu können."[13]

Wir begegnen hier einer Wahlverwandtschaft zum Fragment der Erzählung von Agnon über Vater und Tochter am Vorabend des Versöhnungstages im „Zerstörten Haus" seines Geburtsortes, das wir als Motto unseren Ausführungen voran geschickt haben.

Die Auslöschung des europäischen Judentums wirft nämlich nicht nur die Frage nach dem jüdischen, sondern auch nach dem europäischen Erbe auf, das in der Arche des Textes, in der Erzählung eines jeden einzelnen Menschenlebens als Heimat aufgehoben ist. Ein Ort, wo Geschichte durch unsere Geschichten Brücke zur Heimat wird: wo ein jeder nach langen Umwegen nach Hause findet.

Anmerkungen

[1] „Der Vorabend" – im Original Hebräisch „Im k'nisat hajom", von Samuel Joseph Agnon, stammt aus dem Band der Erzählungen „ad hena", was örtlich bis hierher, wie auch zeitlich bis zu dieser Stunde bedeutet. „Der Vorabend" wurde zum ersten Mal 1932 in der Literaturbeilage der Tageszeitung „HaAretz" veröffentlicht. Die vorliegende Übersetzung Tuvia Rübners ist eine Erstveröffentlichung, zit. aus Warmbronner Schriften 13, herausgegeben von Harald Hepler, Christian-Wagner-Gesellschaft e.V., Stuttgart, S. 4-5 und 12, editorische Notiz S. 35. Der obige Abschnitt diente auch als Epilog meines Buches, Eveline Goodman-Thau, Arche der Unschuld. Vernunftkritik nach Auschwitz, Berlin 2008.

[2] Martin Buber, Zur Verdeutschung des letzten Bandes des Schrift, in: Martin Buber und Franz Rosenzweig: Die Schrift – Verdeutscht von Martin Buber gemeinsam mit Franz Rosenzweig, Beilage zum vierten Band, 6. Aufl., Heidelberg 1986, S. 3.

[3] Franz Rosenzweig, Die Einheit der Bibel, in: Der Mensch und sein Werk. Gesammelte Schriften Bd. 3,: Zweistromland. Kleine Schriften zu Glauben und Denken, Hg. v. Reinhold u. Annemarie Mayer, Dordrecht, 1984 S. 831.

[4] Siehe Eveline Goodman-Thau, Aufstand der Wasser. Jüdische Hermeneutik zwischen Tradition und Moderne, Berlin / Wien 2002.

[5] Eveline Goodman-Thau, Fremd in der Welt, zu Hause bei Gott, Münster 2002.

[6] Einer der Gottesnamen ist HaMakom, wörtlich: Der Ort und eine bekannte rabbinische Aussage lautet: „Er ist der Ort der Welt, aber die Welt ist nicht sein Ort."

[7] Amos Funkenstein, Perceptions of Jewish History, University of California, 1993. Deutschsprachige Ausgabe: Jüdischer Verlag im Suhrkamp Verlag, Frankfurt am Main, 1995, S. 9ff.

[8] Vgl. auch Amos Funkenstein, o.c.

[9] Walter Benjamin, Die Aufgabe des Übersetzers, in: Gesammelte Schriften, hg. v. Rolf Tiedemann u. Hermann Schweppenhäuser, Frankfurt am Main 1978 ff. Bd. IV.1, S. 21.

[10] Franz Rosenzweig, Der Mensch und sein Werk, Gesammelte Schriften, Bd. 3: Zweistromland. Kleinere Schriften zu Glauben und Denken, hg. v. Reinhold und Annemarie Mayer, Dordrecht 1984.

[11] Babylonischer Talmud, Traktat Ta'anit 29a.

[12] Der rabbinische Terminus für die Tempelzerstörung ist Churban, hebräisch für ,Zerstörung'.

[13] Sarah Kofman, Rue Ordener, Rue Labat. Autobiographisches Fragment, Paris 1994. Deutschsprachige Ausgabe Tübingen 1995, S. 9.

Biographische Hintergründe

Wien – Geschichte einer Täuschung

*Nicht die Lust, nicht die Natur, nicht die
Sinne sind die wahren Verführer, nur die klare Vernunft ist es, an die wir durch die Gesellschaft gewohnt sind und die Brechungen,
die aus den Erfahrungen geboren sind.*[1]

Illa Meisels schreibt die Geschichte einer enttäuschten Liebe mit dem
klaren Kopf einer Realistin, geprägt von einfühlsamer Selbstbeobachtung, am Bruchpunkt von Gewohnheit und Erfahrung. Zwischen
den verfärbten Blättern des alten Heftes – auf der Flucht 1938 aus
Wien im Reisegepäck nach Holland mitgenommen – spricht aus der
regelmäßigen Handschrift dieses ein Jahrzehnt zuvor geschriebenen
Fragments nicht nur die Stimme meiner Mutter als 23-jährige junge
Frau in der Gestalt eines jungen Mannes, hin- und hergerissen zwischen der Liebe für eine Frau und der Pflicht gegenüber dem Vater,
Vertreter der Gesellschaft, sondern in erster Linie die Geschichte einer Täuschung. *„Die Brechungen, die aus den Erfahrungen geboren sind"*,
wiedersprechen heute, 60 Jahre nach der Schoa, jeglichem Versuch
eines rein ästhetischen Umganges mit diesem Zeugnis auf dem Hintergrund des endgültigen Bruches und des Scheiterns: des Lebensbruches jüdischer Familien in Europa, als sie Schiffbruch erlitten, zerschmettert wurden an den Felsen der Festung Europa, jener Festung
der europäischen Kultur, an der wir so gerne teilnehmen wollten,
welche uns aber als Fremdkörper ansah und in ihrer Mitte vernichtete. Es war eben die Täuschung der *„klaren Vernunft, an die wir durch die
Gesellschaft gewöhnt sind"*, welche dem Rausch und der Verführung
Wiens unterlag.

Im zerbrechlichen Übergang vom Kind zum jungen Mädchen war
Illa Meisels im Flüchtlingsstrom des Ersten Weltkrieges mit ihren El-
tern und Geschwistern aus dem ostgalizischen Dorf Nadworna in die
Kaiserstadt Wien gekommen.

Abstammend von der berühmten Rabbinerdynastie Meisels, Teil
des jüdisch-europäischen geistigen Adels, deren Stammbaum bis zu
Rabbi Moses Isserles (1525 oder 1530-1572) reicht, dessen nach ihm
benannte *„Remo-Schul"* noch in Krakau erhalten ist, wie auch die Inschrift auf seinem Grabstein „Von Moses (Maimonides) bis Moses
(Isserles) stand niemand wie Moses auf", ein Wort, das früher schon
auf Maimonides und später auf Moses Mendelssohn bezogen wurde,

wuchs meine Mutter „zwischen den Welten", der jüdischen und der nicht-jüdischen, auf, in beiden war sie „nicht im Exil und nicht Zuhause"[2].

Wien war der Ort der Begegnung zwischen Ost und West, ein Schnittpunkt. Eine erste Station für viele Juden aus Osteuropa – so auch für meine Eltern, die davon geträumt hatten, eines Tages aus „dem Versteck" zu kommen und ihr uraltes Wissen, eine Mischung von eindringlichem Forschen und tiefer Religiosität in der Begegnung mit dem Da-sein, in einem ständigen Werdens- und Bewusstseinsprozess durch ein *menschliches* „In-der-Welt-Sein" zum Ausdruck bringen zu können. Gott – in ihrer Welt war nicht ein abstrakter Begriff: Er hatte viele Namen und darum keinen bestimmten, keinen von vornhinein festgelegten, festgeschriebenen, keinen, der in menschliche Sprache erst über-setzt werden musste durch eine menschliche Beschreibung der Gotteserfahrung, er war, nach einer der prägnantesten Formeln: *Mi sche-amar we-haja olam* (Er sprach und eine Welt war).

Für Illa Meisels, in diesem Milieu einer östlichen Religiosität und einer westlichen Rationalität aufgewachsen, bedeutete dies eine Suche nach einer eigenen Identität in einer Welt, die zunehmend zwischen Innen und Außen gespalten war.

Eingebettet im Ethos der jüdischen Tradition entwickelte sie bereits früh ein Selbstbewusstsein, welches nicht nur zur Stärkung der eigenen jüdischen Identität beitrug, sondern sich auch der Problematik der Wiener Moderne des fin-de-siècle zu öffnen verstand. Eine Sensibilität für die Ambivalenz, eine Mischung zwischen Anziehung und Abwehr, Entschlossenheit und Aufschub. „*Diese Antwort riss mich aus allen Himmeln. Dieses unerwartete Hindernis hatte meine Phantasie in einen äußerst erregten Zustand versetzt, der sich über mein ganzes Wesen ausbreitete. Jene Liebe, zu deren Verstellung ich mich noch vor einer Stunde beglückwünscht hatte, glaubte ich mit Heftigkeit auf einmal selbst zu empfinden.*"[3] Es sind die ersten Sätze dieses Romanfragments, wo Erinnerung, Erwartung und Enttäuschung die Spannung zwischen Ersehntem und Erreichtem bis zum letzten Atemzug aushalten in der Dreiecksbeziehung zwischen einer Frau und ihren zwei Liebhabern, einem jüngeren im Geheimen und einem älteren Grafen X. in der Öffentlichkeit, gegenseitige Gegenspieler. Freilich war dies ein Zeichen der Zeit, es gab keine der Wirklichkeit entsprechende Vorstellung von Freiheit für die jüdischen Untertanen des Kaisers Franz Joseph, nicht in den verschiedenen Kronländern und ganz besonders nicht in Wien, einer Stadt, die für viele als ersehnte Hofburg der Heimat erschien, ein Traum, der an der Wirklichkeit zerbrach.

Dov Berush Meisels (1798-1870), Kreisrabbiner von Krakau und Warschau, polnischer Patriot und einer der Ahnen meiner Mutter, setzte sich 1846 während des Aufstandes in der Republik Krakau für die polnische Freiheitsbewegung ein und wurde von den Polen als Vertreter der Juden in den Krakauer Senat gewählt. Nach seiner Wahl als eines der fünf jüdischen Mitglieder des österreichischen Reichstages leitete er 1848 angeblich die Delegation. Als zur festlichen Eröffnung im fürstbischöflichen Palais im Kremsier Rabbiner Dr. Meisels vom Präsidenten Smolka sehr herzlich in polnischer Sprache begrüßt und eingeladen wurde, auf der Rechten unter seinen Landsleuten Platz zu nehmen, verweigerte Rabbiner Meisels jedoch die Ehre: „Ich kann unter Euch nicht platznehmen, denn wir Juden haben keine Rechte."[4]

Obwohl also vielleicht die Juden die wirklichsten aller Österreicher waren, verstanden sie auch die Verstellung dieser Tatsache im Leben. Franz Kafka lieferte dafür die Formulierung:

„Er hat das Gefühl, dass er sich dadurch, dass er lebt, den Weg verstellt. Aus dieser Behinderung nimmt er dann wieder den Beweis dafür, dass er lebt."[5]

An der Arbeit zu meinem Buch „Eine Rabbinerin in Wien. Betrachtungen" stieß ich vor zwei Jahren wieder auf ein altes Heft, und obwohl ich es viele Male durchblättert hatte, war mir das in Bleistift Geschriebene immer als unlesbar vorgekommen. Jetzt auf einmal sprangen mir die Sätze ins Gesicht... So gibt es kein „zu früh oder zu spät", nur ein „zur rechten Zeit", um gerade jetzt, zu ihrem 100. Geburtstag und genau 50 Jahre nach ihrem leider zu frühen Tod, diesen Einblick in die innere Biografie einer jungen Galizianerin in Wien beispielhaft für eine Welt von Gestern, verweht wie Blätter im Wind, zum Druck zu bringen.

Geburtstage sind Momente des Rückblicks, wo die Zeit sich wie eine Harmonika zusammenfaltet: Meine Mutter wurde am 20. Januar geboren. Es war auch an einem 20. Januar 1942, als am Wannsee, einem der schönsten Seen in Berlin, der Entschluss zur „Endlösung", der Vernichtung des europäischen Judentums, fiel. Auch an meinem Geburtstag, dem 20. Juni, haften verhängnisvolle Erinnerungen: es war ein Jahr später, 1943, der Tag einer der schlimmsten Razzien in Amsterdam-Zuid. Alle jüdischen Familien in unserer Straße wurden abgeholt und nur wir waren gerettet durch einen von meiner Mutter mit Hilfe von Bluttüpfchen auf meinem Körper suggerierten Scharlach. In meiner Erinnerung war dies ein strahlender Sommertag im Juni, an dem ich im Bett bleiben musste.

In diesem Jahr zu meinem 70. Geburtstag wurde das Ausmaß dieser Rettung mir nochmals deutlich, da so viele, wie Anne Frank, die zwei Strassen von uns entfernt wohnte und in diesem Jahr ihren 75. Geburtstag gefeiert hätte, nicht überlebt haben.

So spinnt die *Erinnerung der Herzen* ihr eigenes Netz der Zusammenhänge, die zum richtigen Augenblick das Gewebe aufreißen: Unter Bildern fand ich vor einigen Wochen auch eine alte Postkarte, auf der ein Kaffeehaus zu sehen ist, mit dem Titel „Wiener Bonbonnière". Der Ausdruck war mir in unheimlicher Weise vertraut, als ich in meinem Buch „Rabbinerin in Wien", etwas erstaunt über mich selbst, mit der Überschrift „Wien, Wien, nur du allein..." über den Ring geschrieben hatte: „Natürlich denkt man sofort daran, ob dieses oder jenes ‚Damals' genauso ausgesehen hat, und hierin ist Wien einmalig, in der Kunst der Restauration: Man kann sich aus dieser wunderbaren Schatzkiste unter dem Kristallleuchter jedes Mal ein Schmuckstück aussuchen, seinen Inhalt langsam auf der Zunge zerschmelzen lassen wie Schokoladenbonbons aus einer ovalen Bonbonnière."[6]

Es gab eine „Wiener Bonbonnière", nicht nur in meiner Erinnerung an Wien, sondern in Wirklichkeit! Als ich die Postkarte umdrehte, fand ich den Geburtsort meiner Metapher, wo es heißt:

Interieur van de „WIENER BONBONNIERE" (Bovenzaal Ritz Lounge N.V.). Leideschestraat 89-93, Amsterdam, Tel. 31614.

Der richtige Augenblick war gekommen, nach 50 Jahren verstand ich die Bedeutung der Verstellung, die den Umweg nach Wien erklärte, durch das auf der Rückseite in meiner eigenen Handschrift auf Holländisch Geschriebene:

„Elfje's 20.ste verjaardag A'dam 20. Juni 1954" mit der Unterschrift (jeder in seiner eigenen Handschrift): *Mutti Pappa.*

Meine Eltern hatten mich zum 20. Geburtstag in die Wiener Bonbonnière eingeladen, mir ein Stück verlorene Heimat als Erbe mitgegeben, sie *„lebten gleichsam in einer Art Erinnerung der Herzen, die stark genug war, jeden Gedanken an Trennung schmerzlich zu gestalten, aber dennoch zu schwach, unser Zusammenleben als ein Glück empfinden zu lassen."*[7] Einige Seiten aus „Erinnerung der Herzen" hatte ich, ohne von diesem Bezug zu wissen, in meinem Rabbinerin-Buch in das Kapitel über meine

Mutter hineingenommen. Ich wusste davon, dass manchmal freilich der Himmel unseren Scherben voraus stirbt, und ließ mich leiten von der Kafkaschen Mahnung: „Jeder Versuch, eine Idee praktisch bis in ihre letzte Konsequenz durchzuführen, ist ein Beweis, dass man selber nicht ganz verstanden hat."[8]

So leben wir nolens volens das ungelebte Leben unserer Eltern weiter, als Vorbeugungsmaßnahme der Täuschung...

Eine der frühesten Erinnerungen an meine Mutter ist, dass sie sich in einem Abendkleid über mich beugt und mir einen Gute Nacht Kuss gibt – ob es dasselbe Kleid wie auf dem Umschlagfoto dieses Buches ist, weiß ich nicht, eines aber ist sicher: es war derselbe Duft Chanel no. 5, den sie ihr Leben lang trug und der in meinem Gedächtnis eingeprägt ist. Es ist der Spur dieses Duftes, der ich zu folgen versuche. Es ist der Duft des Abschieds, der süßen Bitterkeit, Hingabe an die Sehnsucht, ja sogar einer gewissen Freude – oder Trost – über das unerfüllte, das unvollendete Glück, welches sich ja sonst als Täuschung herausgestellt hat.

Manès Sperber, der aus Zablotow stammt, wie mein Vater, Großvater und Urgroßvater, welcher sogar Bürgermeister dieses jüdischen Städtchens in Ost-Galizien, am Pruth, nicht weit von Nadworna, Geburtsort meiner Mutter, war, erzählt in seinen Büchern viele Geschichten über das Leben der Juden dort, die er „Luftmenschen" nennt.

„Ja, es war eine bis zur Absurdität maßlose, groteske Armut, jedoch keine Armseligkeit, weil die Zablotower nicht nur etwa glaubten, sondern wussten, dass der Zustand nur provisorisch war... Gott ihr Gott natürlich griff stets ein. Spät, sehr spät, aber nie zu spät. Darüber hinaus konnte man jeden Augenblick mit der Ankunft des Messias, als mit der endgültigen Erlösung rechnen."[9]

Dies war die Situation im ostjüdischen Exil. Der Glaube an das Kommen des Messias in jedem Augenblick gab dem Leben seinen Sinn: machte sie zu „Luftmenschen" in dieser Welt, aber zuhause bei Gott. Diese Tradition hat viele Juden wie auch die Generation grundsätzlich geprägt. Die Welt war provisorisch – eine Qualität, die zum Leitwort wurde – nicht nur nach der Zerstörung des europäischen Judentums, sondern überhaupt, weil sie immer provisorisch war und bleiben muss. Vor und nach der Katastrophe blieb dieser Punkt ein Ort der Orientierung, dies war die wirkliche Heimat in der heimatlosen Welt, nicht die Sprache, sondern der Glaube an die Erlösung.

Wie bei Sperber gab es auch bei meiner Mutter die vernunftbegabte „Ahnung des Zweifels", die Skepsis des gesunden Menschenverstandes, das Misstrauen gegen jeglichen Aberglauben, aber auch das Misstrauen gegenüber dem „Glauben der Gewohnheit", die Fallstricke der Ersatzreligion, der falschen Mischung von Liebe und Selbstopferung, der Heuchelei, der verlogenen Komödie des Selbstbetrugs und der Sittlichkeit, Hypokritik und Politik: der guten Miene zum bösen Spiel, dessen letzter Akt noch ausgespielt werden musste, bevor der Vorhang fällt. Die Skepsis gegenüber jeglichem Versuch des unzweideutigen – nicht zu sprechen des totalen – Selbstverständnisses, aber zugleich der Drang, alle Wände als Vorwände aufzudecken und zu durchbrechen, hinter den Kulissen alle Missverständnisse und Missdeutungen zu entlarven, um sie eines Tages im Rampenlicht auf die Bühne zu bringen – im Wissen, dass dies das Ende des Theaters sein würde – dies ist der rote Faden, der „Erinnerung der Herzen" mit der Epoche, wo Selbstbetrug und Weltbetrug zusammenfallen, verbindet.

> „Manche nehmen an, dass neben dem großen Urbetrug noch in jedem Fall eigens für sie ein kleiner besonderer Betrug veranstaltet wird, dass also, wenn ein Liebesspiel auf der Bühne aufgeführt wird, die Schauspielerin außer dem verlogenen Lächeln für ihren Geliebten auch noch ein besonders hinterhältiges Lächeln für einen ganz bestimmten Zuschauer auf der letzten Galerie hat."[10]

Illa Meisels ist die Zuschauerin in der letzten Reihe, die das Winken entgegennimmt und erwidert in voller Erkenntnis des Doppelbetrugs. Sicherlich verstand sie die Selbstaussage Kafkas „Ich kenne den Inhalt nicht, ich habe den Schlüssel nicht. Ich glaube den Gerüchten nicht, alles verständlich, denn ich bin es selbst."[11], aber es ging ihr darum, das lebensgefährliche Liebesspiel trotzdem bis zum letzten Tropfen auszukosten, ein Spiel, für das sie und viele andere einen so hohen Preis bezahlt haben...

Im letzten Zug, am 31. Dezember 1938, am Tag, an dem der Österreichische Pass ablief und das ersehnte – erlösende – Visum nach Holland endlich kam, wo Ausreise und Einreise gesichert sind, sitzt sie mit drei kleinen Kindern im Zug, in die Freiheit oder in den Tod, wo durch alle Brechungen hindurch der endgültige Bruch mit Wien vollzogen wird. In Nadworna hoffen die letzten Gläubigen noch auf die Rettung durch den Messias, im Wiener 2. Bezirk, wo wir die letzten zwei Wochen in der Wohnung meiner Großmutter in der Schmelzgasse mit zwei Tanten, Pepi und Malciu, verbracht haben, läuten an der Ecke die Glocken der Kirche der Barmherzigen Brüder. Für die Juden sind es Todesglocken.

Es ist in dieser Wohnung, in der sie 10 Jahre zuvor, im Mai 1928, eine Liebesgeschichte schreibt, deren Hauptfiguren in den Namen ihrer Kinder eingeschrieben sind: die Frau, mit dem Initial E. bezeichnet, – manchmal Elsa oder Erna genannt – hatte sie mir gegeben, die Ich-Figur jedoch ist unverwechselbar und vollkommen rein erkennbar: Hans (Hebräisch Zwi (Hersch) Israel), nach den verstorbenen Vätern meiner Eltern.

> *„Wir erlangten alle beide wieder den Anschein der Ruhe. Es wurde gemeldet, dass aufgetragen sei. Ich bot E. meinen Arm, den sie nicht verweigern konnte.*
>
> *‚Wenn sie mir nicht augenblicklich versprechen‘, sagte ich im Weitergehen, ‚dass sie mich morgen sehen wollen, dann reise ich auf der Stelle ab, verlasse Heimat, Familie, Vater, breche mit allen Beziehungen, schwöre allen Pflichten ab und werde irgendwo so schnell wie möglich meinem Leben ein Ende machen, das Sie mir auf diese Weise zu vergiften belieben.‘*
>
> *‚Hans‘, erwiderte sie mir, dann zögerte sie.*
>
> *Ich machte eine Bewegung, als wolle ich mich entfernen. Ich weiß nicht, was meine Züge ausdrücken mochten, jedenfalls hatte ich noch nie zuvor eine solche Erregung gespürt. E. sah mich an. Angst und Zärtlichkeit spiegelten sich in ihren Mienen.*
>
> *‚Ich werde Sie morgen empfangen‘, sagte sie dann, ‚aber ich schwöre Ihnen‘ -- einige Paare folgten uns, sie konnte den Satz nicht vollenden.“*[12]

Dieses Mal gab es keine Flucht mehr in die Phantasie, der Schleier war ein für alle Mal zerrissen, das Spiel zu Ende, es war bitterer Ernst, die Angst konnte nicht mehr durch Zärtlichkeit überwunden werden, auch nicht durch ein Versprechen, welches im Vorhinein zum Scheitern verurteilt war. Hans, der auf ihrem Schoß saß, sollte am nächsten Tag, am 1. Januar 1939, seinen 1. Geburtstag feiern, in der Fremde.

Nach dem Krieg, ein Jahrzehnt später, fährt sie allein mit Hans auf eine Sommerfrische nach Scheveningen und lässt sich im selben Silberfuchs, den sie einst auf ihrem Abendkleid getragen hat, im Strandkorb fotografieren. Hans steht neben ihr, in der einen Hand hält er ein Boot – vielleicht symbolisch für unsere misslungene Flucht 1940 von der Küste Hollands nach England mit einem kleinen Schiff, das wir nicht genommen haben, da meine Mutter der Reparatur im letzten Moment nicht vertraute (das Schiff ist, wie wir nach dem Krieg erfuhren, mit allen an Bord in der Nordsee untergegangen) – mit der anderen hält er sich am Korb fest. Irgendwie erinnert das Bild mich an den Tod in Venedig...

Für Mutter und Kind ist die Flucht im Coupé aus Wien wie ein versiegelter Waggon, der im Rückblick einen Weg zeigt.

Aber irgendwie lebe ich noch immer wie Eva im versiegelten Waggon, auf dem Weg, im letzten Zug, der in die Freiheit oder in den Tod führt. Freiheit würde bedeuten Freiheit von der Geschichte, was eigentlich dasselbe wäre wie der Tod: das Siegel ist bereits da, das letzte Kapitel geschrieben. Jedes Menschenleben ist von nun an ein Überleben über das normale Maß hinaus, jenseits von Gut und Böse, nur so kann das Leben weitergehen... Es ist ein Kommentar auf Dan Pagis Gedicht[13]:

> Mit Bleistift im versiegelten Waggon geschrieben
> Hier in diesem Transport
> bin ich Eva
> mit Abel meinem Sohn
> seht ihr meinen großen Sohn
> Kain, Adams Sohn, Menschensohn
> sagt ihm, daß ich

Als ich vor einigen Jahren mit meinen nicht-jüdischen Studenten von der Universität Halle- Wittenberg zum ersten Mal in Auschwitz war, führte ich danach ein ganzes Jahr lang ein Tagebuch, um die klare Vernunft, an die wir durch die Gesellschaft gewöhnt sind, den Brechungen der Erfahrung auszusetzen.

In diesen Aufzeichnungen gibt es immer wiederkehrende Fragen eines kleinen Mädchens an ihre Mutter „Wohin fährt der Zug". Erst vor kurzen wurde mir deutlich, dass ich das Kind im Zug bin, auch die Mutter, die die Antworten gibt, und die Großmutter, die die Geschichte an den „Gewohnheiten der Gesellschaft" misst.

„Wohin fährt der Zug? Fragt ein kleines Madel ihre Mutter. Er fährt, er fährt nach Lodsz, eine lange, lange Reise. Geduld musst du haben, mein Kind, Geduld. Lodsz ist weit weg, die Großstadt unerreichbar, erfahrbar nur durch die Fahrt dorthin. Wohin? Eine Fahrt ohne Ende, die Gleise gehen weiter und weiter und enden nur dort, durch das Tor, durch das Himmelstor, das immer offen steht, aber nur in den Tod führt. Das Ende der Gleise ist das Ende des Lebens.
...
...
Woher kommt der Zug und wohin fährt er?
Woher? Vom Paradies. Wohin? In die Hölle: und nur so, nur so weiß der Mensch vom Paradies, als die Bäume noch blühten, als die Blumen noch zum Pflücken da waren, als die Kinder noch spielten, lachten, als die Geliebten noch liebten.
Erst aus der Hölle dem Feuer entronnen, weißt du dies, Menschenkind.
...
...
Wohin führt der Zug? In die Leere, mein Kind, zum Anfang. Für dich und für mich, mein Kind. Aber für die anderen, die, die überleben werden, wohin fährt ihr Zug? Vielleicht wieder in die Ferien zu den Bergen, zu dem See, zum Strand, zur Insel, in die Stadt. Ich weiß es nicht, mein Kind. Ich weiß nicht, wie das Leben mit Auschwitz aussehen wird. Ich weiß es nicht.
...
...
Wohin führt der Zug, Mamme? Er fährt in die Hölle.
...
...
Wohin fährt der Zug? fragt ein blondes Enkelkind ihre Großmutter. Zum Wannsee, ist die Antwort. Was gibt es dort? – ein Strandbad. Auch Duschen, wo wirklich Wasser herauskommt.
...
...
Wohin führt der Zug? Er fährt in die Vernichtung, mein Kind. Es ist besser, dass du das jetzt schon weißt, vielleicht ist das ein Trost, ein Weg, das Ende leichter zu nehmen, die Augen zuzumachen, die Lungen auf und ganz tief einzuatmen, dann geht es rascher; du fällst sofort in Ohnmacht und die Engel können dich dann sofort in den Himmel bringen. Überleben ist viel, viel

schlimmer. Nicht, weil das Leben so schlimm war, aber weil das Überleben unmöglich sein wird. Die Welt wird sich unerkennbar verändert haben, die Menschen werden einander nicht wiedererkennen, weil sie dort sind, an dem Ort, von dem man nicht lebendig zurückkommt, mit lebendigem Geist, mit Hoffnung, Glaube und Liebe. All das, mein Kind, wird dahin sein. Un-wie-der-holbar, für immer und ewig verloren, verweht im Rauch der Krematorien, im Geruch der Leichen, im Schrei der Kinder. Also besser den Tod wünschen, als das Leben. ,Ich setze vor dir das Leben und den Tod, und du wählst das Leben.' (Deut. 30,15) Nein, du wählst den Tod, weil der Tod noch, bis wir dort ankommen, noch mit dem Leben verbunden ist. Danach, nach Auschwitz, gibt es kein Leben mehr, das noch zwischen Tod und Leben ist: du wählst nun den Tod, freiwillig wählst du den Tod in Würde, in Freiheit, um das Leben, dein Leben zu retten."[14]

Der letzte Zug, der langsam aus Wien-Westbahnhof rollt, uns über Deutschland nach Holland führt, hat uns das Leben gerettet. Das kleine Madel im Zug fragt jedoch die Fragen der jüdischen Kinder Europas, die noch an eine Zukunft glaubten, ihren Müttern vertrauten, dass sie gut ankommen, zur Rettung. Vielleicht ahnte ich bereits damals die Täuschung in den Augen meiner Mutter, als sie mir Jahre später, zu Tode an Magenkrebs erkrankt, woran sie im Alter von 50 Jahren starb, gestand: „Elfi, in deinen Augen sehe ich, wie krank ich bin." Sie hasste mich in dem Augenblick – wie sicherlich auch das Kind im Zug, am Weg in die Vernichtung, die Mutter um die nackte Wahrheit hasste – da sie leben wollte und in meinen Augen die Hoffnungslosigkeit ihrer Lage sah. Freilich, der Himmel stirbt unseren Scherben voraus.

So fährt der Zug der Erinnerung nicht gen Westen in die Freiheit, sondern gen Osten in den Tod, im Spiegelbild. Im Unterschied zum Archiv sind wir in der Arche als Zeugen immer präsent, legen durch unsere Erfahrungen die Brücke zwischen Vergangenheit und Zukunft, bewirken durch unser Erinnern eine Umkehrung der Zeit und der Herzen, in jüdischer Tradition eine messianische Zeitwende: „Siehe, ich will euch senden den Propheten Elia, ehe der große und fürchterliche Tag Gottes kommt. Er wird das Herz der Väter zu den Söhnen zurückführen und das Herz der Söhne zu ihren Vätern, auf dass ich nicht komme und das Erdreich mit dem Bann schlage." (Mal. 3,23-24). Der Bund zwischen den Generationen ist die Garantie dafür, dass das Erdreich nicht für immer und ewig unter dem Bann der Vergangenheit steht, dass es einen *Sche'erit* – Rest gibt (Jes. 10,22), der auf dem Floß der Medusa das Licht am Horizont in ein Zeugnis verwandelt, aufgehoben in der Arche des Textes, die in den Fluten der Zeit dem Sturm der Geschichte widersteht, um der nächsten Generation als Rest der Entronnenen eine Existenz in der Kluft der Zwischenzeit, dem Abgrund der Geschichte, zu erlauben.

„Im Begriff des Rests fällt die Aporie des Zeugnisses zusammen mit der messianischen. Wie der Rest von Israel weder das ganze Volk ist noch ein Teil von ihm, sondern gerade die Unmöglichkeit für das Ganze und für den Teil bedeutet, mit sich selbst und miteinander zusammenfallen; und wie die messianische Zeit weder die historische Zeit noch die Ewigkeit ist, sondern die Kluft, die sie teilt; so sind die Zeugen von Auschwitz weder die Toten noch die Überlebenden, weder die Untergegangenen noch die Geretteten, sondern das, was als Rest zwischen ihnen bleibt."[15]

Hier geht es darum, die Kluft als Brücke zu erfahren, in der historische Daten und Tatsachen sich durch die Erfahrungssprache der Poetik zu einer Kette zusammenreihen, in der die Toten unsere Lippen als Zeugen bewegen. Wir sind es, die ihre Geschichten weitererzählen, ihrer Sehnsucht nach uns eine Stimme verleihen. Als Rest sind wir die verwehten Blätter des alten Heftes in meiner Hand, ich entziffere die Zeichen, die mich jenseits von Zeit und Ort zum Zeugen machen: „Du bist der, der schreibt und der geschrieben wird." (Edmond Jabès)

So dienen die folgenden wenigen biografischen Daten, die ich über meine Mutter und meine Familie in Wien erfahren konnte, nur als Rahmen für das Bild, welches als lebendiges Zeugnis entsteht, wo Gelebtes und Erlebtes die Gedächtnislücke schließen, und wo sich die beunruhigende Fremdheit im vertrauten Eigenen wiederfindet. Kontinuität als Bruch zu erleben erlaubt es, eine Brücke zu bauen über den Abgrund, über den kein Gespräch möglich ist, um den Widerspruch zwischen den beiden Größen „Bruch" und „Kontinuität" wieder sprechen zu lassen. Im Hinblick auf die kontinuierliche Zeit heißt dies, eine Möglichkeit zu schaffen, die Pflöcke des Zeltes aufs Neue mit einem Seil zu überspannen, unter dem erneut Tradition – im weitesten Sinn des Wortes – sich entfalten kann.

In diesem Sinne ist es wichtig, Nutzen und Nachteil der Historie als feste Anhaltspunkte kritisch zu betrachten, jedoch wäre es verfehlt, die Zukunft fortzuschreiben oder idealistisch zu betrachten. Durch eine solche kritische Betrachtung, die gerade *zwischen den Generationen* stattfindet, werden Gegenwart und Zukunft zu einer Indikation des erinnerten Gedächtnisses, das in seiner Brüchigkeit ein Kontinuum in der Zeit aufspannt. Raum und Zeit gewinnen so eine Dimension der Offenheit, in der Gegensätze nicht aufgehoben werden, sondern sich fruchtbar begegnen.

Die Begegnung mit den Daten aus der Magistratsabteilung 8 des Wiener Stadt- und Landesarchivs: sie liegen vor mir und ich versuche, aus den vielen widersprüchlichen Angaben doch eine Ordnung zu machen:

„Sehr geehrte Frau Prof. Goodman-Thau,
Auf Grund Ihrer telefonischen Anfrage zu Ihrer Familiengeschichte, insbesondere Unterlagen zur Biografie ihrer Mutter, können wir Ihnen Folgendes mitteilen:
Die Familie von Israel und Frieda Meisels lässt sich ab 1914 in Wien nachweisen, einige der Kinder haben hier seit diesem Zeitpunkt dauernd gewohnt (zu Details s. die nachstehenden Meldedaten). Israel Meisels ist hier am 10.2.1922 verstorben.
Ihre Mutter hat nach dem von Ihnen genannten Trauungseintrag der Israelitischen Kultusgemeinde, über den wir in Kopie durch die bei uns vorhandene Zweitschrift der Trauungsmatrik sowie Kopien der Trauzettel in der Melderegistratur verfügen, am 23.3.1930 Adolf Thau geheiratet. Im Matrikeleintrag, von dem für die weitere Recherche auszugehen war, lautet ihr Name ‚Jutta Feiga Meisels' und das Geburtsdatum ‚20.1.1905, Nadworna'.
Wie telefonisch mitgeteilt, war eine Person mit diesen Daten in anderen Unterlagen – Ihre Frage galt vor allem dem Jahr 1928 – nicht nachzuweisen.
Offensichtlich hatte schon die damit beschäftigte Meldebehörde in den zwanziger Jahren die Schwierigkeit, dass die Identitätsdaten der Jutta Meisels unterschiedlich angegeben wurden. Wie die unten angegebenen Meldedaten zeigen, war sie als ‚Itta' erstmals 1914 gemeldet, als Geburtsdatum ist 1901 angegeben. 1916 wurde sie als Itta umgemeldet, als Geburtsdatum ist der 20.1.1901 angegeben. Am 23.12.1922 wurde durch eine Ummeldung das Geburtsdatum auf 20.1.1900 korrigiert. In der Folge ist sie, wie der Rest der Familie, im Mai 1923 nach 2, Schmelzgasse 4/1/2 umgezogen. Dort hat sie sich am 18.5.1923 als ‚Ida' angemeldet. Am 10.3.1930 wurde sie nach ‚unbek[annt]' abgemeldet. Möglicher Weise ist sie dann nach Baden gezogen, da der von Ihnen genannte Trauungseintrag,

wie auch eine Abschrift des
‚Trauzettels' in den Meldeunterlagen auf Baden als Wohnort verweisen.
...
Meldungen von Jutta (Itta, Ida) Meisels, geb. in Nadvurna Galizi-
en, mos., ledig, Heimatzust.: Nadvurna
6.10.1914 – 1.6.1916: 10, Siccardsburgg. 7/3/41 (geb. ‚1901') vorher:
‚zugereist aus Galizien'
1.6.1916 – 13.12.1922: 10, Erlachgasse 83/1/19 (geb. ‚1901')
Abmeldevermerk: ‚wegen Geburtsdatum umgemeldet'
18.12.1922 – 17.5.1923: 10, Erlachgasse 83/1/10 (geb. 22.1.1900)"

(Brief vom Direktor Univ.-Prof. Dr. Ferdinand Opll unterschrieben)

In der Datenbank des Österreichischen Widerstandes (DÖW) befin-
den sich weitere Informationen über die Geschwister Meisels, ihre
Ehepartner, Kinder, Abreise und Deportation, und auch hier gibt es
eine Fülle von Ungereimtheiten in den genauen Namensangaben der
Brüder und der Schwestern, aber mehr noch in den Geburtsdaten,
sodass ihre Reihenfolge fast nicht genau feststellbar ist. Der Vater
Israel Meisels, von Beruf Kaufmann, ist in Nadworna geboren am
15.12.1862 und stirbt am 20.2.1922 im Alter von 59 Jahren in Wien.
Die Mutter ist Frieda Meisels, geb. Wundermann, auch in Nadworna, ihr Geburtstag ist 8.12.1869 (15.2.1868 oder 15.10.1870) und sie
stirbt in Holland am 12. Dezember 1956. In der Todesurkunde sind
die Namen der Kinder mit ihrem damaligen Alter aufgenommen,
was ein mögliches Licht wirft auf die widerstreitenden Angaben der
Geburtsdaten – die wahrscheinlich mit dem Versuch der älteren Brüder meiner Mutter, dem Militärdienst zu entgehen, zusammenhängen - auf den jeweiligen Meldezettel: Blume (Blime, Blima, Bertha)
ist 30 Jahre alt, Manka (Marien, Malka, Malciu, Mina) 28 Jahre alt,
Mendel Moses (Emil) 26 Jahre, Chaim Salomo (Salo) 24 Jahre, Ida
(Itta, Jutta Feiga, Illa) 22 Jahre, Isaak Meisels 20 Jahre alt und Josephine Perl (Pepi) 17 Jahre alt. Alle sind in Nadworna geboren und
kommen zwischen 1914 und 1916 nach Wien. In Galizien war die Familie wohlhabend mit einem Pachtgut und einer Schenkerei. In Wien
übernahm die Familie eine Branntweinfabrik, die von den Brüdern
Emil und Salo nach dem Tode des Vaters bis zur Machtübernahme
1938 geführt wurde, und worin meine Mutter als ausgebildete Che-
mikerin voll beschäftigt war. Meine Tante Bertha hatte das Glück,

noch 1937 mit ihren zwei Kindern ihrem Mann, der bereits früher ausgewandert war, nach Palästina zu folgen. Tante Malciu wurde aus dem 2. Bezirk, aus der Schmelzgasse 4, am 5.3.1941 nach Modliborzyce deportiert und ermordet. Ihr Mann rettet sich auf Mauritius, ihr einziger Sohn, mit einem Jugendtransport aus Wien entkommen, nach Palästina. Onkel Emil emigrierte 1930 mit seiner Familie nach England. Onkel Salo mit seiner Familie in die Schweiz.

Onkel Isaak entkommt 1938 nach Belgien, versucht nach der Besatzung 1941 über die Ardennen in die Schweiz zu gelangen, wird jedoch leider geschnappt, nach Drancy und von dort nach Auschwitz deportiert. So konnte der belgische Ex-SS-Offizier, Kriegsverbrecher und zum Österreicher naturalisierte Robert Jan Verbelen, der ihm sehr ähnlich sah, seine Papiere stehlen und lebte unter seinem Namen später in Wien. Nach dem Krieg wurde Verbelen arrestiert und es kam zu einem Prozess. Verbelen wurde, obwohl in Belgien zum Tode verurteilt, jedoch in Wien freigesprochen. Tante Pepi, die jüngste Tochter, wurde laut den Unterlagen am 5.10.1942 von Wien nach Maly Trostinec deportiert. Wir bekamen in Holland noch zwei letzte Postkarten von ihr, vom 26. und 31. Mai 1942 aus einer Zigarettenfabrik in Nordhausen – wo sie zuletzt (in Bleistift) um ihren Sommermantel bittet: es ist doch im Monat Mai, die Bäume blühen wieder, die Sonne scheint, und was möchte eine junge Wienerin mehr als eine neue Garderobe... Ob sie danach nochmals nach Wien zurücktransportiert worden ist, werden wir nie wissen. Ihr Todestag ist laut den Listen am 9.10.1942, vier Tage nach ihrer Deportation. Auf die Frage meiner Enkeltochter Dorine, ob wir Tante Pepi – von der ich erst jetzt aus den Akten weiß, dass sie eigentlich Josephine hieß – den Mantel geschickt haben, habe ich ‚Ja' geantwortet. Sie wollte wissen, ob wir für Tante Pepi gesorgt haben, und ich hatte nicht das Herz, ihr die Wahrheit des Nicht-Wissens zu gestehen... Die Lücken bleiben, trotz aller Daten und Dokumente. Als ich in Wien war, habe ich den Gang ins Archiv, um die Unterlagen zu suchen, vor mir hergeschoben. Es zu finden ist fast noch schlimmer als nicht zu wissen, ob es existierte. Irgendwie ist dann die Erinnerung zumindest im Verlust aufgehoben – im Wissen um den Verlust, der durch keinen Beweis bestätigt werden kann, da das Herz keine Bestätigung braucht und will. Darum sind historische Forschungen nur eine Substitution für Erfahrungen. Es ist der Unterschied zwischen einem Römer, der die Ruinen seiner Stadt sieht und einem Juden, der durch die Klage seiner Stimme „Ich bin der Mann..." (Klgl. 2,1) hört, der die Schakale auf dem Tempelberg in der Nacht heulen hört. Der mit jedem Tod aufgehoben ist unter denen, die um Zion und um Jerusalem trauern.

„So fuhren wir, mein Mann Mosche und ich, am 9. Av, am Tag der Zerstörung des Tempels, ein Tag, der als ‚Weinen für Generationen' bezeichnet wird, nach Auschwitz. Für mich das zweite Mal, aber gibt es überhaupt die Möglichkeit, ein zweites Mal nach Auschwitz fahren? Es gibt überhaupt die Zahl zwei nicht in Bezug auf Auschwitz. Jeder ging allein und jeder geht allein und aus diesem Gang gibt es keine Rückkehr. Es gibt keinen Weg, der zurück in die Welt führt.

Man fährt allein, mit jemandem, aber allein. Die Baracken hat man schon gesehen und so bleiben nur die Wege, die Steine, der Stacheldraht, keine Häuser, keine Menschengesichter, keine Gegenstände, keine Fotos, Brillen, Bürsten, Prothesen, Löffel, Koffer. All dies ist verschwunden.

‚Ich will es als Historiker sehen', sagt Mosche ganz tapfer und vielleicht gelingt es ihm, weil er weiß, dass er nun allein ist. Ich bin ohne Gegenstände, materielle Dinge, die auch ein Trost sein können: Etwas ist noch da, nicht alles ist verschwunden. Man klammert sich an die Reste, Zeugnisse des Lebens, wie grausam sie auch sein mögen und wie schmerzhaft. Alles ist noch besser als aus dem Nichts zu schöpfen – vor dem Nichts zu stehen. Der Ver-nichtung ins Auge zu schauen. Die Beine tragen einen nicht mehr, immer wieder muss ich mich hinsetzen.

Endlich hat Mosche alle Häuser abgearbeitet.

Es ist Nachmittag, Zeit zum Mincha-Gebet. Am Tischa Be-Av legt man aus Trauer erst am Nachmittag die Tefillin – Gebetsriemen an. Er sondert sich ab: ‚Ich gehe beten'.

Und dort, zwischen den Baracken, fast am Zaun des Stacheldrahtes legt er Tallis und Tefillin an und betet – allein, nein, es gibt dort einen Zehnfachen, Hundertfachen, Tausendfachen, Millionenfachen Minjan. Alle sind da, die Männer, Frauen und Kinder, die Alten und die Jungen – sie sind alle da und sagen die uralten Wörter des Schma Israel – Höre Israel. Wenn es einen Juden gibt, der betet, sogar in Auschwitz, hört Israel. Kommen alle Seelen aus den Gräbern und beten mit ihm. Das ist die Stärke der Tradition. Stur weiterbeten, trotz allem und im Anblick der Zerstörung. Das Mincha-Gebet hat die uralten Wörter, für immer und für jeden. Sie sind Gefäß, Halt für den Freudigen und für den Trauernden. Es ist eine Stärke, die nicht zu überbieten ist: einfach Dastehen in Talles und Tefillin und Gott zu loben in Auschwitz ...“[16]

Zurück zu den Unterlagen. Die Daten aus dem Archiv zeigen beispielhaft das typische Schicksal einer jüdischen Familie in Wien, auseinandergerissen durch die Schoa, teilweise vertrieben und umgebracht, zerstreut in alle Ecken der Welt. Der Versuch einen Zusammenhang zu finden ist schwer und gelingt nur durch dünne Fäden der Erinnerung.

Illa war also fast die jüngste Tochter in der Familie, sie spielt jedoch eine wichtige Rolle nach dem Tode des Vaters als Geschäftsführerin im Branntweingeschäft und ebenbürtige Partnerin ihrer älteren Brüder Emil und Salo, denen sie möglicherweise durch ihre Tüchtigkeit überlegen war; es kam dann auch zu einem Streit, der die Familie spaltete. So übernimmt meine Mutter die Vaterrolle in der Familie und gibt später ihrem ersten Sohn seinen Namen, Israel und Hans. Auch unter ihren Schwestern war sie eine Ausnahme, nicht nur durch ihre Bildung und ihr Aussehen, sondern auch durch ihre Unabhängigkeit und intellektuelle Neugier. Obwohl aus einer strengorthodoxen Familie, stand sie mit beiden Beinen in der modernen Welt. Die Frage nach einer *jüdischen* Identität stand, wie dies Mitte der zwanziger Jahre auch bei meinem Vater Adolf (Abraham, Umciu) Thau - Bankier und Schüler von Rabbiner Zwi Peretz Chajes, einem überzeugten Zionisten, mit dem er 1925 über Alexandrien zur Eröffnung der Hebräischen Universität fuhr –, den sie am 23. März 1930 im Polnischen Tempel heiratet, der Fall war, nicht im Mittelpunkt ihrer Suche.

Meiner Mutter ging es vielmehr um ihre Stellung in der Wiener Gesellschaft, in der sie einen Ort suchte, der eigentlich (noch) nicht vorhanden war: eine Bühne, auf der eine emanzipierte Frau eine auch finanziell unabhängige Existenz, unabhängig und ohne den Schutz ihres Vaters, Ehemann oder Liebhabers, führen konnte.

Illa Meisels besaß die geheimnisvolle Mischung von Romantik und Realismus. In Holland hatte sie die Strategie der Nazis schon früh durchschaut: ich erinnere mich noch lebhaft daran, wie sie oben an der Treppe meinen Vater anschrie, als er auf Verordnung vom „Joodse Raad" (Judenrat) eines Tages mit Rucksäcken für die Familie nach Hause kam, in denen man das wichtigste für die Deportation zu packen hatte: „Wenn wir uns vorbereiten, dann sind wir schon mit einem Fuß auf dem Zug...". Auf der anderen Seite sang sie immer wieder Wiener Operettenlieder: ihr Herz hatte sie in Wien gelassen, eine Stadt, die jedoch wie ein versiegelter Waggon blieb. Es wurde in unserer Familie nur in Stichworten ohne Details über die hinterbliebenen Verwandten gesprochen. Eine meiner Tanten hatte ein Geschäft in der Rotenturmstraße, das immer erwähnt wurde, wahrscheinlich, weil es ein schönes Geschäft war. Jeder wusste es angeblich, und wer es nicht wusste, dem war es zu peinlich zu fragen, weil man dann in die Details hätte gehen müssen. Aus diesem Grund ist mir heute auch klar, warum ich so wenig über meinen Geburtsort Wien weiß: weil jede Frage bei meinen Eltern und meiner Großmutter – die uns in letzter Minute nach Holland folgen konnte, da meine Mutter jeden Tag in Den Haag zum Innenministerium ging und die Leute dort anweinte – nur wieder den Schmerz ausgelöst hätte... Es gab also die Erinnerung an das schöne Wien, die Melodie von „Wien, Wien, nur du allein, du wirst die Stadt meiner Träume sein", Bilder und Klänge, die ich jetzt rekonstruiere aus dem Gedächtnis, das ausgelöscht ist für immer und ewig, weil im unbekannten Schaufenster vom Geschäft meiner Tante fremde Ware liegt... Es gibt also Erinnerung ohne Details, ohne Fakten, und man ist auf die Vorstellungskraft angewiesen. Restauration ohne Vorlage.

Und doch gibt es Ufer der Erinnerung, nicht in der Realität, aber noch immer im Traum, wo sich Wien, „Stadt der Träume", durch alle Verdrängungen hindurch als Bild der Täuschung enthüllt: weil so viele aus diesem Traum in einer Realität erwacht sind, die ärger war als jeder geträumte Albtraum, gerade darum kommt der Traum immer wieder zurück in der Hoffnung, dass doch, möglicherweise, vielleicht, doch, gegen jegliche Logik – die Musik spielt doch noch weiter, der Opernball findet doch wieder statt, fährt wieder ein Schiff auf der alten Donau, die Schauspieler sind doch wieder auf der Bühne im Burgtheater, die Liebenden küssen sich doch wieder im Stadtpark, man geht doch wieder spazieren am Kahlenberg, man trinkt doch wieder Wein in Grinzing, das Riesenrad dreht sich doch wieder im Prater und die Bäume blühen doch wieder im Frühling – alles nur ein bösen Traum war. Ein Trosttraum anstatt eines Kaddisch für die Verstorbenen.

Um die Zeit, als sie ihren Dreiecksroman schrieb, ging sie, wie öfters, auf den letzten Sprung, allein in die Oper und traf so meinen Vater. Es war im Herbst 1929 und er war verabredet mit einer Dame, die in letzter Minute abgesagt hatte. Adolf Thau stand also vor der Wiener Oper mit zwei Karten, und Illa Meisels ohne. Sie saßen nebeneinander, aber redeten nicht, da man, wie meine Mutter sagte, sich nicht „unvorgestellt" mit einem fremden Herrn unterhielt.

Es war zwei Wochen vor Rosch Haschana und als mein Vater im Stadttempel nach oben schaute, sah er zu seiner (freudigen) Überraschung die Dame aus der Oper! Das Interessante an der Sache ist, dass beide nicht voneinander wussten, ob der andere jüdisch ist. Man ging in die Oper, auch als Frau allein – und war trotzdem (orthodox) praktizierender Jude. Dieser natürliche Übergang zwischen Tradition und Moderne hat mich am meisten geprägt. Man brauchte nicht zu wählen, hatte the best of both worlds.

Immer wieder bin ich erstaunt, wie diese Menschen, aus kleinen Städtchen in Ost-Galizien, diesen Übergang in *ihrem* Leben geschafft haben, nicht ihre Kinder erst, wie dies meistens der Fall ist. Vielleicht kannten sie auch die kurze Frist, die ihnen gegeben war. Das ist natürlich das Erstaunliche an Wien, im Gegensatz zu Berlin. Man passte sich nicht an, sondern schöpfte aus den eigenen Kräften das Neue. Prägte die Wiener Kultur und wurde von ihr geprägt, in einem.

Meine Mutter ist präsent in Wien – ich suche sie in jedem alten Geschäft. Elegant wie damals, im Prückel, im Landtmann, im Café Schottenring, im Stadtpark, auch in der Oper und im Burgtheater sind ihre Spuren noch da, hinter dem Vorhang in der Loge oder im Foyer in der Ecke, beim großen Spiegel, gegenüber der Garderobe.

Als ich nach vielen Monaten den großen Mut hatte, endlich ins Staatsarchiv zu gehen, fand ich ihre Vermögenserklärung:

„Verzeichnis über das Vermögen von Juden nach dem Stand vom 27. April 1938:
1 Goldarmband m. Diamanten
1 Goldring
1 Goldpuderdose
silberne Essbestecke u. Serviergegenstände, Teppiche...“[17]

Genau zusammengerechnet in genauen Beträgen des Wertes in Reichsmark. Mit Veränderung des Vermögensstandes, datiert vom 15. Dezember 1938:

„Den monatlichen Verbrauch von RM 550 habe ich zur Lebenserhaltung von mir, meiner drei unmündigen Kinder sowie zur Erhaltung meiner von mir getrennt lebenden alten erwerbsunfähigen Mutter, ... somit zur Bestreitung von zwei Haushalten verwendet...

Indem ich um gütigste Kenntnisnahme ersuche, empfehle ich mich ergebenst, *Illa Thau*.“[18]

Eine junge Frau, 33 Jahre alt mit drei kleinen Kindern, deren Leben abgelaufen ist. Die ruhige schöne Signatur ist wie ein letzter Abschied: Der Strich vom letzten „u" geht hinunter... Statt ihres Namens Jutta (hebr. Jehudit) hatte sie den Eigennamen Illa angenommen und so wurde sie auch von jedem genannt. Nach ihr haben wir unsere Tochter Ilana genannt und später unseren ersten Sohn Yehuda. Aber trotz allem weiß ich, dass ihre Seele noch immer nicht zur Ruhe gekommen ist... Meine Enkelkinder nennen mich Savta Ulli – weil ich sie als Babys immer mit „Ulli, Ulli" in meinen Armen beruhigte. Vielleicht war dies auch eine (unbewusste) Geste für meine Mutter, wie der Apfelstrudel und die Vanillekipferl, die ich noch immer für die ganze Familie backe, wenn ich nach Hause komme.

Einmal eine bildschöne und bis zuletzt besonders kluge Frau, hat sie sich von der Katastrophe nie erholt. Auf dem ersten Foto, einen Tag nach unserer Befreiung aufgenommen, im Garten vor dem Haus, in dem wir versteckt waren, ist deutlich zu sehen, wie sie – physisch und seelisch ausgemerzt – die Wucht des Angriffs auf unsere Existenz bis zuletzt ausgehalten hat... Obwohl sie nach dem Krieg erst in einer chemischen Fabrik, die sie nach unserer Ankunft in Hilversum gegründet und zusammen mit meinem Vater geleitet hat, noch tätig und später auch immer gesellschaftlich engagiert war: ihre Lebenslust war gebrochen, und sie erkrankte an Magenkrebs, der ihre Wirbelsäule antastete. Ein Jahr vor ihrem Tod fuhr sie zur Kur nach Bad Gastein wegen andauernder starker Rückenschmerzen, also doch in das alte Land. Erst beim Professor in Wien stellte sich heraus, dass es Schlimmeres war. Zur Operation wollte sie dann aber doch wieder nach Holland und in den letzten Wochen brachten wir sie nach Basel zu einem bekannten Spezialisten. Ich hatte mein Studium abgebrochen und pflegte sie, zusammen mit einer Krankenschwester. Sie starb an einem Freitagabend, fünf Tage nach meinem 21. Geburtstag. Pappa und ich brachten sie zum Begräbnis zurück nach Amsterdam. Die versuchte Reise zur Rettung in die Schweiz war vergeblich.

Nicht weit von meiner Großmutter ruht sie dort auf dem jüdischen Friedhof in Muiderberg – im Exil.

So hat meine Großmutter zumindest eine Tochter bei sich, nachdem sie Malciu und Pepi in der Schmelzgasse lassen musste, ohne Grab. Nicht zu sprechen von ihrem jüngsten Sohn Iciu (Isaak), dem auch die Rettung in die Schweiz misslungen war...

Der Prozess der emanzipatorischen Reifung und der Befreiung aus dem Patriarchat – religiös wie auch säkular – wurde von der Schoa überholt. Wenn wir jedoch nochmals die Irrwege von Hans und E. in *Erinnerung der Herzen* verfolgen, sehen wir, wie im Rollenwechsel Mann und Frau um ihre Freiheit kämpfen, beide aber an einander gekettet bleiben.

> *„Es hatte für mich die größte Wonne bedeutet, wenn ich nach eigenem Willen zu ihr hatte zurückkehren dürfen, ohne dass sie mich daran erinnerte die Stunde sei gekommen – sie erwartete mich mit Ungeduld, und ohne dass der Gedanke an ihre Pein sich mit dem des Glücks vermischt hatte, das mich meiner Rückkehr erwarten sollte. Zweifellos war E. ein hoher Reiz in meinem Leben, aber sie war kein Ziel mehr; sie war zu einer Fessel geworden."*[19]

Beide versuchen, den Konventionen der öffentlichen Meinung zum Trotz, ihrer Liebe eine Permanenz zu verschaffen, die auf einer gegenseitigen Freiheit basiert, ein Versuch, der immer wieder zum Scheitern verurteilt ist.

> *„Was wollen Sie? rief ich voller Ungeduld. Zweifellos glauben Sie, sehr viel für mich getan zu haben, aber ich muss Ihnen wohl sagen, dass Sie sich im Irrtum befinden. Ich verstehe mich ganz und gar nicht auf Ihre neue Daseinsart. Sie flohen die ermüdliche Gesellschaft, Sie flohen dieses ewige Konversieren, das deshalb kein Ende finden kann, weil es niemals einen Anfang haben darf. Heute halten Sie ihr Haus der ganzen Welt offen."* (S. 27)

Aus diesen Zeilen spricht eine tiefgehende Kulturkritik, eine Auflehnung gegenüber dem eitlen Gerede in den Salons und Kaffeehäusern, das kein Ende weil keinen Anfang *haben darf*. Das Verbot eines neuen Anfangs ist die Angst vor dem Abgrund der Gesellschaft, in der jeder Versuch der Veränderung versinkt. Die vermeintliche Offenheit der Menschen als Täuschungsstrategie.

Dieser Realismus wird aber auch immer wieder überschwemmt von der Romantik einer Liebesbeziehung, in der die feinsten Regungen und Nuancen der Gefühle sich abwechseln, sich in der Wiederholung der nichtigen Einzelheiten eine in die Vergangenheit gewandte Gegenwart schaffen.

> *„Die Liebe ersetzt durch ihre Wunderkraft die fehlenden Erinnerungen. Jede gewöhnliche Zuneigung braucht eine Vergangenheit. Die Liebe*

schafft durch ihren zauberischen Reiz eine Vergangenheit. Sie schenkt uns gleichsam das Bewusstsein, Jahre hindurch mit einem Wesen gelebt zu haben, das uns vor kurzem noch fremd war. Die Liebe ist nur ein leuchtender Punkt, und doch scheint sie die Zeit in ihrem Bann zu halten." [20]

Wie der Geliebte bald als Objekt, bald als Subjekt gesehen wird, so ist es auch mit der Zeitdimension bestellt, die alle Zeiten, Vergangenheit, Gegenwart und Zukunft, im Bann ihres Lichts hält.

> *„Vor wenigen Tagen war sie noch nicht, bald wird sie nicht mehr sein, aber so lange sie währt, strahlt sie ihre Leuchte über alle Zeit, die ihr vorgegangen, wie über jene, die ihr folgen."* (ebd.)

Die Liebe hält jedoch nicht an, E. wehrt sich gegen *„ihre Schwäche"* und *„meine Einbildungskraft, mein Verlangen, ein gewisser Dünkel, dessen ich mich selber noch nicht bewusst geworden, lehnte sich gegen solche Liebe auf"*. [21]

Die Unfähigkeit dieses Lichtes, gegen die Dunkelheit der Welt standzuhalten, ist Beweis für die unweigerliche, fast geniale Art und Weise, in der Illa Meisels aus der Selbstbeobachtung mit tiefsinniger Empfindsamkeit universale Grundstrukturen der menschlichen Seele und des menschlichen Umgangs, wie auch von einer inneren und äußeren Dynamik ausgelöste Charakterzüge herausarbeitet. Jene Banalität, in der solche Beschreibungen normalerweise verfallen würden, wird hier aufgehoben. Wir haben es hier aber nicht zu tun mit einer Dialektik oder einer Dichotomie, sondern mit einer Spannung innerhalb dessen, was in rabbinischer Hermeneutik als *ze-le'umat-ze* – das Eine gegenüber dem Anderen, bezeichnet wird, eine Spannung, in der das Eine das Andere erst sichtbar macht. In der Bibel ist dies die Schöpfung der Frau als *Ischa*, wodurch der Mann sich als *Isch* erst erkennt. Es ist eben die Dunkelheit, welche sich gegenüber diese Art des Sehens auflehnt.

> *„Ich wurde immer misstrauischer, immer gereizter, ich klagte, ich ließ mich hinreißen, ich überhäufte E. mit Vorwürfen. Mehr als ein Mal trug sie sich mit dem Gedanken, dieses Freundschaftsbündnis zu lösen, das über ihr Leben nur Sorge und Unruhe brachte, mehr als ein Mal beschwichtigte ich sie durch mein flehentliches Bitten, meine Ableugnungen und meine Trauer."* [22]

Die Spannung wird hier, wie an vielen anderen Stellen des Fragments – *gerade weil es ein Fragment ist* – gefüllt durch die Fülle der Sprache und die Möglichkeit des Kommentars, und vermag Gedanken- und Gefühlslücken zu füllen. Illa Meisels lebt eine Liebe, schreibt einen Text, interpretiert und kommentiert, findet immer wieder einen archimedischen Punkt als Meta-Ebene außerhalb der Handlung, die über die Geschichte, ihre Geschichte, hinausreicht. Sie ist Spieler und Zuschauer in einem, jenseits von Zeit, Ort und Situation. Es ist ein Text, der zum Vermächtnis wird und zum Trotz im Angesicht der Täuschung, der tiefen intellektuellen Verletzung, einer Verletzung, die in der Berührung erst zum Vorschein dringt.

Die Krise der Trennung ist bereits in der ersten Stunde vorausgesagt: Graf X. und der Vater sind die Protagonisten gegenüber den Liebenden, aber auch sie selbst bereiten ihren eigenen Untergang vor:

„Graf X. kehrte zurück. Es dauerte nicht lange, so misstraute er meiner Beziehung zu E. Jeden Tag empfing er mich mit einer kälteren Miene.

Aufgeregt schilderte ich Elsa die Gefahren, die ihr drohten, ich beschwor sie, für einige Tage meine Besuche einstellen zu dürfen. Ich hielt ihr vor, was alles auf dem Spiele stand, ihr Ruf, ihre ganze Zukunft. Lange hörte sie mir schweigend zu, sie war bleich wie der Tod.

‚Früher oder später verläßt du mich doch‘, antwortete sie mir. ‚Wir wollen diesem Augenblick nicht vorgreifen, sorge dich nicht um mich. Laß uns Tage gewinnen, laß uns Stunden gewinnen. Ich weiß nicht, Hans, welche Ahnung mich beschleicht, daß ich in deinen Armen sterben werde.‘

...

Endlich traf ein Brief ein, den ich schon lange erwartet hatte. Mein Vater verlangte meine Rückkehr. Ich brachte diesen Brief E.

‚Schon‘, sagte sie, nachdem sie ihn gelesen hatte. ‚Ich dachte nicht, daß es so bald sein wird.‘ Dann brach sie in Tränen aus, nahm meine Hand und sprach zu mir, ‚Hans, Du siehst, daß ich ohne Dich nicht leben kann. (...)‘"[23]

Hans hält ihren Schmerzen nicht stand und schreibt seinem Vater als Vorwand für eine Verzögerung seines Kommens, dass er „in Ö. einige Vorlesungen anzuhören" gedenke, denen er „in G. nicht hatte folgen können".[24]

Sicherlich spielen hier biografische Elemente eine Rolle – „Ö" steht für Österreich und „G" für Galizien, und Illa Meisels will in Wien studieren.

Hans versucht seine Geliebte los zu werden mit einem falschen Versprechen und Vorwänden, dass es ja nur um ihr Glück gehe, der Brief des Vaters war doch bereits lange erwartet. Auf beiden Seiten wird die Ambivalenz ausgespielt zwischen Wien und Galizien, Tradition und Erinnerung, was in diesem Fall die Wahl zwischen einem Beruf und einem Liebesleben ist. Durch die Antwort aus Galizien wird sich Hans mehr und mehr seiner Situation bewusst:

> *„Ich laufe Gefahr, ihr die einzige Möglichkeit eines ruhigen und angenehmen Lebens zu rauben, ich täusche meinen Vater (....). Ich bereite E. nichts als Pein, mein gegenwärtiges Gefühl kann sie nicht befriedigen. Ich bringe ihr ein Opfer, das ihrem Glücke keine Früchte trägt, und ich, ich lebe hier ohne Vater, ohne Selbständigkeit, ohne einen einzigen freien Augenblick, ohne einen einzigen Atemzug in Frieden."*[25]

Plötzlich ist Wien zur Falle geworden, Ort der Täuschung, der Spiegel ist plötzlich ins eigene Gesicht gedreht und alle moralischen Erpressungen und verführerischen Bestechungen kommen ans Tageslicht, eine fürchterliche Sinnlosigkeit und ein beklemmendes Gefühl des Gefangenseins in einem schillernden Käfig der Oberflächlichkeit, aus dem Hans sich mit Hilfe von E. zu befreien versucht hatte.

> *„E. beklagte sich, ich hätte sie getäuscht, hätte nur ein vorübergehendes Gefallen an ihr gefunden, hätte ihr die Zuneigung des Grafen verscherzt und sie vor den Augen der Welt wieder in jene zweideutige Stellung zurückgestoßen, von der sie ihr ganzes Leben loszukommen getrachtet."*[26]

Es scheint, als ob alles verloren ist, das Experiment der Emanzipation gescheitert, aber dann kommt die Lösung: E. opfert alles auf für ihre Liebe, sie beschließt, den Grafen endgültig zu verlassen. Damit ist aber paradoxalerweise indertat der Emanzipationsversuch gescheitert: Erst dann, nachdem sie ihrem Liebhaber das höchste Opfer gebracht hat, fühlt sie sich frei bei ihm. *„‚Ich habe alles hinter mir gebrochen', sagte sie, ‚ich bin vollkommen frei. Ich beziehe von meinem Privatvermögen eine kleine Rente, das ist für mich genug. (...)'"*[27]

Es folgte eine Beschreibung, wie E. sich an ihren eigenen Worten berauscht und selbst nur die Hälfte von dem glaubt, was sie Hans beteuert. Er jedoch hat nicht den Mut des Einwands und nimmt ihr Opfer an...

Dann aber gibt Meisels uns einen brillianten Einblick in die Psychologie des jungen Hans:

„(...) ich versicherte sie, daß ich immer gewünscht hatte, ein nicht mehr rückgängigzumachender Entschluß möchte mir die Pflicht auferlegen, sie niemals zu verlassen, meine Unentschlossenheit schrieb ich meinem Feingefühle zu, das mir verboten hatte, in den Umsturz ihrer ganzen Lage einzuwilligen. Mit einem Worte, ich hatte keinen anderen Gedanken, als alles Leid in weite Ferne von ihr zu bannen, alle Furcht, jedes Bedauern und jeden Zweifel an meinen Gefühlen. Während ich so sprach, sah ich nichts, was außerhalb dieses Zieles lag, und es lag Aufrichtigkeit in meinen Versprechen."[28]

Hier spricht einerseits eine tiefe Sehnsucht nach „Erlösung durch Pflicht", der Tradition also, aber auch ein Verlangen nach einem Ausweg aus der Ambivalenz der Gefühle und der Unentschlossenheit, die ja nicht die Funktion der „Feingefühle" ist, wie Hans nur zu gut weiß. Es ist also ein Kampf nach Innen und nach Außen, der in der damaligen Wiener Gesellschaft sicherlich die Psychoanalyse Freuds zu einer jüdischen Wissenschaft gemacht hat. Das Zusammenklaffen von zeitgemäßen und biografischen Elementen wirft ein Licht auf eine Epoche, die unwiederholbar dahin ist, deren Diskurs jedoch hochaktuell bleibt. Die literarische Fähigkeit und intellektuelle Aufrichtigkeit, mit der Illa Meisels die Brechungen beschreibt, haben ihren Stachel nicht verloren.

„Elsas Trennung vom Grafen X. rief in der Öffentlichkeit eine Wirkung hervor, die nicht schwer vorauszusehen gewesen war. In einem Augenblick verlor E. das Anrecht auf ihre langjährige Opferwilligkeit und Treue, man stellte sie auf dieselbe Stufe mit all jenen Frauen, die sich ohne Gewissensbisse Tausenden Neigungen nacheinander hingeben. Gleichzeitig bedauerte man sie, um sich nicht des Vergnügens zu berauben, mich verdammen zu können.
Man schalt mein Betragen das eines Betrügers, eines Undankbaren, der das Gastrecht mit Füßen trat, der um einer vorübergehenden Laune wegen den Frieden zweier Menschen zerstörte, von denen er den einen hätte achten und den anderen schonen müssen. Einige meiner Freunde machten mir ernsthafte Vorstellungen. Andere bezeugten mir weniger Offenheit und ließen mich ihre Mißbilligung durch versteckte Andeutungen fühlen. Die jungen Leute dagegen zeigten sich entzückt über die Geschicklichkeit, mit der ich den Grafen ausgeschlossen hatte, und mit

*tausend Schmeichelreden, die ich vergeblich zu unterdrücken trachtete,
beglückwünschten sie mich zu meiner Eroberung und gedachten es mir
gleichzutun.*

*Ich vermag nicht zu schildern, was ich unter diesem Richterspruche
und diesen schimpflichen Lobreden zu leiden hatte. Hätte ich E. wirklich
geliebt, so hätte ich sicherlich auch verstanden, die Stimmung zu unseren Gunsten umzulenken. Derart ist die Kraft eines wahren Gefühls, daß
wenn es spricht, die falschen Auslegungen und erkünstelten Rücksich-
ten stillschweigen müssen. Aber ich war nur ein schwacher Mensch, von
Dankbarkeit und fremder Macht beherrscht, ich war durch keine einzige
Anregung gestützt, die wirklich aus dem Herzen gekommen wäre."*[29]

Bis zu ihrem Tod blieb meine Mutter eine kritische Frau, die sich den
Konventionen der Gesellschaft nicht unterwarf. Ihr Inneres zeigte sie
der Außenwelt kaum: es gab nach dem Krieg viel zu viel zu tun zum
Aufbau einer Existenz, eine Arbeit, in der sie meinem Vater wie einst
ihren Brüdern als ebenbürtige Partnerin zur Seite stand. Die Ambivalenz der Gefühle blieb, diese war aber später nicht geprägt vom Luxus
der Selbstanalyse, sondern von der Existenzangst und dem Schmerz
des Verlustes und der Trennung von all dem, das als Erinnerung im
Herzen bleibt.

Die Verbindung mit der Sprache war zerstört, die Stärke der Aus-
drucksform zertreten unter den Stiefeln der Gestapo. Die Einbildungskraft, Nuancen, inneren Dialoge, vieldeutigen Analysen, Erotik der
Gefühle, aber mehr als alles die Erfahrung des Schmerzes des Eigenen
Erinnerns war untergegangen im Meer der Tränen, das keinen Tropfen mehr halten konnte.

Das Verhältnis zu ihrer Mutter, die sie aus der Wiener Hölle noch
retten konnte, und die sie dann um anderthalb Jahre überlebte, – so
begrub die Mutter ihre Tochter, wie leider meine eigene Tochter Ilana, nach meiner Mutter genannt, ihre erste Tochter Schir, Achtjährige,
begraben musste – blieb bis zum Ende gestört. Beide Frauen konnten
nicht wirklich über den Verlust sprechen: was tut eine Mutter, die ihr
Leben rettete und ihre zwei Kinder nicht... Meine Großmutter blieb
jedoch eine fromme Frau, die noch stolz einen Scheitel trug – alle Jahre, in denen sie bei uns wohnte, habe ich sie nie mit entblößtem Kopf
gesehen –, ihren Trost im Gebet und im Lesen des bekannten Frau-
enkommentars der Bibel Zena-u-Rena fand, und bis zum letzen ihre
jüdische Identität und Würde, wie auch ihren Glauben bewahrte. Für
meine Mutter war dies keine Option.

Nach dem Krieg gab es für Juden keine Täuschungen mehr: der Albtraum war wahr geworden und man suchte den Weg vorwärts, rückwärts lag der Tod.

So hat Illa Meisels bereits 1928 ihr eigenes Epitaph geschrieben:

„Es ist ein schweres Unglück nicht geliebt zu werden, wo man liebt, aber noch viel schwerer, leidenschaftlich geliebt zu werden, wo man nicht mehr lieben kann."[30]

Anmerkungen

[1] Illa Meisels: Erinnerung der Herzen, Mit einem Nachwort von Eveline Goodman-Thau, Czernin Verlag Wien, 2007, S. 29.

[2] Vgl. Chaja Raismann, Nit in Golus un nit in der Heem, Amsterdam 1931, ein in lateinischen Buchstaben geschriebenes jiddisches Büchlein, welches von den Erlebnissen zweier jüdisch-russischer Emigrantenschwestern und ihrer Familie in Deutschland handelt und nach dem Krieg eine Art Schlüsselroman für mich war.

[3] Illa Meisels. Erinnerung der Herzen.o.c, S. 11

[4] Vgl. Rabbiner Dr. Joseph Samuel Bloch, Die Stellung der Juden in Österreich in den letzten 50 Jahren 1849- 1899, in: Österreichische Wochenschrift (gegr. 1884), Jg. 1899.

[5] Franz Kafka, Beschreibung eines Kampfes. Novellen, Skizzen und Aphorismen aus dem Nachlass herausgegeben von Max Brod, Frankfurt a. M. (1980) 1990, S. 216.

[6] Eveline Goodman-Thau, Ein Rabbinerin in Wien, Czernin Verlag: Wien 2003, S. 87.

[7] vgl. Illa Meisels. Erinnerung der Herzen. o.c, S. 70.

[8] Franz Kafka, „Hochzeitsvorbereitungen auf dem Lande und andere Prosa aus dem Nachlaß, Hg v. Max Brod. Frankfurt a.M. 1986 S. 83.

[9] Manès Sperber, „Zablotow", in: Ostjüdische Geschichten, München 1988

[10] Franz Kafka, „Hochzeitsvorbereitungen auf dem Lande, o.c. S. 83.

[11] ebd. S. 65.

[12] Illa Meisels, o.c, S. 84.

[13] Dan Pagis (1970), aus: Dan Pagis, Erdichteter Mensch, Übersetzung von Tuvia Rübner, Frankfurt a. M.: Jüdischer Verlag 1993.

[14] Eveline Goodman-Thau: Arche der Unschuld. Kulturkritik nach Auschwitz, Berlin 2008, S. 28.

[15] Giorgio Agamben, Was von Auschwitz bleibt. Das Archiv und der Zeuge. Aus dem Italienischen von Stefan Monhardt, (Dt.) Frankfurt a. M. 2003, S. 143.

[16] Eveline Goodman-Thau: Arche der Unschuld. Vernunftkritik nach Auschwitz, Berlin 2008, S. 41 f.

[17] Original am Ende Klammer mit „Gebrauchsschmuck".

[18] Illa Meisels. Erinnerung der Herzen. o.c, S. 87-89; aus Eveline Goodman-Thau, Arche der Unschuld. Kulturkritik nach Auschwitz, Berlin 2008.

[19] ebd. S. 31.

[20] ebd. S. 22-24.

[21] ebd.

[22] ebd.

[23] ebd. 34.

[24] ebd.

[25] ebd. S. 36.

[26] ebd. S. 37.

[27] ebd. S. 41.

[28] ebd. S. 42.

[29] ebd S. 43f.

[30] ebd. S. 48.

Bedingte Zeit[1]

Für meine Mutter Illa Thau, geb. Meisels,
zu ihrem 100. Geburtstag (20. Januar 1905 in Nadworna, Galizien)
und zum 50. Todestag (25. Juni 1955 in Basel, Schweiz)

> „Es ist ein schweres Unglück nicht
> geliebt zu werden, wo man liebt, aber
> noch viel schwerer, leidenschaftlich
> geliebt zu werden, wo man nicht mehr
> lieben kann."
>
> *Illa Meisels*

> „Worte schreiben
> nach denen man
> nicht mehr weiter
> leben kann wie bisher."
>
> *Erich Fried*

Eine große Ehre ist es für mich, als Jüdin, in meiner Geburtsstadt Wien, in diesem geschichtsträchtigen Gedenkjahr mit einer Medaille gewürdigt zu werden, eine Ehre für die ich der Stadt Wien, dem Bürgermeister Dr. Michael Häupl, dem Stadtrat und dem Kulturrat Dr. Andreas Mailath-Pokorny meine tiefe Dankbarkeit ausspreche.

Die Freude dieses Ereignisses steht unter dem Zeichen einer *„Bedingten Zeit"*, einer Gegenwart, die aus einem zurückgewandten Blick in die Zukunft schaut und Vergangenheit, Gegenwart und Zukunft im sinnstiftenden Gedächtnis eines jeden Einzelnen verbindet. Es gibt kein „kollektives Gedächtnis" ohne das „Eigene Erinnern"[2]: Nolens volens ist der Mensch durch Religion, Kultur, Sprache und Geschichte in die Zeit und die Gesellschaft eingebunden, in der er oder sie lebt, wo sich das Persönliche mit dem Allgemeinen vermischt, ohne jedoch ganz darin aufgehoben zu sein. Man hört mit den eigenen Ohren, sieht mit den eigenen Augen, erinnert im eigenen Herzen und weiß mit eigener Vernunft. So weiß auch jeder vom Recht und von der Moral, von Macht und Ohnmacht, von Hass und Liebe, von Wissen und Glauben, von Wahrheit und Lüge. Nicht die Details sind ausschlaggebend, sondern die Art und Weise, in der die Tatsachen der Vergangenheit von uns bewertet werden, bedingt von Annahme und Abwehr.

Die Vergangenheit ist nicht wiedererlebbar, wir leben immer in verlorener Zeit und versuchen vergeblich, das Heute als reale Gegenwart einzuholen: Die Wirklichkeit holt uns aber immer wieder ein, zerreißt die Probe der Erinnerung. Das Ich von Gestern ist nicht das Ich von Heute, kann nicht das Ich von Morgen sein. Aus diesem Grund gibt es eine *bedingte Zeit*, wo wir aus dem *Archiv der Tatsachen* einen Weg zur *Arche der Zeugenschaft* als Anfang auf dem Schnittpunkt zwischen Anwesenheit und Abwesenheit, zwischen Bruch und Kontinuität bahnen können, eine Zeugenschaft, die erst in unserer gegenwärtigen Stellungnahme zur Welt ihren festen Halt findet – eine Arche, die auf den Wogen der Zeit den Stürmen der Geschichte widersteht.

1905, vor hundert Jahren, war nicht nur das Geburtsjahr meiner Mutter, sondern auch das Geburtsjahr anderer Menschen, die unmittelbar mit Wien verbunden sind: Elias Canetti und Manès Sperber, - der wie mein Vater aus Zablotow, einem Städtchen am Pruth in Ostgalizien stammt, wo mein Großvater Jakob Thau Bürgermeister war –, wie Albert Einstein, auch Jean-Paul Sartre, und 1906, ein Jahr später, Hannah Arendt, Emmanuel Lévinas und viele andere. Es ist, als ob sich in den Biografien und Schriften dieser Menschen das ganze 20. Jahrhundert mit zwei Weltkriegen, Vernichtung und Massenmord wiederspiegelt, und wo die verheerenden Folgen totalitärer Herrschaften, von Faschismus und Kommunismus, im Versuch zu einem vereinten Europa zu gelangen, als Riss ins Auge fallen.

„Nicht die Lust", so schreibt meine Mutter 1928 in Wien, „nicht die Natur, nicht die Sinne sind die wahren Verführer, nur die klare Vernunft ist es, an die wir durch die Gesellschaft gewöhnt sind und die Brechungen, die aus der Erfahrung geboren sind."[3]

In der Arche der Zeugenschaft finden wir Zeugnisse, nicht in erster Linie von einer Enttäuschung über eine misslungene Emanzipation oder gar Symbiose zwischen dem Judentum und seiner Umwelt, sondern Berichte über die Täuschung, die bereits am Anfang des 20. Jahrhunderts ans Licht kam. „Die Brechungen, die aus der Erfahrung geboren sind", widersprechen somit heute, 60 Jahre nach der Shoa, jeglichem Versuch eines rein ästhetischen oder gar historischen Umgangs mit derartigen Aussagen auf dem Hintergrund des endgültigen Bruches und des Scheiterns: des Lebensbruches jüdischer Familien in Europa, als sie Schiffbruch erlitten, zerschmettert wurden an den Felsen der Festung Europa, jener Festung der europäischen Kultur, die wir seit Jahrhunderten geprägt hatten, die uns aber, wie einen Fremd-körper, aus ihrer Mitte vernichtete. Es war eben die Täuschung der „klaren Vernunft, an die wir durch die Gesellschaft gewöhnt sind", welche der Verführung unterlag. Das Problem betraf aber nicht nur den Juden, sondern die Gesellschaft als Ganze, in einer Welt, die zunehmend zwischen Innen und Außen gespalten war .

> „Es waren die allerletzten Jahre des guten Gewissens herrschenden Schichten in Europa, es war la belle époque. Das Elend flößte den Reichen nicht nur kein Bedenken ein, sondern verstärkte im Gegenteil ihre Gewissheit, dass sie in jeder Hinsicht die Überlegenen und daher ein besseres Schicksal würdiger Menschen sein mussten, da ihnen doch im Überfluss alles das zuteil wurde, was anderen versagt oder nur kärglichst zugemessen wurde."[4]

Der materielle Reichtum brauchte nicht entschuldigt zu werden: er legitimierte alle Privilegien und Vorrechte, und mehr noch das Ignorieren aller sittlichen Forderungen, die man aber von anderen verlangte.
Nach der Shoa schreibt Manès Sperber in seinem Buch *Churban* über sein Judentum:

> „Ich bin ein Jude, weil ich in meiner Kindheit von einer allumfassenden, alles durchdringenden jüdischen Erziehung geformt worden bin. Man lehrte mich alles im Hinblick auf Gottes Gebote zu erkennen, zu verstehen und zu deuten; noch vor dem Schulalter las ich die Bibel im Original, daneben auch deutsch, wie etwa Grimms Märchen, und die Zeitung, die aus Wien kam. Man belehrte mich aufs eindringlichste über die von der jüdischen Ethik angeordneten Lebensregeln, deren Gebieterisches für mich unveränderlich geblieben ist: den Einklang von Glauben und Tun, von Theorie und Praxis zu erlangen, und in seinem Sinn zu leben. Ich wage nicht zu behaupten, daß ich dieses Gebot stets befolgt habe, aber ich habe nicht aufgehört, an jenen Lebensregeln zu ermessen, ob ich jeweils meinem Leben einen Sinn gab oder in Gefahr geriet, es sinnwidrig zu vergeuden."[5]

Dies ist eine kurze Zusammenfassung der geistigen Biographie vieler europäischer Juden, die aus der Geborgenheit des Shtetls ihre persönlichen und jüdischen Werte auch in der großen Welt des Westens bewahren wollten.

Die Entfremdung wandte sich jedoch in vehementer Feindschaft
gegen die Juden.

„Ohne Rücksicht auf die Gewohnheit meines Geistes sich in Bildern und Figuren zu bewegen, will ich mir – bedrängt von der
inneren Not unserer Zeit – Rechenschaft ablegen über den problematischen Teil meines Lebens, den, der mein Judentum und meine
Existenz als Jude betrifft, nicht als Jude schlechthin, sondern als
deutscher Jude, zwei Begriffe, die aus dem unbefangenen Ausblick
auf eine Fülle von Missverständnissen, Tragik, Widerspruch, Ha-
der und Leiden eröffnen."[6]

In diesen Worten beschreibt Jakob Wassermann 1921 seine Erfahrungen als Deutscher und Jude. „Heikel", so fährt Wassermann fort,
„war das Thema stets, ob es nun mit Scham, mit Freiheit oder Herausforderung behandelt wurde, schönfärbigend von der einen, gehässig
von der anderen Seite. Heute ist es ein Brandherd."[7]
Heute ist das Thema „Deutschtum und Judentum" jenseits der Frage, ob es denn je eine wirkliche Symbiose gegeben hat oder nicht, zu
einem Herd geworden, an dem man sich bequem die Hände wärmen
kann: Der Brand ist mittlerweile erloschen, er entflammt nur manchmal in Debatten um den wachsenden Antisemitismus in Europa oder
den Nah-Ost-Konflikt.
Der Zivilisationsbruch vollzog sich jedoch, wie wir sehen, bereits
viel früher. Für Arnold Schönberg zum Beispiel, als er im Juni 1921
nach einigen Jahren der Unterbrechung endlich wieder mit seiner
Familie einen Sommerurlaub in Mattsee bei Salzburg angeht: Die
Verwaltung von Mattsee verbietet Juden nach wüsten antisemi-
tischen Ausschreitungen den Aufenthalt innerhalb der Gemeinde-
grenzen, und die Familie Schönberg ist gezwungen, sich öffentlich
als Christen zu deklarieren. Schönberg sieht es vor, den Urlaubsort
zu wechseln, geht nach Traunkirchen und nimmt die Sache anfäng-
lich ziemlich gelassen auf, auch wenn die Lokalpresse die Schlagzei-
le: Mattsee wird zur Wende für Schönberg, und er beschäftigt sich
immer mehr mit dem „Jüdischen Problem", wie er in einem Brief
schreibt:

„Denn was ich im letzten Jahr zu lernen gezwungen wurde, habe
ich nun endlich kapiert und werde es nie wieder vergessen. Dass
ich nämlich kein Deutscher, kein Europäer, ja vielleicht kaum ein

Mensch bin (wenigstens ziehen die Europäer die schlechtesten ihrer Rasse mir vor), sondern, dass ich Jude bin."[8]

Es zeugt von der zunehmenden Entfremdung, nicht der Juden, sondern innerhalb der europäischen Gesellschaft: Nicht die Juden sind verunsichert in ihrer Identität, sondern die Grundwerte des humanistischen Europa werden durch ein Erdbeben erschüttert, dessen Risse bis zum heutigen Tag in allen Ländern des Kontinents sichtbar sind.

Hannah Arendt appellierte 1960 zur Verleihung des Lessing-Preises in „Von der Menschlichkeit in finsteren Zeiten. Rede über Lessing" an die Menschlichkeit, die in einer unmenschlich gewordenen Welt zur „Ratlosigkeit" geführt hat, da die Selbstverständlichkeit der Dazugehörigkeit verloren gegangen ist:

> „Ich betone meine Zugehörigkeit zu der Gruppe der aus Deutschland im verhältnismäßig jungen Alter vertriebener Juden so ausdrücklich, weil ich gewissen Missverständnissen zuvorkommen möchte, die sich, wenn man von der Menschlichkeit spricht, nur allzu leicht ergeben. Ich darf in diesem Zusammenhang nicht verschweigen, dass ich lange Jahre hindurch auf die Frage ‚Wer bist du' die Antwort ‚ein Jude' für die einzig adäquate gehalten habe, nämlich für die einzige, die der Realität des Verfolgtseins Rechnung trug. Ich hatte sicher eine Haltung, die im Sinne, nicht im Wortlaut, des Nathan auf die Aufforderung ‚Tritt heran Jude' mit einem ‚Ich bin Mensch' geantwortet hätte, für ein groteskes und gefährliches Ausweichen von der Wirklichkeit gehalten."[9]

Die subversive Kraft dieser Aussage gegen eine vermeintliche Aufklärung ist ungeheuer. Das Einholen des Bindestrichs Deutsch-jüdisch ist Bruch und Brücke zugleich: Bruch im Sinne eines Abgrunds, der für immer und ewig in der Geschichte Europas eingeschrieben ist. Brücke als menschliches Zeugnis des Scheiterns an der Menschlichkeit selbst, als Zeugnis einer Behaustheit in einer unmenschlichen Welt.

Die Arche der Zeugenschaft führt zurück zur *arché*, zum Anfang, zu den Überlegungen, geboren aus den unmittelbaren Erfahrungen im Krieg und der Zeit danach, die im zeugenden Erinnern ihren Ausdruck gewinnt.

„Mensch" oder „Jude" sein ist auch die Frage, die Elias Canetti im Londoner Exil beschäftigt, wie es in einer Aufzeichnung aus dem Jahr 1944 heißt:

> „Die größte geistige Versuchung in meinem Leben, die einzige, gegen die ich sehr schwer anzukämpfen habe, ist die: ganz Jude zu sein... Ich habe meine Freunde verachtet, wenn sie sich aus den Lockungen der vielen Völker losrissen und blind wieder zu Juden, einfach Juden wurden. Wie schwer wird's mir jetzt, es ihnen nicht nachzutun. Die neuen Toten, die lange vor ihrer Zeit Toten, bitten einen sehr, und wer hat das Herz, ihnen nein zu sagen. Aber sind die neuen Toten nicht überall, auf allen Seiten, von jedem Volk? Soll ich mich den Russen verschließen, weil es Juden gibt, den Chinesen, weil sie ferne, den Deutschen, weil sie vom Teufel besessen sind? Kann ich nicht weiterhin allen gehören, wie bisher, und noch Jude sein?"[10]

Verantwortung für das Ganze zu übernehmen ist eines der Grundmerkmale, das das Judentum von seinen frühen Anfängen bis zum heutigen Tag geprägt hat. Im Zusammenspiel zwischen Partikularismus und Universalismus finden wir in jeder Epoche der jüdischen Geschichte einen Versuch, in der Sprache der Zeit, im Zeitgeist also, den alten Wahrheiten ein neues Gewand zu geben. Das Judentum hat, wie bekannt, keine Geschichtsschreibung im klassischen Sinn ausgebildet, aber Geschichte erinnert, d. h. *als bedingte Zeit gelebt*.

Die Aufzeichnungen der Priester und die Einsichten der Propheten waren für sie nur in dieser Hinsicht eine historische Quelle, da sie aus ihnen eine angemessene Praxis entwickeln konnten. Tradition bedeutet somit, einen *sittlichen* Anspruch an die historischen Quellen zu haben, zu fragen, was die Quellen in einer bestimmten Zeit für die „Welt" bedeuten, ohne jedoch daraus einen absoluten „Sinn" der Geschichte abzuleiten.

Die Teilnahme an der Entscheidung ist das Prägende der jüdischen Quellen, wo Historie nur durch das menschliche Wagnis der Freiheit zur Humanität wird.

Zivilisationsbruch der Shoa bedeutete somit einen Einbruch in das jüdische Selbstverständnis in der Moderne, in der sich Juden nicht nur um ihr eigenes Schicksal kümmerten, sondern sich um eine Humanisierung ihrer Gesellschaft bemühten, wo Prophetentum und Humanismus sich als Ethos der Mitmenschlichkeit begegnen. In den Worten von Manès Sperber:

„Die Propheten waren es, die selbst in Lebensgefahr die Wahrheit des Judentums verkündeten und jene Hoffnungen begründeten, dank denen die Juden, ob schon immer wieder geschlagen, stets unbesiegt geblieben sind. Die Propheten forderten von ihnen weit mehr als sie versprachen, und luden ihnen die Bürde des Menschseins auf, als ob sie eine Gnade wäre, die man durch eine ständig bewährte Mitmenschlichkeit verdienen könnte, ja müsste."[11]

Jenseits der Frage, ob es eine Symbiose zwischen Österreichertum wie auch zwischen Judentum und Deutschtum gegeben hat, liegt hier nach wie vor der Kern der Problematik, der nicht so sehr Zeugnis einer „enttäuschten Liebe" oder eines „verweigerten Gesprächs" ist, sondern den Kern des *Menschseins* im jüdischen Selbstverständnis berührt. Aus diesem Grund hatte Gershom Scholem recht, als er sich in seinem bekannten Aufsatz „Wider den Mythos vom deutsch-jüdischen Gespräch" gegen die Fiktion eines im Kern unzerstörbaren deutsch-jüdischen Gesprächs wehrte:

„Die angeblich unzerstörbare geistige Gemeinsamkeit des deutschen Wesens mit dem jüdischen Wesen hat, solange diese beiden Wesen realiter miteinander gewohnt haben, immer nur vom Chorus der jüdischen Stimmen her bestanden und war, auf der Ebene historischer Realität, niemals etwas anderes als eine Fiktion, eine Fiktion, von der Sie mir erlauben werden zu sagen, dass sie zu hoch bezahlt worden ist."[12]

Elias Canetti ist nach dem Krieg unmittelbar zurückgeworfen auf sein Judentum, allerdings mit Hoffnungen auf Gesprächspartner: „Wenn das Frühjahr kommt", heißt es in einer Aufzeichnung von 1945, „wird die Trauer der Deutschen ein unerschöpflicher Brunnen sein, und es wird sie von den Juden nicht mehr unterscheiden. Hitler hat die Deutschen zu Juden gemacht, in einigen wenigen Jahren, und ,deutsch' ist nun ein Wort geworden, schmerzlich wie ,jüdisch'."
Sicherlich war es so aus jüdischer Sicht, aber wie stand und steht es mit der „Solidarität im Schicksal" der Deutschen?
Allmählich sucht Canetti jedoch den Weg zurück, versucht aus der Zerstörung einen Neuanfang zu gestalten, um nicht in einem Wirklichkeitsverlust zu verharren.

„Die ersten Bilder und Worte aus meiner eigentlichen Heimatstadt waren beglückend und erschreckend zugleich. Dass der Prater zerstört ist, die Grottenbahn, in der das Erdbeben von Messina zum tiefsten Eindruck meiner Kindheit wurde; dass dieses bunte Leben nur noch in meiner Komödie besteht, wo es niemand kennt; dass ich so der Bewahrer des Praters geworden bin, bis er wieder besteht, und in einer Form, die seine Zerstörung in sich enthält; das ist gewiss ein sonderliches Schicksal für einen, dem Verwandlung und Spiel die Essenz des Menschen bedeutet."[13]

Das Erdbeben ist keine Phantasie mehr, das Spiel ist zur Wirklichkeit geworden, eine Realität, die alle Albträume verwischt. So wird Canetti zum Wächter vor dem Tor des Praters, „in einer Form, die seine Zerstörung in sich enthält", ein Prater, der in der *Arche der Zeugenschaft*, im Eingedenken zum Punkt der bedingten Zeit wird, wo die Zerstörung aufgehoben ist.

„Eine peinigende Vorstellung: dass von einem bestimmten Zeitpunkte ab die Geschichte nicht mehr *wirklich* war; wir könnten es aber nicht merken. Unsere Aufgabe sei es nun, diesen Punkt zu finden, und so lange wir ihn nicht hätten, müssten wir in der jetzigen Zerstörung verharren."[14]

Gegen jegliche Logik der Geschichte einen Anhaltspunkt zu finden bedeutet, sich der vollen Tatsache der Zerstörung zu stellen, aber auch der Möglichkeit des „Als-ob", der freien Entscheidung des Unerhörten, des Ersehnten, um zur Realität zu gelangen. Aus dieser Quelle schöpfen Dichter und Denker der Nachkriegszeit ihren geistigen Neuanfang, übernehmen politische Haftung und Verantwortung:
Vor genau 55 Jahren berichtete Hannah Arendt von ihrer ersten Reise nach Deutschland unter der Überschrift *The Aftermath of Nazi-Rule. Report from Germany*, ein Bericht, der erst vor 20 Jahren in deutscher Sprache unter dem Titel *Besuch in Deutschland* erschien. Nach einer kurzen Verhaftung war Arendt 1933 nach Paris geflohen, die Flucht nach Amerika gelang ihr erst rechtzeitig 1941. Was Arendt umtrieb war nicht die historische Erforschung der Ereignisse, sondern ihre politische Analyse; eine Welt war untergegangen.
In einem Brief an ihren Lehrer und persönlichen Freund Karl Jaspers schreibt Hannah Arendt am 29. Januar 1946 als Antwort auf seine

Bitte, einen Aufsatz für die Zeitschrift *Die Wandlung* zu schreiben (er hatte ihr das erste Heft vom November 1945 geschickt):

„Wenn Juden in Europa bleiben sollen können, dann nicht als Deutsche oder Franzosen etc., als ob nichts geschehen sei. Mir scheint, keiner von uns kann zurückkommen (und Schreiben ist doch eine Form des Zurückkommens), nur weil man nun wieder bereit scheint, Juden als Deutsche oder sonst etwas anzuerkennen; sondern nur, wenn wir als Juden willkommen sind. Das würde heißen, daß ich gerne schreiben würde, wenn ich als Jude über irgendeinen Aspekt der Judenfrage schreiben kann – und abgesehen von allem anderen, d. h. von Ihren möglichen Einwänden, weiß ich nicht, ob Sie das drucken können bei den augenblicklichen Schwierigkeiten."[15]

Für Arendt ist Deutschland „die Muttersprache, die Philosophie und die Dichtung"[16], aber zum geistigen Wiederaufbau Deutschlands gehört für sie mehr als das Aufräumen der Trümmer: ein Dialog des Denkens ist gefordert, für den vorerst die Gesprächspartner fehlen. Es bedeutet nach dem Bruch der Tradition nicht nur eine Suche nach Wahrheit, sondern eine Gegenwärtigkeit, die den geschichtlichen Determinismus durchbricht angesichts der realen Problematik, eine In-Frage-Stellung, die den Menschen in seiner Ganzheitlichkeit berührt, wie es in einem Brief an Jaspers vom 11. Dezember 1946 heißt:

„Eben sehe ich noch ihre Frage, ob ich Deutsche oder Jüdin sei. Ehrlich gesagt, ist es mir persönlich und individuell gesehen ganz egal. Die Heinische Lösung geht leider nicht mehr... Ich möchte sagen: Politisch werde ich immer nur im Namen der Juden sprechen, sofern ich durch die Umstände gezwungen bin, meine Nationalität anzugeben."[17]

Die historischen Erfahrungen zwingen Arendt zur Stellungnahme, zur kritischen Zeitgenossenschaft, sich der Wirklichkeit zu stellen und entgegenzustellen. So heißt es in Arendts Bericht über das Nachkriegsdeutschland:

„Den Anblick, den die zerstörten Städte in Deutschland bieten, und die Tatsache, daß man über die deutschen Konzentrations- und Vernichtungslager Bescheid weiß, haben bewirkt, daß über Europa ein Schatten tiefer Trauer liegt. Beides zusammen hat dazu geführt, daß man sich an den vergangenen Krieg schmerzlicher und anhaltender erinnert und die Angst vor künftigen Kriegen an Gestalt gewinnt. Nicht das ‚deutsche Problem', insofern es sich dabei um einen nationalen Konfliktherd innerhalb der Gemeinschaft der europäischen Nationen handelt, sondern der Alptraum eines physisch, moralisch und politisch ruinierten Deutschlands ist ein fast ebenso entscheidender Bestandteil im allgemeinen Leben Europas geworden wie die kommunistische Bewegung.

Doch nirgends wird dieser Alptraum von Zerstörung und Schrecken weniger verspürt und nirgendswo wird weniger darüber gesprochen als in Deutschland. Überall fällt es einem auf, daß es keine Reaktionen auf das Geschehen gibt..., die Gleichgültigkeit, mit der sie sich durch die Trümmer bewegen, findet ihre Entsprechung darin, daß niemand um die Toten trauert... Wenn es überhaupt zu einer offenen Reaktion kommt, dann besteht sie aus einem Seufzer, auf welchen die halb rhetorische, halb wehmütige Frage folgt: ‚Warum muß die Menschheit immer nur Krieg führen'. Der Durchschnittsdeutsche sucht die Ursache des letzten Krieges nicht in den Taten des Naziregimes, sondern in den Ereignissen, die zur Vertreibung von Adam und Eva aus dem Paradies geführt haben."[18]

Für Hannah Arendt erkennt, dass, wenn die äußere Zerstörung Ausdruck des Zusammenbruchs der Traditionen ist, die Antwort nicht durch einen nahtlosen Übergang in die Normalität erfolgen kann, sondern sich aus den Bruchstücken – wie aus den gebrochenen Tafeln der Tora – eine zerbrechliche, aber unzerstörbare menschliche Urteilskraft entwickeln kann.

Hier nimmt der Mensch die Entscheidung für die Freiheit für sich in Anspruch. Das politische Handeln einer Gesellschaft, jenseits von Gewalt und Zwang miteinander umzugehen, eröffnet bisher ungedachte Denkwege einer Demokratie, geboren aus dem kritischen Zweifel.[19]

„Die Trennungslinie zwischen denen, die urteilen und denen, die nicht urteilen, verläuft quer zu allen sozialen, kulturellen und bildungsmäßigen Unterschieden. In dieser Hinsicht kann uns der totale moralische Zusammenbruch der angesehenen Gesellschaft während des Hitler-Regimes lehren, daß die, die unter solchen Umständen zuverlässig sind, nicht diejenigen sind, die Werte pflegen und an moralischen Normen und Maßstäben festhalten; wir wissen jetzt, daß sich das alles über Nacht ändern kann, und alles, was dann übrigbleibt, ist die Gewohnheit an irgendetwas festzuhalten. Viel verläßlicher sind die Zweifler und Skeptiker, nicht weil Skeptizismus gut und Zweifel heilsam ist, sondern weil sie daran gewohnt sind, die Dinge zu prüfen und sich eine eigene Meinung zu bilden."[20]

Die individuelle Urteilskraft ist der feste Boden, auf dem die Ordnung des Politischen steht oder fällt. Wie einst ist auf den Tafeln des Gesetzes das Wort „Freiheit" eingraviert, als ureigenste Spur der Erinnerung, Garantie für die universale Würde des Menschen. Für Hannah Arendt ist der „Schock" der Realität nach dem Krieg nicht nur Beweis des unvergleichlich Neuen an der totalitären Diktatur des Nationalsozialismus, sondern zeigt die *Suspension* des menschlichen Willens zur Freiheit, der nicht durch Macht erzwungen werden kann. Die Zurückgewinnung dieses Vertrauens ist ein langer Prozess, der in den heutigen Debatten über die europäische Union als politische und nicht nur wirtschaftliche Einheit als Riss ins Auge fällt.

In Deutschland gewinnt diese Aufgabe eine besondere Brisanz, wie es in Jorge Sempruns Rede bei der Entgegennahme des Weimar-Preises, gehalten am 3. Oktober 1995, am Tag der Deutschen Einheit, in Weimar anklingt:

„Heute jedenfalls, da Ihr Land vor allem seine Befähigung zur europäischen Vision verstärken muß, ist der Verlust der jüdisch-deutschen Intelligenz mehr als beklagenswert. Die Stimme des alten Edmund Husserl – bereits von der deutschen Universität vertrieben, bereits von Martin Heidegger aus seiner Widmung von Sein und Zeit gestrichen – ja Husserls Stimme weist bereits, als er 1935 in Wien und Prag über die Zukunft Europas spricht, auf das Schweigen von heute hin, betont das, was uns fehlt; das, was Europa und Deutschland vermissen mögen mit der Vernichtung und Vertreibung des deutsch-jüdischen Geistes."[21]

Im Österreichischen Kontext des Gedenkjahres bedeutet dies eine Reflexion, nicht nur über die Berufung der als Befreier einmarschierenden Alliierten in der Unabhängigkeitserklärung des Jahres 1945 auf das Votum der „Moskauer Deklaration" von 1943, dass Österreich „das erste freie Land [war], das der typischen Angriffspolitik Hitlers zum Opfer fallen sollte", sondern auch über die Unabhängigkeitserklärung der Zweiten Republik von 1955. In letzterer wird daran erinnert, dass mit der „völligen politischen, wirtschaftlichen und kulturellen Annexion des Landes" das „macht- und willenlos gemachte Volk Österreichs" in einen Krieg gezwungen worden sei, „den kein Österreicher jemals gewollt hat, jemals vorauszusehen oder gutzuheißen instande gesetzt war...".

Sicherlich wollten die Bürger Österreichs, Juden wir Nicht-Juden, diesen Krieg nicht, aber die Tragödie ist, dass die ersteren von einem Tag zum anderen von Österreichern zu Juden umgestempelt wurden und die letzteren wenig Solidarität für ihre Mitbürger aufbrachten.

Die historische Aufarbeitung hat inzwischen vieles in ein anderes Licht gerückt und es gibt mittlerweile wirkliche Anzeichen dafür, dass nicht nur in der Öffentlichkeit, sondern auch in der Gesellschaft auf breiter Basis ein spürbares Bedürfnis besteht, sich mit der Vergangenheit auseinanderzusetzen und ein Ethos zu entwickeln, das auf allen Ebenen stimmt, um von einem passiven Teilnehmer am demokratischen Prozess zum aktiven Gestalter von Geschichte zu werden: die Zukunft von Kindern und Enkelkindern nicht nur finanziell, sondern geistig zu sichern.

Bei meinem ersten Besuch im Wiener Staatsarchiv, auf der Suche nach Familiendokumenten, wurde mir dies überdeutlich. Als ich die Akte der Vermögenserklärung bei den Beamten verlangte, spürte ich die innere Aufregung dieser jungen Menschen. Als die Akte dann nach einiger Zeit kam, bot eine junge Frau an, sie mit mir anzusehen. Sicherlich zitterte auch ich vor diesem Dokument, aber ihre Angst war noch größer als meine. Später kam ich mit ihr vor dem Kopierapparat ins Gespräch und sie erzählte mir, wie schwierig diese Aufgabe für sie sei, wie sie tagtäglich Menschen trifft, die hier zum ersten Mal das letzte Dokument ihrer geliebten Mutter, ihres geliebten Vaters, Tante, Onkel, Kusine, Cousin in der Hand haben, wie schrecklich das für sie ist, wo sie bereits jahrelang diese Dokumente als Papierzeugnisse bearbeitet hat, jetzt aber zumeist nicht dem Menschen selbst begegnet, sondern seinen Kindern und Enkelkindern der nächsten Generation, die wie sie mit dieser Geschichte konfrontiert sind. Auch erzählte sie mir, dass sie sich nicht vorstellen konnte, dass wirklich alles wahr ist, bis sie in ihrer Arbeit diese Dokumente in Händen hielt... So fand ich mich in der (glücklichen) Position, dass ich sie tröstete, dadurch, dass ich ihr als Mensch über den Abgrund der Geschichte hinweg die Hand reichte.

Es ist Moment des *Tikkun* – der *Wiederherstellung*. Ein Moment der gegenseitigen Erkenntnis, wo ein Mensch den anderen in seiner oder ihrer Lage erkennt, die Vergangenheit selbst berührt und wiederhergestellt wird. Die Aufhebung einer Resignation, in der die Fakten einfach so und nicht zu ändern sind. Alles ist vergeben, aber nicht vergessen, ohne Worte – in der Geste der Annahme aufgenommen, in der wir teilnehmen am Leben des anderen und den anderen teilnehmen lassen an unserer Erfahrung, an unserem Leben. Nicht jenseits von Gut und Böse, sondern in der Auseinandersetzung mit dem, was geschehen ist und was trotz allen Wiedergutmachungen nicht wieder gutzumachen ist.

Schluss

„Das Problem Auschwitz", so Imre Kertész in seiner Rede zum Empfang des Nobelpreises für Literatur 2002, „besteht nicht darin, ob wir sozusagen einen Schlussstrich darunter ziehen oder nicht; ob wir es im Gedächtnis bewahren sollten oder in der entsprechenden Schublade der Geschichte versenken; ob wir für die Millionen von Ermordeten Mahnmale errichten und wie sie beschaffen sein sollten. Das wirkliche Problem Auschwitz besteht darin, dass es *geschehen ist* und dass wir an dieser Tatsache mit dem besten, aber auch mit dem schlechtesten Willen nichts ändern können. (...) Alte Prophezeiungen sprechen davon, dass Gott tot sei. Zweifellos ist, dass wir uns nach Auschwitz selbst überlassen sind. Wir müssen uns unsere Werte selbst erschaffen, Tag für Tag und durch jenes andauernde, aber unsichtbare ethische Wirken, das diese Werte eines Tages ans Licht bringt und vielleicht zu einer neuen europäischen Kultur erhebt."[22]

Die Tatsache, dass das Judentum als lebendige geistige Größe in der Shoa Europas verlorengegangen ist, hat eine Tragweite für die europäische Kultur als Ganze, weil das Judentum Träger des abendländischen Erbes ist. Das Ausmaß dieses Verlustes greift tief in die Wurzeln dieses Erbes ein und macht die Wiederentdeckungsarbeit schwierig, da die Träger dieser Kultur umgebracht worden sind, die Überlebenden das Trauma des Verlustes in sich tragen und daher die eigene Tradition verschüttet und nicht als Quelle der Erneuerung zugänglich ist. So führt das Abbrechen der Tradition zu abgebrochener Identität und zur Selbstentfremdung.

Das jüdische Erbe Europas steht somit einerseits unter dem Zeichen des Zivilisationsbruches der Shoa, aber auch unter dem, was

Emmanuel Lévinas die Conditio Judaica, die jüdische Bestimmung, genannt hat:

> „Das Judentum ist die Menschlichkeit, die an der Schwelle einer Moral ohne Institution steht [...] die Bestimmung aber, zu der die menschliche Moral nach so vielen Jahrhunderten wie zu ihrer Matrix zurückkehrt, attestiert durch ein uraltes Testament, hat ihren Ursprung innerhalb der Kulturen. Kulturen, die von dieser Moral ermöglicht, hervorgerufen, begrüßt und gesegnet werden, von der Moral, die aber erst geprüft und gerechtfertigt ist, wenn sie der Zerbrechlichkeit des Gewissens standhält."[23]

In der Tat ist das Gewissen zerbrechlich, weil auch jedes Wissen am Einzelnen bricht, und dort seinen Einbruch erlebt: „Es ist dir gesagt, Mensch, was gut ist ..." (Micha 6,8).

Anlässlich der Eröffnung der Hebräischen Universität am Scopusberg in Jerusalem 1925, an der auch mein Vater mit dem Jüdischen Hochschulstudentenausschuss aus Wien teilnahm, sagte Albert Einstein vor der internationalen festlichen Versammlung:

> „Our affiliation with our past and with the present-day achievements of our people inspires us with assurance and pride vis-à-vis the entire world. But our educational institutions in particular must regard it as one of their noblest tasks to keep our people free from nationalistic and aggressive intolerance."[24]

Drei unserer Kinder, eine Rechtsanwältin, ein Philosoph und Anthropologe und eine Ärztin, sind Absolventen dieser Universität. Sie haben in ihren persönlichen und beruflichen Leben diese Ideale bewahrt und ihre Kinder so erzogen, dass wir als Großeltern trotz allem mit guter Hoffnung in die Zukunft schauen.

Als die Juden in Prag ihre Synagoge im Exil bauten, sprachen sie ein Gelübde aus. Wir bauen dieses Gotteshaus nur auf eine Bedingung: Wenn der Tempel in Jerusalem wiederhergestellt wird, werden wir dorthin ziehen. So nannten sie ihr Gotteshaus *Al Tenai* – auf Bedingung, also eigentlich ausgeborgt und nicht zurückgegeben, ein Pfand sozusagen. Im Laufe der Zeit geriet dieses Versprechen in Vergessenheit und so trägt die alte Prager Synagoge, die mit den Legenden über den Golem von Rabbi Löw verbunden ist, im Volksmund den Namen „Alt-Neu"-Synagoge.

Im Grund trägt aber jedes jüdische Haus diesen Charakter der Bedingung – Juden trauern über die Zerstörung des Tempels als Inbegriff der kollektiven Trauer; es ist ein jüdischer Brauch, an der Innenwand eines neu gebauten Hauses eine Elle im Geviert unverputzt zu lassen als Andenken an die Zerstörung.

Bedingte Zeit zu leben bedeutet, die Zeit unter die Bedingung des menschlichen Zeugnisses zu stellen, wo in der Arche der Zeugenschaft eine Generation der anderen die Aufgabe der Zeit nicht als Pflicht, sondern als „Mandat, das niemand mir gegeben hat", wie Franz Kafka sagt, weiterreicht.

Möge unsere Stunde im Zeichen einer *bedingten* Zeit der Erinnerung für das Haus Europa stehen.

Epilog

„*Stimmen* im Innern der Arche:

Es sind
nur die Münder
geborgen. Ihr
Sinkenden, hört
auch uns.

Keine
Stimme – ein
Spätgeräusch, stundenfremd, deinen
Gedanken geschenkt, hier, endlich
herbeigewacht: ein
Fruchtblatt, augengroß, tief
geritzt; es
harzt, will nicht
vernarben."[25]

Paul Celan: Sprachgitter

Anmerkungen

[1] Dankwort anlässlich der Verleihung der Ehrenmedaille in Silber der Stadt Wien im Wappensaal des Wiener Rathauses am Mittwoch, dem 22. Juni 2005.

[2] Illa Meisels, Erinnerung der Herzen, Wien 2005, S. 29.

[3] ebd. S. 29

[4] Manès Sperber, Wien im Rückblick. In: Manfred Wagner (Hg), Im Brennpunkt, Wien 1976, S. 61.

[5] ebd.

[6] Jakob Wassermann, Mein Weg als Deutscher und Jude, Jüdischer Verlag: Frankfurt a. M. 2005, S. 8

[7] ebd.

[8] Arnold Schönberg, Briefe, hrsg. von Erwin Stein, Mainz 1958, S. 473.

[9] Hannah Arendt, Von der Menschlichkeit in finsteren Zeiten. Rede über Lessing, München 1960, S. 28 f.

[10] Elias Canetti, Die Provinz des Menschen. Aufzeichnungen 1942-1972, Fischer Taschenbuch Verlag: Frankfurt a. M. 1984 , S. 61.

[11] Manès Sperber, zitiert aus: Alfred Paffenholz, Manès Sperber zur Einführung, Hannover 1984, S. 46.

[12] Gershom Scholem, „Wider den Mythos vom deutsch-jüdischen Gespräch", in: Bulletin des Leo-Baeck-Instituts 27 (1964), S. 278-281.

[13] Elias Canetti, Die Provinz des Menschen. Aufzeichnungen 1942-1972, Fischer Taschenbuch Verlag: Frankfurt a. M. ⁶1984, S. 67.

[14] ebd.

[15] Hannah Arendt, Ich will verstehen, München 1996, S. 205. ebd., S. 78.

[16] ebd.

[17] ebd.

[18] Hannah Arendt, Besuch in Deutschland, Hamburg (1986) 1993, S. 24-26.

[19] Nachdem Moses im Anblick des Goldenen Kalbes die Tafeln des Bundes gebrochen hatte, berichtet er in seinen Abschiedreden dem Volk Israel: „Zu jener Zeit sprach Gott zu mir: Haue dir zwei steinerne Tafeln wie die ersten und steig zu mir den Berg hinauf und mache dir einen Holzschrein. Und ich werde auf die Tafeln die Worte schreiben, die auf den ersten waren, die du gebrochen hast, und du sollst sie in den Schrein legen." (Dtn 10,1-2). Dazu der rabbinische Kommentar: „'Die du gebrochen hast, lege sie in den Schrein.'[...] Resch Lakisch sagte: Manchmal ist die Aufhebung der Weisung ihre Gründung, denn es steht geschrieben: ‚Die du gebrochen hast.' Der Heilige, gelobt sei er, sprach zu Mose: Wohl dir, dass du sie gebrochen hast!" (Babylonischer Talmud, Menachot 99a).
Siehe auch: „Frühling wurd's in deutschen Land. / Über Asch und Trüm-

merwand / Flog ein erstes Birkengrün / Probweis, delikat und kühn // Als von Süden, aus den Tälern / Herbewegte sich von Wählern / Pomphaft ein zerlumpter Zug / Der zwei alte Tafeln trug. // Mürbe war das Holz von Stichen / Und die Inschrift sehr verblichen / Und es war so etwas wie / Freiheit und Democracy. (...)" im bekannten Gedicht von Bertolt Brecht, „Der anachronistische Zug oder Freiheit und Democracy" (1947), in: Die Gedichte von Bertolt Brecht in einem Band, Suhrkamp: Frankfurt a. M., 7. Auflage 1993, S. 943-949.

[20] Hannah Arendt, Diktatur und persönliche Verantwortung, in: „Befreiung", Juni 1985, S. 21.

[21] Vgl. Jorge Semprun, Blick auf Deutschlands Zukunft. Rede zur Entgegennahme des Weimar-Preises der Stadt Weimar am Tag der Deutschen Einheit 3. Oktober 1995. Frankfurt/Main 1995.

[22] Imre Kertész, Heureka! Rede zum Nobelpreis für Literatur 2002, Frankfurt a. M.: edition suhrkamp, Sonderdruck 2002, S. 24f.

[23] Emmanuel Levinas, Eigennamen, München/Wien 1988 S. 105f

[24] Albert Einstein, In: The New Palestine Vol. VII, No. 13, March 27, 1925 S. 294

[25] Paul Celan: Sprachgitter, In: Gesamelte Werke in fünf Bände. Ersten BAnd, Gedichte I, Suhrkamp Taschenbuchverlag, Frankfurt a.M. 1986. S.149

Tränen im Ozean –
Manès Sperber im Spiegel der Zeit

> Ich war einer von vielen, die auf einem
> beängstigend schmalen Grad dem Sturm-
> wind standhalten mußten. Wir konnten
> keinen Schritt wagen, ohne – rechts oder
> links – in den Abgrund zu stürzen.[1]

> Um einen Lebenden zu verstehen, muß
> man wissen, wer seine Toten sind. Man
> muß auch wissen, wie seine Hoffnungen
> geendet haben – ob sie sanft verblichen
> oder ob sie getötet worden sind. Genauer
> als die Züge des Antlitzes muß man die
> *Narben des Verzichts* kennen.

> Manès Sperber, Wie eine Träne im Ozean

Es ist die Aussage eines Helden in Manès Sperbers Trilogie „Wie eine
Träne im Ozean", deren erster Abschnitt im Winter 1940 entstanden
ist. In der „Zeit der Verachtung"[2] legt Sperber als Rest der Entronnenen – *Sche'erit Hapeleta* – Zeugnis ab, als Kind seiner Zeit, als Zeuge
ist er als Person immer präsent: es geht nicht um eine Berichterstattung
von Tatsachen, sondern um die Art und Weise, wie die Schreckenser-
eignisse *seiner Zeit in die unsere übergehen*, wie sie von uns verstanden
werden. Wo „All das Vergangene", die „Unfaßbare Gewißheit des
Churbans", als „Vergebliche Warnung", als „Brücke zwischen Gestern
und Morgen" trotz allem als *Hoffnung* in uns und in den Generationen
nach uns weiterlebt.

Sperber schreibt – immer – am Schnittpunkt von Geschichte und
Biographie, „wie der einsame Wanderer, verloren in tiefer Nacht, singen oder zu sich selbst sprechen mag".[3] Wie er im Vorwort bezeugt,
schreibt Sperber einerseits „[...] für alle und für keinen; in Wahrheit
dachte ich an die noch ungeborenen, die heute die Jungen sind. Sie,
hoffte ich, würden nicht erst das Mißverständnis der falschen Identifikation überwinden müssen, um zu begreifen, daß es sich hier weder
um eine Autobiographie, noch um einen Schlüsselroman handelt; daß
die Politik nur Rohstoff, aber nicht das Thema ist; daß ich nicht die

Wirklichkeit konterfeien wollte, daß ich weder die allgemeinen Geschehnisse beschreiben, noch die Gründe von Sieg und Niederlage erklären wollte.

Den Jungen (an die ich während jener langen Nächte dachte) mag es leichter fallen als so vielen meiner überaus wohlwollenden Kritiker in der ganzen Welt, zu durchschauen, daß ich keine Gewißheit zu bieten habe, sondern nur Fragen spruchreif mache, daß Charaktere, Situationen, Handlungen, daß Ereignisse hier nur dann behandelt werden, wenn sie in sich einer Geschichte bergen."[4]

Das menschliche Leben als Gleichnis ist die Art und Weise, in der von Anfang der Zeiten das Judentum seinen Ort in der Welt gefunden hat. Geschichte erzählen heißt Geschichte deuten, ein Paradigma, welches ich in meinem Buch „Zeitbruch. Geschichtsschreibung als messianische Hermeneutik"[5] genannt habe. Es bedeutet den Schnittpunkt von Geschichte und Biographie als Einbruch, nicht der Ewigkeit in die Zeit, sondern der Zeit in die Ewigkeit zu erleben, Bruch der Zeit, Kontinuität zu denken, Zeit als Bruch zu leben. Es heißt, „die Unfähigkeit der Gleichgültigkeit" im wörtlichen Sinn, Geschichte am eigenen Leib zu empfinden, nicht als Weltschmerz, sondern als Entscheidung zu leben, allerdings ohne Illusion, aber doch im Wissen um die „Narben des Verzichts" zu handeln, im Dennoch, eine *Torat Chajim* – Lebenslehre, die Sperber bereits als Kind in der „Civitas Dei" Zablotow gelernt hatte.

> „Man belehrte mich aufs Eindringlichste über die von der biblischen Ethik angeordneten Lebensregeln, deren gebieterischste für mich unabänderlich geblieben ist: den Einklang von Glauben und Tun, von Theorie und Praxis zu erlangen und in seinem Sinne zu leben. [...] So handeln, wie es gut wäre, daß alle handeln sollten; nie vergessen, daß man nicht nur für das eigene Tun verantwortlich ist, sondern für alles Übel, das man verhindert oder zumindest vermindern könnte; immer gemäß dem Rat zu handeln, den uns Rabbi Hillel hinterlassen hat: ‚Was du nicht willst, daß man dir antue, das tue auch keinem anderen an.'"[6]

Geprägt von einer alles umfassenden jüdischen Erziehung, die ihn gelehrt hatte, alles im Hinblick auf Gottes Gebote und Plan für die Welt zu erkennen, verstehen und zu deuten, lebte die Bibel im Original, neben den Grimm'schen Märchen und der Zeitung aus Wien; Hebräisch und Deutsch, Religion und Moderne waren für Manès Sperber wie für viele Teile des osteuropäischen Judentums kulturell aus einem Stück gegossen.

Ich erlaube mir an dieser Stelle zwei biographische Notizen einzufügen – ein Geschichte über Tauben und eine über Trauben –, nicht nur, weil ich Manès Sperber, der ein guter Freund meines Vaters war, am 25. September 1970 in Jerusalem kennenlernte,[7] sondern weil auch mich diese Mischung einer kritischen Vernunft und messianischen Hoffnung grundsätzlich geprägt hat, eine Mischung, die mit dem Untergang des zentral- und osteuropäischen Judentums leider im Diskurs der Geisteswissenschaften und in der Gesellschaft verlorengegangen ist, in dem der fruchtbare Austausch von Judentum und Abendland in Bezug auf was Religion und Moderne als kulturelle Größen in Europa bedeuten können, aufleuchtet.

Wie mein Vater Abraham, Großvater Zwi und Urgroßvater Jakob Thau, der sogar Bürgermeister dieses jüdischen Städtchens in Ost-Galizien war, stammt Manès Sperber bekanntlich aus Zablotow. In unserem Gespräch über seine und meine Familie, wie auch in seinen Büchern, erzählt Sperber viele Geschichten über das Leben der Juden dort, die er „Luftmenschen" nennt.

„Ja es war eine bis zur Absurdität maßlose, groteske Armut, jedoch keine Armseligkeit, weil die Zablotower nicht nur etwa glaubten, sondern wußten, daß der Zustand provisorisch war [...]. Gott, ihr Gott natürlich, griff stets ein. Spät, sehr spät, aber nie zu spät. Darüber hinaus konnte man jeden Augenblick mit der Ankunft des Messias, also mit der endgültigen Erlösung rechnen."[8]

Dies war die Situation im ostjüdischen Exil. Der Glaube an das Kommen des Messias in jedem Augenblick gab dem Leben seinen Sinn, machte sie zu „Luftmenschen" in dieser Welt, aber zu Hause bei Gott. Diese Tradition hat viele Juden wie auch die Generation meiner Eltern grundsätzlich geprägt. Die Welt war provisorisch – nicht nur nach der Zerstörung des europäischen Judentums, sondern überhaupt, weil sie immer provisorisch war und bleiben muß. Vor und nach der Katastrophe blieb dieser Punkt ein Ort der Orientierung, dies war die wirkliche Heimat in einer heimatlosen Welt. Nicht die Sprache oder die Vernunft, sondern der Glaube an die Erlösung, was, solang der Messias ausblieb, hieß, Geschichte als Aufgabe zu leben. Zu wissen, daß, wie in den Sprüchen der Väter im Namen von Rabbi Tarphon überliefert wird: „Du brauchst die Arbeit nicht zu vollenden, aber du bist auch nicht frei dich ihr zu entziehen." Im Wissen, daß du durch dein Tun die Welt wohl nicht erlösen kannst: an dem Punkt bist du eben nicht frei – nicht gebunden durch ein Gebot, sondern durch die freie Entscheidung, in deiner Stunde und an deinem Ort zu handeln, und dich so als Glied in die Geschichte einzureihen, wo eine Generation der anderen die Arbeit als unvollbrachte Aufgabe weiterreicht.

Am Ende der Zablotow-Geschichten erzählt Sperber von den vielen Bränden, die die kleine Stadt immer wieder zerstörten, da das Feuer von einem Haus zum anderen übersprang:

> „Ich hatte sagen hören, daß immer, wenn große Brände sich entfalteten, Engel herabstiegen, um sich auf Dachfirst und Giebel der Hohen Shul, der einzigen Synagoge des Städtchens setzten, um sie zu schützen. Die Sendboten nahmen dann, hieß es, die Gestalt von weißen Tauben an."[9]

Er erzählt von einer Erinnerung an seine Kindheit, als er als Vierjähriger die zwei weißen Tauben, die die Shul bewachten, erblickte.

> „Sie waren weiß wie Schnee am Morgen, und alle, auch die Erwachsenen, glaubten, daß es tatsächlich Engel waren." „Und doch geschah es in einer jener Brandnächte, daß in mir die Ahnung eines Zweifels aufstieg. Gewiß, alles war, wie es ein sollte: Die Tauben blieben auf dem Dach und über dem großen Tor, die Synagoge brannte nicht, obwohl der Wind das Feuer vorantrieb; und so, hieß es, hatten seit Jahrhunderten Engel sie vor jeder Gefahr behütet."[10]

Der Zweifel ist da, aber der Erzähler Manès Sperber kann die Geschichte seines Zweifels noch erzählen. Auch von den zwei weißen Tauben, die die Welt vor dem Untergang schützen, und die erst Ruhe finden, wenn der Messias kommt.

Es scheint, als ob die Zeit und der Ort von damals, das Milieu einer östlichen Religiosität und einer westlichen Rationalität, ein äußerst fruchtbarer Nährboden für ein geistiges Gegengewicht war in der Belle Epoque, in diesen „allerletzten Jahren des guten Gewissens herrschender Schichten in Europa":[11] Juden wußten, daß Zeit Frist bedeutet. Weil das Wissen immer provisorisch war, hatten sie auch keine Angst, sich dieser Wahrheit, wie schmerzlich die auch sein möge, mit offenen Augen zu stellen.

Meine Mutter Illa Meisels, aus der berühmten Rabbinerdynastie Meisels, aus Nadworna, nicht weit von Zablotow, kam wie mein Vater als junges Mädchen am Ende des Ersten Weltkrieges nach Wien und schrieb 1928 als 23-Jährige in der Schmelzgasse des 2. Bezirks ihre Gedanken in ein Heft nieder, das sie auf die Flucht nach Holland 1938 mitnahm. In dem Romanfragment, Aufzeichnungen, die den Krieg mit uns im Versteck überlebten, das ich im vorigen Jahr genau zu ihrem 100. Geburtstag – sie ist am 20. Januar 1905 geboren – herausgebracht habe, heißt es: „Nicht die Lust, nicht die Natur, nicht die Sinne sind die wahren Verführer, nur die *klare Vernunft* ist es, an die wir durch die Gesellschaft gewöhnt sind und die Brechungen, die aus den Erfahrungen geboren sind."[12]

Die Kraft des Überlebens schöpften meine Eltern, wie Manès Sperber, aus der Spannung zwischen Kritik und Verantwortung. Eine grundlegende Kulturkritik, die jedoch nicht zu einem Kulturpessimismus führte, sondern zum Drang, die Welt zu verändern und zu verbessern. Es war also sicherlich ein anarchisch-revolutionärer Blick, der aber geprägt war von den „Brechungen der Erfahrung", und ohne Illusionen in Bezug auf die kommenden Ereignisse einer verantwortliche Hermeneutik des Verdachts verpflichtet war.

„Kein Opfertod, keine Erlöser-Gnade vollbringt die so sehnlich erwartete Wandlung", sagt Sperber, denn das Kommen des Messias hängt von uns selbst ab, von den Werken aller.

„Ich bin nie einer Idee begegnet, die mich so überwältigt und die Wahl meines Weges so beeinflußt hat, wie die Idee, daß diese Welt nicht bleiben kann, wie sie ist, daß sie ganz anders werden kann und es werden wird. Diese einzige, fordernde Gewißheit bestimmt, seit ich denken kann, mein Sein als Jude und Zeitgenosse."[13]

Juden haben darauf verzichtet, „neue, erlöste Menschen zu sein"[14] und statt dessen darauf bestanden, das Alte zu erneuern.[15] Wie im Wort des letzten Propheten Maleachi das Wort des ersten Propheten Moses angerufen wird, und wie Väter an Söhne appellieren und umgekehrt (Mal 3,24), wirkt die Tradition in den Deutungen und Handlungen als Kollektivgedächtnis der Zeitgenossen weiter.

Erlauben Sie mir nun, dies noch mit einer zweiten biographischen Notiz aus meiner Kindheit im Versteck in Holland während der Nazi-Zeit zu verdeutlichen: es ist die Geschichte der Trauben.

Mein Vater, ein gesetzestreuer, aber moderner Jude, hatte einem holländischen Freund von dem Brauch erzählt, am Neujahrstag zur Erinnerung an die Erneuerung von Natur und Geist eine Frucht aus neuer Ernte zu essen. Es war im Herbst des Jahres 1944 – vor Einbruch eines der schlimmsten Kriegswinter. Zwei Wochen vor Neujahr kam dieser Mann auf einem klapprigen Fahrrad und brachte uns ... eine Weintraube[16]. Er hatte sie in der Nähe bei einem Bauern ausfindig gemacht, der sie in einem Gewächshaus züchtete. Mein Vater war natürlich überglücklich und legte folgendes Gelöbnis ab: den Segensspruch für die neue Frucht an Rosch Haschana von nun an stets über Trauben zu sprechen. Nachdem ich nach Israel gezogen war, pflegte mein Vater und oft zu besuchen, und obwohl es im Sommer in Israel Trauben in Fülle gab, wußten meine Kinder: vor Rosch Haschana ißt Vater (Großvater) keine Trauben – wegen seines Erlebnisses in der Zeit der Schoa ...

Diese Geschichte zeigt deutlich, wie die persönliche Erfahrung eines Menschen Teil seiner jüdischen Erfahrung wird; wie die persönliche Geschichte und die Geschichte des jüdischen Volkes eins werden; und wie religiöse Symbole, wie das Essen einer Frucht aus neuer Ernte, der Bewahrung des Vergangenen dienen und so für die Gegenwart Bedeutung gewinnen. Das jüdische Gesetz schreibt nicht vor, welche Frucht man essen soll. Mein Vater verband jedoch seine eigene Erinnerung mit der Erinnerung des jüdischen Volkes und wurde somit zum lebendigen Glied in der Kette der Tradition.

Später leistete ich meinen eigenen Beitrag zu dieser Geschichte: Bevor die Israeliten das Land Israel betraten, schickten sie – so wird es im 4. Buch Moses beschrieben – Kundschafter aus, um das Land zu erkunden. Von ihrer Reise brachten diese eine riesige Weintraube mit.[16] Das Volk erschrak vor der Größe all dessen, was es in dem Land gab, und wagte nicht, es zu betreten. Mein Vater, pflegte ich zu sagen, aß nie von den Früchten dieses Landes. Sein Schicksal war es, von den Früchten der Diaspora zu essen, er blieb im Exil.

Als die Rabbinen versuchten, den Sinn der Zerstörung des Tempels, den *Churban*, zu deuten, fiel auch ihnen diese Geschichte aus Numeri (14,1) ein, in der so lebhaft geschildert wird, wie das ganze Volk nachts weinte, als die Kundschafter mit ihrer Nachricht eintrafen. In den Worten Rabbi Jochanans:

„Diese Nacht war der Anbruch des 9. Tages des Monats Av (die Nacht der Tempelzerstörung), denn Gott hatte gesagt: ,In dieser

Nacht habt ihr umsonst geweint (d. h. ihr hättet mir vertrauen sollen und keine Furcht haben dürfen, das Land zu betreten), nun aber werdet ihr Grund haben, jahrhundertelang zu weinen ...." (Babylonischer Talmud, Ta'anit 29a)

Die gesamte Geschichte des jüdischen Volkes wird im Geschehen einer jeden Zeit neu erlebt und gewinnt damit symbolische Bedeutung für die Zukunft. Jedes Geschehen, sei es eine Errettung oder eine Katastrophe, bietet Anlaß, in verständlicher und unzweideutiger Sprache zu erkunden und auszudrücken, was aus der geschichtlichen Erfahrung gelernt wurde, um die Zukunft aufzubauen. So wird ein Kontinuum in der Geschichte gebildet.

Wenn im normalen Ablauf der Geschichte ein Bruch erfolgt, den man mit einem Terminus *Churban* – eine Kurzformel für *churban bajit* – wörtlich: „das zerstörte Haus" bezeichnet, wird also die gesamte Existenz eines Menschen auf Erden in Frage gestellt (wie in der Nacht der Tempelzerstörung), dann formen Juden aus diesem Erleben die Symbole, die die Bausteine für die Zukunft bilden. In diesem Sinne erinnern wir uns an die berühmten Worte des Rabbi Elazar und Rabbi Hanina (die Franz Rosenzweig in seinem berühmten Brief an Martin Buber über die jüdische Erziehung in Deutschland in den 20er Jahren als Inspiration dienten): „Lest nicht ‚eure Söhne' (*Banim*), lest vielmehr ‚eure Bauleute' (*Bonim*)." (Babylonischer Talmud, Berachot 64; vgl. Jes 54,13)

Die Krise wird somit zu einer Stunde der Entscheidung und des Neuanfangs.

Das Leben und das Œuvre Manès Sperbers – diese zwei Dinge sind bei ihm nicht von einander zu trennen – sind ganz und gar von diesen Gedanken geprägt:

„[...] der Gedanke, daß die Welt sich ändern muß, damit sie menschenwürdig werde, diesen Gedanken hab ich niemals aufgegeben, er hat mich niemals verlassen. Sie wissen ja, ich komme aus einer messianischen jüdischen Familie, das heißt die Erwartung des Messias war gleichsam das, was die Lebensstimmung weitgehend bestimmte, sonst wäre das Schlimme ja kaum erträglich gewesen. [...] Ich bin seinerzeit als junger Mensch, ja fast noch als ein Knabe, zur Russischen Revolution, zum Kommunismus gegangen, aufgrund dieser bewegenden Vorstellung einer Welt, die der Änderung bedurfte und fähig ist."[17]

Der Aufbruch, der im Riß des Zusammenbruchs der europäischen Monarchien möglich schien, übte eine ungeheuerliche Anziehungskraft auf viele Juden aus, die man ohne die oben beschriebenen jüdischen Paradigmen nicht erklären kann. Der Übergang von der Tradition in die Moderne war daher nicht ein Bruch mit ihrer Tradition, sondern eine geistige Brücke zu einem Neuen Europa, in dem Juden nicht mehr um ihre Emanzipation zu kämpfen haben, sondern selber ein integraler Teil der Revolution werden. Kommunismus und Sozialismus schienen die Wegbereiter für eine Fortsetzung der uralten prophetischen Botschaft zu sein. Diese Selbstverständlichkeit des Handelns stand im schroffen Gegensatz zum Idealismus wie auch zur Romantik: der Kampf sollte nicht nur einer der Belles Lettres sein, sondern auf dem Schlachtfeld der Geschichte in der Gesellschaft selbst ausgekämpft werden. Es war das Ende einer Epoche, aber zugleich der Anfang einer Neuen Welt. Im Rausch dieser zwanzig dramatischen Jahre zwischen 1918 und 1938 sind es hauptsächlich die Juden, die bereits die Zeichen an der Wand verstehen und zu deuten vermögen, wo Prophetie und Apokalypse sich kreuzen. Es ging nicht nur um den Untergang der Jüdischen Welt, sondern um das Abendland, dies alles aus einer Position der Selbstanalyse, als Ausweg aus dem herrschenden Kulturpessimismus einerseits und der Dekadenz der Wiener Moderne andererseits.

„Für mich und viele Intellektuelle, die zur gleichen Zeit jung waren wie ich, war Nietzsches Ruf nach einer Umwertung der Werte, jedenfalls während der zwanziger Jahre dieses Jahrhunderts, ein Losungswort von einer unvergleichlichen, suggestiven, negativ und positiv begeisternden Wirkung. [...] Sofern Friedrich Nietzsche überhaupt als politischer Kronzeuge herangezogen werden kann, so keineswegs zugunsten der Bourgeoisie oder des Proletariats oder sonst irgendeiner sozial, ökonomisch, national oder rassisch determinierten Schicht. Hingegen konnte man seine abstrakte Machtgläubigkeit als ein Argument für die Herrschaft der Wenigen über die Vielen anführen; doch wäre auch das verfehlt. Was er lehrt, diese Rebellion gegen die überlieferten Werte und Wertmaßstäbe, ist in Wirklichkeit ein Aufstand gegen Gott."[18]

Anfangs begegnet Sperber Nietzsches Zarathustra als Jude: „[...] da schreibt ein Christ wie ein jüdischer Prophet, dabei handelt es sich überhaupt nicht um das jüdische Thema."[19] Es führt ihn letztlich aber zu Alfred Adler und seinem eigentlichen Thema, die „Psychologie des Revolutionären", wobei Dostojewski, Karl Kraus, Gustav Landauer und Kropotkin weitere Weggefährten sind.

Im Rückblick, 53 Jahre später, reflektiert Sperber über die Worte, die er 1941 einem kommunistischen Intellektuellen im Sommer 1932 in den Mund gelegt hatte: „In weit mehr als der Hälfte meiner Schriften, in den frühen unveröffentlichten und in den späteren Romanen, Essays, Artikeln und in meinen Vorträgen – überall da geht es um Probleme der Revolution, um jene, die sie herbeisehnten und gegebenenfalls entfachten." „Wäre es selbst so," sagt nun der kommunistische Intellektuelle, „daß seit undenklicher Zeit eine Generation nach der anderen den gleichen Irrtum gehegt hat, gerade sie wäre berufen, ihre Existenz an die letzte Vorbereitung eines völlig neuen Zustandes zu setzen, und sie hätte die Chance, die die vorangegangenen Generationen nicht haben konnten – eh bien, dann wurde bisher das Beste geleistet, um der Bemühung um ein unverwirklichbares Ziel; dann ist das Beste, was der Mensch mit seinem Leben anfangen kann, es wie eine Vorbereitung auf einen unerreichten Zustand zu leben."[20]

Sperber reflektiert dann über den Unglauben seiner Ahnen, die sechzig Generationen lang mit ihrem Leben büßen mußten, den sie der Verkündigung entgegenbrachten, daß „der Erlöser schon gekommen wäre und mit seinem Opfertod die Menschheit erlöst hätte", aber sich nicht versöhnen konnte mit dem „Glauben an die messianische Zukunft, in welche man mich erzogen hat". Als junger Mann war er fest davon überzeugt, daß „nur Revolutionäre den erhabenen Zustand herbeiführen würden". Die Psychologie der Revolutionäre sollte zur Erlösungslehre der Menschheit werden! Es sollte noch zwanzig Jahre dauern, bis er „mit einem schmerzlichen Zweifel von der Vorbereitung auf den *unerreichbaren Zustand*" sprechen konnte.

Der religiöse Bruch mit seinem Vater hinterläßt eine schmerzliche Wunde:

„Was und aneinander gebunden hätte, verhinderte die leidvolle Entfremdung nicht. Selbst zerschlagen blieb die Bindung bestehen – eine offene Wunde nach einer unheilbaren Verletzung."[21]

Es folgt der Beitritt zu *Haschomer Hazair*, wo ihm jedoch sofort der ideologische Rigorismus und Militarismus zuwider ist, der dazu dienen sollte, die Galuth-Mentalität zu überwinden. Vom Anfang an entwickelt Manès Sperber eine Distanz zum politischen Zionismus, was letztendlich zum Bruch führt. Die Hoffnung, daß die Kolonisation Palästinas die Judenfrage endgültig lösen würde, an der er bereist vom Anfang an gezweifelt hatte, erfüllt sich leider nicht, und für den jungen Sperber geht es sowieso um mehr: um die Frage der eigenen Identität als Mensch in der Welt, d. h. um die soziale Frage als *Gewissensfrage*. Der Horizont von Adlers Individualpsychologie wird ihm zu eng, da es ja nicht um eine Selbstanalyse zu tun ist, sondern jedes Verstehen, das allein aus der eigenen Erfahrung kommen muß, dient dazu, die Lage im Spiegel der Zeit zu diagnostizieren im Sinne einer alles durchdringenden Kulturkritik, die über eine längere Zeit hinweg immer wieder die Abgründe des menschlichen Handelns und seiner politischen Auswirkungen zu analysieren vermag.

Wenn man die Texte von Manès Sperber liest, befindet man sich in einem Zug, der in beide Richtungen fährt: nach hinten und nach vorne: immer wieder begegnen wir Sätzen, die Spiegelbilder der Vergangenheit sind, Spiegelbilder, in denen Sperber nicht nur sich selbst erkennt, sondern mehr als alles andere, mit den Augen von heute – im Englischen *hindsight* – erkennt. Sperber schaut nach vorne mit den Augen im Hinterkopf, und sein prophetischer Blick ist immer darauf ausgerichtet, den Menschen aufzuklären über den Mißbrauch von Macht, wie dies bereits in der Bibel, in der Spannung zwischen Priester und Prophet zum Ausdruck kommt.

Sie sind Brücken zwischen Gestern und Morgen, aber „nur" Brücken – das Leben spielt sich zwischen den Brückenköpfen ab, und es ist der Mensch, der durch sein Gehen erst die Verbindung zum anderen Ufer baut. Die eigene Erfahrung wird zur Brücke: der Bruch wird erst durch die Brücke geheilt. Sperber hält seine Erinnerungen fest als Bruch–Brücke; es sind keine Fragmente, die von ihm durch eine historische oder historische Argumentation zusammengehalten werden, sondern durch seine Erzählungen entsteht ein vielfarbiges Gewebe, das Situationen, Ereignisse, Begegnungen, Charaktere, Handlungen, Erfahrungen in Gleichnisse verwandelt, in denen die Fragen der Zeit erst spruchreif werden. Wahrheit und Fiktion werden wahrhaftig im *Munde des Erzählers*, ein Prozeß, der den Leser herausfordert, sich in die Handlung hineinzugeben – wodurch eine Brücke entsteht zwischen Wahrheit und Fiktion –, und eine Stellung zu beziehen.

„Entgegen der Gewohnheit, die dem Romanleser so lieb ist, bleibt hier häufig all dies unbeschrieben, was einen angenehm vertraut machen könnte mit der von unendlichen Möglichkeiten geprägten und doch nur erdachten Welt des Romans. Wer hier teilnehmen will, muß *seinen Teil* geben: wahrhaft mitwirken; und das mehr noch als der Theaterzuschauer, dessen Tagtraum-Bedürfnisse kein Kulissenzauber schmeichelt."[22]

Autor und Leser werden so zu Brückenköpfen, die über alle Zeiten und Brüche, über alle Szenen hinweg nicht nur Sperbers Geschichten zusammenhalten, sondern auch die Zeit als Geschichte: „Was wie eine Episode aussieht, wird sich 300 Seiten später als ein höchst bedeutungsreicher Teil der Haupthandlung enthüllen."[23] Es ist eine Mise-en-scène, die uns das Leben wie „Bilder in einer Galerie" vorführt, in der immer wieder eine andere Epoche, die im Zeugnis Sperbers als *„virtual reality"* erzählt wird, aufleuchtet. „Das Dunkel eines Augenblicks trennt eine Szene von der anderen: das Licht wandert dorthin, wo die Handlung es braucht!"[24]

So zeugt Manès Sperber über seine Brücken-Gleichnisse als Selbstzeugnis:

„Zu den Gleichnissen, die ich Jahrzehnte am häufigsten in Romanen, Essays und Vorträgen benutzt habe, gehört eines, in dem es sich um eine Brücke handelt, die nicht existiert, sondern sich Stück für Stück unter den Schritten dessen ausbreitet, der den Mut aufbringt, seinen Fuß über den Abgrund zu setzen. So mag die Brücke nicht das andere Ufer erreichen, das übrigens wohl gar nicht existiert. Der werdende, nie vollendete Mensch auf der Brücke, die nur so weit reicht wie sein Mut, somit nie weit genug, ist der Held und Unheld all meiner Bücher geworden."[25]

Das Vokabular Sperbers lebt aus dem Paradox: Macht und Ohnmacht, Anpassung und Widerstand, Gewalt von Oben und Gewalt von Unten, Mensch und Tat, Mythos und Realität, die Ausdruck sind nicht eines dialektischen Denkens, sondern einer inneren Spannung, eine Stimme der Revolte gegen die bestehenden Verhältnisse, ein Sich-Nicht-Abfinden-Wollen, die Welt so zu lassen *wie sie ist*. Nicht ein Idealismus ist hier gemeint, auch nicht die Überzeugung oder gar der Glauben, daß die Bemühungen einen Erfolg haben werden, nein: *gegen den Zeitgeist zu handeln* bedeutet, der Zeit einen Geist, einen Sinn zu geben. Zu handeln, nicht aus einem Wissen, sondern aus dem Zweifel selbst die Kraft zu schöpfen und nicht an der Zeit zu verzweifeln. Das „Wüten der Gewalt", jene Wellen der Zerstörung, die Sperber am eigenen Leib an den zwei Weltkriegen des 20. Jahrhunderts und ihren Nachwehen bis in die 80er Jahre erlebt, sind nur zu überwältigen, wenn man sich aus innerer Aufklärung der äußeren Wirklichkeit mit *offenen* Augen stellt, Tränen vergießt in einen Ozean, wo Flut um Flut das fest Land bedrohen, durch die Erdbeben in der Tiefe – „Aus der Tiefe rufe ich dich, Gott" heißt es in den Psalmen –, wie wir im Tsunami genau vor einem Jahr erlebten.

Jede Tiefeneinsicht ist für Sperber Anlaß, die Augen über die Zeiten hinweg, und immer im Vergleich zwischen den Kriegen, die Gegenwart aus dem Strom der Zeit zu erlösen, sie für einen Augenblick aufzuhalten, um eine Wende der Zeit zu bewirken. Um sich nochmals die „falschen Alternativen" an den früheren Zeitenwenden bewußt zu machen, um die Gelegenheit am heutigen Scheideweg als *diachrone Gleichzeitigkeit* zu nutzen.

„Bewußtsein ist vor allem ein *bewußtes Sein in der Zeit*. Es verleiht dem fließenden Augenblick eine übermäßige Bedeutung und vermindert sie gleichzeitig dadurch, daß es alle vorher entschwundenen Augenblicke, die ja alle einmal größenwahnsinnige Gegenwart gewesen sind, in die Vergangenheit exiliert. Unser Verhältnis zur Zeit ist andererseits dadurch gekennzeichnet, daß sie uns nur in dem Maße gehört, wie sie in uns eindringt. Wir sind in ihr wie ein Schwimmer, der nie das Wasser verlassen darf; eines Tages wird er darin ertrinken. Wir konsumieren die Zeit und werden von ihr konsumiert, bis sie uns endlich verschlingt."[26]

Alle sind wir Kinder von Kronos, die im Urwasser mit dem letzten Atemzug ihre letzten Spuren zu hinterlassen versuchen. Sperber versucht nicht, diesen Spuren zu folgen, aber sieht gerade in der Unmöglichkeit, diese zu entziffern, d. h. einem vorgezeichneten Weg zu folgen, die Möglichkeit des Neuanfangs. Ohne Vorbild und daher auch ohne Nachbild, Möglichkeit der Nachahmung. Die Welt zu heilen bedeutet, sie vor dem Unheil zu bewahren, nicht als utopisches Endziel, sondern in einem unglaublichen *Glauben an den Menschen*.

„Nach wie vor erleben wir schaudernd, was auf dem ganzen Erdenrund geschieht, denn wir sind die erste Generation, deren Erlebnisbereich wirklich alle Kontinente umfaßt. Zeitlich und bildlich werden uns alle Ereignisse so nahe gerückt, daß wir deren Zeugen werden und uns von ihnen betroffen fühlen, als ob sie uns unmittelbar angingen: So sind wir in gewissem Maße bereits jetzt *Weltbürger* – neben oder miteinander in einer noch mörderisch uneinigen, aber dennoch *einzigen* – Welt, die in nicht allzu ferner Zeit *wird einig werden oder untergehen müssen.*"[27]

Die Texte von Sperber sind so hochaktuell, nicht nur weil sie oft Reden an ein Publikum sind, sondern weil sie für *jedes Publikum*, an welchem Orten auch immer, gerichtet sind. Vielmehr gerade weil sie *zeitlos* und *ortlos* sind, werden sie *zeitlich* und *örtlich*: sie bauen sich selbst ihre Bühne in Zeit und Raum, als einzige Waffe gegen das Verschlungenwerden von der Gewalt der Zeit.

Die „ewige Jugend des Wortes" sieht Sperber nicht in der Rede, sondern in der Anrede: „Das ist im Grunde das Geheimnis der Anziehungskraft, das Bestechende an seinen Texten, die bis zum letzten Klang jung klingen, ihnen eine Unsterblichkeit verleihen."

„Wer kultureller Pluralist ist, dem ist vor keiner neuen Form, vor keinem neuen Inhalt bange. [...] Daß jemand noch jung ist oder es seit geräumiger Zeit *nicht mehr ist*, sollte niemanden für oder gegen ihn einnehmen."

„'Du bist der, der ich gewesen; du wirst sein, der ich bin.' Diese Botschaft eines Toten fordert zur Selbstermahnung auf, die jeder mit einer Umstellung der Fürwörter beherzigen sollte. Ich tue das heute", sagt Sperber, „genau so wie vor einem halben Jahrhundert und übe mich, im alten Gesicht die Züge des jungen wiederzufinden, und im jungen Gesichte die Entstellung, die das Alter an ihm verüben wird. So lese ich Bücher und betrachte Bilder – bemüht, das, was neu an ihnen ist, nicht zu verkennen und zu erwägen, welche Präsenz ihnen zwanzig Jahre später gesichert oder versagt bleiben wird!"[28]

Der *Blick im Bild*, nicht die *Zeit im Bild*, ist es, den Sperber uns vorführt, es ein Blick, der Innen und Außen zusammendenkt als Befreiung aus den Zwängen der Zeit, wo Umstellung ein bedingungsloses Sich-dem-Augenblick-Stellen ist, ein Augen–Blick, wo *Verachtung* in

Selbstachtung umspringt. Es heißt suchend eine Ort finden, wo Zusammenhänge noch nicht fixiert sind, wo noch nicht alles gesehen, gehört und gesagt ist – obwohl ja alles schon gesehen, gehört und gesagt ist –, wo alles Wissen in einem Überspringen verstummt, dort seine Stimme findet, nicht im Schweigen im Gegensatz zum Sprechen, sondern allen enttäuschten Hoffnungen zum Trotz, die eine, für Sperber einzige Frage zu beantworten, zu ver–antworten, versucht: „Warum ist das Geschehen, wozu, wem zuliebe, wem zum Trotz?"[29]

Es erinnert an einen Vers aus den Duineser Elegien von Rilke:

„Und plötzlich in diesem Nirgends, plötzlich
die unsagbare Stelle, wo sich das reine Zuwenig
uns begreiflich verwandelt – uns ringt
in jenes leere Zuviel.
Wo die vielstellige Rechnung
zahlenlos aufgeht."[30]

Die Rechnung der Zeit geht für Sperber nie auf, dafür ist er zu sehr Realist, lebt er zuviel in den Brechungen der Zeit; aber aus der Erfahrung der Zeit erwächst kein Ressentiment, kein Haß, sondern eine tiefe Trauer, die, wie die Rabbinen sagen, Bedingung ist für das Kommen des Messias. „Für wen kommt der Messias?" fragen sie und die Antwort lautet: „Wer in seiner Trauer steht," also wer an der Welt leidet.

In: „Leben im Jahrhundert der Weltkriege" (Titel des Rede Sperbers zur Verleihung des Friedenspreises des Deutschen Buchhandels, die er leider aus Gesundheitsgründen nicht mehr selbst halten konnte) bringt Sperber zur Grundfrage des Menschen: Das Verhältnis des Menschen zu seinem tyrannischen Alltag, „den er als Versklavung und als Entkernung seines Wesens empfindet. Ihm sucht er bewußt oder unbewußt zu entweichen [...] nur ein allgemeines *Moratorium des Alltags* kann eine völlige Umwälzung der Lebensweise und der alles regelnden täglichen Ordnung herbeiführen."

Anmerkungen

[1] Motto Manès Sperbers (Pseudonym Jan Hegeru N. A.) zu den 1939/40 erschienenen Beiträgen in der Zeitschrift, herausgegeben von Willi Münzenberg.

[2] Manès Sperber, Die Zeit der Verachtung, München 1987.

[3] Manès Sperber, Wie eine Träne im Ozean, Wien 1976, S. 5.

[4] ebd., S. 5-6.

[5] Eveline Goodman-Thau, Zeitbruch. Zur messianische Grunderfahrung in der jüdischen Tradition. Akademie Verlag Berlin 1995.

[6] Manès Sperber, Churban oder die Unfaßbare Gewißheit (1979), München 1983, S. 39f.

[7] Seine Widmung auf dem Titelblatt der englischen Übersetzung von „Wie eine Träne im Ozean", „The Wind and the Flame"; London 1951, lautet: „To Eveline Goodman to remind you of our first encounter and of Zablotov, our common ‚shtetl' which alas is no more. Schalom uvracha [in Hebräisch] Manès Sperber, Jerusalem, 25. September 1970.

[8] Manès Sperber Zablotow in: Ostjüdische Geschichten o.c.

[9] ebd. S. 64.

[10] ebd., S. 65.

[11] ebd., S. 66.

[12] Illa Meisels, Erinnerung der Herzen, Wien 2004, S. 73 (Kursiv von mir Manès Sperber, „Wien im Rückblick", in: Manfred Wagner (hg.), Im Brennpunkt: Ein Österreich, Wien 1976, S. 61.

[13] Manes Sperber, „Wien im Rückblick", in: Manfred Wagner (hg.), Im Brennpunkt: Ein Österreich, Wien 1976, S. 61.

[14] Manès Sperber, Churban, o.c., S. 44.

[15] vgl. Eveline Goodman-Thau, Erbe und Erneuerung. Kulturphilosophie aus den Quellen des Judentums, Wien 2004.

[16] Weintraube, das Emblem des Ministeriums für Tourismus im Staat Israel.

[17] Vgl. Manès Sperber, Die Wüste wächst. Weh dem der Wüsten birgt, 59, 61 oLA/ONB, NL, Sperber 49, zit. aus: Manès Sperber, Die Analyse der Tyrannis, o.c., S. 25.

[18] Manès Sperber, Mein heimliches Vermächtnis, zit. aus: Manès Sperber, Die Analyse der Tyrannis, o.c., S. 25.

[19] Manès Sperber, Mein heimliches Vermächtnis, zit. aus: Manès Sperber, Die Analyse der Tyrannis, o.c., S. 25.

[20] Manès Sperber, Auf der Suche nach Sinn. Die Analyse der Tyrannis, hg. Marcus G. Patka / Mirjam Stancic, Wien 2005, S. 17f.

[21] Vgl. Manès Sperber, Die Wüste wächst. Weh dem der Wüsten birgt, 59, 61 oLA/ONB, NL, Sperber 49, zit. aus: Manès Sperber, Die Analyse der Tyrannis,

o.c., S. 25.

[22] Manès Sperber, Mein heimliches Vermächtnis, zit. aus: Manès Sperber, Die Analyse der Tyrannis, o.c., S. 25.

[23] Manès Sperber, Die vergebliche Warnung. All das Vergangene ... (1975), München 1983, S. 51.

[24] ebd., S. 52.

[25] ebd., S. 30.

[26] Manès Sperber, Wie eine Träne im Ozean, a. a. O., S. 6.

[27] ebd.

[28] ebd.

[29] Manès Sperber, Die vergebliche Mahnung, Erster Teil: Auf der Brücke, Frankfurt a. M. 1993, S. 14.

[30] Rainer Maria Rilke, Duineser Elegien, In: Sämtliche Werke, Band 2, Frankfurt a.M. 1975, S. 704
Manès Sperber, Nur eine Brücke zwischen Gestern und Morgen, München 1983, S. 94.

Gesten der Sinnsuche

Zeugendes Erinnern

Dienstag, 11. April 1944
„Liebe Kitty!
(...) Wir sind sehr stark daran erinnert worden, dass wir gefesselte Juden sind, gefesselt an einen Fleck, ohne Rechte, aber mit Tausenden von Pflichten. Wir Juden dürfen nicht unseren Gefühlen folgen, müssen mutig und stark sein, müssen alle Beschwerlichkeiten auf uns nehmen und nicht murren, müssen tun, was in unserer Macht liegt, und auf Gott vertrauen. Einmal wird dieser schreckliche Krieg doch vorbeigehen, einmal werden wir doch wieder Menschen und nicht nur Juden sein! Wer hat uns das auferlegt? Wer hat uns Juden zu einer Ausnahme unter allen Völkern gemacht? Wer hat uns bis jetzt so leiden lassen? Es ist Gott, der uns so gemacht hat, aber es wird auch Gott sein, der uns aufrichtet. Wenn wir all dieses Leid ertragen und noch immer Juden übrig bleiben, werden sie einmal von Verdammten zu Vorbildern werden. Wer weiß, vielleicht wird es noch unser Glaube sein, der die Welt und damit alle Völker das Gute lehrt, und dafür, dafür allein müssen wir auch leiden. Wir können niemals nur Niederländer oder nur Engländer oder was auch immer werden, wir müssen daneben immer Juden bleiben. Aber wir wollen es auch bleiben. (...)
Deine Anne M. Frank"[1]

Die Frage nach dem Leben nach Auschwitz, „Ob nach Auschwitz noch sich leben lasse" (Theodor W. Adorno), beschäftigt uns alle ganz besonders in diesem Gedenkjahr 60 Jahre nach der Befreiung Europas von Hitler und seinen Helfern. Die Politisierung des kollektiven Gedächtnisses erreichte einen neuen Höhepunkt bei der Gedenkfeier zum 27. Januar diesen Jahres am Tatort des Verbrechens, wo die Könige und Fürsten Europas, die Staatshäupter und die geistigen Vertreter der Völker dieses Kontinents, den Toten ihren letzten Respekt erwiesen. Der Tiefpunkt dieser Veranstaltung war mehr als alles symbolisiert durch die eisige Kälte, die dort herrschte, wo die Verstorbenen zumindest geborgen waren im weißen Todeskleid des Schnees, wir als Überlebende unsere Hände und Herzen aber kaum wärmen konnten am Feuer der Gleise, Erinnerung daran, dass die Gleise damals leider nicht bombardiert wurden, also nicht gebrannt haben.

Das „*El Male Rachamim* – Gott voller Barmherzigkeit" klang zusammen mit dem „Vater unser". Der Feuerball auf den brennenden

Gleisen, begleitet vom lauten Gedröhn eines Zugwaggons, der knirschend aber doch rechtzeitig zum Stillstand kam, um Unschuldige, Männer, Frauen und Kinder zur letzten Station, zum Tod zu bringen, erinnerte an den Feuerwagen, in dem der Prophet Elia zum Himmel zog; die Lichtstrahlen hinter den Krematorien suggerierten auch diese Himmelfahrt, aber wer hatte noch Augen zu sehen...

„*Ani Ma'amim Be-Emuna Schelema Bewiat Ha-Maschiach* – Ich glaube, in vollem Glauben, an das Kommen des Messias" – so lautete das jüdische Gebet, letztes Urteil über die Geschichte Israels im christlichen Europa 2005 auf dem größten Jüdischen Friedhof.

Allein steht das Jüdische Volk in Trauer und Trost, weil die Welt eben noch nicht erlöst ist und darum die Hoffnung auf das Kommen des Messias gerade im *Dennoch* liegt, im Glauben, der nicht durch die Geschichte bestätigt ist, nicht bestätigt werden kann. Ohne Siegestrommeln steht es in Ehrfurcht an dem Ort, wo es eine Hälfte seiner Brüder und Schwestern verloren hat, legt Zeugnis ab als Rest der Entronnenen, erzeugt durch die Tatsache des Lebens Erinnerung.

Das Eigene Erinnern ermöglicht es, Zeugnis abzulegen vom eigenen Betroffensein, zu leben auf der Kreuzung von Biografie und Geschichte als *Zeitbruch*. Einbruch der Ewigkeit in die Zeit, zugleich auch der Zeit in die Ewigkeit: ein Leben als Aufgabe. Im Überleben den Sinn des Lebens zu entdecken, jenseits historischer Fakten und Erfahrungen von Anderen sich selbst als politischen Menschen zu entdecken, wie bereits Plato den Propheten und den Politiker zusammendachte.

„Man weint, natürlich weint man für jedes Kind, für jede Mutter, für jeden Vater. Für alle und für jeden Einzelnen. Nicht, weil man sie gekannt hat, aber weil man sie kennt. Weil man weiß, aus der eigenen Erfahrung weiß, was sie gespürt haben. Nur wenn man weint, weiß man es. Nicht mit dem Kopf, sondern im Herzen, wenn man weint, weiß man. Wenn man weint für den Blick, dem man entwichen ist, für all diese langen Jahre, wo man wusste und nicht, wo man erkannte und nicht, wo man dachte zu wissen, ahnte, redete, aber wo alles doch nicht so war, wie es war. Man weint, weil es so war. Weil alles wahr ist und daher alles andere Lüge. Weiß und schwarz, keine Zwischenfarben, Zwischentöne, graue Zonen – weiß auf schwarz ist es wahr. Es ist – leider – wahr. Wahr ist das Weinen in Wut und ohne Macht..."[2]

Vom vollen Ausmaß des Verbrechens zu wissen ist eine Sache. Diese Wahrheit in das eigene, zeugende Erinnern hineinzunehmen ist eine andere. Die Schwierigkeit liegt in der Erkenntnis der Ohnmacht, der Unfähigkeit, die Tatsachen ungetan zu machen, die Zeit und die Geschichte umzukehren zum Anfang, wo alles noch nicht entschieden war, aus einem Albtraum aufwachen zu können in eine heile, bessere Welt.

Für mich, in Wien geboren, von wo ich als kleines Kind noch rechtzeitig nach Holland fliehen konnte und dort mit meiner engen Familie den Krieg im Versteck überlebte, klingt der Wiener Schlager „Wien, Wien, nur du allein…" noch immer, nicht in der Realität, sondern „(…) noch immer im Traum… dort wirst du wahrscheinlich für immer und ewig die Stadt meiner Träume sein, weil so viele aus diesem Traum heraus in einer Realität erwacht sind, die ärger war als jeder geträumte Albtraum, gerade darum kommt der Traum immer wieder zurück in der Hoffnung, dass doch, möglicherweise, vielleicht doch, gegen jegliche Logik – die Musik spielt doch noch weiter, der Opernball findet doch wieder statt, fährt wieder ein Schiff auf der alten Donau, die Schauspieler sind doch wieder auf der Bühne im Burgtheater, die Liebenden küssen sich doch wieder im Stadtpark, man geht doch wieder spazieren am Kahlenberg, man trinkt doch wieder Wein in Grinzing, das doch wieder im Prater und die Bäume blühen doch wieder im Frühling – alles nur ein böser Traum war. Ein Trost-traum anstatt eines Kaddisch für die Verstorbenen."[3]

Das zeugende Erinnern hilft einem, die nackte Wahrheit zu erkennen, dass alles von der menschlichen Entscheidung abhängt:

Noch rechtzeitig vor dem ersten Brudermord versucht Gott, Kain von seiner Tat abzuhalten, den tödlichen Schlag zu verhindern: „Da sprach der Ewige zu Kain: ‚Warum verdrießt es dich und warum ist dein Angesicht gesenkt? Fürwahr, wenn du recht handelst, kannst du es emporheben; wenn du aber nicht recht handelst, so lagert die Sünde vor der Tür, nach dir ist ihr Verlangen, allein du kannst über sie herrschen." (Gen 4, 6-7) Das Wort Sünde kommt eben nicht in der Paradiesgeschichte vor – vom Baum der Erkenntnis von Gut und Böse zu essen, war für Eva und Adam eine Entscheidung, geboren aus der menschlichen Freiheit zu handeln, eine Freiheit, die in der Gotteseben-bildlichkeit des Menschen eingeschrieben ist.[4]

Die *Unterscheidung* zwischen Gut und Böse ist im biblischen Monotheismus untrennbar verbunden mit einer menschlichen *Entscheidung*, es ist die Antwort von Jerusalem an Athen.

Der Gott Israels ist ein Schützer des Rechts und der Gerechtigkeit, ein Richter der ganzen Erde. Und Israel, dieses kleine, unbedeutende Nomadenvolk, das allen Verfolgungen und Vertreibungen seines Glaubens wegen zum Trotz und trotz der schrecklichen Ereignisse in diesem Land, die im Namen Auschwitz im kollektiven Gedächtnis der Menschheitsgeschichte eingeschrieben sind, ohne Sprache und ohne Land, bis zur Gründung des Staates Israel aus der Asche, überlebt hat, hat durch seine Erwählung eine Sicherheit. Eine Sicherheit, die – trotz aller Versprechen – nicht allein darin besteht, dass Gott seinen Bund mit Israel nicht kündigt, nicht nur im Schutz Gottes besteht, sondern dieser Bund beruht auf der Wahrung des Rechts und der Überwindung und Bekämpfung des Unrechts: auf etwas, das nicht schon in einer absoluten himmlischen Gesellschaft, nicht in einem Vertrag, einer Verfassung oder einer Ekklesia verkörpert ist, sondern hier auf Erden, im menschlichen Tun und Handeln, in der Zeit also, realisiert werden soll.

Das ist vielleicht die größte Gabe des Gottes Israels, dass er den Menschen das Recht und die Gerechtigkeit lehrt, wie dies bereits in Gottes Überlegungen vor der Verwüstung Sodoms zum Ausdruck kommt:

„Da sprach der Ewige: ‚Sollte ich Abraham verhehlen, was ich vorhabe. Da doch Abraham zu einem großen und mächtigen Volk werden wird, und alle Völker der Erde durch ihn gesegnet werden sollen? Denn ich habe ihn erkannt, damit er seinen Kindern in seinem Haus nach ihm gebiete, den Weg des Ewigen einzuhalten, Recht und Gerechtigkeit zu üben, auf dass der Ewige über Abraham bringe, was er ihm verheißen." (Gen 19,17-19)

Es ist ein Ausdruck der Liebe von Gott zu Mensch, der in das jüdische Morgengebet vor dem *Schma*-Gebet von Seiten des Menschen eingegangen ist: „Mit einer großen Liebe hast du uns geliebt, Gott, unser Gott, eine große und übergroße Gabe hast du uns gegeben, unser Vater, unser König, unserer Väter wegen, die auf dich vertraut haben und die du die Gesetze des Lebens gelehrt hast. So schenke und lehre uns, unser Vater, du Barmherziger, und erbarme dich über uns und gib uns die Fähigkeit, die ganze Weisheit deiner Lehre in Liebe zu verstehen und zu begreifen, zu hören, zu lehren, zu lernen, zu hüten, zu tun und zu erhalten..."

Die Liebe Gottes zum Menschen besteht darin, dass er seine Lehre nicht im Himmel verwahrt, sondern dass er sie dem Menschen mitgeteilt hat. Nicht die kosmische Ordnung war das Bestimmende, sondern der Gott des Himmels und der Erde hat den von seinen Händen gebildeten Menschen zwischen Gut und Böse zu unterscheiden gelehrt. Diese Liebesgabe Gottes ist kein Befehl, es ist ein Weg zur Heiligung (Lev 19). Dem Volk wird nicht geboten, dass es ein gutes, sondern dass es ein heiliges Volk sein werde. Alle sittliche Forderung besteht darin, den Menschen zu erheben, dorthin, wo das Ethische im zeugenden Erinnern im Religiösem aufgeht, wo das Ethische in seiner Differenz zum Religiösen im „Atemraum des Göttlichen selber aufgehoben wird", wie Martin Buber sagt.[5] Israel soll heilig werden, denn Gott ist heilig: es ist der Ort, wo Heiligkeit und Humanismus sich begegnen.

Voraussetzung für diese Verbindung von Ethischem und Religiösen ist die Auffassung, dass der Mensch, indem er von Gott geschaffen ist, von ihm in die Freiheit gestellt ist, und dass er nur in dieser Selbständigkeit Gott gegenüber vor Gott stehen kann. Hier beginnt der Dialog des Menschen mit Gott und der Welt: Der Mensch nimmt in voller Freiheit und Ursprünglichkeit sein Dasein wahr, konstituiert sich so vor Gott als Individuum, wird zum Partner Gottes in der Welt, „... die Gott geschaffen hatte um sie zu machen", wie es in Gen 2,3 heißt. Die menschliche Handlung als Ausdruck der Freiheit ist die Voraussetzung des Gesetzes, sie schafft die gegenseitige Bedingung der Ersten Fünf Gebote – zwischen Mensch und Gott – und der Zweiten Fünf Gebote – zwischen Mensch und Mensch –, da das Verhältnis zwischen Mensch und Gott im biblischen Monotheismus auf einer freien Entscheidung auf beiden Seiten basiert, eine Tatsache, die es in den *Jüdischen Quellen* einer Religion der Vernunft im christlich geprägten Abendland neu zu entdecken gilt. Diese *Entscheidung* ist als Gabe gegeben und findet ihren Ausdruck im hebräischen Wort *Chessed*, das nicht Gnade, sondern Entschluss zu und Vollzug von tätiger Liebe bedeutet. Tätige Liebe lässt sich nicht aus den Werken Gottes am Menschen oder einer schon im Voraus versprochenen, um jeden Preis garantierten Liebe, auch nicht aus dem Gesetz ab- oder herleiten, sondern bedarf der freien Entscheidung des Menschen als *Vorbedingung* und ist deshalb durch den Menschen als frei wählendes Individuum bedingt. Diese Freiheit hebt die Tat des Menschen nicht nur auf eine höhere Ebene, sondern gibt dem Menschen die volle Verantwortung für seine Taten, die den Bund mit Gott aufs Neue bestätigt.

Von seinen frühen Anfängen an hat das jüdische Denken sich in dieser Weise gegen jede Form des Geschichtsdeterminismus gewehrt und das Paradox zwischen der Allwissenheit Gottes und der menschlichen Entscheidung ausgehalten. Die Frage nach der Auswirkung der menschlichen Handlung bleibt offen, der Mensch ist aber *nicht frei* sich ihr zu entziehen, wie es in den Sprüchen der Väter im Namen Rabbi Tarphons überliefert wird: „Du brauchst die Arbeit nicht zu vollenden, aber du bist auch nicht frei, dich daraus zu entziehen." (Pirke Awot 2,2)

Die Freiheit des Menschen hat eben ein Ziel: Verantwortung für die Welt auf sich zu nehmen. Um diesen Grund allein ist ihm die Freiheit gegeben, eine Freiheitserfahrung, die im Auszug aus dem Sklavenhaus Ägypten im kollektiven Gedächtnis eingeprägt ist: „Tue kund deinem Sohn am selbigen Tag: Um deßwillen, was der Ewige mir getan, als er mich aus Ägypten geführt hat." (Ex 13,8) Das Menschenbild dieser Perspektive finden wir in der Bibel und in der jüdischen Tradition, ein Menschenbild, das in folgender talmudischer Diskussion seinen Ausdruck findet:

„Was bedeutet: Denn dies ist der ganze Mensch (Prediger 12,13)? Rabbi Elieser sagte: Die ganze Welt wurde allein um seinetwillen erschaffen. Rabbi Abba, Kahanes Sohn, sagte: Dieser wiegt die Welt ganz und gar auf. Schimon, Asias Sohn, sagte, manche sagen: Schimon, Somas Sohn, sagt: Die ganze Welt wurde allein ihm zur Gemeinschaft erschaffen." (Babylonischer Talmud, Schabbat 30b)

In diesen überlieferten Lehrmeinungen finden wir einen Kern der Frage des Menschseins, der in einer Welt, in der Auschwitz als eine nicht wegzudenkende *Tat-Sache*, nicht als Menetekel, sondern als Mandat, nicht als Mahnmal, sondern als *Tat-Zeugnis* einen *immer von neuen beunruhigenden* Ort bekommen kann.

Man sollte die Toten begraben, aber was tut man, wenn die Verschleppten und Ermordeten kein Grab bekommen haben, aber doch auch nicht anonym geblieben sind, da so viele ihnen nachtrauern, die nicht aufgehoben sind, die nicht in der Erinnerung der Herzen die Erlösung finden. Was tut man, wenn das Versprechen, welches ein Mensch dem anderen gibt, nicht gehalten wird? „Du sollst nicht töten" ist ja allgemein bekannt - aber wenn du ihn, den Nächsten getötet hast, dann gib ihm zumindest ein Grab, eine Ruhestätte, da jeder Mensch nur *ein Leben* hat. „Wer einen Menschen umbringt, der zerstört eine ganze Welt" (Mischna Sanhedrin 4,5). Gemeinschaft bedeutet gemeinsame Erinnerung zu leben, *jenseits* der historischen Wahrheit - sogar wenn wir alle *Daten* rekonstruieren, können wir das *Leben* nicht restaurieren wie Bilder. Die Menschen brechen den Rahmen, den wir ihnen geben. Wir sollten die Toten ruhen lassen, aber wenn unsere Taten und die Taten unserer Kinder und Enkelkinder jenes Verbrechen nicht in ein Versprechen verwandeln, werden die Toten, ob wir sie nun begraben haben oder nicht, uns Lebendigen keine Ruhe geben. Ihre Sehnsucht nach uns ist stärker, als unser Drang zum Vergessen je sein kann.

Die oben zitierten Überlieferungen stehen unter diesem Zeichen. Wie so oft nehmen die Rabbinen eine allgemeine, universalistische Aussage zum Anlass, um das Partikulare, die Differenz in der Einheit zu zeigen. Es ist unmöglich eine ganzheitliche Aussage über den Menschen zu machen, nicht nur, weil ein Mensch eine andere Meinung hat als ein anderer, oder weil die Interessen und Bestrebungen der Menschen so verschieden sind, sondern weil der biblische Text, und insbesondere die Weisheitsliteratur, aus der der angeführte Vers „Denn das ist der ganze Mensch" stammt, einen Kern der monotheistischen Lehre zum Ausdruck bringen will, nämlich die Frage, was Sinn und Sache des Menschen im Kosmos ist und zu bedeuten hat. Der Mensch ist einerseits ein Naturwesen und somit Teil der Naturordnung als Schöpfung Gottes, aber zugleich geht an ihn die Forderung sich zu besinnen auf seinen Ort und seine Aufgabe innerhalb dieser Ordnung. Es wirft somit die Kernfrage des Menschseins auf, die im monotheistischen Durchbruch das Interesse am Kosmos oder an den Göttern durchbricht. Der Mensch steht nicht nur Gott und der Welt gegenüber, sondern sein Mensch-sein als nackte Existenz hängt davon ab, in welcher Weise er diese Beziehung erfährt, da damit zugleich die Welt als *Schöpfung* einen Sinn erhält. Schöpfung und Offenbarung fallen zusammen, indem die Rabbinen den sechsten Schöpfungstag, an dem der Mensch erschaffen wurde, als den 6. Tag im Monat Siwan erkennen, den Tag, an dem die Tora am Berg Sinai gegeben wurde.[6]

Die oben zitierten Meinungen bieten verschiedene Lösungen für die Frage. Rabbi Elieser ist der Meinung, dass die Welt nur um des Menschen willen erschaffen worden ist. Rabbi Abba geht einen Schritt weiter, indem er meint, dass der Mensch gegen die ganze Welt aufwiegt: der Mensch ist in sich ein Kosmos, er ist nicht ein Teil der Weltordnung, aber gegenüber der natürlichen Ordnung der Welt gibt es eine andere, eine menschliche Ordnung der Welt, die das „Ganze" seines Menschseins ausmacht, wie es heißt: „... dies ist der ganze Mensch". Zum Schluss wird vom Redaktor des Talmud noch eine weitere Meinung überliefert, die besagt, dass die ganze Welt, der Kosmos also, dem Menschen allein zur Gemeinschaft erschaffen wurde, wobei der Kosmos selbst eine menschliche Dimension von gegenseitiger Verantwortung enthält. Hier wird diese Beziehung verstanden als Gemeinschaft zwischen Mensch und Welt, nicht als Machtanspruch des Menschen gegenüber der Schöpfung, sondern als gemeinsame Aufgabe – zur Nährung und Versorgung von Mensch und Tier durch die Fruchtbarkeit der Welt. Die Behaustheit des Menschen in einer freundlichen und nicht feindseligen Welt ist hier angesprochen, ein Vertrauen, welches sich in der Welt als Gottvertrauen verstehen lässt: der Schöpfergott hat diese Welt dem Menschen zur Gemeinschaft gegeben. Von hier erstreckt sich dann die Einsicht einer Weltgemeinschaft, wo alle Menschen, Tiere und Pflanzen in harmonischer Gemeinschaft miteinander und füreinander leben.

Orte der Erinnerung sind in dieser Hinsicht nicht nur Begegnungsstätten, die an Jahrestagen begangen werden, sondern Geburtsorte des Neuanfangs. Orte, wo die Gegenwart sich im rückwärtsgewandten Blick des zeugenden Erinnerns für die Zukunft öffnet, wo die hypothetische Frage „Welche Welt würde ich wohl durch mein Handeln schaffen, wenn es in meinem Vermögen stünde?" eine Bedeutung gewinnt. Der Mensch braucht die Arbeit nicht zu vollenden, aber das Vertrauen auf die Kraft des Menschen autonom zu handeln wird zusammengehalten durch die Kette der Tradition, wo eine Generation der anderen die nicht vollbrachte Arbeit als Erbe – da du hier eben *nicht* frei bist, wie es in den Sprüchen der Väter 2,2 heißt, eine endgültige Absage an „Arbeit macht frei" – weiterreicht.

Geschichte als Aufgabe zu leben ist das Vermächtnis, das einem jeden Menschen gegeben ist. Es bedeutet die Gabe des Lebens anzunehmen.

„Ich rufe heute gegen euch Himmel und Erde als Zeugen an, dass ich dir das Leben und den Tod, den Segen und den Fluch vorgelegt habe, so wähle denn das Leben, auf dass du leben bleibst, du und deine Nachkommen." (Dtn 30,19)

Das Leben zu wählen heißt, Wegbereiter zu sein, bereit zu sein den Weg zurückzuverfolgen, um über den Abgrund eine Brücke zu schlagen, die kein anderes Ufer hat als die Aufgabe selbst.

Anmerkungen

[1] Anne Frank, Tagebuch, Fischer Taschenbuch-Verlag, Frankfurt a. M., 7. Auflage 2004, S. 248f.

[2] Eveline Goodman-Thau, Arche der Unschuld. Vernunftkritik nach Auschwitz, Berlin 2008, S. 5

[3] Eveline Goodman-Thau, Eine Rabbinerin in Wien. Betrachtungen, Czernin Verlag: Wien 2003, S. 89.

[4] Es gibt in diesem Zusammenhang eine geniale Auslegung des mittelalterlichen Exegeten Raschi aus Worms, der erklärt, dass Adam und Eva, bevor sie vom Baum der Erkenntnis gegessen hatten, der Welt zwar Namen geben konnten (Logos), aber es waren wertfreie und darum wertlose Namen – eben weil sie nicht den Unterschied zwischen Gut und Böse (Ethos) kannten.

[5] vgl. Martin Buber, Gottesfinsternis, Zürich 1953, S. 128

[6] vgl. Babylonischer Talmud, Schabbat 88a.

Das eigene Erinnern –
Zwiegespräch ohne Partner?

„… Und du sollst dich erinnern, dass du ein Knecht gewesen im Lande Mizrajim und dich herausgeführt der Ewige dein Gott von da mit starker Hand und ausgestrecktem Arm…"
Deuteronomium 5,15

„So spricht der Ewige: Ich gedenke dir deine jugendliche Güte, deine brautliche Liebe, wie du mir gefolgt durch die Wüste durch ein unbesätes Land."
Jeremia 2,2

„Ich stehe in der Kette der Erzähler, ein Ring zwischen Ringen, ich sage noch einmal die alte Geschichte, und wenn sie neu klingt, so schlief das Neue in ihr schon damals, als sie zum ersten Mal gesagt wurde."
Martin Buber (1908)

„Was heißt denn erzählen? Wer erzählt, will nicht sagen, wie es ‚eigentlich' gewesen, sondern wie es wirklich zugegangen ist… Der Erzähler will nie zeigen, daß es eigentlich ganz anders war – es ist geradezu Kennzeichnen des schlechten, begriffsversessenen oder sensationslüsternen, Historikers, darauf auszugehen –, sondern er will zeigen, wie das und das, was alles Begriff und Name in aller Munde ist, … eigentlich geschehen ist…. Die Zeit nämlich wird ihm ganz wirklich. Nicht in ihr geschieht, was geschieht, sondern sie, sie selber geschieht."
Franz Rosenzweig, Das Neue Denken

„Wenn die jüdischen Städtel noch existierten, würden sie für mich nur einer fernen Vergangenheit angehören; da sie vernichtet, so ausgerottet worden sind, daß nichts von dem, was sie

gewesen sind und hätten werden können, in die Zukunft hinüberreichen kann, gehört Zablotow nunmehr zu meiner Gegenwart. Es ist in meinem Gedächtnis beheimatet."

Manès Sperber (1974)

Erinnerung hat viele Gesichter und so sollte doch das „Eigene Erinnern" dieser Vielfalt ein Gesicht geben. Es scheint aber nicht so zu sein. Durch Religion, Kultur, Sprache und Geschichte ist der Mensch nolens volens eingebunden in die Zeit und Gesellschaft, in der er oder sie lebt, in der sich Persönliches mit dem Allgemeinen vermischt, ohne jedoch ganz in ihm aufgehoben zu sein. Man hört mit eigenen Ohren, sieht mit eigenen Augen, erinnert im eigenen Herzen und weiß mit eigener Vernunft. So weiß auch jeder vom Recht und der Moral, von Macht und Ohnmacht, von Hass und Liebe, von Wissen und Glauben, von Wahrheit und Lüge: es sind nicht die Details, die ausschlaggebend sind, sondern die Art und Weise, in der die Tatsachen der Vergangenheit von uns bewertet werden im Spannungsfeld von Annahme und Abwehr. Es gibt zu jeder Zeit einen „Subtext", der unsere Bewertung und Deutung der Gegenwart unmittelbar beeinflusst.

In einer religiösen Welt gibt es die kanonischen Texte, die zur Sinngebung dienen, im Abendland ist dies die Bibel – in ihrer jüdische christlichen oder muslimischen Form und Rezeptionsgeschichte -, wo Text und Kommentar noch in einem engen, fast unzertrennbaren Zusammenhang zueinander stehen.

Historische Ereignisse werden im Lichte der verschiedenen Varianten einer „Heilsgeschichte" gedeutet, die nicht nur unter dem Stichwort „Theologie" verstanden werden können, sondern die die Sprache und das Selbstverständnis einer Gesellschaft prägen.

So berichtete mir meine zehnjährige Enkeltochter letzten März aus Jerusalem, als sie mit Gasmaske und Schultasche bewaffnet jeden Morgen abmarschierte in den ersten Tagen des Irakkrieges, dass dies der Krieg von Gog und Magog ist. Als ich sie fragte, was dies bedeute, antwortete sie (ganz selbstverständlich), dass dies der letzte Krieg sei, wo alle Menschen sterben werden und dann wieder auferstehen, weil der Messias dann kommt. Als Zugabe spielte sie mir dann ganz stolz die Melodie von „Titanic" auf dem Klavier vor.

Das war am 23. März 2003, jetzt ist es fast ein Jahr später, aber die Welt hat sich seitdem nicht geändert. Es hat sich herausgestellt, dass dies nicht der Krieg von Gog und Magog war, der Messias ist noch im-

mer nicht gekommen und Dorine spielt die Melodie von der „Titanic"
fröhlich weiter...

Aber doch gibt es manchmal eine Zäsur, als Erinnerungsgeste.
Also, nicht gerichtet in die Zukunft, sondern in die Vergangenheit,
die von Kindern und Enkelkindern begangen wird als Sorge um die
Geschichte, eine Vorbeugungsmaßnahme gegen eine Entsorgung der
Geschichte. Dies geschah, als Dorine mich vor einigen Wochen aus
Jerusalem anrief, um mir zu berichten, dass sie mein Buch am Jom
Ha-schoa in die Schule mitgenommen hatte, um es der Klasse zu zei-
gen. Trotz der Tatsache, dass das Buch in einer Sprache geschrieben
ist, die ihr fremd ist, waren sie und ihre Freunde beeindruckt von den
Familienbildern, aber sie hatte eine Frage: „Was steht auf der Postkar-
te?", wollte sie wissen. Es war dies die vorletzte Postkarte, datiert 26.
Mai 1942, meiner Tante Pepi, die aus der Schmelzgasse im 2. Bezirk
in eine Zigarettenfabrik in Nordhausen deportiert worden war und
uns von dort nach Holland schrieb. Ich hatte nicht den Mut, meiner
Enkeltochter die Wahrheit zu sagen, nämlich dass Tante Pepi hoffe,
dass wir uns bald in Freude wiedersehen werden, und sagte ihr nur,
dass sie auf viele Briefe von uns hoffe, da dies ihre einzige Freude im
Leben ist. „Aber was steht da noch in Bleistift", preschte Dorine weiter
mit ihrem klugen Kopf, die ganz genau alles wissen wollte, auch das
(fast) nicht lesbare, was am Ende kommt, als dringende Bitte. Und ich
konnte ihr dann mitteilen, dass Pepi um ihren Sommermantel bittet.
Und da kam die Frage von Enkeltochter zu Großmutter, an mich, die
Frage der Zukunft an die Vergangenheit, aus Jerusalem nach Wien:
„Habt ihr das gemacht, habt ihr ihr den Sommermantel geschickt?"
Und ich hatte wieder nicht den Mut, die Wahrheit zu sagen, weil ich
nicht wusste, ob es passiert ist oder nicht, aber ich sagte ihr: „Ja, wir
haben das getan."

Die nächste Generation will wissen, ob wir die letzte Bitte der Ermordeten ausgeführt haben, ob wir wirklich für die Toten, derer sie
jetzt in immer sich erneuernden Erinnerungsgesten gedenken, gesorgt
haben, insoweit dies in unserer Hand lag.

Was mit dem Sommermantel passiert ist, werden wir nie wissen,
vielleicht ist er in der Tat angekommen und war Pepi schon auf dem
Weg nach Auschwitz, wo sie laut den Todeslisten umgekommen ist,
und hat eine andere Frau in der Zigarettenfabrik in Nordhausen den
Mantel getragen. Vielleicht ist er überhaupt hier in Wien geblieben
und hat eine Nachbarin ihn ihrer Tochter geschenkt, zum Geburtstag... Wir werden es nie wissen, aber es ist auch nicht wichtig, Dorine

wollte nur wissen, ob wir für Pepi gesorgt haben, und für Dorine gibt es, im Gegensatz zu so vielen nicht-jüdischen Enkelkindern in Wien einen Sommermantel, über den man reden kann, um zumindest sicher zu stellen, dass man alles getan hat, was menschlich möglich war.

So ist der Sommermantel für mich zur Metapher der Sorge um die Geschichte geworden, im Gegensatz zur Entsorgung: eines Schlussstriches, der nicht möglich ist, weil es immer Kinder geben wird, die Fragen stellen.

In einer vernünftigen Welt gibt es also nach wie vor das „Eigene", welches notwendig ist, um dem Ganzen eine Bedeutung zu geben. Geschichte ist auch in der Postmoderne der Ort, wo Geschichte und Biographie sich kreuzen.

Auch in der Geschichtswissenschaft können wir diesen Paradigmenwechsel beobachten, von einem historischen über einen gesellschaftlichen zu einem „Erinnerungsdiskurs", der die Lücke der Zeit zu überbrücken sucht: Sinngebung ist eben unmöglich ohne *Selektiv-Gedächtnis*, welches aus der Fülle der Ereignisse das für heute Relevante wählt. In dieser Hinsicht gibt es im Grunde nicht soviel Unterschied zwischen einer religiösen Tradition und einer modernen Denkform: beide sind auf Sinn-Suche, die Frage ist aber: aus welcher Perspektive oder mit welchem Ziel. Ist der Blick nach hinten gerichtet, um die Vergangenheit zu deuten, zu erklären, zu dokumentieren, oder ist sie zukunftsorientiert, d.h. ist sie darauf aus, die Gegenwart aus der Perspektive der Vergangenheit oder der Zukunft zu gestalten.

Wie wir aus unseren Mottos ersehen, gibt es in der Bibel ein gemeinsames Erinnern von Gott und Mensch: Gott ist der Sitz, das große Reservoir der Erinnerung, der seinen Bund hält und sich zu jeder Zeit, durch das *menschliche Erinnern* in die Geschichte einbringt. Biblisch gesprochen wird der Abstand zwischen Zeit und Ewigkeit, Immanenz und Transzendenz überbrückt durch das *gemeinsame* Erinnern von Mensch und Gott. Man könnte sogar sagen, dass der göttliche Plan das menschliche Gedächtnis nötig hat, um überhaupt erkannt zu werden.

Im 2. Buch Mose, vor dem Auszug aus Ägypten, finden wir dafür ein prägnantes Beispiel: „Und Gott hörte ihren Schrei, und Gott erinnerte sich an seinen Bund mit Abraham, Isaak und Jakob. Und Gott sah die Kinder Israels und Gott wusste." Im Hören, Erinnern und Sehen konstituiert sich das Wissen. Das Äußere dringt ins Innere herein und die Vergangenheit in die Gegenwart, aus der die Handlung in ihrer zukunftsbezogenen Funktion ihre Bedeutung gewinnt. Die letzte kantische Frage „Was ist der Mensch" ist hier nicht die Summe des Wissens, Tuns und Hoffens, sondern steht an deren Anfang. Das eigene identitätsstiftende Erinnern bedeutet einen Bruch, in dem das immer Neue, „die ewige Jugend des Wortes" (Goethe), aufleuchtet, da die Handlung eben nicht als a priori, sogar nicht von Gott, gewusst werden kann. Sehen bedeutet, mit neuen Augen sehen, Hören wie zum ersten Mal hören. Erinnern stiftet Hoffnung.

Im erinnernden Erzählen „schlief das Neue" bereits am Anfang (Buber). Das würde bedeuten, dass die Lücke zwischen Vergangenheit und Gegenwart immer mit einer Konstruktion, einer Fiktion gefüllt wird, die im Nachhinein auf die Vergangenheit projiziert wird. Sicherlich gilt dies sogar in den meist positivistisch-historisch ausgerichteten Geisteswissenschaften, in denen immer wieder „Wissenslücken" auftauchen, die durch Arbeitsthesen, welcher Art dann auch, gefüllt werden, unabhängig davon, in welcher Disziplin man arbeitet.

Unsere Frage ist aber eine andere. Was bedeutet das „Eigene Erinnern" aus der *Lücke einer Leere*, in der alles, was einmal war, nicht mehr zu rekonstruieren ist, trotz aller Berichte, sogar der sogenannten Zeitzeugen, wenn alle Bücher gelesen, alle Tonbänder abgehört, alle Filme gesehen sind, was passiert dann. Wissen wir dann mehr, oder gibt es (doch) immer den Zweifel, weil die Lücke eben nicht leer geblieben ist: sie wird wie die materielle immer wieder gefüllt mit einer Erzählung, einem Mythos, einer Theorie, einer Konstruktion der Wirklichkeit, die jenseits der Wahrheit liegt. Manès Sperber weiß, dass er das jüdische Städtel Zablotov, Geburtsort meines Vaters, Großvaters und Urgroßvaters nur *beheimatet im Gedächtnis als Gegenwart* erinnern kann als Bruch. Die Bedingung für geistige Kontinuität ist der Bruch; nicht die Reihen der Tatsachen sichern die Geschichtskette, sondern der Bruch, der im Eigenen Erinnern stattfindet. Die Wahrheit, geglaubte Wahrheit, ist leider zu oft ein Wunschtraum...

Ein Beispiel aus vielen zur Verdeutlichung. Es ist aus den Erinnerungen von Hans Jonas, als er 1945 in seine Geburtsstadt Mönchengladbach kam. In einem Zentrum, wo sich Juden, zurückgekehrte oder auch durchreisende, trafen, begegnet er einer Frau:

„'Ach, Sie sind Hans Jonas?' Dann brach sie in Tränen aus und sagte: ,Ich war zusammen mit ihrer Mutter in Lodz, aber sie ist dann 1942 nach Auschwitz weitertransportiert worden.' Das wusste man, was das hieß – nach Auschwitz – und so erfuhr ich von dem Tod meiner Mutter... Bemerkenswert war in diesen Tagen, dass die Leute in Mönchengladbach mir einfach nicht glauben wollten, dass man den

Juden etwas angetan hatte. Als ich unser Haus in der Mozartstrasse 9 besuchte, sagte der neue Besitzer mir: ‚Ach, Sie sind Hans Jonas. Wie geht es denn Ihrer Mutter? Haben Sie etwas von Ihrer Mutter gehört?' Ich erwiderte: ‚Die hat man umgebracht'. ‚Umgebracht? Wer soll sie denn umgebracht haben? Man bringt doch keine alte Dame um.' ‚Man hat sie in Auschwitz umgebracht.' ‚Aber nein,' sagte der Mann, ‚man hat sie umgesiedelt. Das kann doch nicht sein.'[1]

Er weigerte sich einfach, den Tatsachen ins Auge zu sehen. Ich weiß noch, wie widerlich es mir erschien, als er mir seinen Arm um die Schulter legte und sagte: ‚Aber ich bitte Sie! Sie dürfen doch nicht alles glauben! Nein, ich weiß, es war eine Umsiedlung. Und wenn sie verstorben ist, tut mir das furchtbar leid. Aber das, was Sie da sagen, vom Umbringen und von Gasöfen, das sind doch Greuelmärchen."[2] Wenn die Wahrheit zum Gräuelmärchen wird, dann ist das Subjekt in Gefahr. Die Gegenstände in seinem Haus sind noch da, legen ein Zeugnis der Wahrheit ab, einen Beweis im „Wahn": „Da sah ich sogar noch einen sehr schönen Schreibtisch meines Vaters stehen, und als er fragte: ‚Wollen Sie ihn haben? Wollen Sie ihn mitnehmen' sagte ich ‚Nein, nein, ich will ihn nicht haben.' Ich bin dann auch bald weggegangen. Ich konnte den Mann nicht ausstehen. Aber ich war drin im Haus – das war das letzte Mal."[3]

Im Eigenen Erinnern geht es nicht um das materielle Eigentum, sondern um den geistigen Partner im Verlust. Wenn man nach Hause kommt, will man ja die Mutter und den Vater dort finden, nicht eine Verzerrung der Wahrheit und einen Schreibtisch mitnehmen... Leider sind die Greuelmärchen wahr geworden und ist man nicht in der gemeinsamen Erzählung aufgehoben und getröstet, als Jude in Europa, damals wie jetzt.

Gefährten auf dem Weg zu haben, bedeutet gemeinsame Erinnerung zu leben, jenseits der historischen Wahrheit – sogar wenn wir alle Daten rekonstruieren, können wir das Leben nicht restaurieren wie Bilder. Die Menschen brechen den Rahmen, den wir ihnen geben.

Also, lassen wir die Toten ruhen, heißt die Devise. Ja, das sollten wir auch, aber wenn unsere Taten und die Taten unserer Kinder und Enkelkinder jenes Verbrechen nicht in ein Versprechen verwandeln, werden die Toten, ob wir sie nun begraben haben oder nicht, uns Lebendigen keine Ruhe geben. Ihre Sehnsucht nach uns ist stärker, als unser Drang zum Vergessen je sein kann.

So erinnert das Mandat des erinnernden Erzählens an die Geschichte des Baal Schem Tov, des chassidischen „Meisters des Guten

Namens", der auf dem Sterbebett seinem Schüler, dem Rabbi Schimon, der Hörer genannt, den folgenden Auftrag gab:

„Freund, dir ist vorgesehen, in der Welt herumzufahren und alle Orte heimzusuchen, wo Juden wohnen. Da wirst du in die Häuser gehen und Geschichten erzählen, von mir reden und mit ehrlichen Worten darstellen, was du all deinen Lebtag bei mir gesehen und von mir erfahren hast. Und was die Menschen zum Lohn für dein lebendiges Wort dir in die Hände legen, das soll dein Erwerb sein."

Die Einlösung des Versprechens ist also die Kunst des Erzählens. Nicht die Rekonstruktion der Vergangenheit ist hier gemeint, sondern die Annahme der Zeugenschaft in der Gegenwart, in der das verloschene Bild seine Konturen wiedergewinnt, in der die Gestalten unsere Lippen bewegen: Wir sind es, die ihre Geschichten erzählen, ihre Gebete sprechen.

Wunschtraum oder Wahnidee liegen ganz nah beieinander, wenn es um das Eigene Erinnern geht – es geht nämlich nicht darum, durch ein absolutes, verifizierbares Wissen den Unterschied zwischen beiden zu erkennen, wenn die Wahl zwischen dem einen und dem anderen nicht getroffen werden kann: diese Wahl muss entschieden werden von dem eigenen, ganz persönlichen, öfters unausgesprochenen Gewissen als letzter Instanz. Nicht was allgemein als wahr angenommen wird ist hier gemeint, sondern was durch die Wahrhaftigkeit eines jeden Einzelnen in der Gesellschaft – wo jeder für die Wahrheit haftet... Das Eigene zu erinnern bedeutet, dem Eigenen im Anderen zu begegnen, nicht als das Identische, sondern wirklich als das Andere, welches mein Eigenes in Frage stellt. Meine eigenen Einsichten und Überzeugungen, mein Ge-wissen als Ein-gedenken wird in Frage gestellt durch das Eigene des Anderen, durch das, was dem Anderen eigentümlich ist, was ihn oder sie erst zum Anderen macht. Diese Differenz ist es, welche die Einheit, nicht das „Eigentliche des Erinnerns" wirklich einheitlich macht: jeder Teil ist notwendig, um das Ganze zusammenzuhalten; es gibt keine anonyme, neutrale, inhaltlose Erinnerung, sie ist wie alles Unausgesprochene im seelischen Leben hoch geladen und jede Berührung löst einen Schock aus, zeigt die Risse zwischen Innen und Außen, Individuum und Gesellschaft. Es ist nicht die Zeit, die heilt, sondern die einholt, sich ihre Erinnerungen in ewiger Wiederholung wieder holt.

So lebt die Frage der Gedenkkultur zu jeder Zeit in der Spannung zwischen Normalität und Realität, zwischen einer Normalität des Vergessens in einer Welt, in der tagtäglich neue Weltkatastrophen passieren und einer Realität eines Aufschreckens, wenn die Wiederholungsgeste als Riss ins Auge fällt. Geht es um eine Aufarbeitung der Geschichte als Nachholbedarf, als Politikum, als gesellschaftliche Pflicht; geht es um Nachfragen, auf den Grund gehen, um Entschuldigungsrituale, Gedenkroutine als Dauerbrenner, um das bekannte „schon wieder" zu überschatten, oder geht es um etwas anderes, nämlich um die verlorene Ehre der Verlierer, die Verletzung der Besiegten, die am Stammtisch ihre Restitution fordern.

Was passierte am 9. November letzten Jahres mit Herrn Martin Hohmann, damaliger CDU-Abgeordneter, für wen sprach er? Vielleicht war es sein Fehler, dass er seine Rede, in der er erklärte, dass Deutschland in puncto seiner NS-Vergangenheit Gerechtigkeit widerfährt, wenn es sich nicht mehr vor aller Welt zu schämen braucht, weil endlich auch die Juden als „Tätervolk" erkannt werden sollten, nicht wie immer im engen Wahlkreis, sondern in aller Öffentlichkeit hielt und seiner web-Seite anvertraute. Umfragen ergaben, dass er sich auf jeden Fall für diese Rede nicht zu schämen hatte, dass er politically correct war, dann aber doch nicht und ... der Rest ist Geschichte, die einfach keine historischen Lücken erträgt, sicherlich nicht, wenn es um das Verhältnis von Juden und Deutschen bezüglich „Opfervolk" und „Tätervolk" geht.

So bekommen Hohmanns Äußerungen, unlängst offiziell in Deutschland als rechtlich nicht strafbar erklärt, moralische Unterstützung von unerwarteter Seite.

Dank einer Studie von Bryan Mark Rigg mit dem Titel „Hitlers Jüdische Soldaten", wurden wir von dem Wissen bereichert, dass es 150.000 Halb- und Vierteljuden, sowie Mischlinge aller Art und Weise in hohen Ämtern der SS und Wehrmacht gegeben hat, die durch besondere Genehmigungen vom Führer ihre Pflicht für Volk und Vaterland ausführen durften. Das ist schlimm genug, aber was noch schlimmer ist, ist der Schlussparagraph im Geleitwort zur deutschen Ausgabe des Buches von dem bekannten Historiker Eberhard Jäckel, aus dem ich einige Sätze zitieren möchte:

„Im übrigen ist an dieser Geschichte, so schrecklich sie für die einzelnen Betroffenen war, insgesamt nichts Peinliches, eher das Gegenteil. Es ist doch keine Schande, dass viele Juden in die Gesellschaft ihres Geburts- und Heimatlandes hineingewachsen waren. Die Schande bleibt doch immer, dass sie aus ihr ausgetrieben wurden. Man mag über Begriffe wie Assimilation und Symbiose streiten ... unbestreitbar ist trotz allem, dass es eine hochgradige Integration gab, nicht eine deutsch-jüdische wie leider oft gesagt wird, sondern eine von Deutschen unterschiedlicher Religion und Herkunft. Warum soll man sie nicht eine Symbiose nennen? Symbiose heißt zusammenleben, friedlich und zu gegenseitigem Nutzen. Wenn wir wollen, dass Juden und Nichtjuden in Deutschland in diesem Sinne zusammenleben, dann kann die Erinnerung an die einstige Symbiose, auch wenn sie so brutal aufgekündigt und zerrissen wurde, sogar als Vorbild dienen, was einmal möglich war, kann wieder wirklich werden. Das gilt ja nicht nur für die Ausgrenzung, es gilt auch für das Zusammenleben."[4]

Also keine deutsch-jüdische, sondern eine deutsch-deutsche Symbiose – auf der Suche nach Normalität, Realität oder (verlorener) Identität. So kann man im Nachhinein noch sagen, dass man doch in guter Gesellschaft eines „Tätervolkes" war, nur mit einem kleinen Fehler, den man ja wieder gutmachen kann, wenn Juden, wie einst, wieder ohne Scham und Schande Deutsche sein werden. Man hatte ja doch nur den Formfehler gemacht, dass man sie nicht (wirklich) eingeladen hatte... nun bekommen sie also retroaktiv von Herrn Jäckel den Koscherschein. Hoch lebe die missverstandene Symbiose!! „Was einmal möglich war, kann wieder wirklich werden". Das gilt ja nicht nur für die Symbiose, es gilt ja auch für die Ausgrenzung, könnte man in umgekehrter Formulierung Herrn Prof. Jäckel im Zwiegespräch ohne Partner antworten.

Die Frage bleibt also nach wie vor, wer sind die Gesprächspartner für die Rituale der Gedenkkultur; können nur Juden miteinander reden, Deutsche nur mit Deutschen, Österreicher nur mit Österreichern. Gibt es über den Abgrund der Geschichte eine angemessene Weise, das Eigene zu erinnern, ohne die Erinnerung des Anderen auszulöschen? Wenn die Geschichte die Funktion haben soll, eine kollektive Identität zu stiften, dann muss die Art und Weise, wie Geschichte erinnert wird, ihr Maßstab sein.

Unter dem Titel „Vom kollektiven Gedächtnis zur Individualisierung der Erinnerung" präsentiert der Historiker Clemens Wischermann (Stuttgart 2002) eine Reihe von Studien zu einer „neuen Geschichtswissenschaft im Individualisierungsparadigma", die Martin Walsers im Oktober 1998 in der Paulskirche gehaltene Rede als

Wasserscheide und Ausbruch aus dem „öffentlich-politischen Haftungsdiskurs" betrachtet. „Hier forderte", so Wischermann, „ein Nicht-Opfer die Freigabe des individuell erinnernden Umgangs mit der deutschen Geschichte für jeden". Die heftigen Reaktionen auf Walsers Rede waren nicht nur gerichtet gegen die Privatisierung des Erinnerns im Gegensatz zu einem kollektiven Gedächtnis, welches in der deutschen (und österreichischen) Gedenkkultur als von außen geforderter „Zwangshaftungsanspruch" empfunden wird. Es ging um mehr: nämlich um die Abkopplung von individueller Haftung von der allgemeinen im öffentlichen-politischen Raum wie auch in der Wissenschaft als Plädoyer für eine „Demokratisierung des Geschichtsbewusstseins", ein Prozess, in dem fremdbestimmte Geschichtsbilder durch eigene ersetzt werden.

Sicherlich ist dies notwendig, es kann aber nicht bedeuten, dass es im Prozess der Demokratisierung des deutschen (österreichischen) Geschichtsbewusstseins nun um die Anerkennung *deutscher* Leidensgeschichte im Kollektivgedächtnis gehen soll. Der Streit um die Opferrolle erfüllt hier keine neutrale Funktion: sie ist unmittelbar verbunden mit einer Verwischung der Grenzen zwischen Opfer und Täter, wie auch mit einem Verzicht auf die Verantwortung für die Geschichte als menschliches Konstrukt. Demokratisierung darf nicht zur Vervielfältigung des Geschichtsbewusstseins führen, in dem die Last der Geschichte auf die Einzelschicksale verlagert wird: die Toten an beiden Seiten können ihre Geschichte nicht mehr erzählen, wir als Überlebende sind, wenn wir aus ihr nicht lernen, leider verdammt, sie zu wiederholen...

Es geht also nicht um die Rettung der Deutschen Nation, sondern um die Geschichte als Aufgabe, wo eine Generation der anderen die unvollendete Arbeit als unausgesprochenes Vermächtnis im Leben weitergibt. Dies bedeutet, Rechenschaft abzulegen an Kinder und Enkelkinder.

Für mich bedeutet dies, eine Antwort zu suchen, die meine Enkeltochter Arielle, die hier in Wien am 6. Mai 2001, genau 65 Jahre nach der Befreiung in Holland, im Prunksaal der Nationalbibliothek das 60. Kapitel von Jesaja in Hebräisch vorgelesen hat, mir aufgegeben hat, als letzte Frage einer Familiengeschichte, die sie für eine Schularbeit schreibt: „Du, wo du die Schoa erlebt hast, warum lehrst du in Deutschland?"

In meinem Buch „Rabbinerin in Wien" gibt es einige Betrachtungen darüber:

Ein Land im Echo

Ein Echo ist etwas, was auf einen selbst zurückhallt.
Ohne Ende gibt es aber kein Echo.

Unbewältigte Vergangenheit bedeutet, dass das Grauen noch immer kein Echo hat, die Toten ruhen noch nicht, weil ihnen niemand nachtrauert. Es ist nicht genug für sie, wenn ihre Brüder und Schwestern, die Juden, von ihnen träumen, sie warten darauf, dass das Land endlich zur Ruhe kommt. Dass kein Echo mehr zurückkommt, sie wollen nicht mehr gestört werden. Nicht von Opfern und nicht von Tätern. Endlich soll es still werden - nicht, weil die Erinnerung nun ausgelöscht ist, sondern weil Erinnern und Vergessen in einer Umarmung der Geschichte verschlungen sind: Geschichte der Opfer und Geschichte der Täter.[4]

Anmerkungen

[1] Hans Jonas, Erinnerungen, Insel Verlag, Frankfurt a.M. und Leipzig, 2003, S. 221f.

[2] ebd. S. 222.

[3] ebd.

[4] Bryan Mark Rigg, Hilters Jüdische Soldaten, Paderborn 2003, S. VIII.

Historische Zeugnisse

Erinnerte Geschichte und kollektives Gedächtnis

Zur Frage des historischen Bewusstseins
in Europa aus jüdischer Sicht

Einführung

In seiner Schrift „Über den Nutzen und Nachteil der Historie für das Leben" (1874) hat Friedrich Nietzsche bekanntlich den Menschen darüber unterrichtet, dass das Leben wohl den Dienst der Historie braucht, jedoch ein Übermaß an Historie dem Leben schade. „In dreierlei Hinsicht gehört", so Nietzsche, „die Historie dem Lebendigen: [...] als Tätigen und Strebenden, [...] als Bewahrenden und Verehrenden, [...] als dem Leidenden und der Befreiung Bedürftigen." Man kann, so Nietzsche, drei Arten der Beziehung zur Historie und der Historie unterscheiden: eine *monumentalische*, eine *antiquarische* und eine *kritische*. Nietzsche bekämpft die „historische Krankheit" des Historismus des 19. Jahrhunderts, welcher sich in einem Versuch, sich vom christlichen Dogma bezüglich der historischen Quellen und der Tradition zu lösen, das Baby mit dem Bade ausschüttet.

Die von Nietzsche vorgeschlagenen Gegenmittel gegen das Historische: das *Unhistorische* und das *Überhistorische*,[1] haben sich im Zuge der Romantik des 19. und des Totalitarismus des 20. Jahrhunderts wohl als unzureichend erwiesen, und in ihren Bemühungen eine kulturelle Grundlage für ein vereintes Europa im 21. Jahrhundert zu finden, suchen nun die historischen Wissenschaften, insbesondere die Kulturwissenschaften, den Weg zurück, belastet einerseits durch die Postmoderne und andererseits durch eine „ewige Wiederkehr der Historie", geprägt von den ungelösten Problemen der Spannung zwischen Tradition und Moderne als gemeinsame Basis.

Judentum und Moderne

Die westliche Moderne, gewachsen aus Aufklärungs- und Säkularisierungsprozessen, ist einer der zentralsten Diskussionspunkte im gegenwärtigen Dialog zwischen den Kulturen. Es erweist sich dabei als Desiderat zu untersuchen, wie dieser Prozess der Säkularisierung im Hinblick auf die verschiedenen Traditionen, die Europa geprägt haben, verlief.

Die Spannung zwischen dem Drang nach Bewahrung der Tradition – durch die Kanonisierung des geistigen Erbes – und die damit zusammenhängende Institutionalisierung, hat ihre unauslöschbaren Spuren in der Moderne hinterlassen.[2]

Aus dieser Perspektive ist es mir wichtig, die Frage nach der Verbindung von „Judentum" und „Moderne" neu zu stellen anhand einer Hermeneutik, wobei beide, *Judentum* und *Moderne* sowohl Programm als auch Paradigma sind, um der Einbettung des jüdischen Denkens im Abendland nachzugehen. Die Erfahrung, dass Kultur, Wissen und Bildung immer von ihren Quellen aus religiöser Überlieferung geprägt sind, hat die Begegnung von Judentum und Moderne grundsätzlich geprägt, und sensibilisiert für die Differenzen in der – gerade auch – wissenschaftlichen Wahrnehmung von Kultur und Geschichte des Abendlandes bis hin zur Beschreibung dessen, was Moderne ist und sein soll.

Es wird deutlich, dass Fragen der *Philosophie* und der *Philologie* unmittelbar miteinander zu verknüpfen sind, wenn die Besonderheit des jüdischen Denkens im Abendland zum Ausdruck kommen soll. Dies erfordert die Entwicklung einer jüdischen Hermeneutik, die es einerseits vermeidet, Begriffe aus einem religiösen Bezugssystem in ein anderes zu übertragen, die aber zugleich nicht in die Falle gerät, auf alle religiösen Begriffe als Deutungsmuster zu verzichten. Der Rückgriff auf nicht-religiöse Deutungsmuster als Instrumentarium birgt nämlich die Gefahr in sich, die Problematik der historischen Geisteswissenschaften im Spannungsfeld von Historismus und Tradition außer acht zu lassen und den Geltungsanspruch der jeweiligen kulturell bestimmten Tradition als allgemeines Kulturgut zu ignorieren. Jüdische Hermeneutik braucht daher das Zwischen von Tradition und Moderne, um ihre klassisch-philologisch orientierte Richtung mit einer gegenwartsbezogenen kulturgeschichtlichen Orientierung einer breiten interdisziplinären Basis zu vereinen. Der kulturelle Kontext der jeweiligen Tradition im Bezug auf ihre Verarbeitung religiösen Gedankenguts in säkularisierter Form muss daher berücksichtigt werden.[3]

In diesem Zusammenhang ist es wichtig, die drei Bedeutungen zu beachten, die das Wort Tradition – *Massoret* im Judentum hat: die erste bezieht sich auf die genaue wortwörtliche und mit Lesezeichen versehene Überlieferung des biblischen Textes. Tradition ist in dieser Hinsicht ein dokumentarischer, textueller Begriff. Die zweite Bedeutung bezieht sich auf den ganzen Korpus der religiösen Überlieferung. Im Grunde ist dies eine fortlaufende Interpretation der Bibel, wobei jedoch die Kernidee der Bedeutung von *Massoret* Text und Kommentar als eins betrachtet, Form und Inhalt nicht voneinander trennt. Der christliche Philosoph F. J. Molitor[4] versucht Außen- und Innen-Aspekte des biblischen Wortes zu trennen. Dies jedoch verdeckt den dialektischen Aspekt von Tradition, der textuelle und ideengeschichtliche Aspekt von einander abhängig macht und aufhebt: der Text gewinnt ja erst seine Bedeutung und seinen Stellenwert durch Interpretation. Diese zweite Bedeutung von Tradition meint aber, dass es im Grunde keinen Unterschied gibt zwischen dem Judentum und den anderen positiven Religionen, dass das literarische Dokument die Basis des religiösen Lebens bildet. In diesem Sinne ist es der textuelle Aspekt, der der Tradition ihren religiösen Wert gibt, und die Interpretation des Inhalts ist aufs engste verbunden mit dem Wort an sich.

In anderen Worten, Tradition dehnte ihre Bedeutung aus von der Sphäre des Wortes zur Sphäre des religiösen Lebens, als das religiöse Leben der Gemeinschaft seine Wurzeln im Text und sich untrennbar damit verbunden fand.

Diese zwei Bedeutungen schöpfen den Begriff von Tradition nicht aus. Mit der Einführung einer dritten Bedeutung, die gerade für unsere Fragestellung der jüdischen Hermeneutik von höchster Relevanz ist, verlassen wir den Bereich der literarischen Schöpfung und des theoretischen Denkens und treten in den Bereich der historischen Wirklichkeit ein – ganz spezifisch in die Geschichte einer Gruppe oder Gemeinschaft. Hier bedeutet Tradition die ganze gelebte Wirklichkeit, die Lebenswelt also, die erkannt, erfahren und weitergegeben wurde von Generation zu Generation. Der Übergang von der zweiten zur dritten Bedeutung von Tradition ist wiederum verbunden mit spezifischen Grundzügen des Judentums. Da hier das literarische Dokument nicht nur einen theoretischen Aspekt hat, sondern das Gewebe des gesellschaftlichen Lebens der Gemeinschaft ist, konstituiert der Text selbst einen essentiellen Faktor in der historischen Kontinuität des Volkes. In anderen Worten, der Inhalt der Bibel beinhaltet die Pflichten im Bereich des praktischen Verhaltens von Individuum und Gemeinschaft; da dieses Verhalten den Bereich der Geschichte berührt, entsteht ein notwendiges Verhältnis zwischen Text, Interpretation und der Geschichte der Gesellschaft. Obwohl alle drei Bedeutungen von Tradition im Laufe der jüdischen Geschichte zum Ausdruck kommen, ist ihre Interrelation nicht nur historisch, sondern auch systematisch. Im Kontext von Judentum und Moderne sind insbesondere die zweite und dritte Bedeutung von Tradition wichtig – nämlich die Interpretation, die den Inhalt und die reale

Erfahrung von Individuum und Gemeinschaft in bezug auf ein literarisches Dokument zum Ausdruck bringt.[5]

Max Weber hat die kulturelle Moderne dadurch charakterisiert, dass die in religiösen und metaphysischen Weltbildern ausgedrückte Vernunft in drei Bereichen auseinanderfällt, die von nun an durch formale Argumentation zusammengehalten werden. Die Grundfragen der Menschheit werden von nun an von dem Gesichtspunkt der Wahrheit, der normativen Richtigkeit und der Authentizität oder Schönheit aus behandelt, d. h. als Erkenntnis-, als Gerechtigkeits- oder als Geschmacksfrage; in der Neuzeit entsteht eine Spaltung der menschlichen Wertsphären: Wissenschaft, Moral und Kunst. Jede Sphäre wird den jeweiligen Wissenschaftlern zugeordnet, und man überlässt ihnen die Fragestellungen. Kulturelle Überlieferungen geraten somit in die Hände von Spezialisten, die jeweils in ihrem eigenen Bereich einen abstrakten und absoluten Geltungsanspruch erheben, und die dabei eine Eigengesetzlichkeit ihrer Einsichten bezüglich ihres Spezialgebietes entwickeln.

Im 18. Jahrhundert versuchten die Philosophen der Aufklärung, den Abstand zwischen Theorie und Praxis, der Expertenkultur und der Gesellschaft zu überbrücken. Die Wissenschaften sollten objektivierend wirken; Moral und Recht sollten eine universell gültige Grundlage des menschlichen Zusammenlebens bilden, und die Kunst sollte schöpferisch wirken. Aus den Potentialen dieser Bereiche sollte letztlich ein gemeinsames Ethos für die ideale Gestaltung der menschlichen Lebensverhältnisse entstehen. Diese Hoffnung erfüllte sich leider nicht.

Der Historismus des 19. Jahrhunderts, die Zeit, in der die Wissenschaft des Judentums als akademische Disziplin ihren Eingang in das europäische Denken - wenn auch nicht in seine Institutionen - fand, bildete eine neue Herausforderung für die Frage der Tradition als Grundlage für ein Lebensethos in bezug auf Judentum und Moderne. Sie eröffnet den Blick auf unser Selbstverständnis und die verschiedenen kulturellen Hintergründe und die daraus resultierenden Kulturvarianten, in denen die Fragen der Moderne gelöst werden. Dabei brachte er einerseits die dogmatische Struktur der Überlieferung hermeneutisch zu Bewusstsein, andererseits bestand die Gefahr, dass der Lebensbezug der Dokumente verloren ging. Jürgen Habermas schreibt 1978 in seiner Rede zum 80. Geburtstag von Gershom Scholem die daraus resultierende Ambivalenz der Geisteswissenschaften folgendermaßen:

„(…) So bewegten sie sich in jener merkwürdigen Ambivalenz zwischen der Erhellung von Dokumenten, aus denen wir noch Lebenswichtiges lernen können, und der Entzauberung ihrer dogmatischen Geltungsansprüche. Diese Ambivalenz beunruhigt eine an ihren Gegenständen Anteil nehmende Philologie bis auf den heutigen Tag.[6]

Für das Judentum galt die beschriebene Ambivalenz bezüglich der traditionellen Quellen als Lebensbezug in dieser Form nicht.

Von Beginn an war die Geschichte des jüdischen Monotheismus durch die Begegnung mit fremden Kulturen gekennzeichnet. In einem Prozess von Abgrenzung und Anpassung bildete sich allmählich eine Identität heraus, die sowohl Exklusivität wie Inklusivität, Partikularismus und Universalismus erlaubte. In einem Dialog – mit sich und der Umwelt, im Individuellen wie im Gesellschaftlichen – entstand im Laufe der Jahrhunderte ein Denken, das eine wechselseitige Rezeption zwischen dem Judentum und den verschiedenen Kulturen, mit denen es in Berührung kam, aufzeigt. In dem Maße, in dem die jüdische Tradition von fremdem Gedankengut in allen Epochen bis zur Gegenwart inspiriert wurde, floss auch jüdisches Geistesgut in das Abendland ein, wobei die spezifischen jüdischen Züge nie verloren gingen. In dieser Hinsicht stellt das Judentum ein Phänomen in der europäischen Geistesgeschichte dar: Trotz aller Brüche und den vielen Verschmelzungen ist ein Kontinuum zu beobachten, das stets eine Vermittlerrolle zwischen den Kulturen einnahm, wobei der Aspekt *Religion als Kultur* eine wichtige Rolle spielt. Daraus ergibt sich ein Bild, das den zentralen Stellenwert der Ethik – als Verantwortung für den Anderen und das Andere - als erste Philosophie und als Beitrag aus der Urquelle des Judentums für das Abendland zeigt.

Es zeigt sich weiter, dass die geistig gelungene Symbiose zwischen Judentum und Abendland gerade im europäischen Humanismus – und seinen Ausprägungen auf den Gebieten der Wissenschaft, Philosophie und Kunst – manifestiert. Die Geschichte des Judentums machte es im 19. Jahrhundert für das Judentum notwendig, sich der Weltkultur zu präsentieren und sich der historisch-kritischen Wissenschaft zu stellen. Das Judentum hatte – wie bekannt – keine dogmatische Theologie entwickelt und brauchte sich daher nicht wie die Aufklärer *von* der Religion aufzuklären. Sie konnten *in* der Religion die besonderen kulturellen und prägenden Merkmale und Phänomene studieren, die religionshistorisch und religionsphilosophisch zu entschlüsseln Aufgabe der Wissenschaft vom Judentum sein sollte. Dies erfordert eine Hermeneutik, in der die Verbindung zwischen Philologie und Philosophie äußerst wichtig ist. In jeder Epoche der jüdischen Geschichte finden wir den Versuch, in der Sprache der Zeit, also im Zeitgeist, den alten Wahrheiten ein neues Gewand zu geben.

Die Wissenschaft des Judentums war eine Antwort auf diese Herausforderung und leistete somit einen positiven Beitrag zur Erhaltung des Judentums, indem es säkularisierten Juden die Möglichkeit einer jüdischen Identität und allen Juden eine Phase der Modernisierung eröffnete.

Die Befürchtung, dass historische Forschung vom Glauben abbringe, war bereits durch die ständige Teilnahme rabbinischer Autoritäten im Mittelalter und in der Renaissance an der wissenschaftlichen Arbeit widerlegt worden. Das Anliegen und Ziel der jüdischen Gelehrten war es, die jüdische Welt- und Geschichtsauffassung zum Kriterium für die Würdigung der Welt und der Geschichte zu erheben und von Gott auszugehen, eine Tatsache, die sich nicht unreflektiert und vorwissenschaftlich verwirklichen lässt. Da die göttliche Botschaft immer durch die Sprache zu uns gelangt, ist die Sprachwissenschaft ein Mittel der Erkenntnis neben allen anderen Hilfswissenschaften im Bereich der Geisteswissenschaften. Dieser Einsicht entspricht bereits die Sprachtheorie der mittelalterlichen Kabbala wie auch ihre Weiterentwicklung in der modernen jüdischen Religionsphilosophie von Hermann Cohen, Franz Rosenzweig, Walter Benjamin und Emmanuel Lévinas. Darüber hinaus setzten der rationalistische Charakter des jüdischen Religionsgesetzes und die Möglichkeit einer persönlichen Gottesbeziehung – wie diese z. B. von Martin Buber in seinem *Ich-Du* entwickelt wird – eine positive Einstellung zu allen menschlichen Einsichten und Fakultäten voraus, die grundsätzlich mit der Aufklärung zu vereinbaren sind. Es ist daher ein Irrtum, im Kontext des Judentums von „Religion" und „Profanität" zu sprechen.

Die historisch-kritische Methode – im Kontext der jüdischen Hermeneutik – muss deshalb ihren Stellenwert in der Verwirklichung des göttlichen Willens bekommen und in die Offenbarung als geschichtlichem Ereignis eingeschlossen werden. Letzteres wurde von Gershom Scholem – in der Nachfolge von Franz J. Molitor – in seinem Aufsatz „Offenbarung und Tradition als religiöse Kategorie im Judentum" aufgezeigt, worauf wir noch zurückkommen werden.

Der hermeneutische Pluralismus des Judentums erlaubt literarisch-kritische, historisch-kritische, anthropologische, philosophische

2π

$$\int \cdot 345 - 363$$

und andere Interpretationen der Tora nebeneinander, ohne die Frage der *Autorität des Textes* in den Mittelpunkt zu rücken. So wird das *menschliche Verständnis des Textes als Teil der Heiligen Schrift* überliefert, und die historisch gegebene Grenze zwischen Autor und Leser wird in der Gegenwart aufgehoben. Mündliche und schriftliche Lehre sind somit voneinander abhängig und bilden *zusammen* die Heilige Schrift als menschliches Zeugnis des göttlichen Wortes in menschlicher Sprache.

„Die Tora spricht", so die Rabbinen, „*wie* in menschlicher Sprache."

Kritik, Analyse und Synthese formen den methodischen Rahmen des Umgangs mit dem Text, der menschlicher Kritik unterworfen ist.

Die Herausforderung der jüdischen Hermeneutik liegt nach wie vor in der Notwendigkeit, Gott nicht nur im Jenseits, sondern auch in der Geschichte und ihren menschlichen Komponenten zu sehen, und in die Erkenntnis des Intellekts nicht nur die reine Vernunft, sondern auch die Erfahrung der Wirklichkeit als Wegweiser zur richtigen Handlung einzubeziehen.

In der jüdischen Tradition entstand eine dynamische Hermeneutik zwischen der Offenbarung und der Tradition.[7] Die Offenbarung, als schriftliche Lehre, findet ihren Vollzug in der Tradition, in der mündlichen Lehre, als Ausdruck der Interpretation, der Offenbarung innerhalb der historischen Zeit. Jede Auslegung der Schrift ist in dieser Hinsicht ein Hereinbrechen der Ewigkeit in die Zeit – eine Gegenwart, die die Zeit sprengt und sie für die Erlösung eröffnet.[8] Die Schrift wird erfahren als ein *makor majim chajim* – eine Quelle lebendigen Wassers –, die in jeder Generation Neues aufsprudeln lässt, Neues offenbart, das in einem anderen historischen Kontext nicht relevant, nicht nötig und daher unmöglich wäre. „*Dor dor we-dorschaw*" – „Jede Generation und ihre Ausleger" lautet ein bekanntes rabbinisches Diktum. Konservative, restaurative und utopische Kräfte[9] konnten so nebeneinander bestehen und einander sogar befruchten. Sobald die Gegenwart nicht mehr geeignet schien, Ort, Ziel und Rahmen der Hoffnung zu sein, wurden diese Erwartungen in eine ideale Vergangenheit oder eine utopische Zukunft projiziert.[10]

Jüdische Hermeneutik ermöglicht somit eine notwendige Ergänzung zum abendländischen Aufklärungsverständnis, wie die Rückgriffe auf kabbalistische Traditionen in der Spätaufklärung zeigen.[11]

Krise der Kultur im Spannungsfeld von Tradition und Moderne

Eines der späten Erkenntnisse der Aufklärung besteht darin, dass die Säkularisierung nicht nur die Überwindung der Religion, sondern auch die Verweltlichung religiöser Bilder und Inhalte mit sich brachte. So stellt sich die Frage nach der „Wiederkehr der Religion" nicht nur im Zusammenhang mit Randerscheinungen der modernen Gesellschaften – Subkulturen oder Populärphilosophien –, sondern auch im Verhältnis zu den allgemeinen sozialen und politischen Entwicklungen in Moderne und Postmoderne.

Die Gesetze, nach denen die modernen Gesellschaften „funktionieren", sind nicht geschrieben und nicht laut benannt. Aber die Struktur jeder dieser Gesellschaften ist bestimmt von Fragen eines sie konstituierenden Zusammenhalts (lat. religare – religio), unabhängig davon, ob sie ihre Legitimation aus der „Überwindung" des Religiösen oder aus dessen „Wiederbelebung" in alternativen kulturellen Formen bezieht.

Das Zusammenwirken von verschiedenen Weltdeutungen ist eines der Merkmale unseres Weltgefühls geworden im Zeitalter der Globalisierung, zu einer Chiffre der „geistigen Situation der Zeit", in der Mensch und Welt ihre „Selbstverständlichkeit" jedoch grundsätzlich zu verlieren scheinen.

Multikulturalität wird somit zur Falle: anstatt in der Welt zuhause zu sein, empfindet der Mensch oft seine Umgebung als Bedrohung, und der Kampf zwischen den Kulturen gewinnt eine existentielle Dimension.

Kultur als Ausdruck der Selbstvergewisserung des Menschen in modernen Gesellschaften, birgt zwei einander widerstreitende Diskurse in sich.

Einerseits bezeichnet ‚Kultur' im Rückgriff auf die Ästhetik des 18. Jahrhunderts die Produktion des schöpferischen Genies, die als die Fähigkeit zur Überschreitung des Alltäglichen angesehen wird. Das künstlerische Genie vermag sich über das Gewöhnliche zu erheben und Neues zu entdecken, weil es in der Lage ist, den göttlichen Schöpfungsprozess, der aus dem Nichts ein ganzes Universum entstehen lässt, in seinem Werk nachzuvollziehen.

Es ist eine kreative Tätigkeit, *poiesis*, die wenige ausgewählte Menschen in die Lage versetzt, bedeutungsträchtige Werke herzustellen, die die Kultur als Gesamtheit repräsentieren. Das Individuelle und Besondere wird nach dieser Auffassung zum eigentlichen Träger der kulturellen Werte.

Der zweite Diskurs über die Kultur als Weltdeutung hat etwas anderes im Sinn: Die anthropologische Beschreibung von einzelnen Kulturen konzentriert sich auf das Gewöhnliche, das heißt die Formen des standardisierten, überlieferten Verhaltens, die selbst über Generationen hinweg einen Fortbestand von Traditionen sichern. Somit kommt dem Begriff der Kultur die Bedeutung eines dauerhaften Systems zu, das sich als Ausdruck des kollektiven und schöpferischen Geistes einer Gesellschaft versteht.

Zu Beginn des 20. Jahrhunderts verdichtete sich die im Kulturbegriff angelegte Ambivalenz zum Motiv einer Krise: Die zunehmende Geschwindigkeit der Modernisierungsprozesse und die damit einhergehenden gesellschaftlichen Veränderungen und Umbrüche werfen auf der einen Seite die Frage nach dem kreativen Potential der Kultur auf, neu entstehende Verhältnisse deuten und Handlungsperspektiven eröffnen zu können. Auf der anderen Seite stellt sich die Frage nach der Bedeutung dauerhafter Institutionen der europäischen Kultur und ihrer Kompetenz, bei allen Neuerungen die Tradition und damit zugleich die Identität der abendländischen Menschheit sichern zu können.

Die Krise der Kultur wird zum Paradigma der Krise der Moderne, die gekennzeichnet ist von einer Erstarrung derjenigen symbolischen Formen, in denen der menschliche Geist von jeher Philosophie, Wissenschaft, Religion und Kunst identitätsstiftend und integrierend in eine „Selbstverständlichkeit der Welt" einzubinden vermochte - als Ausdruck des menschlichen In-der-Welt-Seins. Weltentfremdung und Selbstentfremdung sind zwei Seiten derselben Münze, die an der Schwelle des 21. Jahrhunderts in den einstürzenden Türmen von Manhattan dem kollektiven Gedächtnis der Menschheit ihren Stempel eingeprägt haben.

Die antike und mittelalterliche Philosophie haben verschiedene Wege der Weltdeutung aufgezeigt, die alle auf der Überzeugung beruhen, dass der Mensch der Mittelpunkt der Welt sei. Diese Kosmologie gerät in der Neuzeit aus den Fugen: „Man's claim to being the centre of the universe has lost its foundation" – erinnert uns Ernst Cassirer in seinem Essay on Man.[12] Diese Dezentrierung des Menschen wird in der Moderne weiter radikalisiert, und die Erforschung der Struktur der menschlichen Seele und der menschlichen Kultur - die zu einer einheitlichen Theorie führen sollte – führt tatsächlich zu mehreren in sich kohärenten und miteinander konkurrierenden Ansätzen: Nietzsches Wille zur Macht, Freuds Entdeckung des Unbewussten als Triebkraft der Kultur und Marx' Kritik der politischen Ökonomie entmachten die Vorstellung von der Vernunftherrschaft. Sie sind jeweils für sich Theorien, die es erlauben, empirische Fakten in einem Wirkungszusammenhang anzuordnen und auf diese Weise eine Weltdeutung vorzunehmen. Jede dieser Weltdeutungs-Theorien hat den Anspruch von Totalität und verbindet diesen Herrschaftsanspruch mit der ihr eigenen Ideologisierung. Dies ist aber auch der Grund dafür, warum sie dem Anspruch auf eine alleinige und umfassende Deutung des Menschen-in-der-Welt nicht nachkommen, die Notwendigkeit der Selbst- und Welterkenntnis des Menschen nicht umsetzen.

Wir leben in einer Zeit der Trennungen, trotz der wachsenden Globalisierung und Versuchen technischer und medialer Gleichschaltung scheint es immer schwieriger zu werden, die verschiedenen Bereiche des menschlichen Lebens in ein Ganzes zusammenzufügen, welches nicht nur im Äußeren, sondern auch im Inneren kohärent ist: als *Ethos*. Die Verbindung zwischen Wissenschaft und Kunst, Religion und Gesellschaft ist in allen Kulturen, die die westliche Tradition geprägt haben, von ihren frühen Anfängen bis auf heute, eine *politische* Aufgabe gewesen, und so ist es möglicherweise ein hoffnungsvolles Zeichen für unsere Zeit, dass es keine endgültige Antwort auf die Grundfragen gegeben hat: jede Generation muss in einer ständigen Auseinandersetzung mit sich und ihrer Umwelt für die Verbindung als Verbindlichkeit in allen Bereichen ihrer Lebenswelt durch die eigenen Antworten finden.

Es ist wichtig zu bedenken, dass diese Antworten nicht in einer Leere entstehen: sie sind die Summe des *gelebten* Erbes, das wir Tradition nennen und das wir an die nächste Generation als Erbgut weitergeben. Im Nehmen und Geben entsteht also Kultur im Zusammenwirken von *Entscheidungen* – nicht Unterscheidungen – über wahr und unwahr: jede Generation haftet durch ihre wahrhaftigen Entscheidungen für die Wahrheit.

„Politische Wahrheit beginnt damit, dass in der Mehrheit des Volkes der Einzelne sich für die Politik seines Gemeinwesens haftbar fühlt – dass er nicht nur begehrt und schilt – dass er vielmehr von sich verlangt, Realität zu sehen und nicht zu handeln aus dem in der Politik falsch angebrachten Glauben an ein irdisches Paradies, das nur aus bösem Willen und Dummheit der anderen nicht verwirklicht werde – dass er vielmehr weiß: Politik sucht in der konkreten Welt den je gangbaren Weg, geführt von dem Ideal des Menschseins als Freiheit."[13]

Erinnerte Geschichte als politische Aufgabe

Die Frage nach der menschlichen Freiheit, das heißt nach der Verantwortung für eigene Handlungen, gewinnt eine besondere Bedeutung in Bezug auf das Judentum, das als erste monotheistische Religion, neben dem griechisch-römischen Erbe der Antike, dem Christentum und dem Islam, Europa geprägt hat. Im Versuch, ein neues Europa zu gestalten, wird es immer deutlicher, wie unentbehrlich gerade das jüdische Erbe ist für die Problematik von Tradition und Moderne, und wie tief das Trauma der Zerstörung des Judentums viele Menschen berührt.

Die politischen und gesellschaftlichen Umbrüche der letzten Jahrzehnte markieren wohl das Ende der Nachkriegszeit und des Ost-West-Konfliktes, der Übergang in neue Strukturen ist jedoch ein schwieriger Prozess. Dieser Prozess ist unmittelbar mit einer größtenteils unreflektierten Vergangenheit verbunden, wie wir aus den gegenwärtigen „Erinnerungs- und Schlussstrichdebatten" einerseits und der „Antisemitismus- und Antizionismusdebatte" andererseits entnehmen können: Mehr als sechzig Jahre nach der Schoa wird es immer deutlicher, dass wir über das verlorene jüdische Erbe Europas nicht mehr allein unter den Stichworten „Opfer" und „Täter" oder „Schuld" und „Versöhnung" sprechen können, sondern umfassender den jüdischen Beitrag – der durch die Dominanz des Christentums und seiner Rezeptionsgeschichte, die nicht in der Formulierung „judeo-christliche" Tradition aufgeht, verdrängt worden ist – zur Europäischen Geistesgeschichte bewusst zu machen und zu bedenken haben.[14] Es scheint paradox: je mehr die Entwurzelung des Judentums im weiteren Sinn spürbar wird, desto mehr drängt sich die Herausforderung auf, die jüdische Tradition im Abendland aufzuspüren. So zeigt sich in der Philosophie, der Literatur-, Religions- und Kulturwissenschaft ein ständig wachsendes Interesse an den jüdischen Quellen.

Über eine lange Periode hinweg wurde weder in Europa selbst noch in den neuen unabhängigen Staaten das „europäische Modell" der Modernisierung und Entwicklung in Frage gestellt: eine Entscheidung schien nur zwischen einem kapitalistischen oder einem kommunistischen System möglich – der Januskopf der westlichen Moderne. Doch das Ende des Ost-West-Konfliktes eröffnet den Blick auf Tendenzen, die auch für unser *eigenes* Selbstverständnis eine neue Herausforderung darstellen. Die Moderne entwickelt sich in *verschiedenen* Kulturvarianten, in Mischungen mit den *unterschiedlichen* kulturellen Traditionen, die jeweils ihr Verständnis dieses Unterschieds nicht als absolute, sondern als *historische* Entscheidung einbringen. Im Hinblick auf die Globalisierung der Weltwirtschaft erscheint die europäische Moderne in einem neuen Licht, da sie ihre Position angesichts einer kulturpluralistischen Weltgesellschaft neu definieren muss. In diesem Zusammenhang gewinnen die soziale Orientierung des modernen Menschen, die Grenzen des Zusammenhalts und die Wertekonflikte in der Gesellschaft einen neuen *politischen* Stellenwert. Im Rückgriff auf den biblischen Humanismus beschreibt Hannah Arendt dies bewusst als kulturkritische Aufgabe:

> „Experimental Notebook of a Political Scientist: To establish a science of politics, one needs first to reconsider all philosophical statements on Man under the assumption, that men, and not Man, inhabit the earth. The establishment of political science demands a philosophy for which men exist only in the plural. Its field is human plurality. Its religious source is the second creation-myth – not Adam and rib, but: Male and female created He them. In this realm of plurality which is the political realm, one has to ask all the old questions – what is love, what is friendship, what is solitude, what is acting, thinking etc, but not the one question of philosophy: Who is Man, nor the *Was kann ich wissen, was darf ich hoffen, was soll ich tun*?"[15]

In einem Aufsatz aus dem Jahr 1919, ein Jahr nach dem Tod seines Lehrers Hermann Cohen, hält Franz Rosenzweig unter dem Titel „Geist und Epoche der jüdischen Geschichte" einen Vortrag vor der Gesellschaft „Humanität" in Kassel, in dem er die Verbindung zwischen Geist und Zeit thematisiert. Als Ausgangspunkt nimmt er die Tatsache, dass das Wort „Geist" seinen Ursprung nicht in Athen oder Rom hat, sondern im jüdischen Bereich, im Begriff „Geist Gottes, des heiligen Geistes, den Gott seinen Propheten gibt, des Geistes, den er in seinem Volke wohnen lässt." „Aber offenbar meinen wir", so Rosenzweig als Begründung, warum er in einem *nicht-jüdischen Kontext über Geist und Epoche* sprechen will, „wenn wir vom Geist einer Zeit, vom Geist eines Volkes sprechen, einen geistigen Zusammenhang, der über das seelische und leibliche Leben der einzelnen Menschen, ja selbst über ihre Lebenswelt hinausreicht und die einzelnen zu einer geistigen Gemeinschaft verbindet."[16] Rosenzweig spricht hier über das geistige Band, das die Menschen in einer Gemeinschaft verbindet, wo viele Menschen an einen

Gott glauben, dieser Glaube aber immer wieder mit Inhalt, oft sehr verschiedener Art, im Laufe der Geschichte gefüllt werden musste. Dieses Wort Geist ist durch die christliche Dogmatik aus seiner hebräischen Heimat in den Sprachschatz der Völker eingegangen und bleibt (leider) auf seine „geistliche" im Gegensatz zu seiner „weltlichen" Bedeutung eingeschränkt. In dieser Bedeutung wurde auch in der Zeit der Renaissance und der Aufklärung dieses Wort aus seiner religiösen Heimat herausgerissen und im säkularen Bereich eingeführt. So ist der moderne Begriff des Geistes eng verbunden mit einem akuten geschichtlichen Bewusstsein, einem „Sein der Zeit", und die Idee des „Zeitgeistes" ist in das moderne Vokabular eingegangen, das für das deutsche Judentum in der Moderne fast zu einem Leitwort wurde.

Die oben beschriebene Selbstreflexion des Juden hat im 21. Jahrhundert unmittelbar mit der Einordnung des Individuums zu tun, einerseits in die lange Geschichte des jüdischen Volkes und seinen kulturellen Identitätsentwürfen, aber genauso mit einer Suche nach „Dazugehörigkeit" im abendländischen Kontext; nicht unbedingt mehr, wie vor der Shoa, nach einer Anerkennung von seiten der „Gojim". Es ist vielmehr ein Versuch Geschichte und Tradition zu vereinen. Auch der moderne Zionismus ist sicher im Lichte der sich erweiternden Lücke zwischen Israel und der Diaspora hier auch einzuordnen. Einerseits ist der Zionismus bekannterweise als ein Produkt der Identitätssuche der europäischen Völker und staatlichen Einheiten zu verstehen, er trägt aber andererseits sicherlich noch immer den Stempel einer seit der Zerstörung des Tempels eingeprägten Sehnsucht des Volkes Israel, nach Zion als geistigem Anhaltspunkt zurückzukehren, „bald in unseren Tagen", wie es in einem der uralten, aber bis heute gesprochenen Gebet heißt. Die Epoche gewinnt so als *Schnittpunkt* und als *Ausgangspunkt* einer Suche nach Sinn für den Einzelnen an Bedeutung im jüdischen Geist. Daher verbinden sich religiöse, nationale und historische Elemente zu einem Gebilde, welches nach der Shoa, der Vernichtung des europäischen Judentums im Herzen Europas, Form und Inhalt, nicht nur die Identität der Israelis, der Juden im Staat Israel, bestimmen, sondern auch die Identität eines jeden Juden und einer jeden Jüdin in der ganzen Welt; dies bestimmt sogar die Identität der meisten Assimilierten, die ja auch die Erinnerung in sich tragen, dass es in Nazi-Deutschland nicht geholfen hat, ob man bewusst oder unbewusst Jude ist oder nicht.

Diese Tatsachen setzen die jüdische Identitätssuche in eine unübersehbare und oft schmerzliche Spannung zur europäischen Aufklärung. Der Jude ist eingebettet im Abendland, aber nie ganz dort zu Hause. Franz Rosenzweigs Worte aus dem oben erwähnten Aufsatz erscheinen so wie für heute geschrieben:

> „Der Geist der Geschichte schafft sich so seinen Leib in den Epochen der Geschichte. Es ist der Geist, der sich den Körper baut. An der Gliederung ihrer Epochen wird der Geist einer Geschichte sichtbar. Deutsche Geschichte wird sich einmal sehr anders ansehen, wenn wirklich Potsdam nur eine Epoche gewesen sein sollte; anders als es etwas Treitschke sah, für den es die Höhe war, auf der die Straßen aus allen Tälern der Vergangenheit sich einigten. Der Begriff eines ‚Mittelalters' konnte erst erfaßt werden, als eine neue Zeit über ein ganz finsteres Jahrtausend weg von dem klassischen Altertum die Brüderhand hinstrecken zu können glaubte."[17]

So, *aber auch anders*, ist es mit der jüdischen Geschichte: Hier gewinnt die Deutung der Geschichte eine neue Bedeutung, es ist die Entscheidung eines jeden Einzelnen, sich in seiner Identitätssuche in die Geschichte *hineinzustellen*, welche die Geschichte prägt. Geschichtsschreibung als messianische Hermeneutik ist die Art und Weise, wie im Judentum Geschichte und Biografie sich kreuzen, wo nicht die Geschichte eine Gliederung erfährt, sondern wie der Mensch ein Glied in der Geschichte wird.[18] Aus der *Deutung der Geschichte* wird die *Geschichte in ihrer Epoche* erst deutlich. Es ist nicht der Körper der Geschichte, der hier zur Debatte steht, sondern meine ganz physische, aber auch meine geistige Existenz als Teil der Weltgeschichte als „Heilsgeschehen".

Jüdisches Gedächtnis und historisches Bewusstsein

Die zwei Hauptrichtungen des modernen Judentums, vor der Shoa die zionistische und die assimilatorische, kamen zwar darin überein, dass sie beide dem Jahr 70, der Zerstörung des Tempels und dem Anfang des Exils, die größte epochenentscheidende Bedeutung beigemessen haben, aber sie unterscheiden sich grundsätzlich in der Deutung dieses Bruches. Es geht von nun an um die Bedeutung einer Existenz, einer jüdischen Existenz, die an einen bestimmten Ort gebunden ist: an die Diaspora.

Der Zionismus verleugnet nicht die Errungenschaften des Exils, sicherlich nicht die des 19. Jahrhunderts, die die Tore der Gesellschaft für die Massen, für jeden, der es wollte, geöffnet hat, sondern er bildet den Rahmen in der Diskussion über jüdische Identität im Hinblick auf die Elemente, die eine Rückkehr in die uralte Heimat unterstreichen. Die assimilatorische Bewegung dagegen glaubt in der Zerstreuung gerade das Schicksal des Volkes Israel zu erkennen und fordert die Gerechtigkeit des geistigen Lebens in der Gegenwart als Licht für die Nationen und Aufgaben unter den Völkern. Diese beiden großen Lichter der Tora erleuchten das moderne Judentum und gliedern es ein als Teil des Volkes, aber auch in seinen besonderen Charakterzügen, die Partikularismus und Universalismus als geistige Aufgabe verbindet.

Der Streit im heutigen Staat Israel, ein Kulturkampf fast ohne gleichen im Leben des jüdischen Volkes, der Streit zwischen Demokratie und Theokratie, hat unmittelbar mit diesen zwei in der Diaspora entstandenen Richtungen zu tun. Er ist eng verknüpft mit der Verbindung zwischen Judentum und Abendland, nicht nur auf der politischen, sondern auf der *geistigen Ebene*, wo die Frage nach dem *geistigen Inhalt des Staates* zur Debatte steht. Das Judentum als Kulturträger hat diese Frage von Anfang an bewusst oder unbewusst auf sich genommen. Ein Licht für die Nationen zu sein heißt eben, *in der Zeit und in der Ewigkeit zu leben*. Das Judentum hatte sich zur Aufgabe gestellt, den Forderungen des Universalwillens gemäß Ordnung und Gesetzmäßigkeit im Menschengeschlecht zu stiften. So deutete es am Anfang seine Aufgabe, und so deutet es, nach dem *Churban* – der Zerstörung des Tempels (es hat keine *Masechet Churban*, keine Lehre der Zerstörung geschrieben, sondern eine Hermeneutik entwickelt) – seine Aufgabe unter den Völkern der Erde. Diese Dimension des Diesseits und Jenseits ist von Anfang an dem Volk Israel als Erbe und Aufgabe gegeben worden. Es hat dieses Erbe auf sich genommen und sich ihm in voller Verantwortung gestellt. Für dieses Erbe hat es gelitten, und für dieses ist es im 20. Jahrhundert fast ausgelöscht worden.

Worauf bezieht sich dieses „jüdische Erbe", dieses jüdische Denken in seiner Einzigartigkeit? Ist es denn so anders als das der Völker Europas und soll es denn überhaupt eine Spannung geben? Sicherlich reicht dieser Rahmen nicht aus, um eine vollständige Antwort zu geben, doch soll der Kern der Debatte über den Ort des Judentums im Abendland berührt werden. Kann man, wie Mendelssohn meinte, Offenbarung als Gesetz und die Religion der Vernunft leben, oder, wie Rosenzweig dachte, Deutscher in der Gesellschaft und Jude zu Hause sein? Eines scheint klar, die grundlegende Botschaft des Judentums besteht darin, den *Sinn jeder Erfahrung* auf die ethische Beziehung zurückzuführen. Ich denke hier nur an die Philosophie des bekannten Philosophen Emmanuel Lévinas, der dies in seiner „Philosophie des Anderen" entwickelt hat und durch seine Kritik sowohl an Husserl als auch an Heidegger wohl am schärfsten den Gegensatz zwischen griechischem und jüdischen Denken in der Moderne und Postmoderne aufgezeigt hat.[19] Es geht, meine ich, um die Frage der *persönlichen Verantwortung* des Menschen. Dieser Appell richtet sich nicht an die Schöpfung, sondern an den Menschen als Individuum, an den Menschen, der sich an diesem Punkt als *erwählt* und *unersetzlich* fühlt, sich berufen fühlt, eine Gesellschaft zu stiften, in der Menschen als Menschen würdig miteinander umgehen. Diese Verwirklichung der gerechten Gesellschaft ist nach Lévinas ipse facto die Erhebung des Menschen in der Gemeinschaft mit Gott. Es ist auch der Ort, wo religiös geprägtes Denken und Sittlichkeit sich im säkularen Bereich treffen. So verbinden sich aus jüdischer Sicht die Epochen der priesterlichen Tradition mit den Epochen der Propheten, die sich als Aufgabe gesetzt hatten, die Idee Gottes in die Welt zu bringen, in eine Welt, die dieser Idee fremd war, die aber nur durch Menschen vermittelt werden konnte. Dieser unsichtbare Gott, der im Menschen spricht, kann erst im Umgang mit dem Anderen, der, wie er selbst, in Gottes Ebenbild geschaffen ist, erkannt werden, wie es heißt: „Halte lieb deinen Genossen wie sich. Ich bin's." (Lev 19,18). Gottesidee und das Ideal einer gerechten Menschheit als menschliche Selbstverständlichkeit treffen hier zusammen. „Ich weiß, was ich zu tun habe, weil ich Mensch bin." So verbinden sich auch der Bund mit Gott und der Bund unter den Menschen. Der Staat ist in dieser Sichtweise nicht gekennzeichnet von Aggressivität und Gewalt, sondern wird zum Organ einer wirklichen Demokratie, die bestrebt ist, den Menschen zuzuhören und nicht nur Organ zur Schlichtung menschlicher Interessenkonflikte zu sein. Diese Ideale hatte sich das Judentum als Aufgabe gestellt, wie viele Texte aus fast allen Epochen der jüdischen Geschichte bezeugen.

Im 21. Jahrhundert tragen Juden in der ganzen Welt jedoch den *Zeitbruch* des europäischen Judentums in sich, einen Bruch, der nicht zu heilen ist in dieser Welt, dessen Spuren aber an einem jedem Tag sichtbar werden. In der modernen Welt erhofften sich die Juden die Praxis ihrer alt-neuen Tradition, einer Moral, die in einer sittlichen Praxis ausgetragen werden kann. Aber sie begegneten dieser Moral als Prinzip, als Lehre, nicht als Praxis. Diese Moral wurde nicht mehr als Botschaft praktiziert, die den Boten rechtfertigte, *seine* Stimme hören zu lassen. Sie hatte die Anstrengungen des Geistes verloren, die Zerrissenheit einer Seele, wenn er oder sie Unrecht begegnet, die andere Meinung leidenschaftlich seiner eigenen entgegensetzt. Als die Mauern des Ghettos fielen, waren die Juden nicht vorbereitet auf den geistigen Kampf um ihre Ideale in der Welt. Es ging nicht nur um die vier Wände der Lehrhäuser und die Bewahrung der Tradition. Denken wir an Gustav Landauer, Kurt Eisner, Walter Benjamin. Diese jüdischen „Atheisten" waren vielleicht mehr um die Menschheit bekümmert als die Massen der Frommen.

Eine jüdische Renaissance begann bekanntlich um Martin Buber, und viele, wie auch Gershom Scholem und Walter Benjamin, waren mitgerissen, obwohl die oft den kulturellen Zionismus einem politischen vorzogen. Aber obwohl Scholem vor den messianischen Zügen der jüdischen Geschichtsdeutung warnte, blieb er bis zum Ende Zionist, da er wohl wusste, dass auch er aus Europa flüchten musste, um Auschwitz zu entkommen.

Wir stehen nun hier und schauen auf die Vernichtung und die Erneuerung: die zwei wichtigsten Ereignisse dieses Jahrhunderts sind in diesem großen Paradoxon enthalten. Der Antisemitismus in Europa begann lange vor der Shoa, und dass viele willig waren, dies in ein aktives Vernichtungsprogramm umzusetzen, dafür brauchen sicher Juden und Jüdinnen wie ich, die ja aus Wien nach Holland mit dem letzten Zug floh, am 31.12.1938, dem Tag, als unser österreichischer Pass ablief, nicht die endlosen Debatten. Die Diskussionen sind aber symptomatisch für die Lage der Juden heute: wohl der größte Unterschied zwischen der jüdischen und der „anderen" Verarbeitung dieser Ereignisse liegt in der Deutung. Juden wissen, was sie verloren haben und Nicht-Juden streiten sich öfters noch immer darüber, wie sie wissen können, was sie verloren haben. Oder besser gesagt, sie haben teilweise noch nicht verstanden, dass die etwas verloren haben, was für ihre Identität unentbehrlich ist, die Auseinandersetzung auf der *persönlichen* Ebene mit der Geschichte. ‚Was hat das mit mir zu tun?' ist eine Frage, die jeder bewusste Jude und jede Jüdin sich stellt. Die deutsche Frage lautet nach wie vor oft ‚Warum sollte das etwas mit mir zu tun haben?'. Und so entsteht ein Graben zwischen der „Entsorgung der Geschichte" und „Sorge um die Geschichte".

Diese beiden Dinge trennen Judentum und Abendland. Sie gehören zu den beiden epochemachenden Ereignissen des 20. Jahrhunderts: der Shoa und dem Staat Israel. Man kann sich darüber streiten, ob die Vereinten Nationen 1947 aus Wiedergutmachung den Juden endlich einen Staat gegeben haben. Es war ein Traum, den Theodor

Herzl in Wien vor hundert Jahren träumte, in einer Zeit, in der junge Juden, wie z. B. mein Vater, zur Grundsteinlegung der Hebräischen Universität am Skopusberg nach Jerusalem fuhren, dann nach Alexandrien und sich stolz auf Kamelen fotografieren ließen. Beide Ereignisse haben das Gesicht des modernen Judentums grundsätzlich verändert – Israel ist es von nun an geboten, sich der Probleme der Völker anzunehmen. Es kann nicht länger als Fremder zusehen: Dort, im humanistischen Europa, einem Europa, das durch das Christentum und durch das griechisch-römische Erbe der Aufklärung geprägt war, hat es ein Drittel seines Volkes verloren. Die Vernichtung bedeutete für die Juden eine Krise in einer Welt, die das Christentum jahrhundertelang geformt hatte und in der sie durch universale Werte zu Hause eingebettet fühlten. Diese Gemeinsamkeit ist von nun an zerstört – Identitätssuche ist das Hauptproblem des modernen Juden, auch des modernen Menschen, aber wo liegen die Unterschiede?

Im westlichen Judentum kam es, wie erklärt, bereits vor den zwei Weltkriegen zu einer Sehnsucht nach einer Rückkehr zu den eigenen Quellen. Das Aufkommen der Wissenschaft des Judentums ist das klare Zeugnis dieser Suche, wie auch beispielsweise die Lehre des Oldenburger orthodoxen Rabbiners Samson Raphael Hirsch. So entdeckten Philosophen wie Franz Rosenzweig und Schriftsteller wie Franz Kafka ihre jüdischen Wurzeln. Menschen, die vorher ihre ganze Existenz in die so klar definierten Kategorien der westlichen Weltanschauung der Nation, des Staates, der Kunst, der gesellschaftlichen Klasse und des Bekenntnisses eingebettet zu haben schienen, fanden sich plötzlich allein gelassen, isoliert. Diese neue Symbiose, welche aus den alten Wurzeln neue Kräfte schöpfte, wurde von der Shoa zerstört. Viele mussten flüchten und fanden in Palästina eine neue Heimat, eine Heimat, die zwar uralt ist und sicherlich als geistige Heimat zu jeder Zeit einen fruchtbaren Boden für Erneuerung anbietet, der aber jetzt nicht nur voller Steine ist, sondern auch ein Ort, wo Menschen mit Steinen und Granaten einander bekämpfen. Die Verbindung der Juden mit der Shoa und mit dem Staat Israel, im negativen wie im positiven Sinne, ist der Abgrund, der das Judentum und das Abendland auch noch in diesem Jahrhundert trennt.

In Europa wurden Holländer, Italiener, Franzosen, Deutsche, Österreicher von einem Tag auf den anderen von Staatsbürgern zu Juden umgetauft. Man hat sie umgebracht, weil sie Juden waren, weil sie an etwas glaubten und für etwas lebten und sterben mussten für das, wofür die Welt sie verurteilte: Sie selbst zu sein. Was dies im Einzelnen und im Kern heißt, kann man nämlich nicht ablesen an dem außerordentlich umfangreichen jüdischen Schrifttum, sondern an den Verbrechen der Henker, aus diesem Ausmaß der Menschenvernichtung, des Tötens dieses menschlichen Geistes, in das alle Völker Europas, einige mehr als anderen, aus verschiedenen Gründen verwickelt waren. Aus dieser Geschichte kann man den Unterschied zwischen Judentum und Abendland ableiten. Es spricht auch aus den vielen Zeugnisses deutscher Juden, etwa denen Jakob Wassermanns, Walter Rathenaus, Margarete Susmans, Joachim Prinz' und sicherlich Martin Bubers. Sie fanden es wichtig, eine Unterscheidung zwischen ,Deutschtum und Judentum' zu machen.

Und wie steht es nun mit der zweiten Tatsache der jüdischen Identitätssuche im ausgehenden 20. und anhebenden 21. Jahrhundert? Der Staat Israel. Der immer wieder bedrohte Frieden, der nun fast 60 Jahre nach der Staatsgründung noch weiter unsicher ist, hat unmittelbar mit dem Vorhergehenden zu tun.

Das große Wort von Rabbi Hillel: „Was du nicht willst, dass man dir antue, das tue auch keinem anderen an,", ein Spruch aus der römischen Antike, war Wegweiser. Es gibt eine ausgesprochene Solidarität zwischen Juden aufgrund der gemeinsamen schicksalhaften Ereignisse der Shoa. Aber wie steht es mit dem Verhältnis zum Staat Israel und all dem, was dort jetzt passiert? Manès Sperber betont die Tatsache, dass diese Ereignisse seinen Nacken verhärtet, im Sinne des biblischen Gleichnisses, ja versteinert haben. Das große Unrecht, welches dem Judentum im 20. Jahrhundert angetan wurde, macht sie nicht blind, doch hart gegenüber den anderen.

Die große Aufgabe und Herausforderung des jüdischen Volkes im 21. Jahrhundert ist daher zwiefältig, da sie auch die beiden Ereignisse, *Shoa* und *Tekuma*, Zerstörung und Auferstehung, in sich trägt. Aus freiem Willen, wie am Sinai, das auf sich zu nehmen und in menschliche Sprache zu übersetzen, was das Unmögliche möglich macht. Frieden zu schließen über die Gräber auf beiden Seiten. So gewinnt für den modernen Juden das Judentum zunehmend an Bedeutung als Anlehnung oder Ablehnung der westlichen Welt.

Die Worte von Franz Rosenzweig von 1919 gewinnen an Bedeutung:

Die Zeit verliert ihre Macht. Wir altern nicht -, vielleicht weil wir nie jung waren, mag sein. Wir sind ewig. Alles, was der Jude tut, springt ihm gleich aus den Bedingungen der Zeit hinaus ins Ewige. Mag sich der Zionismus noch so sehr bemühen, uns zu einem normalen Volk, einem Volk wie die Völker werden zu lassen – aber lesen sie Herzls Judenstaat, überall schießt da über die bewußt nur auf Politik gestellten Gedankengänge ein politisch unverwendbarer Überschuß hinaus, eine fast naive Überzeugung, daß dieser Judenstaat doch ganz etwas anderes werden müsse als sonst ein Staat, nicht bloß ein bißchen verschieden und ein bißchen ähnlich wie alle anderen, sondern der Staat der sozialen Gerechtigkeit, der Musterstaat, der Idealstaat, denn – nun ist es eben doch nicht irgendein Staat, sondern der Judenstaat. [...] der Zionismus nahm zumal im Weltkrieg bei seinen besten Vertretern immer mehr messianische Züge an; die Heimkehr der Juden in ihr Land wird wie in den alten Weissagungen der Propheten zum Zeichen und Anfang der Heimkehr der Menschheit in das verlorene Paradies.[20]

Es ist schwer zu glauben, dass Rosenzweig diese Worte am Ende des Ersten Weltkrieges geschrieben hat. Diese messianischen Energien haben heute die Identität der Juden in Israel zum Hauptthema im Friedensprozess gemacht. Das Suchen nach dem idealen Menschen, der idealen Gesellschaft hat den Eingang des Judentums in die Moderne geprägt und die Hoffnung auf eine bessere Welt, auf eine Aufgabe, auch im politischen Bereich, hat viele blind gemacht auch für die Gefahren. Rosenzweig hat daher dafür plädiert, das Politische und das Religiöse zu trennen. Gershom Scholem warnt vor den Gefahren des Messianismus, vor der Schwäche im Geschichtlichen, die das Judentum im langen Exil geprägt hat, wo der Einsatz gefährlich werden könnte, wenn nun der Traum, nach der Rückkehr nach Zion, zur Wirklichkeit werden kann. Nach der Shoa hat sich etwas radikal geändert: Nicht nur ist das jüdische Volk dem deutschen Volk zum Opfer gefallen, auch ist es heute in der Lage, andere zum Opfer zu machen. Sicherlich sind viele von den Kriegen in Israel Verteidigungskriege gewesen, aber was Juden heute verteidigen müssen, was heute auf dem Spiel steht, ist ihr geistiges Überleben als Volk, welches eine uralte Wahrheit auch im politischen Bereich wahr machen muss. Im langen Exil hatten Juden dafür keine Chance, dies ist wohl mit die wichtigste Prüfung für das jüdische Volk: im eigenen Land als autonomer Staat sich für die Freiheit und Gerechtigkeit im Einklang mit den besten Werten des Abendlandes zu verbinden. Wenn dieses Exil gerade hier im Westen zum Untergang geführt hat, dann liegt auch hier in guter jüdischer Tradition der *Tikkun*, die Korrektur:

Da ist es, Juden! Kein Märchen, kein Betrug! Jeder kann sich davon überzeugen, denn jeder trägt ein Stück vom Gelobten Land hinüber; der in seinem Kopf, und der in seinen Armen, und jener in seinem erworbenen Gut. [...] Wir wollen endlich als freie Männer auf unserer eigenen Scholle leben und in unserer eigenen Heimat ruhig sterben. Die Welt wird durch unsere Freiheit befreit, durch unseren Reichtum bereichert und vergrößert durch unsere Größe. Und was wir dort nur für unser eigenes Gedeihen versuchen, wirkt machtvoll und beglückend hinaus zum Wohle aller Menschen.[21]

So beendet Theodor Herzl sein Plädoyer für einen Judenstaat. Zum Wohl für die Juden und die ganze Menschheit. Das war vor nunmehr 110 Jahren – was ist von diesem Traum übrig geblieben, ist dies immer noch immer der Rahmen für denkende, fühlende Juden in Israel und in der ganzen Welt, ihre jüdische Identität zu leben und sie auch zu begründen? Ist dies nicht Schwärmerei? Unrealistisch im Hinblick nicht nur auf das Judentum, sondern auch auf die moderne Welt, die demokratische Welt, die heute politische und wirtschaftliche Lösungen sucht für die immensen *menschlichen* Probleme in einer *technischen* globalisierten Welt? Ist die uralte Lehre der Propheten überhaupt noch brauchbar, salonfähig? Sicherlich würde die Antwort auf diese Frage bei jedem Juden anders ausfallen. Die Frage der Urteilskraft des Menschen, die Kant so beschäftigt hat, ist aber nicht mehr die wichtigste, es geht nun um viel mehr. Die menschliche Vernunft kann eben den Menschen nach der Shoa nicht mehr beruhigen. Die Entscheidung für die Endlösung der Judenfrage war eine vollkommen rationale Entscheidung, getroffen von normalen Männern mit Frauen und Kindern, an einem der schönsten Seen Berlins, als diese Wahnidee in deren Köpfen aufkam, eine *Wahnidee*, die die Welt der Juden im Abendland für immer und ewig verwandelte. Da halfen keine vernünftigen Entscheidungen mehr, da ging es um Leben und Tod, und alle Erklärungen reichen nicht aus, wenn nicht die einzige Frage, die zählt, gestellt wird, eine Frage, die von Anfang an nach dem ersten Brudermord da stand: „Bin ich meines Bruders Hüter?" (Gen 4,10). Hannah Arendt sagte in einem Gespräch mit George Baird und Hans Jonas:

Ich bin ganz sicher, daß diese ganze totalitäre Katastrophe nicht eingetreten wäre, wenn die Leute noch an Gott oder vielmehr an die Hölle geglaubt hätten, das heißt, wenn es noch letzte Prinzipien gegeben hätte. Es gab aber keine. Und sie wissen so gut wie ich, daß es keine letzten Prinzipien gab, an die man mit Aussicht auf Erfolg hätte appellieren können. Man konnte niemanden anrufen.[22]

Darauf antwortet nun Hans Jonas in einem ganz anderen Text, der, so meine ich, für unser Thema von höchster Bedeutung ist. Es ist ein Vortrag, den er 1992 in München im Rahmen der Reihe „Ende des Jahrhunderts" gehalten hat. Dort heißt es:

> Im Erwachen aus hundertjährigem technologischen Beutefest und Siegestaumel, mit seinen Glücksutopien für das ganze Geschlecht, entdecken wir eine früher unvermutete Tragik in der Gabe des sechsten Schöpfungstages, der Verleihung des Geistes an ein Wesen der Notdurft und der Triebe. Im Geiste treffen sich Adel und Verhängnis. Er, der in seinem Selbstwert das Sein des Menschen ins Metaphysische erhöht, wird in seinem Nutzwert das Instrument brutalsten biologischen Erfolges. In sich erfüllt er die Bestimmung des Menschen, um sich verbreitet er Verderben. In ihm gipfelt das ‚Ja' des Seins zu sich selbst, das mit der ersten Regung fühlenden und sterblichen Lebens laut wurde, und er untergräbt die Basis, die ihn trägt. Auf der Höhe äußeren Triumphs stellt er die mit ihm geschmückte Gattung vor einen Abgrund. Doch daß er ihn zu sehen beginnt, bietet den Schimmer einer Chance, den Absturz zu verhüten. Denn der sich hierbei als Verhängnis erkennende Geist ist ja nicht nur instrumentale Intelligenz zu beliebiger Macht über Dinge; er hat vielmehr seine ureigene Motivation aus der Wahrnehmung von Werten. In ihm formen sich die Begriffe des Guten, der Pflicht und der Schuld. Er rühmt sich der Freiheit und der Wahl und erklärt sich damit verantwortlich für sein Tun. Und da sein Tun jetzt das Ganze bedroht, vermag er auch seine Verantwortung für den Fortbestand des Ganzen zu erkennen.[23]

Schluss

Das Leben in einer vollständig historisierten Welt hat die Suche der Juden nach Identität nie befriedigt, und viele jüdische Dichter und Denker haben sich mit diesen Fragen intensiv beschäftigt; es ist eine Tradition, die durch die Shoa vergessen ist, da die Schüler von Franz Rosenzweig und Hermann Cohen größtenteils nicht am Leben geblieben sind. Martin Buber hat in seiner *Philosophie des Dialogs* das *Zwi-*

schen gesucht. Seine Suche war nicht eine Suche nach Wahrheit, sondern nach Wirklichkeit, „die lebendige Wirklichkeit, in der wir stehen, nicht als Wahrheit erfassbar, aber uns lebend und von uns gelebt, auf uns wirkend und durch uns gewirkt von ihr aus", so schreibt Martin Buber, „wie kein anderes Buch redet die Bibel, auf sehr menschliche Weise, nicht in reinem, einigem streng gegliederten Laut, wie die Systeme, vielleicht mehr stammelnd, brüchig ungefüge, aber von der Wirklichkeit aus."[24]

Doch mehr als alle anderen Denker unserer Zeit hat Emmanuel Lévinas die schwierige Freiheit[26] des modernen Juden in seiner *Philosophie des Anderen* thematisiert und dadurch eine Brücke zwischen Judentum und Abendland, aber auch zwischen dem Menschen und seinem Selbst gelegt, das seine Wurzeln im Gebot „Du sollst nicht töten" hat. Dieses Gebot richtet sich an *mich* in Bezug zu dem Anderen, der mich herausfordert „Ich" zu sein, meine Gewalt, die Gewalt meines Daseins nicht gegen die anderen zu wenden. Aus meiner Innerlichkeit herauszutreten und den anderen nicht als Bedrohung meines Selbst zu empfinden, zu verzichten auf den Besitz des anderen. „Haben", so Lévinas, „heißt das Sein ablehnen." Gewalt ist Herrschaft aber Einsamkeit, erinnert er. Erkennen heißt dagegen wahrnehmen, eine Gegenstand erfassen, und so wird jede Erfahrung der Welt zu einer Selbsterfahrung. Dass das „Erkenne dich selbst" zur Grundregel der gesamten abendländischen Philosophie werden konnte, so Lévinas, rührt daher, dass der abendländische Mensch letztlich das Universum in sich selbst wiederfindet. Hier begegnen sich die Erfahrung des Selbst, die Erfahrung der Freiheit, die Erfahrung des Wissens. Es führt zu einer tiefen Befriedigung des menschlichen Geistes. Dies ist aber nicht alles, es genügt nicht um den jüdischen Geist zu erfassen. Allein der Anblick des Gesichts, so Lévinas, in dem sich das „Du sollst nicht töten" artikuliert, lässt sich weder in eine daraus resultierende Befriedigung, noch in die Erfahrung eines zu großen Hindernisses verkehren, das sich unserer Macht in den Weg stellt. Denn in Wirklichkeit ist der Mord möglich. Aber er ist nur möglich, wenn ich dem anderen nicht ins Gesicht gesehen habe. Die Unmöglichkeit zu töten ist nicht real, sie ist moralisch. „Der moralische Blick ermißt im Gesicht das nicht zu durchschreitende Unendliche, in das die mörderische Absicht sich wagt und in dem sie scheitert. Eben darum führt er uns anderswohin als jede Erfahrung und jeder Blick."[26]

Emmanuel Lévinas und Hans Jonas stehen in der Tradition großer Denker, die sich in ihrer Zeit nicht nur bemüht haben die Vergangenheit zu reflektieren oder die Vertreter eines Zeitgeistes zu sein, sondern die sich dessen bewusst waren, dass der Mensch immer in Gefahr ist zwischen Nichts und Ewigkeit verloren zu gehen. Das Prinzip Hoffnung wird so zum Prinzip der Verantwortung eines jeden Einzelnen. Dies ist möglicherweise der Ort, wo erinnerte Geschichte als kollektives Gedächtnis im historischen Bewusstsein Europas aufgehoben ist.

Anmerkung

[1] Nietzsche-Zitate aus: Goldmann Klassiker, S. 85 und 144, 1992.

[2] Vgl. S. N. Eisenstadt, The Reconstruction of religious arenas in the framework of 'Multiple Modernities'. Millennium, Journal of International Studies 2000, Vol. 29 No. 3.

[3] Vgl. Hermann Cohen, Der Begriff der Religion im System der Philosophie, Giessen 1915; Hermann Cohen, Ethik und Religionsphilosophie in ihrem Zusammenhang, in: Schriften der Gesellschaft zur Förderung der Wissenschaft des Judentums, Berlin 1904; Moritz Güdemann, Jüdische Apologetik, Glogau 1906.

[4] Vgl. F. J. Molitor, Philosophie der Geschichte, oder Über die Tradition, Frankfurt a.M. 1827, Bd. I, 18.

[5] Vgl. Nathan Rotenstreich, Tradition and Reality. The Impact of History on Modern Jewish Thought, New York, 7ff.; auch Yosef Hayim Yerushalmi, Zachor: Erinnere Dich!, dt. Übersetzung Berlin 1988 und Amos Funkenstein, Jüdische Geschichte und ihre Deutungen, dt. Übersetzung Frankfurt a. M. 1995 und Yitzhak F. Baer, Galut, Berlin, New York (engl.) 1947.

[6] Jürgen Habermas, „Die verkleidete Tora. Rede zum 80. Geburtstag von Gershom Scholem", in: Merkur 1 (1978), S. 96.

[7] Gershom Scholem, „Offenbarung und Tradition als religiöse Kategorien im Judentum", in: Judaica 4, Frankfurt a. M. 1963. S. 191ff und in: Eveline Goodman-Thau, Zeitbruch. Zur messianischen Grunderfahrung in der jüdischen Tradition, Akademie Verlag Berlin 1995, S. 156ff

[8] Eine berühmte rabbinische Aussage lautet: „Wer eine Auslegung im Namen seines Autors bringt, der bringt Erlösung in die Welt."

[9] Vgl. Gershom Scholem, „Zum Verständnis der messianischen Idee im Judentum", in: Judaica 1, Frankfurt a. M. 1963.

[10] Vgl. Abendländische Eschatologie. Ad Jacob Taubes, hrsg. Richard Faber, Eveline Goodman-Thau und Thomas Macho, Würzburg 2001.

[11] Vgl. Kabbala und Romantik, Bd. I und II, hrsg. Eveline Goodman-Thau, Christoph Schulte und Gert Mattenklott (Conditio Judaica 7 und 8), Max Niemeyer Verlag: Tübingen 1994 und 1996.

[12] Ernst Cassirer, Essay on Man, New Haven 1944, S. 21.

[13] Karl Jaspers, Die Schuldfrage [Heidelberg 1946], München u. a. 1987, S. 82 f.

[14] Vgl. Messianismus zwischen Mythos und Macht. Jüdisches Denken in der europäischen Geistesgeschichte, Bd. I, hrsg. von Eveline Goodman-Thau und Wolfdietrich Schmied-Kowarzik, Berlin 1994; Bruch und Kontinuität. Jüdisches Denken in der europäischen Geistesgeschichte, Bd. II, hrsg. von Eveline Goodman-Thau und Michael Daxner, Berlin 1994; Vom Jenseits. Jüdisches Denken

in der europäischen Geistesgeschichte, Bd. III, hrsg. von Eveline Goodman-Thau, Berlin 1997; Kabbala und Romantik (Conditio Judaica 7), Bd. I, hrsg. von Eveline Goodman-Thau, Gert Mattenklott und Christoph Schulte, Tübingen 1994; Kabbala und Romantik II (Conditio Judaica 8), hrsg. von Eveline Goodman-Thau, Gert Mattenklott und Christoph Schulte, Tübingen 1996.

[15] Hannah Arendt, Denktagebuch 1950-1973. Erster Band, hrsg. von Ursula Ludz und Ingeborg Nordmann, München 2002, S. 295.

[16] Franz Rosenzweig, Die Schrift, Königstein / Ts. 1984 (1976), S. 129 f.

[17] Franz Rosenzweig, Die Schrift, Königstein / Ts. 1984 (1976), S. 129 f.

[18] Vgl. Eveline Goodman-Thau, Zeitbruch – Zur messianischen Grunderfahrung in der jüdischen Tradition, Berlin 1995.

[19] Eveline Goodman-Thau, „Gott auf der Spur – biblische Humanismus in der Philosophie des Anderen von Emmanuel Lévinas", in: Vergegenwärtigungen des zerstörten jüdischen Erbes, Franz-Rosenzweig-Gastvorlesungen Kassel 1987-1997, hrsg. von Wolfdietrich Schmied-Kowarzik, Kassel 1997, S. 106-134.

[20] Franz Rosenzweig, Die Schrift, Königstein / Ts. 1984 (1976), S. 140.

[21] Theodor Herzk, Der Judenstaat: Versuch einer modernen Lösung, Zürich 1988, S. 113.

[22] Hannah Arendt, Ich will verstehen. Selbstauskünfte zu Leben und Werk, München 1996, S. 85.

[23] Hans Jonas, Philosophische Rückschau und Vorschau am Ende des Jahrhunderts, Vortrag gehalten am 25. Mai 1992 in München, Frankfurt a. M. 1993, S. 38f.

[24] Martin Buber, „Philo und Cohen. Ein Fragment" (1928), in: Jüdische Rundschau, 17 VIII, aufgenommen in: „Kampf um Israel", zit. n. Martin Buber, Der Jude und sein Judentum. Gesammelte Aufsätze und Reden, Göttingen ²1993, S. 795.

[25] Vgl. Emmanuel Levinas, Schwierige Freiheit, Frankfurt a. M. 1992. 27 Ebd., S. 20.

[26] ebd. S. 20.

Deutschland und Europa –
Auf der Suche nach einem gemeinsamen Ethos nach der Wende

Die Westorientierung Deutschlands und die Suche nach einer „westlichen Philosophie", einem Ethos für die Berliner Republik ist gerade jetzt nach der Wiedervereinigung Deutschlands und Europas eine Notwendigkeit geworden, da sich jetzt, nach 50 Jahren, zwei der wohl wichtigsten Ereignisse dieses Jahrhunderts, das Ende des Faschismus und des Kommunismus gleichsam gegenüberstehen. Diese Ideologien, welche die staatlichen Gebilde Europas in diesem Jahrhundert geprägt haben und zu maßloser Vernichtung, Vertreibung und der Ermordung von Millionen von Menschen, Bürger dieses Kontinents, geführt haben, hinterlassen eine geistige Leere, die nicht nahtlos vom westlichen Kapitalismus, sei es auch meist in seiner demokratischen Form, abgelöst werden kann.

Die Einbettung Deutschlands in seiner „wiedervereinten Form" in ein vereintes Europa macht es unmöglich, die Phase zu überspringen, die mit der Nachkriegszeit unmittelbar verbunden ist, nämlich die Auseinandersetzung mit der NS-Zeit, die als Kriegsziel die Vernichtung des Europäischen Judentums hatte.

Es ist aber notwendig, den Blick zurückzuwenden, die Prämissen zu untersuchen, auf die die BRD bisher gestützt hat, zu prüfen, ob diese Prämissen für das vereinte Deutschland in dieser Form noch haltbar sind; Vereintes Deutschland heißt nämlich, dass nicht nur die DDR, sondern auch die BRD aufgehört hat zu existieren. Die Umbrüche in beiden Teilen Deutschlands fallen erst jetzt, im Hinblick auf die schwierige finanzielle Lage, verursacht durch die Kosten des Aufbau Ost, aber auch unter den Druck von Maastricht, als Riss ins Auge.

Ein Ethos für Deutschland im vereinten Europa hat unmittelbar mit der Beschäftigung mit der Vergangenheit zu tun, erstens, weil dies in den Augen der Welt genau verfolgt wird, wie sich im großen Interesse an Daniel Goldhagens Buch gezeigt hat (trotz der im allgemeinen negativen Kritik seitens der Historiker-Zunft ist es bereits in der 8. Auflage) und zweitens, weil Deutschland das Land im Herzen Europas ist, das durch den oben beschriebenen Umbruch, trotz der Tatsache, dass die „Revolution" eine friedliche war, am tiefsten betroffen ist, weil es eine Führungsrolle in diesem ganzen Prozess, der das Gesicht Europas im nächsten Jahrhundert grundsätzlich verändern wird, innehat.

Der Entwurf, den Hitler und Stalin für diesen Kontinent gemacht hatten, soll durch ein demokratisches Europa ersetzt werden. Die Frage bleibt aber, ist dieser Kontinent und insbesondere Deutschland vorbereitet und geistig gerüstet für diesen Prozess ohne eine grundsätzliche Beschäftigung mit seiner Vergangenheit, nicht unter der Frage von „Opfer" und „Täter", sondern unter der Verantwortung und Haftung als Voraussetzung für eine bessere Zukunft. Aus dieser Perspektive helfen Paradigmen wie „Gnade der späten Geburt" und „Unschuld der frühen Geburt" nicht immer weiter, insbesondere, da es heute viele junge Menschen in Deutschland, aber auch in vielen anderen Teilen Europas insbesondere im Osten gibt, die grundsätzliche Fragen über die Vergangenheit und das Verhalten ihrer Eltern und Grosselten stellen. Ihnen fehlt die historische Perspektive, aus der Traditionen erwachsen und Demokratien geschaffen werden können.

Bis jetzt konnten diese Fragestellungen in der Ideologie des Westens noch aufgehen in einer gemeinsamen Aufgabe der Bekämpfung des Kommunismus als Bedrohung für den Weltfrieden. Diese Ideologie, die ja im Grunde die Ideologie Hitlers war, und dies ist auch der verheerende Punkt in der ganzen Sache, war und ist auch heute nicht ausreichend, um ein intellektuell glaubwürdiges und auf die Dauer identitätsstiftendes Ethos für Deutschland zu sein. Diese „Ausrede" des kommunistischen Feindbildes ist nun verschwunden. und so ist der Weg freigelegt für den Westen, sich auf seine bleibenden Werte zu besinnen, die nicht nur in politischen und wirtschaftlichen Kategorien diskutiert werden können, auch weil die Probleme in diesen Bereichen größer sind als erwartet und daher Europa und Deutschland noch sehr lange beschäftigen werden.

Nun schlägt also die Stunde, in der Deutschland sich diesen Fragen stellen muss (und kann). Wo gehört Deutschland hin, zum Osten oder zum Westen? Soll es gar eine Mittlerposition einnehmen? Warum wurde der Zweite Weltkrieg überhaupt geführt, und wie ist diese Frage in den letzten 50 Jahren in beiden Teilen Deutschlands diskutiert worden? Wie konnte unter dem Deckmantel des Krieges die Ermordung des europäischen Judentums stattfinden, wie und warum konnte die Kriegsmaschine dafür instrumentalisiert werden?

Nochmals, es geht hier nicht um die Schuldfrage, sondern um die Aufarbeitung von Geschichte als Voraussetzung für ein gesellschaftliches Ethos für Deutschland und Europa. Die Suche nach einem glaubwürdigen Ethos Deutschlands als Eintrittskarte in die Europäische Union ist also m.E. nicht nur eine wirtschaftliche Leistung, sondern in erster Linie eine geistige, und möglicherweise die einzige, die diesem Land und dieser Gesellschaft die so sehr nötige Sicherheit und Geborgenheit im „Haus Europa" geben kann, in dem Sinne, dass sich ja alle sicher fühlen müssen in diesem Haus. Die Nationen des Vereinten Europas haben sicherlich bisher großes Vertrauen gewonnen in die deutsche Demokratie, aber dieses Vertrauen muss nun gefestigt werden, und zwar durch den Blick zurück, bevor man (endgültig) nach vorn geht. Diese geistige Leistung kann Deutschland nicht vollbringen durch Akte der Erinnerung an die Ermordeten, sondern durch die Entwicklung neuer Fragestellungen, die sicherlich durch eine Rückbesinnung auf die Traditionen, die Europa geprägt haben, entstehen und gestützt werden können. Dies sollte eine besondere Aufgabe der Geisteswissenschaften in den nächsten Jahrzehnten ausmachen. Die Rückbesinnung, das „Wiederbefragen" der Antworten auch auf diese bereits abgehandelten Fragen und Probleme ist, wie schon angedeutet, eine Notwendigkeit, ein Bedürfnis, das in der Bevölkerung beider Teile Deutschlands und Europa herrscht. Sicherlich stehen die Themen der Schoa nicht jeden Tag auf der Tagesordnung, aber die nicht bewältigte Vergangenheit taucht in vielen Bereichen des Lebens, im individuellen, wie auch im gesellschaftlichen immer wieder auf. Aus der Erfahrung Deutschlands, das den eigenen Umbruch ohne Blutvergießen erleben durfte, müssen und können auch andere Länder Europas (ebenso der Nahe Osten und andere Teile der Welt, die nach dem europäischen Kolonialismus und Imperialismus, nicht ganz befreit vom Ost-West-Konflikt, ihren eigenen Weg suchen) eine Lehre ziehen für eine friedliche Koexistenz in einer demokratischen und offenen Gesellschaft, wo die Verschiedenheit der Meinungen einen legitimen Ort hat und wo mit divergenten Interessen fruchtbar umgegangen wird.

Auf Deutschland lastet die Verantwortung, jetzt, 50 Jahre nach Kriegsende, ein Beispiel zu setzten. Jede „Enttäuschung" über Deutschland wird der Welt immer wieder die schlimme Vergangenheit in Erinnerung rufen. Für Deutschland bedeutet dies eine Stunde der Prüfung: das Scheitern an der Tradition eröffnet die Möglichkeit, neue Traditionen zu stiften und zu entwickeln. Kontinuität als Bruch zu leben, ist möglicherweise ein Paradigma für die Postmoderne.

Im Bereich der Geisteswissenschaften könnte die Entwicklung eines neuen Ethos für die Berliner Republik beginnen mit der Fragestellung – von deutscher Seite aus – in welcher Weise der Verlust an jüdischem Geistesgut die Integration Deutschlands in Europa beschwert.

Dies würde, wie gesagt, über die gängige Diskussion hinausführen, von der Schuldfrage abkommen und dafür an die Frage der Verantwortung für die Tradition rühren: Wie kann man der nächsten Generation ein Erbe in die Hand geben? Familien, Schulen und kirchliche Institutionen, aber auch Hochschulen sind in dieser Hinsicht nicht imstande zu handeln, da sie nicht immer bereit sind, ihre eigenen institutionellen Prämissen kritisch zu befragen. Die Gründe dafür liegen sicherlich nicht immer auf derselben Ebene, aber haben grundsätzlich mit der Struktur dieser Institutionen zu tun, die nicht in absehbarer Zeit zu ändern ist.

Diese Fragen betreffen jeden Deutschen und jede Deutsche, Mann wie Frau. Verantwortung für die Tradition zu haben bedeutet, ein Glied in der Kette der Traditionen zu werden. Im Klartext würde dies heißen: „Als Glied in der Kette des Traditionen Deutschlands hafte ich auch an diesem wohl dunkelsten Kapitel seiner Geschichte, gerade ich, aus der Generation der Spät- oder Nachgeborenen." Die innere Anforderung, die in dieser Aussage liegt, die freie Entscheidung zur Mithaftung, erlaubt erst das Anrecht auf die „Gnade der späten Geburt". Die Generationen der Nachkriegszeit können diese Leistung vollbringen, die ihre Eltern und Großeltern durch die schweren Belastungen vor, während und nach dem Krieg nicht erbringen konnten. Es erfordert eine Grundlegende Kulturkritik im Wissen um den Sinn, von dem Karl Jaspers 1946 in seiner Rede über die Schuldfrage spricht:

„Politische Freiheit beginnt damit, dass in der Mehrheit des Volkes der Einzelne sich für die Politik seines Gemeinwesens mit haftbar fühlt – dass er nicht nur begehrt und schielt – dass er vielmehr von sich verlangt, Realität zu sehen und nicht zu handeln aus dem in der Politik falsch angebrachten Glauben an ein irdisches Paradies, das nur aus bösen Willen und Dummheit der Anderen nicht verwirklicht werde – dass er vielmehr weiß: Politik such in der konkreten Welt den je gangbaren Weg, geführt von dem Ideal des Menschseins als Freiheit."[1]

Die historische Perspektive, die sich aus dem Zusammentreffen der entscheidenden Ereignisse am Ende dieses Jahrhunderts ergibt, muss eine intellektuell-geistige Antwort bekommen. Diese wäre ein wirklicher Grund für die Feierlichkeiten zum Jahrestag der Befreiung Europas aus dem Würgegriff des Nationalsozialismus und des Kommunismus, eine Befreiung aus dem Bann der Vergangenheit, die Möglichkeit, aus der Wiederholung der Fehler auszubrechen.

Es hieße mit offenen Augen in die Vergangenheit zu schauen, um zu sehen, woraus man befreit ist. Zu benennen, wofür so viele in den Krieg gezogen sind und warum manche, leider zu wenige, sich diesem Krieg verweigert haben. Es wäre ein Verrat an ihnen, wenn wir im Blick nach hinten nicht auch ihre Blindheit wahrnehmen würden, wenn wir im Tod von Millionen Unschuldigen nicht einen unmittelbaren, untrennbaren Teil dieses Krieges erkennen würden. Hier kann die Trauer eine gemeinsame Trauer für alle werden, für Opfer und Täter.

Aus der Geschichtsschreibung eine Lehre zu ziehen, aus der Art und Weise, wie jeder Vater es seinem Sohn, oder jede Mutter es ihrer Tochter erzählt, eine Quelle des Wissens zu schaffen, wäre eine geeignete Grundlage für einen Neuanfang. Es wäre der Unterschied zwischen Verantwortung mit oder ohne Hoffnung: Verantwortung ist ja die eigentliche Voraussetzung für die Hoffnung. In dieser Weise können „konkrete Utopien", die der Jugend einen Halt in einem Neuen Europa geben, wachsen. Es ist vielleicht Deutschland gegeben, den ersten Schritt in dieser Richtung zu tun, weil die Gesellschaft es selbst in erster Linie für ihre eigene Sicherheit so sehr nötig hat. So kann auch die Verbindung zwischen Politik und Gesellschaft eine tiefere Bedeutung gewinnen, die Demokratie gestärkt werden. Sicherlich fehlt eine „Elite", aber ist nicht dieses Fehlen auch ein Zeichen der Zeit, und zugleich ein Glücksfall? In diese Leere hinein können neue Ideen entwickelt werden, von Menschen, die „in die Situation hineingeboren", nicht durch ihre Geburt privilegiert sind, die nicht durch äußere Umstande, sondern aus innerer Entscheidung dieses Mandat annehmen.

Anmerkung

[1] Karl Jaspers, „Die Schuldfrage", erstmals erschienen in Heidelberg 1946, hier zitiert aus der Neuausgabe, Mai 1987, S. 82f.

Traumatische Eindrücke

Furcht und Angst –
Kulturkritische Betrachtungen nach Auschwitz

„Was heißt es, das Leben wählen?

Schreiben für die Schublade, ohne Leser, Reden ohne Zuhörer, was nicht dasselbe ist wie einen Monolog zu führen. In einem Monolog erwartet man ja keine Resonanz. Vielmehr ist es ein Dialog ohne Partner, aber doch nicht in einer Leere. Die Präsenz ist da, aber in einer anderen Gestalt, in der Wirklichkeit des Unsichtbaren. Die, die nicht mehr da sind, sind nicht die Zuhörer, sondern die Redner, wir sind die Zuhörer. Also, vielleicht ist eine bessere Formulierung: Partner ohne Dialog. Zuhörer ohne Rede. Dies würde ein und für allemal brechen mit der Verpflichtung des Hörens.

Was heißt Höre Israel, wenn wir die Zuhörer sind? Was heißt Sch'ma Israel nach Auschwitz? Hat es überhaupt einen Sinn zu rufen, wenn niemand hört? Antworten wäre zu viel verlangt, aber hören ...

So fuhren wir, mein Mann Moshe und ich, am 9. Av, am Tag der Zerstörung des Tempels, ein Tag, der als „Weinen für Generationen" bezeichnet wurde, nach Auschwitz.

Für mich das zweite Mal, aber gibt es überhaupt die Möglichkeit, ein zweites Mal nach Auschwitz zu fahren? Aus Auschwitz kommt man ja nicht zurück; wie kann man dann zum zweiten Mal nach Auschwitz fahren? Es gibt überhaupt die Zahl zwei nicht in Bezug auf Auschwitz. Jeder ging allein, und jeder geht allein und aus diesem Gang gibt es keine Rückkehr. Es gibt keinen Weg, der zurück in die Welt führt. Zwischen Auschwitz und Krakau liegen keine Dörfer, keine Häuser, keine Wasser, keine Wiesen und Wälder, zwischen dort und jedem anderen Ort gibt es nur einen tiefen Schlaf, eine Tardema, eine Bewusstlosigkeit.

Und doch fuhren Moshe und ich nach Auschwitz und für mich war es wieder, oder nur so, das erste Mal. Jeder Besuch in Auschwitz ist einmalig, da auch jeder Schmerz und jede Freude einmalig ist. Nicht reproduzierbar, unwiederholbar, unwiderruflich.

Man fährt allein, mit jemandem, aber allein. Die Baracken hat man schon gesehen, und so bleiben nur die Wege, die Steine, der Stacheldraht, keine Häuser, keine Menschengesichter, keine Gegenstände, keine Fotos, Brillen, Bürsten, Prothesen, Löffel, Koffer. All dies ist verschwunden.

„Ich will es als Historiker sehen", sagt Moshe ganz tapfer und vielleicht gelingt es ihm, weil er weiß, dass er nun allein ist, ich bin nicht mit ihm. Ich bin ohne Gegenstände, materielle Dinge, die auch ein Trost sein können: Etwas ist noch da, nicht alles ist verschwunden. Man klam-

mert sich an die Reste, Zeugnisse des Lebens, wie grausam sie auch sein mögen und wie schmerzhaft. Alles ist noch besser als aus dem Nichts zu schöpfen – vor dem Nichts zu stehen. Der Vernichtung ins Auge zu schauen. Die Beine tragen einen nicht mehr, immer wieder muss ich mich hinsetzen.

Endlich hat Moshe alle Häuser abgearbeitet.

Es ist Nachmittag, Zeit zum Mincha-Gebet.

Am Tischa Be-Av legt man aus Trauer erst am Nachmittag die Tefillin – Gebetsriemen an.

Moshe sondert sich ab: „Ich gehe beten".

Und dort, zwischen den Baracken, fast am Zaun des Stacheldrahtes legt er Tallit und Tefillin an und betet – allein. Nein, es gibt dort einen zehnfachen, hundertfachen, tausendfachen, millionenfachen Minjan. Alle sind da, die Männer, Frauen und Kinder, die Alten und die Jungen – sie sind alle da und sagen die uralten Wörter des Sch'ma Israel – Höre Israel. Wenn es einen Juden gibt, sogar in Auschwitz, der betet „Höre Israel",, hört Israel, kommen alle Seelen aus den Gräbern und beten mit ihm. Das ist die Stärke der Tradition. Stur weiterbeten, trotz allem und im Anblick der Zerstörung. Das Mincha-Gebet hat die uralten Wörter, für immer und für jeden. Sie sind Gefäß, Halt für den Freudigen und für den Trauernden. Es ist eine Stärke, die nicht zu überbieten ist: Einfach Dastehen in Tallit und Tefillin und Gott zu loben in Auschwitz ...

Vielleicht hat es auch nicht mit der Frage des Glaubens zu tun, vielleicht ist dies die Überlebenskraft des Judentums, aus der Asche wie ein Phönix, unzerbrechlich sind die Buchstaben zum Himmel geflogen, sogar als Moses die ersten Tafeln zerbrach. Und so kann von nun an jeder Jude wie Moses dastehen und die Buchstaben wie lebendige Funken herabholen, damit die Seelen kommen, ohne Kleider, die brauchen sie ja nicht, die Tafeln waren nur Materialität, Umhang. Das Innerliche konnte ja nicht zerstört werden. Mit Sch'ma Israel auf ihren Lippen gingen sie in den Tod und mit den Gebet eines jeden Juden werden sie erweckt aus dem Tod. So sind wir hier auf Erden allein, aber doch zusammen, mit allen.

Die Mörder hatten da keine Macht mehr. Die Seelen waren frei. „Wie wird man die Leichen los", war das Problem der Henker. Es war ein Problem, da es seelenlose Körper waren und ein seelenloser Körper ist ein Problem, weil der Mord und der Totschlag von Millionen Unschuldigen ein Problem ist für die Seele, auch für die Seele der Henker. Und so müssen sie sich so rasch wie möglich befreien von den Leichen. Eine Befreiung? Nein, eine Selbstzerstörung, Zerstörung des Körpers eines andern ist Selbstzerstörung, da die Seele ja frei ist. Das heißt, die Seele des Opfers, aber die Seele des Täters bleibt *gefangen: im Gefängnis des eigenen Körpers. Und bis zum letzten Tag ist der Tod eine Bedrohung, keine Befreiung.*

So leben die Menschen in ständiger Todesangst voreinander – um nicht selbst zu sterben, vor Angst, töten sie den Anderen."[1]

Die Angst hat eine unverkennbare Beziehung zur Erwartung; sie ist Angst vor etwas. Es haftet ihr ein Charakter von Unbestimmtheit und Objektlosigkeit an; der konkrete Sprachgebrauch ändert selbst ihren Namen, wenn sie ein Objekt gefunden hat, und ersetzt ihn dann durch Furcht.

Sigmund Freud

Unsere Zeit ist nicht die Zeit des Antisemitismus, sondern die von Auschwitz. Und der Antisemit unserer Zeit will nicht mehr von den Juden abrücken, er will Auschwitz.

Imre Kertesz

I.

Angesichts der wachsenden Konjunktur von apokalyptischen Geschichtsentwürfen am Ende des Zweiten Christlichen Millenniums und des wachsenden Nationalismus wie auch des politischen und religiösen Fundamentalismus, begleitet von terroristischen und atomaren Bedrohungen der Gegenwart, und von globalen Gefahren der Naturkatastrophen, lohnt es sich, sich der Thematik der Angst zuzuwenden, die die Menschheit von seinen frühen Anfängen bis auf heute beschwert und beschäftigt hat. In der antiken Welt wurde der Urschauder von Priestern durch Rituale beschwört, ohne jedoch gänzlich aufgehoben zu werden: die „Angst vor etwas" blieb nach wie vor bestehen durch die bleibende „Unbestimmtheit" dieses „Etwas", welches, sobald es drohte real zu werden, seine Kraft nicht verlor, sondern geradezu vergrößerte. Es ist also nicht in erster Linie die „Objektlosigkeit", welche die Angst in eine Furcht verwandelt und mildert, wie Freud meint, sondern es ist gerade die sprachliche Umbenennung der *Angst* in *Furcht*, die uns im Zeitalter der Säkularisierung am meisten Angst einjagt: Unsere religiösen Weltbilder sind geprägt von Macht und Gewalt, ausgeübt von den „ Verwalter der Angst", die uns über Jahrhunderte hinweg immer wieder neue Auswege aus den Engpässen unserer Angst in die paradiesische Weite vom „Glück" und vom „ewigem Frieden" versprochen haben.

Die Weltgeschichte ist die Geschichte vom uneingelösten Versprechen, und die Welt besteht nach der Sinnflut aus den Versprechen Gottes, sie nicht wieder zu zerstören. Die man-made Katastrophen der Gegenwart sind jedoch nach den stürzenden Türmen von Manhattan tief in das kollektive Gedächtnis eingeschrieben, tiefer als jegliche Hoffnung auf Rettung dies je gelungen wäre.

Die geistige Krise der Moderne ist unmittelbar verbunden mit einem tiefen Riss im inneren Leben des Menschen, ein Riss der den Abgrund der Angst als Riss des menschlichen Universums unsichtbar macht. Die Unheimlichkeit dieser Einsicht selbst ist beängstigend und zeigt unsere Ohnmacht nicht nur bezüglich der Überwindung der Angst, sondern bezüglich des Teufelskreises unserer Bemühungen: jedes Objekt wird zum Subjekt. Nicht zu einem vor dem man Ehrfurcht hat, sondern einem Subjekt, vor dem man sich zu fürchten hat. Das Projekt der Moderne welches die Unvernunft und den Fortschritt als Gipfel der menschlichen Existenz auf Erden zu feiern gehofft hatte, droht im Zeitalter des rasenden technologischen und medialen Fortschritts unterzugehen, wobei der globale Golem sich gegen alle Erwartungen als Deus ex Machina entpuppt. Die Erwartung, die in der Gestalt der Erlösung als positive Treibkraft und als Abwehrmechanismus gegen die Angst ihre Treibkraft immer wieder im Aufschub erneuern konnte, erweist sich nun im Abendland als Ursprung des Untergangs der bereits im Paradies angesagt wurde, wo der Weg zum Baum des Lebens für immer und ewig durch die flammenden Schwerter versperrt worden ist. Es gibt keinen Weg zurück nur den Weg vorwärts. In Franz Kafkas Parabel – wie auch in Walter Benjamins bekannter Passage vom Engel der Geschichte – finden wir ein klassisches Beispiel vom inneren Kampf des modernen Menschen:

„Er hat zwei Gegner: Der erste bedrängt ihn von hinten, vom Ursprung her. Der zweite verwehrt ihm den Weg nach vorn. Er kämpft mit beiden. Eigentlich unterstützt ihn der erste im Kampf mit dem Zweiten, denn er will ihn nach vorn drängen, und ebenso unterstützt ihn der zweiten im Kampf mit dem Ersten; denn er treibt ihn doch zurück. So ist es aber nur theoretisch. Denn es sind ja nicht nur die zwei Gegner da, sondern auch noch er selbst, und wer kennt eigentlich seine Absichten? Immerhin ist es sein Traum, dass er einmal in einem unbewachten Augenblick – dazu gehört allerdings eine Nacht, so finster wie noch keine war – aus der Kampflinie ausspringt und wegen seiner Kampfeserfahrung zum Richter über seine miteinander kämpfenden Gegner erhoben wird."[2]

Zwischen diesen zwei Protagonisten wird der Mensch in der Mühle der Zeit zermalmt, ohne je Richter über sein eigenes Schicksal werden zu können. Die Aufklärung erlaubt keine Zeitlücke für den Menschen: die dialektische Aufhebung ist zur Falle geworden.

Die drei Kantischen Fragen: „Was kann ich wissen?" „Was soll ich tun?" „Was darf ich hoffen?", haben die Lage der vierten Frage: „Was ist der Mensch?" eher erschwert: die Problematik von Sinn und Sein ist jetzt aus dem Schatten des Scheins ins Tageslicht getreten, ein Schein, der nicht durch eine List der Vernunft aufzuheben ist. Der moderne Mensch ist trotz, oder möglicherweise, wegen des rasanten Fortschritts der Denkmaschine „Technologie" – einer der Auswege aus der inneren Angst – eine der meist bedrohten Spezies auf unserem Planeten geworden, ein traumatisiertes Wesen, das wohl „aufgeklärt" ist über seine Lage, jedoch keinen vernünftigen Ausweg findet aus dem Labyrinth der ständigen Beschleunigungen und Verwirrungen des Lebens. Träumend von einem verlorenen Paradies, ist er auf der ständigen immer dringender werdenden Suche nach einem vermeintlichen Ziel, dass, sobald es, wenn auch nur teilweise erreicht, bereits längst überholt erscheint. Die Erwartung **und** die Erfüllung tragen bereits die Enttäuschung in sich und zeigen die Täuschung des Unternehmens als hoffnungsloses Scheitern. So ist die Angst vor dem Scheitern zu einer der auffallendsten Merkmale der modernen Psyche geworden. Der Versuch nach Erfolg selbst wird zum angsteinjagenden Alptraum.

Die ständige Wiederholung dieser Sisyphus-Probe führt entweder zur lähmenden Resignation oder zu gewalttätiger Aggression. Der Wiederholungszwang wird zur Chiffre der Moderne, die es verfehlt den für jeden einmaligen Sinn der Dinge in die Gegenwart wiederzuholen.

Walter Benjamin erkennt dies in der Reproduzierbarkeit des Kunstwerkes:

„Der Drang nach Reproduzierbarkeit ist das äußere Symptom einer tiefen inneren Krise der globalisierten Massengesellschaft. Die Dinge sich räumlich und menschlich „näher zu bringen" ist ein genau so leidenschaftliches Anliegen der gegenwärtigen Massen, wie es ihre Tendenz zur Überwindung des Einmaligen jeder Gegebenheit durch die Aufnahme von Reproduktion ist."[3]

Die moderne Photographie ist der Anfang einer Entwicklung, die sich mittlerweile tagtäglich zu neuer technischer Perfektion in den Massenmedien steigert: ein Bild der Welt als Ebenbild des schamlos entblößten Menschen, dessen verheerende Folgen wir in allen Bereichen des Lebens verspüren. Die moderne Medienwelt ernährt sich aus den menschlichen Erwartungen und muss – um sich in der weltweiten Konkurrenz der unzähligen Sender zu behaupten – diesen Ansprüchen gerecht werden. So klonen wir uns selbst, feiern unseren Narzissmus im Rausch eines Todestanzes der niemals zu Ende gehen darf: niemals möchten wir aus unserem Traum erwachen. Das Trauma wäre unerträglich. Glücklich und schön wollen wir in ewiger Jugend sterben, uns ergötzen an der Fülle des sich immer wieder erneuernden Angebotes der Konsumgesellschaft, im Wissen um die Falle, im Unwissen über die Folgen. Trotz allen apokalyptischen Vorhersagungen sind wir nicht im Stande, den Gang der Dinge zu ändern, da nach der Christianisierung der Welt, die Kolonialisierung der Welt, die Globalisierung der Welt Ausdruck einer „Krankheit zum Tode" (Kierkegaard) ist, die eine endgültige Utopie verspricht, jedoch zu Angst und Hemmung führt, die in Gewalt ausbrechen. So erkannte Sigmund Freud, dass das

„Angstproblem ein Knotenpunkt ist, an welchem die verschiedensten und wichtigsten Fragen zusammentreffen, ein Rätsel, dessen Lösung eine Fülle von Licht über unser ganzes Seelenleben ergießen musste"[4]

Wenn die Angst ein Zeichen der Hilflosigkeit ist, wie Freud behauptet, so zeigt sich dies in der Gegenwart nicht nur als individuelles, sondern als Symptom der Gesellschaft. Das von Freud beschriebene Unbehagen in der Kultur und die von Georg Simmel diagnostizierte „Tragödie der Kultur" hat im globalen Terrorismus sein Antlitz enthüllt. Der moderne „Fundamentalismus ohne Fundamente" (Agnes Heller) findet in den Selbstmordattentaten von Söhnen und Töchtern einen Ersatz für das Menschenopfer der Väter und Mütter. Der gewalttätige Heilige Krieg muss gesühnt werden vor Gott, Herrscher von Himmel und Erde. Der Selbstvernichtungskrieg hat hier seinen wohl meist „authentischen" Ausdruck gefunden, um ein Stück Heimat in einer gottlosen Welt zurück zu gewinnen, aus dem der Mensch am Anfang vertrieben wurde. In der Bibel findet das Trauma von Adam und Eva, von Kain und Abel, seine Parallele in Abraham, dem geboten ist aus seinem Geburtsort in die Fremde zu ziehen in ein Land „das Ich dir zeigen werde". Das menschliche Schuldgefühl, das laut Freud auf die Tötung des Urvaters zurückgeht, wird in der Moderne kompensiert durch die Dialektik von Eros und Thanatos, wo Liebe und Tod sich in Anziehung und Abwehr begegnen. Unsere Kultur ist der Ausdruck dieses Ambivalenzkonfliktes:

> „Was am Vater begonnen wurde, vollendet sich an der Masse. Ist die Kultur der notwendige Entwicklungsgang von der Familie zur Menschheit, so ist es unlösbar mit ihr verbunden, als Folge des ewigen Haders zwischen Liebe und Todesstreben, die Steigerung der Schuldgefühls, vielleicht bis zu Höhen, die der einzelne schwer erträglich findet. Man gedenkt der ergreifenden Anklage des großen Dichters gegen die „himmlischen Mächte"[5]

> „Ihre führt ins Leben uns hinein,
> Ihr lasst den Armen schuldig werden,
> Dann überlasst Ihr ihn der Pein,
> Denn jede Schuld rächt sich auf Erden"
>   (Goethe, Lieder des Harfners in „Wilhelm Meister")[6]

Das Schuldgefühl blockiert jeden Weg zur Trauer, der Verlust muss um jeden Preis verdrängt werden, der Schmerz vermieden, da kein Heilmittel in Sicht ist und der Konsum als Ersatzreligion nur temporäre Erleichterung bringt, die die Krankheit zu einer chronischen – im wahren Sinne des Wortes, der „leeren, homogenen Zeit" (Walter Benjamin) – gemacht hat. Die Schuld rächt sich also letztendlich an der Zeit selbst, indem sie das Leben von jeglichem Sinn entleert und somit die Frage von Sinn und Unsinn überflüssig macht. In *cogito ergo sum* – ist das Denken sinnlos geworden. Das denkende Subjekt scheint seine Autonomie zur freien Entscheidung in den modernen liberalen Demokratien größtenteils durch die Zwänge der globalen Marktwirtschaft verloren zu haben: heutzutage braucht man ein Land nicht mehr militärisch zu erobern, es genügt, wenn man es wirtschaftlich beherrscht. Die Frage ist: „Gibt es einen Weg zurück?" Oder anders formuliert: „Wie finden wir den Weg zurück?"

Im Folgenden wollen wir dieser Thematik nachspüren im Spannungsfeld von Tradition und Moderne im Zeitalter der Globalisierung, wo das klassische Dreieck *Gott-Mensch-Welt* sich in *Geschichte*,

Sprache und das *Selbst* verwandelt hat, wobei eine Neuorientierung des *Selbst* in der Welt angesagt ist, als *sum ergo cogito*.

II.

In Deutschland und in anderen Ländern Europas wo Juden eine wichtige Rolle im modernen wirtschaftlichen, gesellschaftlichen und intellektuellen Leben gespielt haben, wird diese Suche, insbesondere in der dritten Generation, weiter beschwert durch eine in vielen Kreisen großenteils unbewältigte Vergangenheit. Es geht hier nicht um eine Realschuld sondern um den Verlust des europäischen Judentums – wo Juden von einem Tag auf den anderen von Deutschen, Österreichern, Italienern, Franzosen und Holländern zu Juden umgestempelt wurden – ein Trauma, das tief in der europäischen Psyche eingeschrieben ist. Der Übergang von Moderne in Post-Moderne ist abgesehen von den verschiedenen Definitionen und Interpretationen dieser Begriffe – gerade jetzt im Zeitalter des Vergessens – besonders problematisch: Wenn dem Vergessen nicht die Möglichkeit des unbeängstigten Erinnerns zur Verfügung steht, ist das menschliche Bewusstsein in Gefahr im Strom der Zeit unterzugehen. Der Verlust an Geschichtsbewusstsein resultiert in zunehmender Auflösung sinnstiftenden für das schöpferische Dasein einer Gesellschaft unentbehrlichen Elementen im kulturellen Zusammenleben.

Ein Lesen der Geschichte durch die Ordnungs- und Zweckbestimmtheiten hindurch, ein Lesen, welches die Gegenwartserfahrung aus dem Kreislauf der Wiederholungen erlöst und in Etwas über sich hinausweisendes verwandelt, ist angesagt. Durch die Wahl des freien hermeneutischen Handelns wird nämlich eine Verfügbarkeit hergestellt, die eine Kontinuität in der Tradition, basierend auf einer vielfältigen Verarbeitung der Vergangenheit im Lichte der Möglichkeiten, in der die Wirklichkeit sich dem Menschen darbietet, aufleuchtet.

Diese Aufgabe betrifft das Forschen nach der Einbettung der orientalischen Traditionen in ihrer Entwicklungsgeschichte als Teil der Geistesgeschichte des Abendlandes, insbesondere den jüdischen Beitrag, welcher durch eine christlich geprägte Rezeptionsgeschichte durchaus nicht genügend berücksichtigt worden ist und der nach dem als lebendige geistige Tradition als Riss ins Auge fällt.

Das Ausmaß des Verlustes des Judentums in Europa hat eine Tragweise für die europäische Kultur als Ganzes und greift bis tief in die Wurzeln dieser Kultur als Erbe Europas ein. Da die Träger dieser Kultur als Trauma des Verlustes in sich tragen, und daher die eigene Tradition nicht als Quelle der Erneuerung zugänglich ist, ergibt sich die Tatsache, dass die Wiederentdeckungsarbeit besonders schwierig erscheint. So führen das Abbrechen der Tradition und der Verlust an Geschichtsbewusstsein zu gestörter Identität und Selbstentfremdung.[7] Es geht letztendlich um die Mitverantwortung für die Geschichte als Quelle des kollektiven Gedächtnisses, das die Identität der nächsten Generationen als Schicksalsgemeinschaft mitprägt.

Sicherlich ist das Gespräch zwischen „Judentum" und „Deutschtum", oder besser ausgedrückt zwischen Juden und Deutschen, auch vor der Schoa kein eindeutiger und wirklich fruchtbarer Dialog gewesen, aber es scheint mir, gerade in dieser Zeit ein Desiderat, sich dieser Tatsache im vollen Bewusstsein der Katastrophe zu stellen. Und dies nicht nur in Hinblick auf die nicht verarbeitete Vergangenheit von Seiten der Deutschen, sondern auch in der Mitverantwortung der Geschichte als Quelle des kollektiven Gedächtnisses, welches die Identität der nächsten Generation mitprägt.

Es erinnert an ein altes rabbinisches Wort, welches im Namen von Rabbi Tarphon überliefert wird in den Sprüchen der Väter (2,21). „Du brauchst die Arbeit nicht zu vollenden, aber Du bist auch nicht frei, dich daraus zu entziehen." Das Vertrauen auf die Kraft des Menschen autonom zu handeln wird zusammengehalten durch die Kette der Tradition, wo eine Generation der anderen die nicht vollbrachte Arbeit als Erbe weiterreicht. So schrieb Ulrich Hausmann in einer Rezension zu meiner Monographie „Zeitbruch"[8] über das interessante Paradox des jüdischen Denkens für die Moderne: „Ausgerechnet das rabbinische Denken, das Geschichte, evolutionäre Zeit und Fortschritt nicht kennt, das die Ewigkeit aus der Mitte des Jetzt zu verstehen sucht, ausgerechnet dieses Denken stellt, als implizite Kritik am zivilisationsfeindlichen Utopismus, eine Möglichkeit dar, den Raum für das verantwortliche Handeln des Menschen zu öffnen." Zukunft ist nur dann verantwortlich zu gestalten, wenn man sich des Weges, den man bisher zurückgelegt hat, bewusst ist. Im deutschen Geschichtsbewusststein bedeutet dies eine Umkehr, nicht nur eine Wiedergutmachung: Eine Entscheidung für die Geschichte für eine Lebensform, wo Geschichte und Biographie sich kreuzen.

Das Problem der Angst ist wie bereits eng verbunden mit der Frage nach dem Sinn der Welt ist so alt wie die Welt selbst und die Antworten so zahlreich wie die Sterne am Himmel und der Sand des Meeres. Die Lebenswelt der Menschheit ist von ihren frühen Anfängen an geprägt von den Vorstellungen, die man sich von Himmel und Erde gemacht hat als Ort und Quelle der Sinnstiftung.

Die existenzielle Situation von Juden nach der Schoa ist geprägt vom Bemühen des Einzelnen, als Einbruch des Menschen in die Geschichte, ihr eine Bedeutung abzugewinnen.[9]

„Nicht die Lust", so schreibt meine Mutter 1928 in Wien, „nicht die Natur, nicht die Sinne sind die wahren Verführer, nur die klare Vernunft ist es, an die wir durch die Gesellschaft gewöhnt sind und die Berechnungen, die aus der Erfahrung geboren sind."[10]

III.

Wir leben leider noch immer in finsteren Zeiten der man-made-Produktion, der man-made-Zerstörung. Es geht nicht mehr um Scham, Freiheit oder Herausforderung, sondern um die Zukunft Europas im Kontext, d.h. um die gesellschaftlichen, politischen und kulturellen Kontexte der einzelnen Länder, die ohne Rücksicht auf ein unterschiedliches historisches Bewusstsein zu einem wirtschaftlichen Block zusammengefügt worden sind und die Bürger vor schier unüberwindbare Probleme stellen, – eine Zerreißprobe nicht nur für die Regierungen, sondern für das soziale Gewebe der Gesellschaft.

Die Zwänge der Marktwirtschaft bedrohen die Demokratie heute viel mehr und viel greifbarer als dies die Diktaturen des 20. Jahrhunderts je tun konnten. Damals wusste man, wer der Feind war, heute leben wir in einer vermeintlichen Freiheit, ein Paradies für die Reichen mit einer zunehmend hoffnungslosen Perspektive für die armen Länder der Welt, denen es schwer fällt sich als selbstständige Partner in eine freie globale Weltwirtschaft einzubringen. Dem Versprechen von Freiheit und Selbstbestimmung droht der Untergang durch eine gleichgeschaltete Verwaltung, eine wirtschaftliche Vergewaltigung, die im Versuch der Europäischen Union, die Bürger dieses Kontinents für eine gemeinsame Verfassung zu gewinnen, die politischen Perspektiven des „Europäischen Traums" in Frage stellt. Das „Nein" der Franzosen und Niederländer in der letzten Verfassungsabstimmung war kein Zeichen eines „Nicht-Verstehens" der Utopie des Vereinten Europas als Heilmittel und Vorbeugungsmaßnahme gegen einen Totalitarismus, sondern zeugt von einem tiefen Misstrauen gegenüber den Institutionen, die in ihren jeweiligen Demokratien ein Organ für den Willen und die Hoffnungen der Bürger sein sollten. Der Zusammenbruch der Ideologien, die das Staatsgebilde Europas im 20. Jahrhundert geprägt haben, hinterlässt, nach Zerstörung und Aufbau, eine geistige Leere, die nicht nahtlos vom westlichen Kapitalismus, sei es auch in einer demokratischen Form, abgelöst werden kann, wenn im wirtschaftlichen Diskussion über das Ziel der europäischen Einigung den zentralen gesellschaftlichen Grundfragen aus dem Weg gegangen wird.

Nach dem Bruch im europäischen Denken ist es der französische jüdische Philosoph Emmanuel Levinas der in seiner Philosophie des Anderen einen Versuch unternimmt, eine Brücke über den Abgrund der Geschichte zum Anderen zu legen[11]

Als Überlebender der Schoa, der einen großen Teil seiner nahen Familie verloren hat, plädiert er für eine Zurückgewinnung des Ontologischen, nicht als ein Jenseits des Seins sondern in einem Denken, welches ein Erwecktwerden durch das Antlitz des Anderen ist, durch die Forderung also, die der Andere an mich stellt.

Betroffenheit von der Transzendenz bedeutet für Levinas nicht ein Dasein, welches dem Sein unterworfen und ausgeliefert ist, sondern als Ereignis, welches seinen Ausdruck findet in der Einmaligkeit des Ichs, „die Unmöglichkeit bedeutet, sich dem Anderen zu entziehen. Solange es keinen Anderen gibt, kann man weder von Freiheit noch von Unfreiheit sprechen, gibt es noch keine Identität der Person, die eine Identität des „Ununterscheidbaren" ist, im Inneren dessen, der umso einmaliger ist, je weniger er sich dem Anderen entziehen kann. Das Mich-nicht-entziehen-Können ist genau das Kennzeichen der Einmaligkeit in mir: die erste Person bleibt erste Person selbst dann, wenn sie sich empirisch entzieht".[12]

Und etwas weiter heißt es: „Ich spiele nicht auf das Gefühl der Sünde an, um zu sagen, dass man in diesem Gefühl der Sünde bezeugt, dass man für den Anderen ist; ich will sagen: man ist ausgeliefert, weil man Ich ist."[13]

Das Individuum wird erst zum Individuum in der Begegnung mit den Anderen, noch vor jeglicher ethischer Kategorie- wir werden hier erinnert an die Schöpfungsgeschichte in Genesis, wo der Mensch, als Gottesebenbild geschafften, seine Identität als Mann und Frau erst findet, wenn Isch (Mann) der Ischa(Frau), die ihm Gott aus seinem Inneren geschaffen hat, begegnet. Erst dann kann er die Welt benennen, bewerten.

In diesem Sinne ist das Ich absolut nicht begrifflich zu konstruieren. Zwar gibt es in der Erkenntnis Rückkehr vom Ich zu sich selbst, doch wenn es im Bewußtseinsstrom ein Zentrum gibt, zu dem hin die Rückkehr möglich ist, so stammt der Knoten dieser Rückkehr aus einer anderen Verflochtenheit. Durch das Ethische, durch die Emphase meiner Verpflichtung bin ich Ich.[14]

So verwandelt Levinas die „Geworfenheit" Heideggers, die Ausgeliefertheit des Ichs an das Sein, welches nur als Dasein zu haben ist, als Jemeinigkeit, das nämlich das Dasein zu sein hat, in eine „Verpflichtung" gegenüber dem Anderen als Kategorie des eigenen Ich. Es geht Levinas weniger um die Frage, was der Andere für ihn tun kann, als vielmehr um die Verantwortlichkeit für den Anderen, die „in mein Ich eingeschriebene, als ich eingeschriebene- Stellvertretung. Der Andere kann sich einsetzen für wen er will, nur nicht für mich. Und fährt Levinas fort:

„Wahrscheinlich ist dies sogar der Grund, weshalb wir zahlreich sind in der Welt. Wenn ich, anstatt mich an die Stelle der Anderen zu setzen, darauf warte, dass ein Anderer sich an die meine setzt, so wäre dies moralisch verdächtig, doch mehr noch, es würde jegliche Transzendenz zerstören. Man kann sich für die Stellvertretung nicht vertreten lassen, so wie man sich auch für den Tod nicht vertreten lassen kann." [15]

Wir begegnen hier dem jüdischen Kern der Philosophie Levinas, der im Gott- Mensch- Verhältnis den Kern der Frömmigkeit sieht. Hier gibt es keinen Stellvertreter. Jeder Mensch steht in seiner Individualität und in seiner Freiheit vor Gott, und es ist der Andere, der ihm die Suche zu Gott darstellt ein „Zu-Gott", A-Dieu wodurch es möglich wird, die Zeit vom Anderen her zu erörtern. Es ist eine Zeit, die als Beziehung gelebt wird, was „in seiner Differenz mir nicht indifferent sein kann." [16]

Die Beziehung zum Anderen ist für Levinas keine religiös- ethische Kategorie, sondern eine ontologische. Es geht ihm nicht um ein Verstehen des Anderen, „Erkenntnis seines Charakters, seiner sozialen Position oder seiner Bedürfnisse".[17] Diese wären zu messen an einem Nicht-Verstehen. Nein, es fängt erst an, „wenn der Andere mich ganz in Beschlag nimmt (mir zur Besessenheit wird) oder mich in Frage stellt." Diese Situation ist eine völlig neue für das Individuum, es erzeugt ein Ich, welches das Objekt einer Intentionalität ist, die ihn anruft in einer Weise, in der niemand den Angerufenen ersetzen kann in seiner Verantwortung. Das persönliche und das Einmalige in der Beziehung zum Anderen, das nicht reduzierbar ist, werden hier von Emmanuel Levinas angesprochen. Die Einmaligkeit des Ich bedeutet die Unmöglichkeit, sich dem Anderen zu entziehen. Man kann weder von Freiheit oder Unfreiheit reden, solange es keinen Anderen gibt, keine Identität der Person. Sogar wenn ich mich meinen Verpflichtungen dem Anderen gegenüber entziehe, bleibe ich Ich:

„Das Mich-nicht-entziehen-Können" ist für Levinas das Kennzeichen der Einmaligkeit des Menschen, der ersten Person. "Ich" bleibt sogar, wenn er sich entzieht. Das „Ich" kann sich so in seiner ethischen Dimension seine Handlungen an dem Anderen konstituieren:" Durch das Ethische, durch die Emphase meiner Verpflichtung, bin ich Ich."[18]

Emmanuel Levinas ist beeinflusst von der Phänomenologie Edmund Husserls, der die Frage nach der Intentionalität des Denkens in den Mittelpunkt seiner Philosophie gerückt hatte. So betont er, dass „das Wissen durch sich selbst Beziehung zu einem Anderen des Bewusstsein ist". Dies bedeutet, dass „das Meinen und das Wollen" des Anderen Gegenstand des Bewusstsein ist. Das Wissen ist in erster Linie das Wissen vom Anderen. „Das Wissen" des präreflexiven Selbstbewusstseins- weiß es im eigentlichen Sinn des Wortes?[19]", fragt Levinas.

Erst in der Begegnung mit dem Anderen fängt die Zeit des Bewusstseins an, dessen Vergangenheit ein Akt der Erinnerung herstellen kann.

Wir wollen nun kurz zwei Aspekte hervorheben, die für der Dialektik zwischen Furcht und Angst von Bedeutung sind: erstens die Frage nach dem Tod des Anderen und zweitens die Frage nach der Verbindung zwischen Sein und Ethik. Beide werden eng miteinander verbunden und bilden, wie wir sehen werden, den jüdischen Kern der Philosophie Levinas.

„Sein Seinrecht zu verantworten haben, nicht in Bezug auf die Verallgemeinerung irgendeines anonymen Gesetzes, einer juristischen Abstraktion, sondern in der Furcht für die Anderen. Ist mein" In-der-Welt-Sein" oder mein „Platz an der Sonne" , mein Zuhause, nicht bereits widerrechtlich Inbesitznahme von Lebensraum gewesen, der Andere gehört, die ich schon unterdrückt oder ausgehungert, in eine Dritte Welt vertrieben habe: ein Zurückstoßen, ein Ausschließen, ein Heimatlos- Machen, ein Ausplündern, ein Töten?"[20]

Die Furcht für den Anderen, nicht die Angst vor dem Anderen, verwandelt das anonyme Gesetz in eine Verantwortlichkeit, die eben kein juristisches Prozedere ersetzen kann, da das Sein des Menschen vom Anderen her bestimmt wird und daher nie ein abstraktes Sein kann. Das Antlitz des Anderen ist für Levinas der Ort der Sinngebung. Das nackte Antlitz bedeutet eben die Grenze des Menschseins, wo keine Flucht vor mir selbst, weder nach Innen noch nach Außen, möglich ist, es ist die letzte Station, „die Verletzung selbst". In diesem Augenblick ist der Mensch allein, wehrlos, ausgeliefert, seinem Tod ausgesetzt.

Wie in vielen philosophischen Texten von Levinas steht auch hier der biblische Mythos im Hintergrund. Die beiden Protagonisten werden nicht beim Namen genannt, und doch wissen wir, dass es sich hier um den ersten Brudermord handelt. „Der erste Mörder kennt vielleicht noch nicht das Ergebnis des Schlages, zu dem er ausholt, aber seine Gewaltabsicht lässt ihn die Linie finden, auf der der Tod in nichts zu parierender Gradlinigkeit das Antlitz des Nächsten trifft…[21]

Die Absicht ist bereits da im Ausdruck der Ausgesetztheit des Anderen, dessen Sterblichkeit noch vor jedem Wissen von dem Tod mich vor Gericht zitiert, mich herausfordert zu einer Antwort, „meine Sache" ist. Es betrifft mich, unmittelbar, ist die Antwort auf die erste Frage: „Wo bist du, Mensch=" und Antwort auf die zweite „Bin ich denn meines Bruders Hüter?" Fragen, die im Antlitz des Todes keine Antwort bekommen können, da ich ja der Angeklagte und der Ankläger bin: Ich, der Täter und das Opfer. Fragen, die mich für den Tod des Anderen zur Verantwortung rufen, meine Existenz von seinem Tod abhängig machen, mein Leben durch den Tod des Anderen bedingen." Der Tod des anderen Menschen stellt mich vor Gericht und in Frage, als ob ich durch meine eventuelle Indifferenz der Komplize dieses für den Anderen, der sich ihm aussetzt, unsichtbaren Todes würde; und als ob ich, noch bevor ich ihm selbst geweiht bin, diesen Tod des Anderen zu verantworten hätte und ich den Anderen in seiner tödlichen Einsamkeit nicht allein lassen dürfte. Gerade in dieser Erinnerung an meine Verantwortlichkeit durch das Antlitz, das mich vorlädt, das mich fordert, das mich beansprucht- in dieser Infragestellung in der Andere Nächster." [22] Das Antlitz des Nächsten ist in diesem Augenblick der Herausforderung das Antlitz Gottes, als dessen Ebenbild der Mensch geschaffen ist, und dies ist dann auch die Bedeutung des berühmten Satz im dritten Buch Moses, Kapitel 19:" Liebe deinen Nächsten wie dich selbst, ich bin der Herr. Meistens wird nur der erste Teil dieses Verses als das Gebot der Nächstenliebe zitiert, der zweite Teil gehört aber ganz dazu, und Buber und Rosenzweig übersetzen daher treffend: „Halte lieb deinen Genossen dir gleich, Ich bin's." Menschenliebe und Gottesliebe sind her vereint wie Furcht und Angst.

Levinas verbindet hier die Paradiesgeschichte- die Herausforderung an den Menschen durch sein Wissen um den Tod im Antlitz Gottes- und die Geschichte des ersten Brudermordes. Die erste ist die Konfrontation mit Gott, die zweite mit dem Anderen. Beide handeln vom Tod. Der Sinn des Todes ist aber jenseits der abstrakten Dialektik des Seins, er ist untrennbar von der Verantwortung gegenüber Gott und den anderen Menschen. Die Gewalt ist eben nicht auf die Vernichtung zu reduzieren, auch nicht auf die Schuld oder die Frage von Opfer und Täter. Sie betrifft in ihrer Korrektheit, „was für mich die unmögliche Preisgabe des Anderen" bedeutet, wo Verzicht Selbstverzicht ist. Vernichtung des Anderen, Selbstvernichtung. Der Sinn des Todes beginnt und endet im Zwischenmenschlichen. „Wo bist du, wer hat dir gesagt, dass du nackt bist", sind eben keine Drohungen Gottes. Die Sterblichkeit des Menschen kann doch nicht in der Strafe des Übertreten eines Verbots aufgehoben werden, genauso wie jede Strafe für einen Mörder ihn nicht von seiner Schuld erlösen kann, eine Schuld, die als Zeichen der Verantwortung für den Anderen trägt. Sie betrifft den Menschen in seiner Menschlichkeit, in seiner einzigartigen Sterblichkeit, in seiner Berufenheit, vom Tod zu wissen und zu leben im Antlitz des Todes des Anderen, der ja sein Tod ist. „Die Furcht für den anderen Menschen kehrt nicht zurück zur Angst um meinen Tod" sagt Levinas.[23] Wir begegnen hier die *ethische* Dialektik zwischen Furcht und Angst. Es überschreitet das Sein-zum-Tode in einem ethischen Erwachen, so dass die Angst vor meinem Tod nicht umschlägt in einen Todesschlag gegen meinen Nächsten. Jeder Mensch – Adam – ist als Einzelner seiner Gattung, der Menschheit, geschaffen, und im Tod des Anderen begegne ich dem Tod von Millionen... So folgt in der Bibel auf die Geschichte von der Erkenntnis von Gut und Böse" vom Wissen um den Tod, die Geschichte vom Tod in seiner nackten Realität. Kein Verbot, keine Warnung kann Kain retten, und am Zeichen auf seiner Stirn begegnet von nun an ein jeder dem Tod des Anderen als Frucht für den Anderen, als Furcht vor Gott. Abel ist tot, der Bruch ist da, aber Kains Leben geht weiter, eine Kontinuität ist geschaffen. Kain fürchtet um sein Leben, jemand könnte ihn umbringen – das Zeichen auf seinem Antlitz ist nur ein Schutz... Die Frage nach dem Menschen findet so bei Levinas seine Antwort in der Verantwortung für den Anderen, die in der Furcht für den Anderen seinen Ausdruck findet. In diesem Zusammenhang bekommt der „Tod ist ein Meister aus Deutschland" eine neue Bedeutung, die nicht in der Schuldfrage um Auschwitz aufgehen kann. Auch nicht in der Erinnerung an die 6 Millionen: In den Namen der Ermordeten sind ja die Namen der Mörder eingraviert als Gebot der Verantwortung. In den Worten von Levinas: „So wie das Gebot, durch das Gott in mein Denken einfällt, mir vom Antlitz des Anderen her bedeutet wird", so fallen die Furcht für den Anderen und die Furcht für Gott zusammen. Im Anblick seines toten Bruders begegnet Kain nicht Gott, sondern sich selbst.

Wir kommen nun zu unserem letzten Punkt, einem, der für das wissenschaftliche Denken von großer Bedeutung ist. Die Verbindung, die Levinas zwischen Sein und Ethik schafft, hat unmittelbar mit dem Anderen zu tun. Die wesentliche Natur wird in der Sinngebung in Frage gestellt, und sie bekommt ein „Mehr an Bedeuten" eben durch das Antlitz des Anderen. Levinas gibt diesen „Mehr" den Namen „Herrlichkeit", im Französischen „gloire", welches er so erklärt: „Was sich in dem Wort „gloire" andeutet ist die einzigartige Weise des Getrenntheit (Heiligkeit) des Unendlichen vom Endlichen, des Anderen vom Selben, der Ordnung des Seins von der Transzendenz; Differenz oder Heiligkeit einer Herrlichkeit, deren Unvergleichliches zugleich, „positiv bedeutet in der Positivität der Verantwortung..., in der ich verantwortlich bin, schon bevor ich um die Verpflichtung dazu weiß und mich zu ihr entscheiden könnte... in der ich vor dem Anderen für ihn verantwortlich bin".[24] Levinas überträgt hier die rabbinisch-prophetische Deutung des hebräischen „*kavod*" (die Herrlichkeit Gottes) in die Sprache der Philosophie Im Leben wird das Bewusstsein des Seins unterbrochen von dem Antlitz des Menschen. Die philosophische Schau wird geblendet von der Herrlichkeit des Lichts des anderen Menschen, welches jenseits von Sein und Tod ist. „Das Menschliche hinter dem Beharren im Sein!"[25]

So wird im Wunder „des im Antlitz des vom Nächsten" beanspruchten Ich die „ewige Rückkehr des Identischen zu sich selbst" unterbrochen. Eine „Unterbrechung seiner idealen Priorität, die alle Anderheit durch den Mord oder durch das vereinnahmende und totalisierende Denken negiert".[26] Die Angst vom Unbestimmten vereinnahmt zu werden wird aufgehoben, die Bedrohung verschwindet.

Der Philosoph Emmanuel Levinas sucht als Jude und Philosoph den Anderen als Anhaltspunkt, den Mitmenschen, der die Zeit bricht, sie aber zugleich öffnet für die Ewigkeit durch die Krise des Seins, welche letztendlich die Krise des Ichs ist. In der Begegnung mit dem Anderen appelliert der Mensch eben nicht an die Ontologie, sondern an seine Innerlichkeit: „das Unrecht mehr zu fürchten als den Tod".[27] Die „Bewegung" der als Transzendieren zum Unendlichen, des ganzen Anderen zeitigt sich so nicht auf einer lineare Weise, sondern macht einen Umweg (endet nicht mit Tod), indem sie in das ethische Abenteuer des Verhältnisses zum anderen Menschen eintritt. Gottesbegegnung und Menschenbegegnung, Bruch und Kontinuität.

Schluss

Die Brücke zum anderen erlaubt es die schmale oft wankende Brücke über den Abgrund der Geschichte in Furcht und Zinnern (aber im vollen Bewusstsein ohne Hemmungen und Verdrängungen zu betreten) im Wissen um die Zerbrechlichkeit des Gewissens aber auch um die Tatsache, dass jedes Wissen am Menschen bricht und sich an ihm erneuert.

> Eine lebensfähige Gesellschaft muss ihr Wissen, ihr Bewusstsein von sich selbst und von den eigenen Bedingungen wach halten und ständig erneuern. Wenn ihre Entscheidung lautet, dass die schwere, schwarze Trauerfeier für den Holocaust ein unverzichtbarer Bestandteil dieses Bewusstseins ist, dann rundet diese Entscheidung nicht auf irgendwelchen Beileid oder Bedauern, sondern auf einem vitalen Werturteil. Der Holocaust ist ein Wert, weil er über unermessliches Leid zu unermesslichem Wissen geführt hat und damit eine unermessliche moralische Reserve bringt.[28]

Möglicherweise ist es diese Reserve die uns zwischen Furcht und Angst am Leben hält und eine Zukunft eröffnet.

So nennt Martin Buber die Prophetie eine „Wendung zur Zukunft"
im engeren Sinne nicht im Sinne einer Vorhersage sondern eines Versprechens des noch Ausstehenden des Unerfüllten und häufig Uner-
hofften.

> Prophezeien heißt, die Gemeinschaft an die das Wort gerichtet ist,
> unmittelbar oder mittelbar vor die Wahl der Entscheidung stellen.
> Die Zukunft ist nicht etwas gleichsam schon Vorhandenes und da-
> her Wissbares, sie hängt vielmehr wesentlich von der echten Ent-
> scheidung ab, das heißt von der Entscheidung, an der der Mensch
> in dieser Stunde teilhat.[29]

Die Teilnahme an der Entscheidung ist das Prägende im Judentum wo
Historie nur durch das menschliche Wagnis der Freiheit als Akt der
Überwindung der Angst vor dem Anderen zur Humanität wird.

Anmerkungen

[1] Eveline Goodman-Thau, Arche der Unschuld. Vernunftkritik nach Auschwitz, Münster 2008, S. 40-43

[2] Franz Kafka, „Er" in: ders., Beschreibung eines Kampfes: Novellen, Skizzen, Aphorismen, aus dem Nachlass, Gesammelte Werke in Einzelbänden, hrsg. von Max Brod, Frankfurt am Main 1954, S. 300.

[3] Walter Benjamin, Das Kunstwerk im Zeitalter seiner technischen Reproduzierbarkeit, Frankfurt am Main 1977, S. 15.

[4] Sigmund Freud, Hemmung, Symptom und Angst, Frankfurt am Main, Fischer 1992, S. 36.

[5] Sigmund Freund, Das Unbehagen der Kultur, Frankfurt am Main 2004, S. 96.

[6] Zitiert aus: Sigmund Freud, Das Unbehagen der Kultur, Frankfurt a.m. 2004, S. 96

[7] Zitiert aus: Sigmund Freud, Das Unbehagen der Kultur, Frankfurt a.m. 2004, S. 9

[8] Ullrich Hausmann, „Die Welt schaffen mit der Zeit", Süddeutsche Zeitung, 19. Januar 1996.

[9] vgl. Eveline Goodman-Thau, Zeitbruch. Zur messianischen Grunderfahrung in der jüdischen Tradition, Berlin 1995; auch Eveline Goodman-Thau, Arche der Unschuld. Vernunftkritik nach Auschwitz, Münster 2008.

[10] Illa Meisels, Erinnerung der Herzen, Wien 2005, S. 29.

[11] vgl. Eveline Goodman- Thau, „Gott auf der Spur. Biblischer Humanismus in der Philosophie des Anderen von Emmanuel Levinas, in: Vergegenwärtigen des zerstörten jüdischen Erbes Franz Rosenzweigs Gastvorlesung Kassel 1987-1998, hrsg. v. Wolfdietrich Schmied- Kowarzik, Kassel 1997.

[12] Emmanuel Levinas, Wenn Gott ins Denken einfällt, 2. Auflage, Alber Verlag Freiburg/München, 1988, S. 119.

[13] ebd.

[14] ebd.

[15] ebd. S. 120.

[16] ebd. S. 124.

[17] ebd. S. 130.

[18] ebd. S. 119.

[19] ebd. S. 246.

[20] ebd. S. 250.

[21] ebd. S. 251.

[22] ebd. S. 252.

[23] ebd.

[24] ebd. S. 254.

[25] ebd. S. 255.

[26] ebd.

[27] ebd. S. 257.

[28] Imre Kertesz, Die exilierte Sprache, Frankfurt am Main, Suhrkamp Taschenbuch 2004, S. 88.

[29] Martin Buber, Der Glaube der Propheten, Heidelberg: Lambert Schneider 1984. S 18.

„Ich bin weder Anfang noch Ende" –
Erinnern als Zeitlücke des Erfahrens

> *„...auch eine wissenschaftliche Arbeit kann*
> *eine poetische Beschwörung sein"*
>
> Hans Keilson

1.

Ein Gedicht von Judith Herzberg aus den sechziger Jahren spricht von einer Zeitlücke – erlauben Sie mir, Herr Keilson, Ihnen den ersten Teil zuerst in der holländischen Sprache, die uns ja beide, nicht zuletzt durch die geographische Nahe unseres Ortes des Verstecks wahrend der Schoa – Sie in Bussum und ich in Hilversum - verbindet, vorzutragen:

Het doorgestreepte blijft te lezen	*Das Durchgestrichene bleibt lesbar*
Zo zijn het vaak onze meest eigene gedachten	So sind es oft unsere ganz eigenen Gedanken,
de meest nabije, de meest schrjjnende, die wij door moeten strepen, uit moeten krassen.	die allernächsten, die am meisten weh tun, die wir durchstreichen, auskratzen müssen.
Wij praten, praten een gat in de nacht. Dit is het schrikkeluur, de uitgesponnen schrikseconde. Als honden zetten wij de tanden in het vod dat ons zo dierbaar is.	Wir reden, reden ein Loch in die Nacht. Dies ist die Schaltstunde, die ausgesponnene Schrecksekunde. Wie Hunde schlagen wir die Zähne in den Lumpen, der uns so teuer ist.
	(Herzberg 1986, 47)

In der Tat bleibt das Durchgestrichene lesbar, trotz jeglichen Versuchs es auszukratzen. Die Lücke, in die Zeit geredet, zerreißt das Gewebe der Erinnerung: Im Riss beisst sich die Erfahrung, Schaltstunde von ausgesponnenen, ausgedehnten Schrecksekunden, fest und durchbricht das Kontinuum von Anfang und Ende. Ich möchte dies mit einer persönlichen Erfahrung ergänzen:

„Die Stille, zu der der Krieg in Holland gegen Ende geworden ist, wird plötzlich durch einen sechsfachen scharfen Knall auf der

Straße zerrissen: erst einmal, dann zweimal schnell hintereinander, nach ein paar Sekunden der vierte und fünfte Schuss. Kurz danach so etwas wie ein Schrei und noch ein sechster Schuss. Anton, der gerade würfeln wird, erstarrt und schaut seine Mutter an, seine Mutter seinen Vater und sein Vater die Zwischentüren, nur Peter nimmt den Schirm der Karbidlampe und stülpt ihn über den Brenner.

Auf einmal saßen sie im Dunkeln. Peter stand auf, stolperte nach vorn, öffnete die Schiebetür und spähte im Erker durch einen Spalt im Vorhang nach draußen. Sofort kam aus dem Wohnzimmer eine muffige Frostkälte herein.

„,Sie haben auf jemand geschossen', sagt er. ,Da liegt jemand'. [...] ,Es ist Ploeg', hörte Anton ihn gleich darauf im Flur mit triumphierendem Unterton in der Stimme sagen. ,Mausetot, wenn ihr mich fragt' ."[1]

Als ich vor einigen Jahren die verfilmte Version dieser Szene sah, wo die ganze Familie nach dem Knall zum Fenster rennt, die Mutter sie aber zurückhält mit der Mahnung, zuerst das Licht im Zimmer zu löschen, bevor man die Vorhänge öffnet, war dies ein Schlüsselerlebnis für mich: So hatte ich den Krieg als kleines Kind in Holland im Versteck mit meiner Familie erlebt; ich musste seitdem stets mein inneres Licht auslöschen, um mich der Außenwelt zu zeigen ... In rascher Sequenz sah ich dann ein Traumbild: eine Schulklasse, heller Sonnenschein auf dem Spielplatz draußen, in der Klasse ist es jedoch stockfinster; ich stehe vor der Klasse, und mit Hilfe eines langen Stocks benenne ich auf einer blinden Landkarte der Lehrerin und den Schülern die Namen der Länder.

Wenn wir dies im Licht von Sigmund Freuds Begriff der Deckerinnerung betrachten, der auf der These basiert, dass eine Kindheitserinnerung ihren Gedankenwert nicht dem eigenen Inhalt, sondern dessen Beziehung zu einem anderen, unterdrückten Inhalt verdankt, wird einiges deutlicher. Freud redet von verschiedenen Orten der Deckerinnerung:

„Ein Teil dieser Deckerinnerungen mit später erlebtem Inhalt verdankt seine Bedeutung der Beziehung zu unterdrückt gebliebenen Erlebnissen der frühen Jugend [...] indem eine Kindheitserinnerung durch später Erlebtes gerechtfertigt wird. Je nachdem das eine oder das andere zeitliche Verhältnis zwischen Deckendem und Gedecktem stattfand, kann man die Deckerinnerung als eine *rückläufige* oder als eine vorgreifende bezeichnen. Nach einer anderen Beziehung unterscheidet man positive und negative Deckerinnerungen (oder Trotzerinnerungen), deren Inhalt im Verhältnis zum Gegensatz zum unterdrückten Inhalt steht."[2]

Als negativ rückläufige Deckerinnerung erscheint hier das „Dunkel des gelebten Augenblicks" (Ernst Bloch) im hellen Tageslicht der Erinnerung: Jetzt darf endlich der Vorhang gelüftet werden, ohne Angst und Zittern darf das innere Selbstbild ans Tageslicht treten. Das „Loch in der Nacht" wird zur Zeitlücke, die durch den wiederholten „Knall" zur Schaltstunde der „ausgesponnenen Schrecksekunde" wird. Was im Moment des Erlebens nicht erkannt werden konnte, wird erst im Laufe der Zeit durch neue Erlebnisse und Erfahrungen aus der Vergangenheit gelöst und gewinnt eine Bedeutung für die Gegenwart. Zeit und Lücke verwandeln sich zum Symbol „Zeitlücke", wo beides, Kontinuität und Bruch, sich wechselseitig ermöglicht, um im unsichtbaren Augenblick Wiederholung aufzuhalten (vgl. Raulff 1999, 50-84). Das Sichtbarwerden der Zeit im Augenblick öffnet den Blick für den Ursprung der Wunde, die in der Konstruktion der Vergangenheit aufleuchtet als unerledigte Aufgabe. Es ist diese Beziehung zu einem Ereignis, welches als traumatisches, in die Nacht geredetes Wort nun neu gehört werden kann. Die Erinnerung an das Ereignis reißt die Anforderung zur Integration, die die traumatische Vergangenheit auf die Gegenwart des Subjekts ausübt, aus seinem zeitlichen und örtlichen Rahmen: Plötzlich beißen sich die Zähne nicht mehr am alten Lumpen zusammen, sondern reißen ein Loch in die Zeit. Das historische Bewusstsein hat seine Omnipotenz verloren. Durch die Zeitlücke ist der Augenblick erinnert, aber zugleich durch ein verwandelndes Gedächtnis (vgl. Goodman-Thau 1994) integrierbar in der Gegenwart, indem die Schrecksekunde – der Schrecken der ursprünglichen Erfahrung in der Schaltstunde aufgelöst wird. Es geht hier nicht darum, mit dem Trauma zu leben, sondern die offene Wunde als Wunsch zu erleben, als Wunsch nicht der Heilung vom Trauma, sondern der Heimholung des Traumas als Antwort auf die Heimsuchung, im negativen wie im positiven Sinne des Wortes.

In den Spuren einer gebrochenen Identität zu leben heißt, den Bruch vorwegzunehmen:

„Der Gedanke an die Praxis als Allgemeinarzt in Hamburg war

nicht sehr verlockend. Im Stillen hoffte ich dass etwas dazwischen-
käme. Es fällt mir nicht leicht dies zu bekennen. Aber mit diesem
welthistorischen ‚Zwischenfall' hatte ich nie gerechnet [...]."[3]

So Keilson unter der Oberschrift „In der Fremde zuhause".

Die Erfahrung eines Menschen, das Recht auf ein politisches Selbst,
welches keine Einengung der Zeit duldet, wird zerbrochen durch einen „welthistorischen Zwischenfall", der jegliche Möglichkeit eines
„wirklichen Zwischenfalls" vorwegnimmt, die Lücke zwischen Erinnerung und Erfahrung für immer und ewig schließt. Von nun an steht
jedes Ereignis unter dem Zeichen eines Zwanges, die Schaltstunde,
die Stunde des Schreckens auszulöschen, die eigenen, allernächsten
Gedanken in den Dienst der Weltgeschichte zu stellen, die „Zähne in
den Lumpen" zu schlagen, „der uns so teuer ist".

Aber das Leben, das persönliche Leben, geht ja weiter, und so
wählt Keilson den Widerstand als Grundhaltung, um der Wiederkehr
des ewig Gleichen zu widerstehen. „Wenn ein Ding wirklich existiert",
so Gertrude Stein, „kann es keine Wiederholung geben ... Dann gibt es
das Beharren das Beharren das in seiner Emphase nie ein Wiederholen
sein kann, weil Beharren immer lebendig ist und wenn es lebendig ist
sagt es nie etwas auf die gleiche Weise weil die Emphase niemals die
gleiche sein kann, nicht einmal wenn sie es am meisten ist nämlich
dann wenn sie erlernt worden ist."[4]

Wie Stein, in der Fremde zuhause, beharrt Keilson auf einer äußerst
persönlichen Ausdrucksweise, die als eine Ort Selbsterhaltungstrieb
auf einem untrüglichen Ohr für den musikalischen Tonfall beruht,
in der Überzeugung, dass die Wiederholung eine bestimmte Form
des Beharrens und der Emphase ist, die alles Leben, die Geschichte und die Natur kennzeichnet. Mit virtuoser Vitalität von Körper
und Seele ausgestattet, webt er Poesie und Prosa, Erzählung und
Wissenschaft. Er weiß wohl, wie Stein, dass „Erzählung [...] sich mit
dem [beschäftigt] was die ganze Zeit geschieht", und dass sich Geschichte mit dem beschäftigt, „was von Zeit zu Zeit geschieht".[5]

Es ist eine Strategie, die darauf ausgerichtet ist, für die Erfahrung
eine Zeitlücke zu gestalten, eine Zukunft ohne Zukunft wo die Öffnung sich im Augenblick der Öffnung wieder schließen kann im Sinne
des „Gegensinns der Urworte", wie Freud sagt, wo das Englische „to
lock" (schließen) gegen das Deutsche „Lücke" oder „Loch" einen Sinn
erzwingt.[6]

„Aber ich glaube heute nicht mehr, dass es uns damals [nach der erzwungenen Emigration nach Holland] überhaupt möglich war, den Begriff ‚Zukunft' näher zu erfassen. War der folgende Tag gemeint? Oder vielleicht der darauffolgende? Die Sorge um das Tägliche überschattete die Gedanken an das drohende Kommende, dem wir als Spielball der Geschichte widerstandslos ausgeliefert waren. Es war unser Glück, dass wir in Augenblicken das Verhängnis vergessen konnten."[7]

Ausgeschlossen aus Sprache und Heimat schreibt Keilson „in einer plötzlichen Aufwallung"[8] deutsche Gedichte über das jüdische Schicksal.

Unter dem Titel „Wir Juden ..." (1937) heißt es:

Wir Juden sind auf dieser Welt
ein schmutziger Haufe billiges Geld, von Gott längst abgewertet.

Er zieht uns nicht aus dem Verkehr, er wirft uns weg, er ruft uns her, Wir zahlen alle Schulden.
[...]

Wo wären wir, wo wär die Welt, führt sie ihr Leben ohne Geld,-
Wer zahlte ihre Schulden?

Drum braucht sie uns noch lange Zeit. Doch sie wird rot, wenn ein Jud schreit: Die Welt hat mich geschlagen.
Ich wird's dem Gott schon sagen.[9]

Jude-Sein heißt, im Exil seine Heimat zu finden, fremd in der Welt, aber zuhause bei Gott zu sein: die eigene Geschichte zu erzählen.

3.

Möglicherweise liegt dies im Charakter des jüdischen Monotheismus begründet, der von seinen frühen Anfängen an durch die Frage nach der Bedeutung des menschlichen Daseins grundsätzlich geprägt wurde. Nicht die Frage nach dem reinen Wissen Gottes oder die Erkenntnis der Natur, sondern das ewige Rätsel Mensch stand hier im Mittelpunkt, konnte somit zu jeder Zeit problematisiert werden, um wiederum in einem Rätsel zu enden, das Selbst als Rätsel seiner selbst also, oder wie Kafka sagt:

Ich kenne den Inhalt nicht ich habe den Schlüssel nicht ich glaube Gerüchten nicht alles verständlich
denn ich bin es selbst.[10]

Die Schöpfungserzählung am Anfang der Bibel setzt die Schöpfung des Menschen als Ende und Ziel des göttlichen Schöpfungswerkes. Einerseits ist der Mensch ein lebendiges Wesen und als solches Teil der Natur wie die Pflanzen und Tiere, Fische und Vögel. Aber seine Besonderheit besteht darin, dass er anders als jedes Geschöpf durch die von Gott bestimmte Gottesebenbildlichkeit sowohl der Welt als auch Gott gegenübersteht. Die Frage der Verbindung Gottes als Weltschöpfer mit der Welt gewinnt somit eine zusätzliche Dimension durch die Frage nicht nur nach der Verbindung zwischen Mensch und Gott, sondern danach, wie die Ort Gottes selbst ist. Und weil diese Frage nie vollständig gelöst werden kann – da der Mensch eben Mensch ist und Gott Gott –, bleibt Gott, aber auch der Mensch er selbst, ein Rätsel. So gewinnt die Schöpfung von Anfang an einen anthropologischen Charakter, der in der Suche des Menschen nach seiner Beziehung zu Gott wie auch zur Welt, aber mehr noch zu sich selbst seine Konturen gewinnt. Das Bewusstsein seiner Eigenständigkeit und Unabhängigkeit ist jedoch für den Menschen ein zweischneidiges Schwert. Die Paradiesgeschichte erzahlt von der Möglichkeit der Freiheit – Adam und Eva essen, trotz des ausdrücklichen Verbots Gottes, vom Baum der Erkenntnis von Gut und Böse –, die Freiheit muss jedoch in einer persönlichen freien Entscheidung von Anfang an, aber auch immer wieder erneut in der Begegnung mit Gott und der Welt errungen werden. Der geschichtliche Mensch tragt nämlich das Zeichen Kains. Im Gebot „Du sollst nicht töten" liegt zugleich der Verzicht und die Errungenschaft der menschlichen Freiheit. Aus dieser Spannung wächst nicht nur der biblische Mensch, sondern sie ist auch die Grundlage der Suche nach Identität des jüdischen Volkes wie auch jedes einzelnen Juden und jeder Jüdin bis auf den heutigen Tag, jenseits religiöser Grenzen.

Dies erinnert an die Ort und Weise, wie Keilson sein Elternhaus beschreibt, eine Weise, die unheimlich vertraut anklingt:

„liberal gelöst von der jüdischen Orthodoxie, im Bewusstsein ihrer inneren und äußeren Zugehörigkeit zur gleichgestimmten Gruppe, der sie entstammten, und zugleich im Geiste der Maxime: ‚Der gestirnte Himmel über mir und das moralische Gesetz in mir‘, obwohl sie Kant nie gelesen hatten.“[11]

Judentum und Christentum begegnen sich hier im europäischen Humanismus. Die Macht der Identität wird so zum Geheimnis der Freiheit. Die Ewigkeit wird gebrochen durch die freie Entscheidung eines jeden einzelnen, wenn Geschichte und Biographie sich kreuzen: Gegenwart erfahren, eine Gegenwart die nun zum Verhängnis geworden ist.

„Wer als Verfolgter auf der Flucht mitten in Europa gelebt und überlebt hat, dem bietet sich im Rückblick, als Hintergrund seiner Existenz, nur eine einzige ungebrochene Kontinuität an: die des Kalenders mit seinen eintönig wiederkehrenden Zahlen der Wochen und Monate, Sonn- und Feiertage mit roter Farbe gedruckt und gültig in aller Welt.“[12]

Der Kalender als Schaltstunde und Schrecksekunde, Erfahrung als Abschied vom Alltag: Wie die Feste am Himmel, nicht nur Tag und Nacht, sondern auch Zeichen und Zeiten (Gen 1,4) des kollektiven Gedächtnisses und historischen Bewusstseins des jüdischen Volkes im langen Exil waren, Anhaltspunkte zwischen Zeit und Ewigkeit, sind sie jetzt zum Verhängnis geworden, zum Grund der Verfolgung und Vertreibung in die Zeitlücke, wo kein Schutz vorhanden, aber auch keine integrierende Rückkehr zum Alltag möglich ist.

Wenn Kinder für immer Abschied nehmen müssen von ihren Eltern, heißt dies, dass sie keine Vergangenheit und keine Gegenwart haben. Der letzte Moment ist weder Anfang noch Ende, er ist eingefroren, zu Stein gewordene Erfahrung, die keine neuen Erinnerungen, kein Gedenken und Vergessen mehr erfahren kann. Wenn Mutter und Vater ihren Kindern die Geschichte nicht erzählen können, wie sollen die Kinder dann die Stunden zählen, die Tage, Wochen und Monate auf dem Kalender als Fest- und Alltag in Rot und Schwarz erkennen und anstreichen. Zeitblind und farbenblind müssen sie ständig durchstreichen und auskratzen, um ihren Weg wiederzufinden - auf der blinden Landkarte die Länder benennen, im Wissen, dass es eigentlich kein festes Land gibt, keinen Ort, dort, wo man zuhause ist, dazugehören darf, da der Ort, wo man steht, eine unsichtbare Zeitlücke ist, sogar für das innere Auge. Für sie gibt es kein Datum auf dem Kalender, weder in Rot noch in Schwarz.

Vor einigen Jahren habe ich in Israel an einem Projekt gearbeitet, das sich mit Religion und Säkularisierung in der Gesellschaft beschäftigte. Es war meine Aufgabe, säkulare Israelis über ihre jüdische Identität zu befragen. Ein Gespräch habe ich in ständiger Erinnerung: es war mit einer Frau, einer Bibliothekarin in Jerusalem, die auf meine Fragen, wie sie Schabbat und andere Feiertage feiert, mir immer wieder versicherte, dass sie wohl ein schönes Abendessen mache, die Familie einlade, das Haus mit Blumen schmücke, sogar Kerzen anzünde und *Challot* – Zopfbrote auf den Tisch stelle, aber dies alles aus rein ästhetischen Gründen, sie sei vollkommen areligiös. Bis dann meine Fragen auf den *Jom Kippur* – den großen Versöhnungstag – kamen. Da bekam sie Tränen in die Augen und sagte mit großer Trauer: „Für mich ist jeder Tag Jom Kippur."

Sie erzählte mir dann die Geschichte, die sie bis dahin noch niemandem anvertraut hatte. Sie war mit wer Mutter als kleines Kind im Ghetto Lodz und wurde aus dem Ghetto herausgeschmuggelt. Da sie aber den ganzen Tag um ihre Mutter weinte, schickte die Bauersfrau, wo sie Unterkunft gefunden hatte, sie wieder ins Ghetto, um ihre Mutter abzuholen – die Bauersfrau wartete draußen vor den Mauern des Ghettos. Sie fand ihre Mutter, aber da gerade an dem Tag Jom Kippur war, wollte ihre Mutter nicht mitgehen. Sie ging also allein zurück, und es ergab sich keine zweite Möglichkeit, die Mutter zu retten, das Ghetto wurde einige Tage später liquidiert und alle Einwohner in den Tod geschickt. Zu mir sagte sie: „Da ich also damals vergessen habe, dass Jom Kippur ist – ich hatte mich doch erinnern müssen, dass es ein heiliger Tag ist, wo meine Mutter nicht reisen würde – ist jetzt jeder Tag für mich Jom Kippur." Dies aus dem Mund einer Frau, die mir versichert hatte, dass bei ihr alles bloß „ästhetisch" sei ... Der Tag des Gerichts, der die Möglichkeit von Leben und Tod in sich trägt, wurde so für jeden Tag zum Verhängnis: Sie hatte den einen Jom Kippur nicht gehalten wie ihre Mutter, und so musste sie alle Tage als Jom Kippur leben, ohne ihre Seele zu retten. Verhaftet in der Vergangenheit, im Tod ihrer Mutter, die aus Gottestreue diesen Tag – der biblisch ein Schabbat, Schabbaton heißt, also ein endgültiger Schabbat, Symbol einer erlösten Welt – heiligen wollte, hat sich für die Tochter der Alltag verwandelt: Erinnerung erfährt dadurch keine Zeitlücke, eine Zwischenzeit – zwischen den Zeiten und dadurch außerhalb der Zeit

–, sondern wird zur zeitlosen Leere. Das Gewebe der Zeit wird hier nicht mehr unterbrochen durch die Ewigkeit – die Feier –, sondern in ständiger Wiederholung zerrissen. Wenn jeder Tag Jom Kippur ist, dann gibt es keine Erzählung über neue Ereignisse, neue Erfahrungen, die die Tage aneinanderreihen. Es gibt nur die eine Geschichte, die niemandem erzählt werden konnte, da sie nur eine Version hat, immer so anfing und so endete, daher kein Anfang und kein Ende hat, eben weil es keinen „nächsten Tag" gab, an dem sie ihre Mutter retten konnte, obwohl die Sonne wieder auf- und unterging, das Leben weiterging ... „Die Zeit ist ein Gedächtnis ohne Gegenstand. Die Zeit zum Erinnern zwingen heißt soviel wie – die Zeit anhalten"[13]. Für diese nicht-religiöse Frau haftete sich die Erinnerung an ihre Mutter nicht an ein Datum im Kalender, auch nicht an einen Tag, der durch die Feier, das Eingedenken der Erfahrung, eine Zeitlücke gestaltet, in der die Erinnerung geborgen und aufgehoben ist: eine Gebärmutter, die zu jeder Zeit zugänglich ist als Ort der Trauer und des Trostes. Da sie den Jom Kippur nur als Schuldstunde erleben konnte, wurde ihr Leben zu einem endlosen Gerichtstag, ohne Gericht und ohne Richter. Mangels einer in der Gegenwart erlebten Zeit hat sie sich den Weg in die Zukunft versperrt, blieb sie eingesperrt im Ghetto Lodz – zeitverhaftet – am Ort der unwiederholbaren Vergangenheit.

4.

In ihrem Buch *Im Schnittpunkt der Zeit* erinnert Jeanne Hersch daran, dass der Mensch in der Geschichte und in der Welt situiert ist durch seine Geburt und den Ort, an dem er lebt.

„Zeit und Ort bestimmen, was er ist, und im Verhältnis dazu entscheidet er weiter, durch seine Freiheit, was er sein wird. Wie alle Gegebenheiten seines Menschseins können diese weder verneint noch vernachlässigt werden, ohne dass die tatsächlichen Möglichkeiten, die sich ihm bieten, gleichzeitig zerstört werden. Es gibt zwei extrem entgegengesetzte Orten, diese Zerstörung zu vollziehen: Die eine besteht darin, den Menschen ganz in den sich verändernden und relativen Gegebenheiten der Geschichte aufzulösen, so dass seine Handlungen nur noch Phänomene wären, einfache Glieder in der Kette von Ursache und Wirkung. Im ersteren Fall gibt es im wesentlichen nichts, was sich verändert oder zerfließt. Im zweiten gibt es nur Veränderung und Zerfließen. Die menschliche

Freiheit aber verwirklicht sich nur in der real vergehenden-Zeit und in deren Kreuzung mit einer absoluten Senkrechten, wo nichts vergeht, wo alles für immer besteht. Ohne diese Kreuzung gibt es nur dies: Entweder zerfließt nichts, und nichts geschieht; oder alles zerfließt, und nichts von dem, was zerfließt, besitzt irgendwie Gewicht in der Waagschale der Freiheit: entweder ein Nichts an Wirklichkeit oder ein Nichts an Sinn."[14]

Im Gegensatz zur Naturzeit, in der es Ursache und Wirkung gibt, ist die menschliche, die gelebte Zeit eine Gegenwart, ein Jetzt, die eine Entscheidung, ein Schnittpunkt zwischen Erinnerung und Erfahrung ist, in dem unauflösbare Bindungen gelöst werden. Das zerrissene Gewebe wird nun nicht mehr zerfetzt, sondern für die Konturen des Körpers zugeschnitten, als Gewand für die verletzte Seele.

Im Buch Hiob finden wir einen Satz (Hiob 26,7), der besagt, dass Gott die Welt „… am Nichts" (wörtlich: „ohne etwas") aufgehängt hat – im Hebräischen: *tala erez al belima*. Die Frage stellt sich, wie konnte er, wenn es „Nichts" war, die Welt dann aufhängen, oder mehr noch, warum hat er die Welt überhaupt und gerade ans Nichts gehängt?[15] Es hat möglicherweise damit zu tun, dass die Welt als Welt und die Zeit als Zeit an der Erinnerung und Erfahrung hangt, sich erst dort situiert, wo der Mensch ist: in seiner Zeit und an seinem Ort.

Dort ist er „ohne etwas – *belima*, ohne Vergangenheit. Er kann dieses „etwas" selbst bestimmen: entweder verloren zu gehen im endlosen Fluss der Zeiten oder sie aufzuhalten, wenn auch nur für einen kurzen, blitzhaften Augenblick. „Ich setzte den Fuß in die Luft, und sie trug"[16]. Die Beweglichkeit des Geistes und des Körpers gezielt einzusetzen, dem Strom zu widerstehen, im Dennoch und Trotzdem zu handeln, wo Sinn und Gegensinn den Unsinn der Welt entmächtigen. Dem „Nichts" begegnen bedeutet, alle Deutungen hinter sich zu lassen, sich von den Ausreden zu befreien: im Dunkel des Lichtes zu sehen.

Den Schutz der Trotzerinnerungen zu verlassen ist ein Wagnis[17], das sich öffnet für eine Dissoziation von Sinn und Sinngebung, ein Abschied vom rituell durchorganisierten Alltag, wo die Suche nach Sinn aufgehoben ist im Schoss des Kulturwandels, der es erlaubt, die Welt überschaubar und handhabbar zu machen. Es bedeutet, alle Bewältigungsstrategien hinter sich zu lassen und sich ohne Vorbild ein Bild der Welt zu machen, der Erinnerung neue Worte der Erfahrung in den

Mund zu legen, im N-ich-t das Ich zu finden. Sich aus dem Konsens des Kulturwandels zu befreien bedeutet, sich einem Wandel auszusetzen, sich durchzusetzen jenseits aller Deckmäntel, um das „Wort auf einen Punkt zu bringen"[18] , der weder Anfang noch Ende ist, wie es heißt: „wo das verstehen Angst auslöst" (Jes 28,19).

5.

Die eigene Geschichte erzählen bedeutet, dem Wort seine feste Bedeutung zu rauben, es wirksam werden zu lassen als Vergegenwärtigung des Vergangenen: Die Sprache zum Medium des Erinnerns zu machen bedeutet eine Archäologie des Mediums Mensch. Unter der Überschrift „Ausgraben und Erinnern" beschreibt Walter Benjamin diesen Prozess folgendermaßen:

„Die Sprache hat es unmissverständlich bedeutet, dass das Gedächtnis nicht ein Instrument für die Erkundung des Vergangenen ist, vielmehr das Medium. Es ist das Medium des Erlebten wie das Erdreich das Medium ist, in dem die alten Städte verschüttet liegen. Wer sich der eigenen verschütteten Vergangenheit zu nähern trachtet, muss sich verhalten wie ein Mann, der gräbt. Vor allem darf er sich nicht scheuen, immer wieder auf einen und denselben Sachverhalt zurückzukommen - ihn auszustreuen wie man Erde ausstreut, ihn umzuwühlen, wie man Erdreich umwühlt. Denn ‚Sachverhalte' sind nicht mehr als Schichten, die erst der sorgsamsten Durchforschung das ausliefern, um dessentwillen sich die Grabung lohnt. Die Bilder nämlich, welche, losgebrochen aus allen früheren Zusammenhängen, als Kostbarkeiten in den nüchternen Gemächern unserer späten Einsicht – wie Torsi in der Galerie des Sammlers – stehen."[19]

Der Erdklumpen Mensch muss sich sozusagen selbst, in seiner irdischen Urform, ausstreuen. Die eigene Erde ausstreuen ist gewissermaßen in Wirklichkeit der umgekehrte Prozess wie ein Zuschütten eines Grabes, wobei die Erde des Grabhügels[20] in seiner Trennungsfunktion die Brücke zwischen Geburt und Tod ermöglicht und zum Zeichen der Verbindung von Mensch (*adam*) und Erde (*adama*) wird. Die rückblendende Geste der Erinnerung, die Untersuchung des „Sachverhaltes" der einzelnen Ereignisse werden erst in ihrer Zerstreutheit – wo sie ihren vorigen Zusammenhang verloren haben

– sichtbar. Der Körper muss also nicht anatomisch Glied für Glied ausgelegt und nach einem festen Vorbild wieder zusammengestellt werden, sondern die „Urmaterie Mensch" muss wie Sand auf der Erde ausgestreut, vom Winde der Zeiten verblasen, wiedererkannt werden, als Vertrautes und Fremdes zugleich: ein Golem[21]:

> im hinterhof an der gracht in Amsterdam
> stand er
> oben
> auf der treppe
> neben der luke zum versteck.[22]

So entsteht ein neuer Torso, zusammengesetzt aus Bruchstücken, ein Zeugnis überwundener Verwundungen, mühsam ausgegraben aus dem inneren Schacht des vergessenen Namens.

Sigmund Freud weist in einem späteren Aufsatz über Deckerinnerungen auf die Gleichartigkeit zwischen dem Vergessen von Eigennamen mit Fehlerinnerungen und der Bildung von Deckerinnerungen hin. „Beim Namenvergessen wissen wir, dass die Ersatznamen falsch sind; bei den Deckerinnerungen verwundern wir uns, dass wir sie überhaupt besitzen."[23] Es ist in diesem Zusammenhang interessant zu beobachten, dass Freud die Besonderheit der zeitlichen Relation zwischen der Deckerinnerung und dem durch sie gedeckten Inhalt besonders hervorhebt. Neben den zurückgreifenden oder rückläufigen und den vorgreifenden oder vorgeschobenen Deckerinnerungen erwähnt Freud hier eine dritte Kategorie, in der „die Deckerinnerung nicht nur durch ihren Inhalt, sondern auch durch Kontinuität in der Zeit mit dem von ihr gedeckten Eindruck verknüpft ist, also die gleichzeitige und anstoßende Deckerinnerung"[24].

Die von Benjamin erwähnte Rückkehr zum einen und selben Sachverhalt ist gewissermaßen ein Aufhalten der Zeit und die Aufdeckung ihrer Gleichzeitigkeit. Durch diese Synchronizität wird der „Deckname" des Sachverhalts im psychischen Apparat des Subjekts aufgedeckt: Anstatt eingefroren zu sein in Zeit und Ort, geschieht hier eine Befreiung aus dem Bann der Geschichte. Wie der Sammler seine Objekte sorgfältig wählt und wo er ihnen in seiner Sammlung einen neuen Ort gibt, ist eben wichtiger als der Fund. Benjamin nennt diesen Prozess einen „behutsame[n], tastende[n] Spatenstich in's dunkle Erdreich", dessen Ziel es ist, den Ort zu benennen, an dem das Alte aufbewahrt wird. „Und der betrügt sich selber um das Beste, der nur das Inventar der Funde macht und nicht im heutigen Boden Ort und Stelle bezeichnen kann, an denen er das Alte aufbewahrt![25].

Anfang und Ende der Geschichte können, so Benjamin, nicht durch einen bloßen Bericht aufgehoben werden, sondern müssen durch die Lücke der Erfahrung – der Spatenstich bohrt einen vertikalen Schacht der Erinnerung durch die horizontalen Schichten der Zeit – hindurch ihren Ort als Gegenwart bestimmen: sich selbst eine Zeitlücke schaffen, wo im Leben des Menschen der Atemzug des Anfangs eingebettet ist.

„So müssen wahrhafte Erinnerungen viel weniger berichtend verfahren als genau den Ort bezeichnen, an dem der Forscher ihrer habhaft wurde. Im strengsten Sinne episch und rhapsodisch muss daher wirkliche Erinnerung ein Bild zugleich von dem, der sich erinnert geben, wie ein guter archäologischer Bericht nicht nur die Schichten angeben muss, aus denen seine Fundobjekte stammen, sondern jene andern vor allem, welche vorher zu durchstoßen waren."[26]

Dies erinnert an einen Satz von Nelly Sachs:

Ein Fremder hat immer seine Heimat im Arm wie ein Waise
für die er vielleicht nichts als ein Grab sucht.[27]

Die biblische Geschichtsschreibung als Quelle der Erinnerung in jüdischer Tradition lebt aus diesem hermeneutischen Prinzip. Wenn das Heute für einen Augenblick die Vergangenheit verlassen hat, eröffnet sich die Möglichkeit, sich der Zukunft zuzuwenden. Dieser Blick nach vorn erlaubt eine Aufhebung der dialektischen Spannung zwischen Vergangenheit und Zukunft und schafft einen neuen Zeitraum: einen Raum in der Zeit.

6.

In dem Fragment „Erzählung und Heilung" zeigt Walter Benjamin zwischen beidem eine Verbindung, indem er uns daran erinnert, „wie die Erzählung, die der Kranke am Beginn der Behandlung dem Arzte macht, zum Anfang eines Heilungsprozesses werden kann"[28]. Das Erzählen von Geschichten am Krankenbett dient nicht nur der Ablenkung vom Schmerz, es entsteht ein unsichtbarer Faden zwischen den

Händen des Erzählers, die das Auf und Ab der Geschichte nachzeichnen, und dem inneren Bild, das der kranke Mensch vom heilen Ich hat.

Die Mischung zwischen Traum und Realität, Fiktion und Wahrheit bekleidet den Körper mit einem Mischgewebe, in dem sich Streifen des Erinnerten zu neuen Farbnuancen entwickeln, die das alte auflösen. Die Erzählung vom Auszug aus Ägypten ist in der jüdischen Tradition von dieser Einsicht geprägt: Im Erzählen erfolgt der Auszug aus der Knechtschaft, wer nicht Erzählen kann, bleibt im Sklavenhaus Ägypten.

Benjamin fragt dann, „ob nicht die Erzählung, das rechte Klima und die günstige Bedingung manch eine Heilung bilden mag. Ja ob nicht jede Krankheit heilbar wäre, wenn sie nur weit genug – bis an die Mündung sich auf dem Strome des Erzählens verflößen ließe?"[29] Die Rückkehr zum Anfang würde, so Benjamin, zur Mündung führen, zur Quelle des Erzählstroms, wo der Schmerz, der wie ein Staudamm die Strömung aufhält, durchbrochen werden kann, so dass „alles, was sie auf diesem Wege trifft, im Meer glücklicher Vergessenheit verschwimmt. Das Fragment liest sich wie ein Gedicht oder eine Lebenserfahrung, sicherlich war es eine Kindheitserinnerung. Im letzten Satz heißt es: „Das Streichholz zeichnet diesem Strom das Bett".

Dies erinnert an ein kurzes Gedicht eines elfjährigen Mädchens in einer Schule in Jerusalem am *Jom Haschoa* – dem Tag des Gedenkens der Schoa in Israel, an dem Kinder aus den Erzählungen der Großeltern in ihrer eigenen Sprache die Geschichten nachdichten. Das schlichte, aber bewegende Gedicht handelt von dem Versuch, immer wieder vergeblichen Versuch, die Nummer am Arm der Großmutter Zahl für Zahl herunterzukratzen. Bis sie eines Tages aufhörte und, als sie mit ihr allein war, die Hand küsste. In ihren Worten:

„vejom echad schehajiti im savta levadt / natati la neschika al hajad" – „Und eines Tages, als ich mit meiner Oma allein war, / gab ich ihr einen Kuss auf die Hand."

Unsere eigenen Gedanken verschmelzen mit dem Schmerz der Allernächsten, sie sind nicht auszukratzen, die Zahlen werden auch nicht durch den Strom der Tränen der Enkel weggewischt, nicht mitgerissen vom Wasser, im Meer der Vergessenheit verloren, sondern weitererzählend, erinnernd aufgehoben in der Trauer und im Trost: Im Kuss eines Kindes, das jetzt, trotz allem, im Arm der Großmutter mit ihren zahlreichen Geschichten geborgen ist.

7.

Hier zeigt sich der Einfluss von Franz Rosenzweigs „Neuem Denken" auf Walter Benjamin. In der „Urzelle" des *Sterns der Erlösung* - einem Buch, das er in den Schützengräben des Balkans am Ende des Ersten Weltkriegs in einigen wenigen Monaten in Notizbüchern, als Kriegsbericht, d.h. als seine persönliche Begegnung mit diesem Krieg, aufgezeichnet hatte – entwickelt Rosenzweig ein neues Verständnis von Zeit. Wie das Ich in der Todesangst des Krieges den Beweis für seine eigene Existenz gegenüber dem System des Seins erbringt, ist es angesichts der Dialektik der Weltgeschichte die konkrete historische Realität, die der Welt ein neues Geschichtsverständnis verleiht. Die Vergangenheit kennenlernen meint „keine Liebe zum Fernsten", dem „Allgemeinen", sondern das, was „aus dem Geschehnis, also aus dem Allerbesondersten was es gibt aufsteigt." Wie bei Benjamin[30] „das Gedächtnis nicht ein Instrument für die Erkundung des Vergangenen" ist, sondern vielmehr das

„Medium des Erlebten", wie der Sammler seine Kostbarkeiten sorgfältig auswählt, losgelöst aus ihren inneren Zusammenhängen, so geht bei Rosenzweig das Besondere

> „schrittweise von einem Besonderen zum nächsten Besonderen, von einem Nächsten zum nächsten Nächsten [...]. So ist der Ordnungsbegriff dieser Welt nicht das Allgemeine, weder die Arche noch das Telos, weder die natürliche noch die geschichtliche Einheit, sondern das Einzelne, das Ereignis, *nicht Anfang oder Ende, sondern Mitte* der Welt. Sowohl vom Anfang wie vom Ende aus ist die Welt ‚unendlich', vom Anfang aus unendlich im Raum, dem Ende zu unendlich in der Zeit. Nur von der Mitte aus entsteht in der unbegrenzten Welt ein begrenztes Zuhause, ein Stück Boden zwischen vier Zeltpflöcken, die weiter und weiter hinaus gesteckt werden können."[31]

Dies meint ein Leben im Zeitbruch: in der Mitte der Zeit ein Zuhause zu gestalten als ein Stück festen Bodens, zwischen den vier Ecken der Welt festgehalten durch Zeltpflöcke, die sowohl den Menschen als auch der Welt ein Schutz sind, Emmanuel Lévinas hat dies im

Bild der Laubhütte als Conditio Judaica – als jüdische Bestimmung
– benannt.

„Solange Tempel stehen, Fahnen auf Palästen flattern und die Magistratsbeamten noch ihre Schärpen anlegen, riskiert man bei den Stürmen unter der Schädeldecke keinerlei Schiffbruch. Sie stellen nur das Schaukeln dar, das die Brisen der Welt bei ihren im Hafen fest verankerten Seelen hervorrufen. Das wirkliche Innenleben ist kein revolutionärer Gedanke, der uns in einer behaglich dasitzenden Welt ankommt, sondern die Verpflichtung, die ganze Menschlichkeit des Menschen in der nach allen Winden offenen Laubhütte des Gewissens zu beherbergen. [...] Dass aber die Menschheit in jedem Augenblick der gefährlichen Situation sich aussetzen kann, in der ihre Moral von einem Inneren abhängt, in der ihre Würde sich dem Raunen einer subjektiven Stimme verdankt und sich in keiner objektiven Ordnung mehr spiegelt oder bestätigt – das ist das große Risiko, von dem die Ehre des Menschen abhängt. Aber vielleicht ist es die Bedeutung der Tatsache, dass es inmitten der Menschheit eine jüdische Bestimmung gibt, gerade in diesem Risiko zu suchen."[32]

Die subjektive Stimme, von der die Würde des Menschen in der Welt abhängt, findet keine fertige Ordnung vor, sondern muss diese immer neu, wie am ersten Tag, gestalten: der namenlosen Welt einen Namen geben: im Freudschen Sinne alle Decknamen aufdecken, um den wirklichen Namen zu ent-decken. Dies ist der Punkt, wo Logos und Ethik sich treffen[33].

In der Philosophie Franz Rosenzweigs finden wir eine Ausprägung der tiefen Bedeutsamkeit des Namens, die durch die Betonung der konkreten Situation, der Wichtigkeit des gesprochenen Wortes und des Gesprlichs wie auch der Erfahrung der Zeit ihren Ausdruck gewinnt.

Die Bedeutsamkeit des Namens ruft das Individuum in seiner Einzigartigkeit ins Leben, wo jede Erkenntnis seine Erkenntnis ist in der Begegnung mit der Welt und dem Anderen. Es ist diese Einsicht des Menschen, welche die Welt deutet und ihr Bedeutung gibt. Im Benennen der Welt gewinnt der Mensch seine Persönlichkeit als sprechendes Individuum, wo sein Namen ihm zum Eigennamen wird.[34]

Im „Bildnis eines Feindes"[35], geschrieben von Keilson im Jahre 1937, finden wir ein Zeugnis für den Verlust von Identität, die zugleich ein Verlust an Weltbezug ist:

„Widersacher" zu sein bedeutet für Keilson, einen ständigen Kampf zu führen gegen die menschliche Hybris der Allmächtigkeit, die in Gefahr ist, in eine Macht des Hasses umzuschlagen; wo Opfer und Täter sich in wechselseitigen Projektionen verstärken:

Du Tor, du hast dich nicht erkannt.
Vom Menschen bist du nur ein Scherben und malst mich groß als wütenden Moloch, um dich dahinter rasend zu verbergen.
Was bleibt dir eigenes noch? [...]

In einem Fragment, geschrieben 1944, spricht doch die schwere Last des Wortes in Bedrängnis der Verdammung:

[...] und jedes Wort, das mir unwillig fast entfährt und steht, erinnert mich an eines, das ich verdammt, und schwer wird mir die Last des Verses und hört der Mund wie eines Steines[36]

Verbannt aus dem lebendigen Laut der eigenen Sprache, wird der Mund (und das Herz) zu Stein.

Schluss

Le Ezrat Hajeled (Zur Hilfe des Kindes), die Organisation, die Sie, Herr Keilson, zusammen mit anderen Überlebenden für die jüdischen Waisenkinder in Holland nach dem Krieg gegründet haben, war ein Zuhause für uns alle, Kinder der Schoa, die das Vertrauen in die Welt wiedergewinnen müssen. In Ihren Worten:

„Mit dieser Arbeit habe ich endlich Kaddisch
gesagt, das Totengebet, das ich lange nicht sprechen konnte".[37]

In Hilversum wuchs ich als Zehnjährige, obwohl zu Hause lebend, auf mit diesen Kindern im Kinderheim von Nathan Dasberg, der nach meinem Vater mein erster Lehrer war. Tante Lies, seine Frau, war wie eine Mutter für uns alle. Es war viel mehr als ein Heim für unsere Versorgung, es war eine Familie. Es sind dies Erinnerungen, die als Erfahrungen einer realen Gegenwart auch für mich, wie für viele andere, lebendig sind, wo meine eigenen Eltern mit uns überlebt hatten, aber verloren waren in der Welt, nachdem sie sich viel menschliche Nähe – aus

Angst vor dem Verlust – entsagt hatten, wo sich Brüche in Brücken verwandelt haben. Es war hier keine heile Welt, aber die Zerstörung hatte nun einen Ort, eine Falte, die im Gewand der Seele, zugeschnitten ohne Probe, halb zugenäht und halb offen blieb und wo man, nach Bedarf, den kleinen Finger hineinstecken konnte, ohne ein Loch zu machen, wo die „offene" Wunde heilen konnte. Wo das Grab (*tomb*) sich in der Zeitlücke in einen Ort der Geburt (*womb*) verwandelte.

Lassen Sie mich hier zum Schluss den zweiten Teil von Judith Herzbergs Gedicht vorlesen, der trotz Anfang- und Endlosigkeit das Leben schenkt:

WAT ZIJ bier over zelfmoord praat
kann ik niet lezen want mijn kat momt
midden op de bladzij zitten spinnen.

Was Sie hier über Selbstmord sagt
kann ich nicht lesen, denn meine
Katze springt mitten auf die Seite
und spinnt.

Wat kanu ik doen? Hij gaapt. De krant
waarop hij zit kreukelt en kraakt.

Was soll ich tun? Sie gähnt. Das
Blatt, auf dem sie sitzt, knittert und
knarrt.

De kat heeft maar één leven en is
voorlopig nader dan de wanhoop met
zijn negen.

Die Katze hat nur ein Leben und
ist mir vorläufig näher als die
Verzweiflung mit ihren neun.
(Herzberg 1986[38])

Es ist der Mensch, der nur ein Leben hat, in dem jede wirkliche Entscheidung ein Abschied ist, wo „Gedenk" und „Vergib", beide, aufgehoben sind.

Normalerweise ist ein Abschied etwas Trauriges, eine Trennung schmerzhaft. Es gibt jedoch ein Gebot in der Bibel, das am Ende einer langen Aufzählung von Verboten genau vor dem Gebot der Nächstenliebe – das ja das schwierigste Gebot überhaupt ist – steht und das einen befreienden Abschied bedeutet: der Abschied vom Hass. Es lautet: „Hasse nicht deinen Bruder in deinem Herzen" (Lev 19,17). „Erlöse dein Herz von der Last des Hasses", sagt dieses Verbot; „erst dann kannst du das Gebot der Nächstenliebe auf dich nehmen: deinen Genossen lieb haben „wie dich selbst".

Dies ist eine Befreiung des Herzens von der Beklemmung des eigenen Gefängnisses, ein Sprengen der seelischen Zelle, wo alle Erinnerungen aufgehoben sind. Diese Selbstbefreiung führt zum Anderen, wo auch Unausgesprochenes, Sprachwurzelloses gehört werden kann. Es ist der letzte Akt des Widerstandes: Abschied vom Opfer-Sein. Den „Tode des Widersachers" haben Sie, Herr Keilson, gelebt und an anderen praktiziert: Das unbeendete Gespräch mit Ihrem eigenen Vater – er sagt doch zuletzt „vergiss nicht, dass Du Arzt bist"[40] – haben Sie in unendlichen Gesprächen als Vater für so viele Kinder zu Ende geführt: wohin die Sprache nicht reichte, aber über den Tod hinaus. In Hölderlins Worten: „Seit ein Gespräch wir sind und hören können voneinander." Wir selbst sind das Gespräch, trotz allem, im Zwischenfall, weder Anfang noch Ende.

Das letzte Wort gehört aber Ihnen, Herr Keilson, und ich möchte es heute vor Ihnen sprechen, da Sie doch sagten:

„Die Literatur ist das Gedächtnis der Menschheit. Wer schreibt, erinnert sich, und wer liest, hat an Erfahrungen teil. Bücher kann man wieder neu auflegen. Von Büchern gibt es Archivexemplare. Von Menschen nicht."[4]

Nicht umsonst nannten Sie dieses Gedicht „Rückkehr", wo es am Ende heißt:

Einst liebten wir alle Dinge, nur unsere eigenen nicht.
Es bläst uns dieser Morgen hinweg unser altes Gesicht.

Ade nun. Freunde und Feinde, zu lange währte dies fast. das nächste Mal wieder seid Ihr bei uns zu Gast.[42]

Anmerkungen

[1] Harry Mulisch, Das Attentat (dt. Übersetzung) Hansa Verlag München, 1997, S. 22f.

[2] Freud, Sigmund (1952): Über Deckerinnerungen. In: Gesammelte Werke. Bd. I, Werke aus den Jahren 1892-1899, hrsg. v. Anna Freud, London. S. Freud 1952, 551

[3] Keilson, Hans (1997): In der Fremde zuhause. In: Wolfdietrich Schmied-Kowarzik (Hrsg.), o.c., S. 258.

[4] Stein, Gertrude (1990): Erzählen, Übertragen von Ernst Jandl Frankfurt a. M., S. 7.

[5] ebd. S. 57.

[6] Freud, Sigmund (1982): Über den Gegensinn der Urworte. In: Studienausgabe, Bd. IV. Frankfurt a. M., S. 233.

[7] Keilson (1997), S. 261.

[8] ebd.

[9] Keilson, Hans (1986): Rückkehr. In: ders.: Sprachwurzellos. Gießen, S. 10.

[10] Kafka, Franz (1987): Hochzeitsvorbereitungen auf dem Lande und andere Prosa aus dem Nachlass, hrsg. v. Max Brod. Frankfurt a. M., S. 83.

[11] Keilson 1997, S. 257

[12] ebd., S. 258

[13] Jabès, Edmond (1981): Es nimmt seinen Lauf, deutschsprachige Ausgabe. Frankfurt a. M., S. 64.

[14] Hersch, Jeanne (1992): Im Schnittpunkt der Zeit. Zürich. Herzberg, Judith (1986): Tagesreste. Gedichte. Berlin, S. 141.

[15] belima ist übrigens hapax legomena in der Bibel. „Er war beim Nichts angelangt und sagte sich nun, dass das Nichts vielleicht das sei, was Fragen weder sich selbst noch anderen stellt." (Jabès 1981, S. 70)

[16] Domin, Hilde (1987): Gesammelte Werke. Frankfurt a.M., S. 111.

[17] vgl. ebd.

[18] ebd., S. 71.

[19] Benjamin, Walter (1994), Denkbücher. In: Gesammelte Schriften, Hrsg. v. Rolf Tiedemann und Hermann Schwepphäuser, FRankfurt a.M., 1972-1989.

[20] Vgl. Kafka, Franz (1970ff): Ein Traum, in: Sämtliche Erzählungen, hrsg. v. Paul Raabe. Frankfurt a. M., S. 180ff.

[21] Vgl.: Es war dir mein Gebein nicht verborgen, als ich im Verborgenen gemacht wurde, als ich gebildet wurde unten in der Erde. Deine Augen sahen meine Urmaterie (im Hebr. golmi – meinen Golem), als ich noch nicht bereitet war" (Ps 139,16-17) und in diesem Zusammenhang Eveline Goodman-Thau, Golem, Adam oder Antichrist – Kabbalistische Hintergründe der Golem-

legende in der Jüdischen und deutschen Literatur des 19. Jahrhunderts. In: Eveline Goodman-Thau, Gert Mattenkbot, Christoph Schulte (hrsg.), Kaballa und die Literaur der Romantik. Zwischen Magie und Trope, Tübingen 1999, S. 81-134.

[22] Keilson, Hans, 1986, S. 45.

[23] Freud, Sigmund (1989): Über Kindheits- und Deckerinnerungen. In: Zur Psychopathologie des Alltags IV. Frankfurt a. M., S. 45.

[24] Benjamin, Walter. S. 45.

[25] ebd.

[26] ebd.

[27] Homquist, Bengst (Hrsg.) (1977): Das Buch von Nelly Sachs. Frankfurt a. M., S. 217.

[28] Benjamin o.c., S. 130.

[29] ebd.

[30] ebd.

[31] Rosenzweig, Franz (1984): „Urzelle" des Sterns der Erlösung. In: Gesammelte Schriften, Bd. 3, Haag, S. 132f.

[32] Lévinas, Emmanuel (1988): Eigennamen. München/Wien, S. 105f.

[33] vgl. Goodman- Thau, Eveline (1997): Gott auf der Spur. Biblischer Humanismus in der Philosophie des Anderen von Emmanuel Lévinas. In: Wolfdietrich Schmied-Kowarzik (Hrsg.), S., 106-134 und Goodman-Thau, Eveline (1997): Zwischen Gestern und Morgen. Leben im Riss von Geschichte und Biographie. In: Wolfdietrich Schmied-Kowarzik (Hrsg.); Vergegenwärtigungen des zerstörten jüdischen Erbes. Franz-Rosenzweig-Gastvorlesungen Kassel 1987-1996, Kassel 1997, S. 99-103.

[34] Vgl. Genesis 2,18-24, wo erzählt wird, dass Gott beschließt, dass es „nicht gut ist, dass der Mensch allein ist ... ich werde ihm eine Hilfe, ihm gegenüber, machen." Nachdem Gott Adam dann die Tiere vorführt, um zu sehen, wie er sie benennen wird, findet er doch keine „Hilfe ihm gegenüber" - hebr. ezer kenegdo - d.h. keine sprachliche Hilfskonstruktion für seinen Eigennamen. Erst die Schöpfung und Vorführung der Frau (ischa) ermöglicht es, dass Adam sich selbst als Mann (isch) erkennt und benennt. Ezer (Hilfe) ist ein Wort, das die Bibel auch für Gott verwendet, und es gibt eine geniale Auslegung des mittelalterlichen Exegeten Raschi, der erklärt, dass Adam und Eva, bevor sie vom Baum der Erkenntnis gegessen hatten, der Welt zwar Namen geben konnten, aber nicht den Unterschied wussten zwischen Gut und Böse. Ihre „Benennungen" waren im ethischen Sinne wertlos, d. h. bezugslos gewesen.

[35] Keilson, Hans (1986), S. 13.

[36] ebd. S. 1f.

[37] Keilson, Hans (1984): Nachwort zu: Das Leben geht weiter, geschrieben im

Frühjahr 1984 in Bussum/Niederlande, S. 251.

[38] Herzberg, Judith (1986), Tagesreste. Gedichte. Berlin, S. 47.

[39] Keilson (1997), S. 262.

[40] Keilson (1984), S. 25.

[41] Keilson 1986, S. 49.

[42] ebd.

Judentum im Abendland

Braucht das Abendland die jüdische Tradition?
Zur Frage der Krise in den Geisteswissenschaften

Der unlängst verstorbene jüdische Historiker Amos Funkenstein erklärt am Anfang seines Buches „Jüdische Geschichte und ihre Deutungen"[1], wenige Kulturen seien so stark mit ihrer eigenen Identität beschäftigt wie die jüdische. Die Einzigartigkeit, die im Judentum eine besonders schöpferische Form annahm, wurde als Voraussetzung seines Überdauerns und als Leitmotiv im religiösen, aber auch im späteren säkularisierten Bereich verstanden. Kultur könne, so Funkenstein, ihre Existenz und ihre Merkmale als Selbstverständlichkeit oder als eine natürliche Gabe betrachten. Für die jüdische Kultur treffe das seit biblischer Zeit jedoch nicht zu. Dass sie sich ständig mit ihrer Identität beschäftigt, ist ein Hinweis darauf, dass diese nicht als selbstverständlich betrachtet wurde. Die jüdische Kultur ist eine sich selbst reflektierende Kultur, und jüdisches historisches Bewusstsein ist der Ausdruck dieser Selbstreflexion.

Damit ist nicht gemeint, dass die Juden Zweifel an ihrer Stellung in der Welt oder ihrer Zukunft hatten. Bis ins 19. Jahrhundert galt, dass die Verheißung Gottes die weltliche Existenz des Volkes als Vorwegnahme der Ewigkeit garantierte, die allerdings trotzdem immer wieder auf Erklärung angewiesen war. So sollte sich das Volk nicht mit der Erwähnung Gottes gegenüber anderen Völkern rühmen, sondern diesem besonderen Verhältnis musste ein Inhalt gegeben werden, es musste in jeder Epoche mit neuem Inhalt gefüllt werden: Nach innen als jüdische Gemeinschaft und nach außen im Bezug auf die Umwelt, auf die verschiedenen Kulturen, mit denen es in Berührung trat.' Man darf annehmen, dass dies eine der Kernfragen des jüdischen Monotheismus von seinen frühen Anfängen bis heute in allen seinen Zügen und unterschiedlichen Interpretationsweisen gewesen ist und noch immer ist. Die Verbindung mit Gott war erst garantiert, wenn die Juden als Gemeinschaft ihre Identität gefunden hatten.

Sicherlich hat diese Selbstreflexion letztendlich auch zum endgültigen Bruch in der Antike zwischen Judentum und Christentum geführt. Die verschiedenen Entwürfe von religiöser Identität brachen unter dem äußeren Druck der Verfolgungen zusammen. Die Gemeinschaft suchte einen Halt, eine Stütze, indem sie aus historischen Begebenheiten ein glaubwürdiges Ethos für ein Zusammenleben, auch in Krisensituationen, herleitete. Selbstfindung war das Ziel dieser Suche nach Identität, die sich einerseits aus dem Gefühl einer Gemeinsamkeit, aber andererseits auch aus einem tiefen Wunsch nährte, nicht in ein blindes Befolgen von Diktaten von außen zu verfallen, seien sie religiöser, sozialer oder historischer Art. Das historische Bewusstsein, welches das Judentum von seinen frühen Anfangen an geprägt hat, überdauerte Jahrhunderte von Unterdrückungen, Krisen und Verfolgungen. Immer fand man einen „logisch-religiösen" Grund, die Geschichte zu deuten. Gerade aus der Krise, oder besser gesagt aus der Deutung der Geschichte, wurde für die nächste Generation ein glaubwürdiges Ethos der Wirklichkeit für eine hoffnungsvolle Zukunft geschaffen. Jede Wendung in der Geschichte Israels musste eine Deutung erfahren; keine erschien selbstevident, weder in guten, noch in schlechten Zeiten.

Erinnerung und Identität

Es gibt keine Erinnerung – auch nicht die intimste oder persönlichste –, die sich von ihrem sozialen Kontext, von der Sprache und dem System von Symbolen, die von der Gesellschaft über Jahrhunderte hinweg geprägt worden sind, trennen lässt. Wir haben es hier zu tun mit einem Beispiel eines Selbst, eines Individuums oder Subjekts, das als Mittler der Welt agiert. Die Welt ist aus dieser Sicht nicht die Schöpfung Gottes oder die Naturwelt, sondern der Plan, welchen die Menschen in der Welt sehen, den sie sozusagen in die Welt als Sinn „hineinlesen". Wir sprechen hier in der Sprache von Religion und Moderne, von göttlicher Vorsehung für die Welt und menschlichen Vorstellungen von der Welt. Gerade dieser Zusammenhang muss erkannt werden, wenn wir die Frage der Verbindung zwischen der gegenwärtigen „Krise in den Geisteswissenschaften" und dem Verlust an jüdischem Geistesgut im Abendland klären wollen. Es soll hier nicht darum gehen, diese Krise zu „beweisen" oder gar die Verbindung, die im Titel dieses Vortrages zur Debatte gestellt wird, überhaupt zu unterstellen. Vielmehr geht es uns darum, einige Überlegungen zu den Gegenwartsfragen im weitesten Sinn anzustellen, welche die deutsche und jüdische Welt heute beschäftigen.

Diese Fragen gewinnen eine besondere Brisanz nicht nur jetzt in der Postmoderne, sondern auch angesichts der Suche nach Orientierung, die die gesamte westliche Welt nach dem Zusammenbruch der vom Ost-West Konflikt geprägten Nachkriegszeit durchzieht. Sie ist gekennzeichnet von einer wachsenden Sorge um den Weltfrieden, ausgelöst durch krisenhafte gesellschaftliche Erscheinungsformen und Kriege, wie etwa im Balkan und im Nahen Osten, wie auch durch die Angst vor dem wachsenden Fundamentalismus der islamischen Welt. Die Suche der westlichen Demokratien nach Orientierung in einer mehr und mehr durch Technologie und somit durch Wirtschaftsinteressen und -systeme beherrschten Welt gefährdet insbesondere Gesellschaften, deren Identität nicht aufgehoben ist in der oben beschriebenen Verbindung zwischen Geschichtsbewusstsein und kollektivem Gedächtnis – einer Verbindung, die es erlaubt, auch in einer Krise, einem Zivilisationsbruch, wie wir diese Krise nennen wollen, eine Kontinuität zu gestalten. Ein kollektives Gedächtnis ist hierdurch angesprochen, dass die Gesellschaft solidarisch zusammenhält, trotz aller Verschiedenheit der Meinungen, die sicherlich auch für die Kontinuität unentbehrlich sind.

Im Folgenden sollen diese Fragen in der Begegnung zwischen „Deutschtum" und „Judentum" thematisiert werden, nicht aus der Perspektive der Schuldfrage oder gar des Scheiterns der Emanzipation der Juden in Deutschland, sondern durch eine Reflexion über die Bedeutung des Judentums für das Abendland.

Geschichtsbewusstsein im Zeitalter des Vergessens

An der Schwelle zum 21. Jahrhundert lohnt es sich angesichts der wachsenden Konjunktur apokalyptischer Geschichtsentwürfe auf die sich langsam verwischenden Spuren der -vermeintlichen Freiheit von der Geschichte zurückzublicken. Die Frage nach Form und Inhalt eines endgültigen Abschieds von der Geschichtskonzeption der Moderne gewinnt neue Brisanz im Hinblick auf die Spannungen, die in Europa bis in die Gegenwart zwischen modernem Geschichtsoptimismus und Apokalypse, zwischen einem Denken, das die Hoffnung auf Fortschritt noch nicht aufgegeben hat und einem Streben nach einem Ende der Geschichte, spürbar sind. Der Drang nach Frieden und der Drang nach Krieg in vielen Regionen der Welt ist möglicherweise eines der wichtigsten Zeichen der Suche nach dem Sinn am Ende eines Jahrhunderts, das auch durch Massenvernichtung von unschuldigen Männern, Frauen und Kindern gekennzeichnet ist.

Der Übergang von der Moderne zur Postmoderne ist sicherlich gerade jetzt, im Zeitalter des Vergessens, besonders problematisch: Wenn dem Vergessen nicht die Möglichkeit des Erinnerns gegenübersteht, ist das menschliche Selbstbewusstsein in Gefahr, im Strom der Zeit unterzugehen. Der Verlust an Geschichtsbewusstsein resultiert aus der zunehmenden Auflösung von sinnstiftenden, für das schöpferische

Dasein einer Gesellschaft unentbehrlichen Elementen im kulturellen Zusammenleben. Die Gedenkfeierlichkeiten zum fünfzigsten Jahrestag der Befreiung Europas vom nationalsozialistischen Würgegriff und die gesellschaftliche Diskussion, die dieses Ereignis in Bezug auf Deutschland - sicherlich auch in seiner wiedervereinten Form - ausgelöst hat, machten deutlich, wie die Spuren dieses Ereignisses in alle Bereiche des Lebens eingeschrieben sind und in den meisten Fällen noch immer auf Deutung warten. Keine historische Aufarbeitung der Tatsachen, sei sie noch so gründlich, kann die geistesgeschichtlichen Spuren in den traditionellen Denkmustern auswischen, wenn diese Arbeit nicht begleitet wird von einem Überdenken der Prämissen, auf die sich die Gesellschaft stützt. Erinnerung an sich kann diese Aufgabe nicht übernehmen, es sei denn, es wird gleichzeitig die Frage nach einem glaubwürdigen Ethos gestellt, das es erlaubt, die Kontinuität als Bruch· also als Scheitern der Tradition als sicherem Angelpunkt zu denken und zu gestalten.

In der Begegnung von Individuum und Gesellschaft, des Einzelnen mit sich selbst und mit seiner Umgebung, wird Tradition gestaltet. Es ist vielleicht das Verdienst der jüdischen Tradition als historisches Phänomen, dies gerade in Europa am deutlichsten zu zeigen. So ist auch der Verlust an Tradition in Europa gekennzeichnet vom Verlust des europäischen Judentums, welches neben dem antiken griechisch-römischen Erbe und dem Christentum das Denken in Europa geprägt hat. Die Erfahrungen, die die Völker Europas - und insbesondere das deutsche Volk - in diesem Jahrhundert gemacht haben, sind ein Glied in der Kette, das – trotz oder gerade wegen der damit verbundenen Grausamkeit – unentbehrlich ist, um weiterzuleben und um dies den kommenden Generationen auch in würdiger und richtiger Weise zu ermöglichen. Es ist notwendig, die Geschichte durch die Ordnungs- und Zweckbestimmtheiten hindurch zu lesen und damit die Gegenwartserfahrung aus dem Kreislauf der Wiederholungen zu erlösen und in etwas über sich Hinausweisendes zu verwandeln.

So gewinnen die politischen und gesellschaftlichen Umbrüche der letzten Jahre in Europa, die das Ende der Nachkriegsordnung markieren, an Bedeutung, was unmittelbare Konsequenzen hat für eine Reflexion über den Ort des jüdischen Denkens in der europäischen Geistesgeschichte. Siebzig Jahre nach der Schoa wird immer deutlicher, dass wir über das verlorene jüdische Erbe in Europa nicht mehr allein unter den Stichworten „Opfer" und „Täter" reden können, sondern weit umfassender den jüdischen Beitrag zur europäischen Geistesgeschichte bewusst zu machen und zu bedenken haben. Es scheint paradox: Je mehr die Entwurzelung des Judentums im weitesten Sinne spürbar wird, desto mehr drängt sich die Herausforderung auf, der jüdischen Tradition im Abendland nachzuspüren. In den Disziplinen Philosophie, Literatur-, Religions- und Kulturwissenschaften zeigt sich ein ständig wachsendes Interesse an den jüdischen Quellen.

Die Wurzeln des jüdischen Denkens reichen weit zurück. Im Laufe der Jahrhunderte zeigt sich eine wechselseitige Rezeptionsgeschichte zwischen dem Judentum und den verschiedenen Kulturen, mit denen es in Berührung trat. So sehr die jüdische Tradition von fremdem Gedankengut inspiriert wurde, sosehr floss auch jüdisches Gedankengut in allen Epochen bis zur Gegenwart in das Abendland ein, ohne seine spezifischen Züge ganz zu verlieren. In dieser Hinsicht stellt das Judentum ein geistiges Phänomen in der europäischen Geistesgeschichte dar: Trotz der vielen Brüche und Verschmelzungen ist ein Kontinuum zu beobachten. Nach der gescheiterten Emanzipation und Vernichtung der europäischen Juden und des jüdischen Denkens bedarf es nun einer Neubesinnung in der Auseinandersetzung mit dem Judentum, allen Religionen, Kulturen und der Geschichte, sowohl in der akademischen Ausbildung als auch in vielen anderen Bereichen des gesellschaftlichen Lebens. Zu erforschen ist die Einbettung der orientalischen Traditionen in ihrer Entwicklungsgeschichte als Teil der Geistesgeschichte des Abendlandes, besonders der jüdische Beitrag, der innerhalb einer christlich geprägten Rezeptionsgeschichte nicht ausreichend berücksichtigt worden ist und dessen Fehlen nach dem Verlust des Judentums in Europa als lebendiger geistiger Tradition als Riss ins Auge fällt. Das Ausmaß dieses Verlustes betrifft die europäische Kultur als Ganzes und greift bis tief in ihre Wurzeln als Erbe Europas ein. Da die Träger dieser Kultur das Trauma des Verlustes in sich tragen und ihnen die eigene Tradition nicht als Quelle der Erneuerung zugänglich ist, scheint die Arbeit der Wiederentdeckung besonders schwierig. So führt das Abbrechen der Tradition und der Verlust an Geschichtsbewusstsein zu abgebrochener Identität und Selbstentfremdung.

Sicherlich ist das Gespräch zwischen „Judentum" und „Deutschtum", oder besser, zwischen Juden und Deutschen, auch vor der Schoa kein eindeutiger und wirklich fruchtbarer Dialog gewesen. Aber es scheint gerade in dieser Zeit wichtig, sich dieser Tatsache im vollen Bewusstsein der Katastrophe zu stellen - nicht nur im Hinblick auf die nicht verarbeitete Vergangenheit von Seiten der Deutschen, sondern auch im Hinblick auf die Mitverantwortung für die Geschichte als Quelle des kollektiven Gedächtnisses, welches die Identität der nächsten Generation mitprägt. Die Beschäftigung mit der eigenen Geschichte als Quelle des Selbstverständnisses führte in allen Epochen der jüdischen Tradition zu neuen Einsichten. Die gesamte Geschichte des Volkes Israel wird im Geschehen einer jeden Zeit neu erlebt und gewinnt damit symbolische Bedeutung für die Zukunft. Jedes Geschehen, sei es eine Errettung oder eine Katastrophe, bietet Anlass, unzweideutig zu klären und zu vermitteln, was aus der Erfahrung für den Aufbau der Zukunft gelernt wurde. Die Krise der Tradition ist somit ein fruchtbarer Boden für einen Neuanfang. Die Begegnung mit dem jüdischen Erbe Europas eröffnet jenseits der Schuldfrage und jenseits der Unterscheidung von persönlicher Schuld der Täter und kollektiver Haftung derer, die es - aus welchen Gründen auch immer – unterlassen haben, etwas zu tun, die Möglichkeit, neue Lebensformen zu gestalten.

Dies wäre eine neue Form der Mithaftung, die aus der eigenen Geschichte heraus in einen Dialog mit dem „fremden Feind", dem verzerrten Bild der Juden und des Judentums, treten könnte. Es geht nämlich nicht nur um das Wachhalten der Erinnerung an das Leiden der von deutschen Händen Hingemordeten; es geht nicht nur um die politischen Implikationen, ausgedrückt in einer Solidarität mit dem Staat Israel, der ja immer wieder auch unter dem Druck globaler Interessen steht. Dies alles stünde noch immer unter dem Zeichen der Schuld. Es geht hier um die kardinale Frage: Gibt es für die nächste Generation eine Möglichkeit, sich der eigenen Tradition zu stellen? Gibt es eine Tradition – ein geistiges Gedankengut, aus dem ein neues Ethos erwachsen kann, das aus einem genuinen Trauerakt, einem wirklichen Gefühl des Verlustes, Kräfte für neue Anfange schöpft?

Dies führt ein Schritt weiter von der Position, die Jürgen Habermas in seinem Artikel „Vom öffentlichen Gebrauch der Historie" („Die Zeit", 7. November 1986) vertritt, wo es heißt:

Nach Auschwitz können wir nationales Selbstbewusstsein allein aus den besseren Traditionen unsere nicht unbesehen, sondern kritisch angeeigneten Geschichte schöpfen. Wir können einen nationalen Lebenszusammenhang, der einmal eine unvergleichliche Versehrung der Substanz menschlicher Zusammengehörigkeit zugelassen hat, einzig im Lichte von solchen Traditionen fortbilden, die einen durch die moralische Katastrophe belehren, ja argwöhnischen Blick standhalten. Sonst können wir uns selbst nicht achten und von anderen Achtung nicht erwarten.

Sicherlich ist es notwendig, den zurückgelegten Weg kritisch zu betrachten, aber ist der Grund dieser Kritik- die Selbstachtung und die Achtung von Seiten der Anderen- genügend? Sicherlich ist es nicht angemessen, die angetretene Haftung durch einebnende Vergleiche herunterzuspielen, die Singularität der Nazi-Verbrechen zu relativieren, aber wächst nicht auch, gerade durch die Singularität, durch das deutsche Verbrechen an den Juden, eine Einsicht, nämlich die Aufgabe, gerade das „Jüdische" in der deutschen Tradition neu zu entdecken? Was damit im Einzelnen gemeint ist, steht noch offen, aber sicherlich lohnt es sich, die spezifischen Züge und geschichtlichen Zusammenhänge der jüdisch – deutschen Geistesgeschichte im europäischen Kontext zu erkennen. Universitäten gewinnen als Orte der Verständigung über unser Thema eine neue Bedeutung. Noch immer besetzen sie die Begriffe des wissenschaftlichen gesellschaftlichen Diskurses, der sich gerade in den problematischen Feldern der Geschichtsarbeit und der zukünftigen Ethik mit einer Medienwirklichkeit auseinandersetzen muss, die nicht selten eine Art von Gleichschaltung anstrebt, die die Spuren der Einzigartigkeit auf allen Ebenen der Erfahrung zu verwischen droht. Die Nichtentfremdung akademischen Arbeitens ist aber wichtig, um das Erforschte auch in eine Lebensform umzusetzen.

Freiheit, Verantwortlichkeit und Selbstbestimmung sind leere Floskeln, wenn sie nicht begleitet werden von einer inneren Haltung der „Dazugehörigkeit": Die Ausgrenzung der Juden sollte nicht in historischer Perspektive enden in einer Ausgrenzung des Verbrechens an den Juden. Dieser Bruch mit der Tradition wäre ein Verbrechen an der Tradition selbst, die Quelle aus der jede Gesellschaft ihre geistigen Kräfte für eine Erneuerung schöpft, und ein Verzicht auf den Anspruch an das Erbe Europas, an die Traditionen, die Europa von seinen frühen Anfängen bis zum heutigen Tag prägen.

Orte des Neuanfangs

Die Frage, wie es dazu kommen konnte, dass die Deutschen mitten im 20. Jahrhundert einen ‚Teil ihres Volkes auf den Scheiterhaufen führten, bewegt alle, die sich mit diesem Verlust auseinandersetzen.

Es geht jedoch nicht darum, der jetzigen Generation die Verantwortung für etwas aufzubürden, was sie nicht getan hat.

Es geht darum, begreiflich zu machen, welchen Verlust das deutsche Volk durch die Schoa erlitten hat und welche schlimmen Folgen religiöser Hass bis in die heutige Zeit haben kann. Besonders in den Geisteswissenschaften haben Juden nicht nur in diesem Jahrhundert in Deutschland eine herausragende Rolle gespielt. Ohne ihr Wirken wäre auch - dies ist eben das Paradox – ihre Präsenz und ihr Verschwinden kein so wichtiges Thema. Aus diesem Paradox eine sinnvolle Tradition zu schaffen, ist die Aufgabe der nächsten Generation, und es ist unsere Pflicht, dieser Generation zumindest die Werkzeuge für diese Arbeit zur Verfügung zu stellen. Es geht im Zeitalter des Vergessens eben nicht nur ums Erinnern. Im Hebräischen ist das Wort erinnern mit der Bedeutung erneuern verbunden. Solange die jüdische Geistesgeschichte nicht als ein Teil der eigenen Geschichte begriffen wird, bleibt das „Jüdische" als das „Fremde" stehen, das „Fremde" in jedem Einzelnen, wie auch in der Gesellschaft, das „Fremde", welches um jeden Preis bekämpft wird. Museen und Denkmäler der Schoa sind in dieser Hinsicht nicht nur Orte der Begegnung mit einer verlorenen Tradition, sondern Geburtsorte des Neuanfangs, Orte, an denen die Gegenwart sich im rückwärtsgewandten Blick für die Zukunft öffnet. ‚wo die hypothetische Frage „Welche Welt würde ich wohl durch mein Handeln schaffen, wenn es in meinem Vermögen stünde", eine Bedeutung gewinnt.

Der jüdische Pädagoge Ernst Simon erinnerte sich 1974 an eine Bemerkung seines Freundes und Lehrers Gershom Scholem kurz vor seiner Einwanderung nach Palästina: „Sie", sagte Scholem zu Simon, „werden die Erfüllung der religiösen Gebote predigen. Ich werde Vokabeln lehren. Warten wir ab, wobei mehr herauskommt".[2] Religiöse Gebote und Vokabeln – das Eigene und das Fremde – sind aus der Sicht dieser deutsch-jüdischen Denker keine Gegensätze, sondern drücken die Art und Weise aus, wie sich die jüdische Tradition in der Begegnung mit anderen Kulturen immer wieder auf das Eigene als festen Boden gegründet - nicht zurückgezogen – hat. Diese Basis hatte zwei Aspekte: Es ging einerseits um eine Lebenspraxis, eine Weltanschauung, die, verwurzelt im Religiösen, traditionsstiftend weiterwirkt, und andererseits um eine Offenheit rur das Neue, das Unvollendete. Dies meinte Scholem mit dem Lehren der „Vokabeln" – er wählte bewusst dieses Fremdwort, das hier die Aneignung des Hebräischen meint, jener den deutschen Juden damals radikal entfremdeten Sprache. Das Vertrauen auf die Macht des Wortes, die ansteckende Mächtigkeit des Lehrens und des Lernens, hat das Judentum von seinen frühen Anfängen bis auf den heutigen Tag geprägt und es sicherlich vor dem Untergang bewahrt. Die Begegnung mit dem Fremden im Eigenen wird so zur Chiffre einer Tradition, die sich ihre Identität immer aufs Neue erringen muss. Nicht die bloße Gebotserfüllung, sondern die Suche nach Sinn ist die große Herausforderung der jüdischen Hermeneutik, die sich der Schwierigkeit dieser Aufgabe, aber auch der Unmöglichkeit des Verzichts bewusst war. Das Verständnis und die Auslegung der Schrift sind der lebendige Ausdruck dieser Suche. Eine Anekdote aus dem Babylonischen Talmud verdeutlicht dies:

> „Rabbi Jose sagte: Alle meine Tage habe ich mich über diesen Schriftvers gequält:
> Am Mittag wirst du tappen, wie der Blinde tappt im Dunkel (Dtn 28, 29). Denn was kümmert es den Blinden, ob Dunkel ist oder Licht? Bis mir dies Geschehnis begegnete: Ich ging einmal in einer stockfinsteren Nacht und' sah einen Erblindeten, der des Weges ging mit einer Fackel in der Hand. Ich sagte zu ihm: Mein Sohn, was nützt dir diese Fackel? Er sagte zu mir: Alle Zeit, da eine Fackel in meiner Hand ist, sehen mich Menschen und bewahren mich vor Fallgruben, Dornen und vor Disteln." (Babylonischer Talmud, Megilla 24b)

Die Begegnung mit der Bibel, der lebendige Dialog zwischen Himmel und Erde, wie Martin Buber sagt, ist für Rabbi Jose wie das Gehen eines Blinden in der Finsternis. Für diesen Menschen ist die Welt nicht hell und deutlich zu erkennen; es gibt für ihn auch keinen Unterschied zwischen Licht und Dunkel. Seine Existenz ist ein „Tappen im Dunkel", jedoch mit einer Fackel in der Hand, die zwar dem Blinden nicht zum Sehen verhilft, aber den Sehenden auf die Fallgruben, Dornen und Disteln auf dem Wege aufmerksam macht. Erst in der Nacht, die dunkel ist wie der Tag für den Blinden, leuchtet das Licht der Fackel als Zeichen eines suchenden Menschen, ein Zeichen für beide, die Blinden und die Sehenden. Sicherlich redet der Erblindete in dieser Geschichte aus praktischer Sicht – er ist ja auf die Augen von anderen angewiesen. Aber es scheint, dass diese Augen erst in der stockfinsteren Nacht, wenn ein Erblindeter mit einer Fackel den Weg sucht, wirklich aufgehen. Für Rabbi Jose ist dieser Anblick die Lösung und Lesung eines bisher vor seinen Augen verschlossenen Textes, der ihm jetzt eine Orientierung erlaubt.

Die Frage nach Orientierung auf dem Weg aus der Moderne gewinnt im Kontext der Begegnung zwischen Judentum und Abendland eine besondere Bedeutung, die im Folgenden erläutert werden soll. Einige weitere Bemerkungen sind jedoch notwendig. Bei einer Reflexion über den Ort des jüdischen Denkens im Abendland sind Metaphern wie Bruch und Kontinuität, Opfer und Täter, Wissen und Unwissen, Schuld und Unschuld, Frühgeburt und Spätgeburt, überhaupt vor und nach in diesem ausgehenden 20. Jahrhundert wichtig, um die Signaturen dieses Ortes zu konturieren. Zugleich aber. sind sie Merkmale dieses undefinierbaren Ortes selbst. Sie entstammen jener historischen Tatsache, die als die Vernichtung des europäischen Judentums in die Geschichte unserer Generation eingeschrieben ist. Eingeschrieben sind die Metaphern in den Herkunftsort ihrer verloren gegangenen Geschichte als Zivilisationsbruch. Sie weisen zugleich als Beschreibungsgrößen über ihren Untergang hinaus. Die historische Bedingtheit der Suche nach einer jüdisch bestimmten und von Juden gelebten Traditionslinie, die im abendländischen Denken aufgedeckt werden soll und die in der teilweise christlich geprägten Rezeption der Geistesgeschichte des Judentums, auch in ihrer aufgeklärten Form, weitgehend vergessen worden ist, könnte möglicherweise eine Verbindung zwischen der gegenwärtigen Krise in den Geisteswissenschaften und dem Verlust an jüdischem Geistesgut zeigen und neue Wege des Diskurses eröffnen. Dies würde einen Horizont aufleuchten lassen, in dem die üblichen Unterscheidungen im abendländischen wissenschaftlichen Diskurs zwischen Wissenschaft, Kunst, Religion und Philosophie als geistige Disziplinen aufgehoben und ineinander verflochten werden, um das Wissen in seiner Ganzheitlichkeit und so in seiner Brüchigkeit darzustellen. Die Spannungen, die in Europa zwischen Religion und Philosophie ausgetragen wurden und die jetzt im Zusammenbruch der Traditionen als Riss ins Auge fallen, machen die Suche nach neuen Denkmöglichkeiten zur Herausforderung. Die Aufgabe, die die denkende Bewältigung und die handelnde Vernunft unserer politischen, sozialen und vor allem unserer menschlichen Probleme in dieser von uns künstlich vernetzten Welt uns stellt, lassen in den Ruinen der sich auflösenden Materie neue Funken aufleuchten.

Ethos der Wirklichkeit

Einige dieser Funken möchte ich nun – wenn nicht als Thesen, so doch als Überlegungen und Versuche eines „Ethos der Wirklichkeit" – anbieten. E. M. Cioran behauptet:

> „Der Verfall einer Kultur beginnt in dem Augenblick, da das Leben zu ihrer Wahnidee wird. Zeiten der Hochkultur bilden Werte nur um dieser Werte selbst willen aus: Das Leben ist lediglich ein Mittel zu deren Verwirklichung; der Einzelne weiß nicht darum, dass er lebt, er lebt schlechthin als ein glücklicher Sklave der Gebilde, die er hervorbringt, ausgestaltet und vergöttert."[3]

Und Walter Benjamin erinnert uns daran, dass das Glück des Einen nur um den Preis des vernichteten Glücks des Anderen zu haben ist, wenn er sagt:

> „Es ist niemals ein Dokument der Kultur, ohne zugleich ein solches der Barbarei zu sein. Und wie es selbst nicht frei ist von Barbarei, so ist es auch der Prozess der Überlieferung nicht, in dem es von dem einen zum anderen gefallen ist."[4]

Beide, Cioran und Benjamin ringen um Tradition, wissen um ihre Notwendigkeit, erkennen die Gefahr des Verlustes, aber zugleich die Gefahr ihrer Existenz, die Tatsache, dass Tradition mit menschlicher Entscheidung zusammenhängt, mit menschlichen Grundfragen, auf die es keine billige Ja- oder Nein-Antworten gibt. Jede Kultur stellt laut Cioran „eine Antwort auf die vorn Weltganzen aufgeworfenen Fragen dar; aber das Geheimnis bleibt ungelöst"[5] Walter Benjamins Kritik galt jenem Historismus seiner Epoche, der sich in den Sieger einfühlte und der Opfer nur als der von Helden erkannten Opfer gedenken konnte. So suchte er eine Heimat in der Tradition der Unterdrückten: „Die Tradition der Unterdrückten belehrt uns darüber, dass der ‚Ausnahmezustand', in dem wir leben, die Regel ist. Wir müssen zu einem Begriff der Geschichte kommen, der dem entspricht."[6]

Das Anknüpfen an frühere Traditionen nach einem Zivilisationsbruch wie dem unseren stellt uns aber vor Probleme, die über Fragen von dem Verfall von Kulturen oder der Bedeutung von Geschichte hinausgehen. Im Zeitalter des Vergessens ist Geschichtsbewusstsein kein Angelpunkt mehr; die Erinnerung an die Opfer von Auschwitz ist längst verweht im Wind anderer Kriege und anderen Unrechts. So muss man sich auch fragen, ob die Thesen von Jürgen Habermas zur gefährdeten Identität der Deutschen, die sicherlich nicht nur durch eine Bindung an die Aufklärungsstruktur des Westens, sondern durch eine Reflexion über verbindliche geschichtliche und traditionelle Kontinuitäten gelöst werden können, uns weiterhelfen. „Einige", so heißt es bei Habermas,

> „sind Erben der Opfer und derer, die den Gezeichneten geholfen oder Widerstand geleistet haben. Andere sind Erben der Täter oder derer, die stillgehalten haben. Diese geteilte Erbschaft begründet für die Nachgeborenen weder persönlichen Verdienst noch Schuld. Jenseits von individuell zurechenbarer Schuld können aber verschiedene Kontexte verschiedene historische Bürden bedeuten".[7]

Selbst wenn der „Bann der Kontinuitäten" für die ganze westliche Welt nach Auschwitz gebrochen ist, bleibt die Frage, ob die Reflexion darüber in einem Wissen um den „Fluch des bloßen Davongekommenseins" aufgeht.[8] Oder anders formuliert: Gibt es überhaupt eine gemeinsame, allgemeine Haftung oder Schuld, und in derselben Form eine Unschuld? Sind diese Kategorien überhaupt geeignet als traditionsstiftende Elemente für nächste Generationen, die in ihren eigenen historischen Kontexten ihre Probleme zu lösen haben werden, mit oder ohne Bürde der Vergangenheit? Gibt es überhaupt so etwas wie, jenseits von individuell zurechenbarer Schuld" in einer Epoche, in der nicht Geschichtsschreibung, sondern Geschichtsdeutung auf der Tagesordnung steht? Auschwitz betrifft nicht „alle", sondern jeden Einzelnen auf einzigartige Art und Weise. Nicht, jene'", sondern „uns'" Überlebende.

Für mich als Jüdin und für Sie als Deutsche lautet die Frage nach wie vor: Was heißt uns, was verbindet uns, was trennt uns? Gibt es gemeinsame Traditionen, aus denen wir auch nach diesem Bruch schöpfen können, oder ist das Gespräch zwischen uns, zwischen Juden und Deutschen, unabhängig davon, ob es in der Vergangenheit ein solches Gespräch gegeben hat oder nicht, möglich und nicht nur notwendig im Hinblick auf eine gemeinsame Verantwortung, geboren aus einem gemeinsamen Schicksal? Sind wir imstande, wenn dies so ist, die Geschichte dieses Schicksals als eine gemeinsame zu schreiben und uns so in die Menschheitsgeschichte einzuschreiben, oder müssen wir als

Juden und Deutsche einen Sonderweg gehen? Oder ist möglicherweise der Zeitpunkt *70 Jahre danach* dazu geeignet, einen Schlussstrich zu ziehen? Ist dies, im biblischen Sinn, das Jahr;' in dem jeder frei ausgehen soll, in dem die Täter von ihrer Schuld, die Opfer vor ihrer Verantwortung entlastet werden? Haben wir als Überlebende das Recht, den Zivilisationsbruch Auschwitz als Ausgangspunkt einer Diskussion über menschliche Verantwortung zu benutzen? Steht uns dieser Name, wie die Namen der Ermordeten, zur Verfügung, um Denkmale zu errichten, Denkmodelle zu entwickeln? Diese Fragen sind in erster Linie als Ausgangspunkt für eine Diskussion über die „Krise" und die Bedeutung der jüdischen Tradition in der Suche nach Orientierung notwendig. Ich habe nicht vor, diese Fragen direkt zu beantworten. Sie sollen als Fragen und kritische Herausforderung an jeden Einzelnen von uns stehen bleiben.

Max Weber hat die kulturelle Moderne damit charakterisiert, dass die in religiösen und metaphysischen Weltbildern ausgedrückte Vernunft in drei Bereiche auseinander fällt, die dann nur noch durch formale Argumentation zusammengehalten werden. Die Grundfragen der Menschheit werden so nach dem Gesichtspunkt der Wahrheit, der normativen Richtigkeit und der Authentizität oder Schönheit behandelt, also als Erkenntnis-, Gerechtigkeits- oder Geschmacksfrage. Dies fuhrt in der Neuzeit zu einer Spaltung der menschlichen Wertsphären Wissenschaft, Moral und Kunst Jede Sphäre wird den wissenschaftlichen Fachleuten zugeordnet, ihnen werden die Fragestellungen überlassen. Kulturelle Überlieferungen geraten so in die Hände von Spezialisten, die jeweils in ihrem eigenen Bereich einen abstrakten und absoluten Geltungsaspekt entwickeln und ihren Einsichten Eigengesetzlichkeit in Bezug auf ihr Spezialgebiet zubilligen.

Die Philosophen der Aufklärung des 18. Jahrhunderts versuchten, den Abstand zwischen Theorie und Praxis, zwischen Expertenkultur und Gesellschaft, zu überbrücken. Die Wissenschaften sollten weiterhin objektivierend wirken. Moral und Recht sollten eine universal gültige Grundlage des menschlichen Zusammenlebens entwickeln, die Kunst sollte ungestört schöpferisch tätig sein. Aus dem hochentwickelten Wissensstand der einzelnen Bereiche sollte eine auf die menschliche Vernunft als höchste Instanz gerichtete Praxis entwickelt werden, ein gemeinsames Ethos für die Gestaltung der menschlichen Lebensverhältnisse entstehen, das Glück der Menschen befördert werden. Am Ende des 20. Jahrhunderts ist wenig übriggeblieben von den Erwartungen an den Rationalismus der westlichen Kultur, und es bleibt die Frage, ob es Sinn hat, das Projekt der Moderne so zu wiederholen, dass Aufklärung nicht in Aufhebung umschlägt.

Es geht aber nicht darum, dem Modernismus einen Antimodernismus gegenüberzustellen, sondern es geht um das Problem der Probleme: die Menschen. Es gibt keine Philosophie, kein Denksystem, das nicht auch – und vielleicht in erster Linie – vorn Menschen handelt. Die Erkenntnistheorie handelt von der Erkenntnis des Menschen, die Wissenschaftstheorie von der Wissenschaft des Menschen, die Sprachphilosophie von der Sprache des Menschen. Die Ethik handelt vom richtigen Leben, also vom Menschen, die Rechtsphilosophie von Recht und Gerechtigkeit, also vom Menschen, die Religionsphilosophie von der Religion, also vom Menschen. Die Frage ist aber nicht, ob wir eine besondere Philosophie brauchen, die vom Menschen handelt, wie Odo Marquard meint, eine philosophische Anthropologie, die uns daran erinnern soll, dass der Mensch „diesseits der Utopie" lebt und handelt. Die Frage ist vielmehr, ob die Reflexion über den Stand der Dinge „wie sie sind" oder „wie sie sein sollen" für den Menschen in seiner Ganzheit als Individuum, eingebunden in Familie, Gesellschaft, Nation, Kultur und Geschichte, ausreicht. Die Frage nach dem Sinn der Welt als Lebenswelt der Menschheit ist von ihren frühen Anfängen an geprägt gewesen von den Vorstellungen, die man sich von Himmel und Erde als Ort und Quelle der Sinngebung gemacht hat.

Der Mensch als Ganzes

Im Abendland lässt sich der Weg dieser Suche nach Sinn vom göttlichen Kosmos der Griechen über den Gott der Bibel bis zur Lehre des Menschen im Diesseits verfolgen. Von Rabbi Bunam von Pzysha stammt die berühmte Aussage, dass er ein Buch verfassen wollte, das „Adam" heißen und den ganzen Menschen enthalten sollte. „Dann aber habe ich beschlossen, dieses Buch nicht zu schreiben". Und wenn Theodor W. Adorno sagt, das Ganze sei das Unwahre, so weigert er sich, diese Welt anzuerkennen, wie sie ist. Die Besinnung entweder nur auf die Welt, oder auf Gott oder auch auf den Menschen als Ganzheit erweist sich als unzureichend. Es bleibt zu klären, ob auch im Diskurs der Gegenwart, in einer Welt, in der verschiedene Denkmuster nebeneinander existieren, eine auch verbindliche Verbindung dieser drei Ganzheiten denkbar ist.

Die klassische Orientierung des Menschen am Ganzen bricht da zusammen, wo Gott als Schöpfer des Himmels und der Erde als der

Schöpfer von getrennten Orten des Daseins von Mensch und Gott, als der Schöpfer eines Diesseits und eines Jenseits gesehen wird. Mit dieser Trennung freilich wird der Bezug ermöglicht: Der Himmel ist eben nicht auf Erden, Gott ist nicht Mensch geworden, sondern der Mensch ist Gottes Ebenbild, dies lässt sich im Bild, das der Mensch von sich hat, erkennen. Das Bilderverbot im jüdischen Monotheismus hat hier seinen Ursprung und seine Bedeutung. Sich ein Bild von Gott zu machen hieße, die Voraussetzung der Mensch-Gott-Beziehung zunichte zu machen, eine Beziehung, die das Unvollendete, Unerwartete und Unerdachte einschließt. Das moderne Streben nach Freiheit und Selbstbestimmung ist zwar nicht eng mit einer Jenseitserwartung verbunden, doch mit einer Sehnsucht nach einem verlorenen Himmel, der als Ausweg aus einer festgelegten Ordnung der Natur das Selbst von seinen eigenen Vorstellungen retten könnte. Das Selbstverständnis von Mensch und Welt hängt somit eng mit der zentralen Frage zusammen, wie sich ein religiös geprägtes Denken mit einem aufgeklärten verbinden lässt. Der Zusammenhang zwischen Diesseits- und Jenseitsentwürfen wird zur Chiffre der Problematik einer unversöhnten Moderne, in der Versöhnung in einer unerlösten Welt nur durch eine verbindliche Trennung aufhebbar erscheint. Das Leben in einer vollständig historisierten Welt, in der die Überzeugung vorherrscht, dass die Menschenwelt die einzige sei, die wir verstehen können, da wir sie selbst geschaffen haben, öffnet möglicherweise einen Horizont des Denkens und des Lebens, in dem die Menschenwelt als Welt für und um des Menschen willen geschaffen ist oder die vorhandene Welt eine neue Bedeutung gewinnen kann. Die Welt ist dann nicht entweder eine von Natur aus bestehende oder nach einem vorherbestimmten Zeitplan verlaufende, sondern hat aus menschlicher Sicht einen Anfang:

Die Welt muss sich an jedem Tag an einem jeden einzelnen Menschen erneuern, um Menschenwelt zu werden. Das Verhältnis des Menschen zu Gott gewinnt so seinen Sinn im Verhältnis des Menschen zur Welt, in dem der Wille zur Schöpfung der Welt sinnvoll bewahrt bleibt. Der seiner Freiheit überlassene Mensch ist das Staunen und das Entsetzen über diese Einsicht, die Brücke zwischen Schöpfung und Selbstschöpfung.

Dort, auf dieser schmalen Brücke zwischen Himmel und Erde, bekommt die Suche nach Sein und Sinn einen Ort, an dem die Endlichkeit der menschlichen Existenz der Unendlichkeit des Kosmos begegnet, jenseits der vorweggenommenen Antworten auf die ersten Fragen nach den letzten Dingen. Dort begegnen sich die Antworten auf die Fragen *was kann ich wissen? und was kann ich tun?* im historischen Bereich mit den Fragen *was kann ich hoffen?* und *was ist der Mensch?* im metahistorischen. In diesem Frage-und-Antwort-Spiel, das ein Spiel auf Leben und Tod ist, wie es uns aus der Paradiesgeschichte bekannt ist, wächst der einsame Mensch in Hoffnung und Verzweiflung, in Skepsis und Vertrauen Der Verzicht auf diesen Ort würde das Ende bedeuten, ein Ende, das auch den Anfang in einen Abgrund reißen würde, in dem Leben und Tod jeglichen Sinn verloren haben, wie uns aus der Geschichte der Henker in Auschwitz bekannt ist.

Für den modernen Menschen reicht allein die Einsicht, dass wir in mehr als einer Welt leben, dass Wirtschaft und Politik, Wissenschaft und Kunst, Bildungssysteme und Glaubensinstitutionen, Technik und Mensch verschiedene Bereiche der Wirklichkeit darstellen, nicht als Ausgangspunkt für die Frage nach dem Sinn der Dinge. Die Erkenntnis der Trennung dieser Bereiche zeigt nur die Ohnmacht des Menschen, seine eigene Existenz als Brücke, als Ort der Begegnung mit seiner Lebenswelt zu benutzen. Es zeigt sich die Unfähigkeit des Menschen, die Sonderposition zu erkennen, die er als historisches Wesen im Ganzen einnimmt.

In einer Welt, in der durch Arbeit an der Interdisziplinarität jegliches Bedürfnis nach einem Jenseits der Disziplinen ausgeblendet wird durch einen Diskurs, der von vornherein zwischen einer Außen- und einer Innenperspektive unterscheidet, verschwindet auch jegliches Gefühl [Ur diesen Austausch. Dem Unterschieden zwischen oben und unten, außen und innen, Himmel und Erde, Glauben und Wissen kann man wissenschaftlich und menschlich nur gerecht werden, wenn auch eine Innenperspektive der Fragestellung möglich ist. Dies hieße, nicht in ein dogmatisches Denken zu verfallen, sondern gerade unsere aufgeklärten Kategorien und Begriffe kritisch zu befragen. Hinter dieser Suche nach der Besonderheit der Dinge verbirgt sich die Antwort auf die Frage nach der Sonderposition des Menschen in einer Welt, die den Gegensatz zwischen Natur und Geschichte aufhebt; es geht um die Rettung vor der Gefahr, dass die menschliche Hybris die Welt in den Griff bekommt, der zu einem Würgegriff zu werden droht. Zu leben in der Ungewissheit ist in sich eine Überwindung des Todes. Die Frage nach einem Ethos der Wirklichkeit als Ausweg aus der Krise ‚Wirft somit die Frage des Sowohl-als-auch gegenüber einem Entweder-oder auf, aber mehr noch die Frage nach der Sphäre des Zwischen, das weder die Wirklichkeit in der Innerlichkeit des Einzelnen, noch in einer allumfassenden, bestimmten Allgemeinwelt sucht. Ein Zwischen, das seine Existenz immer wieder der Wirklichkeit abringen muss. Martin Buber hat in seiner Philosophie des Dialogs, in „Ich und Du" und vielen anderen Schriften, versucht, dieses Zwischen zu thematisieren. Seine Suche war nicht eine Suche nach der Wahrheit, sondern nach der lebendigen Wirklichkeit, die nie als Wahrheit erfahrbar sei. Wie kein anderes Buch, so schreibt Buber, rede die Bibel „auf sehr menschliche Weise, nicht in reinem, einigem, streng gegliederten Laut wie die Systeme, vielmehr stammelnd, brüchig und ungefüge, aber von der Wirklichkeit aus".[9]

Für den Anderen

Mehr als alle anderen Denker unserer Zeit hat der jüdische Philosoph Emmanuel Levinas, der vor kurzem gestorben ist, die „schwierige Freiheit" des modernen Menschen in seiner „Philosophie des Anderen" thematisiert und eine Brücke zwischen Judentum und Abendland, aber auch zwischen dem Menschen und seinem Selbst gelegt, das seine Wurzel in dem Gebot „Du sollst nicht töten" hat. Dieses Gebot richtet sich an mich im Bezug auf den Anderen, der mich herausfordert, ich zu sein, meine Gewalt, die Gewalt meines Daseins, nicht gegen den Anderen zu wenden, sondern aus meiner Innerlichkeit herauszutreten und den Anderen nicht als Bedrohung meines Selbst zu empfinden. Haben, so Levinas, heiße das Sein ablehnen. „Gewalt ist Herrschaft, aber Einsamkeit", erinnert er. Erkennen heißt dagegen wahrnehmen, einen Gegenstand erfassen. So wird jede Erfahrung der Welt zu einer Selbsterfahrung. „Dass das ‚Erkenne dich selbst' zur Grundregel der gesamten abendländischen Philosophie werden konnte", so Levinas, „rührt daher, dass der abendländische Mensch letztlich das Universum in sich selbst wiederfindet."[10] Hier begegnen wir der Erfahrung des Selbst, der Erfahrung der Freiheit, der Erfahrung des Wissens. Es führt zu einer tiefen Befriedigung des menschlichen Geistes. Dies ist aber nicht alles.

„Allein der Anblick des Gesichts", so betont Levinas weiter, „in dem sich das Du sollst nicht töten artikuliert, lässt sich weder in eine daraus resultierende Befriedigung, noch in die Erfahrung eines zu großen Hindernisses verkehren, das sich unserer Macht in den Weg stellt"[11] Denn in Wirklichkeit ist der Mord möglich. Aber er ist nur möglich, wenn man dem Anderen nicht ins Gesicht gesehen hat. Die Unmöglichkeit zu töten ist nicht real, sie ist moralisch. Dass der Anblick des Gesichts· keine Erfahrung ist, sondern ein Aus-sichHeraustreten, der Kontakt mit anderem Sein und nicht bloß Selbstempfindung, das bezeugt der „rein moralische" Charakter dieser Unmöglichkeit. Der moralische Blick ermisst im Gesicht das nicht zu durchschreitende Unendliche, in das sich die mörderische Absicht wagt und in dem sie scheitert. Eben darum führt er uns anderswohin als jede Erfahrung und jeder Blick. Das Unendliche zeigt sich nur dem moralischen Blick: „Es wird nicht erkannt, es ist in Gemeinschaft mit uns."[12]

Die Frage bleibt, ob wir den Anderen so wahrnehmen können, in seiner Einbindung im Endlichen, als Selbstempfindung wie im Unendlichen als Empfindung des Anderen. Können wir selbst diesen Blick aushalten, ihm standhalten? Zivilisationsbruch und Alterität als Wahrnehmung des Eigenen im Fremden können nur einschließende Begriffe werden, wenn sie begleitet sind von einem glaubwürdigen, einem menschenwürdigen Ethos der Wirklichkeit, das im Antlitz des Anderen diese Wirklichkeit zu erkennen vermag; des Anderen, der blind wie ich am Mittag in der Dunkelheit seinen Weg in dieser Welt sucht und der erst an seiner Fackel in stockfinsterer Nacht erkannt wird. Eine Wirklichkeit, in der sich religiöse Gebote über den Tod des Anderen in *Furcht für den Anderen* verwandeln, so dass sich wie im Psalmwort Himmel und Erde küssen.

Möglicherweise ist dies eine der Antworten auf unsere Ausgangsfrage zum Zusammenhang und dem gegenseitigen „Brauchen" von Judentum und Abendland. Aus dieser Notwendigkeit, die ein Entschluss aus freier Wahl ist, wächst die Einsicht einer Verbundenheit, die nach der Schoa im Antlitz der Ermordeten eine neue Bedeutung gewinnen kann. Bildung wäre hier dann *Ebenbildung*, das heißt die Suche nach der Ebenbildlichkeit des Menschen, die Ebenbildlichkeit von dem, von dem man sich kein Bild machen darf, dessen Bild jedoch in einem jeden Einzelnen von uns eingeschrieben ist in der Verantwortung für den Anderen.

Dies wäre eine Aufgabe, ein Mandat, welches, wie Franz Kafka richtig sagt, ich nur annehmen kann, „weil niemand es mir gegeben hat", ein Niemand, der jedoch im Jemand sichtbar wird. „Abgründe", so Gershom Scholem, „werden vom Geschehen aufgerissen. Brücken werden vom reinen Willen gebaut". Vielleicht ist dieser Wille nur um der Hoffnung willen gegeben. So könnte aus der Krise dieses Jahrhunderts, welche das Judentum, aber auch das Deutschtum getroffen hat, ein Licht der Einkehr scheinen. Möglicherweise könnte dieses Licht durch eine positive Antwort auf die Frage „Braucht das Abendland die jüdische Tradition?" entzündet werden.

Anmerkungen

[1] Amos Funkenstein, Jüdische Geschichte und ihre Deutungen, Frankfurt a. M. 1995.

[2] Ernst Simon, Entscheidung zum Judentum, Frankfurt a. M. 1980, S. 160.

[3] E. M. Cioran, Lehre vom Verfall, Stuttgart 1979, S. 139

[4] Walter Benjamin, Geschichtsphilosophische Thesen, in: Schriften Bd. I. Frankfurt a. M. 1951, S. 498.

[5] ebd.S.143.

[6] ebd.

[7] Jürgen Habermas, Eine Art Schadensabwicklung, Frankfurt am Main 1987, S. 163.

[8] ebd.,S.164.

[9] Martin Buber, „Philon und Cohen. Ein Fragment" (1928), Jüdische Rundschau 17, VIII; aufgenommen in „Kampf um Israel", zit. nach Martin Buber, Der Jude und sein Judentum. Gesammelte Aufsätze und Reden, 2. Aufl., Göttingen, 1993, S. 795.

[10] Emmanuel Lèvinas, Wenn Gott ins Denken einfällt. Diskurse über die Betroffenheit von Transzendenz, Verlag Karl Alber, 2. Aufl. Freiburg/München, 1988, S. 250- 265.

[11] ebd.

[12] ebd.

Bildung und kein Ende –
Leben und Lehre in jüdischer Tradition

> *„,Und alle deine Kinder gelehrt vom Herrn*
> *und großer Friede deinen Kindern!'*
>
> Jes 54,13
>
> *Lies nicht banajich: deine Kinder,*
> *sondern bonajich: deine Bauleute."*
>
> Babylonischer Talmud, Berachot 64a

> *„Wer sind die Bauleute? Rabbi Jochanan sagte:*
> *Das sind die Gelehrten, denn sie befassen sich*
> *ihrer Lebtage mit dem Aufbau der Welt."*
>
> Babylonischer Talmud, Schabbat 114a

Die Quellen des Judentums im Doppelbezug von Geschichte und Zeugnis

Die jüdische Tradition beruht, wie auch andere religiöse Traditionen, auf einem schriftlich festgelegten Kanon, der einerseits die Geschichte des Volkes Israel beinhaltet, aber darüber hinaus auch die Grundlage bildet für den jüdischen Glauben. Das Epos der Bibel ist Erzählung in dem Sinne, dass es immer wieder erzählt werden muss. Im Erzählen wird die Zeit zur Wirklichkeit. Im Munde des Erzählers wird das Ereignis herausgerissen aus der Vergangenheit und in die Gegenwart gerückt. Als Erzähler bewirkt der Mensch seine eigene Verwirklichung – er bekommt einen Namen und erlöst damit sich selbst und die Geschichte aus ihrer Anonymität. Er schreibt die Geschichte und wird so auch in die Geschichte eingeschrieben, dadurch, dass er die Geschichte als seine eigene benennt. Sie ist nun nicht mehr die Geschichte von anderen, die ihm fremd ist, sondern im Antlitz der Geschichte erkennt er sein eigenes „Menschsein". Ebenso ist die rabbinische Hermeneutik weniger interessiert an einer Rekonstruktion der Vergangenheit als an einer glaubwürdigen Gegenwart als Lehre für die Zukunft. Sie benutzt keine historisch-kritische, sondern eine traditionsstiftende Methode. Nicht, was empfangen wird, kann je mit Sicherheit festgestellt werden; was weitergegeben wird an die nächste Generation, ist jedoch von höchster Bedeutung, um die Zukunft zu ermöglichen. So wurde die Heilige Schrift sorgfältig aufgeschrieben, jede Rolle, jeder Satz, ja sogar jeder Buchstabe wurde mit größter Behutsamkeit behandelt. Die

Lehre, die Moses geboten hatte, wurde „zum Erbteil der Gemeinde Jakobs" (Deuteronomium 33,4).

Aber zugleich bestand ein Drang, nicht nur Hüter dieser Erbschaft zu sein. Rabbi Jose, ein Priester aus dem ersten Jahrhundert, lehrte in diesem Sinn:

„Möge das geistige Gut deines Nächsten dir so kostbar sein wie dein eigenes, und widme dich dem Lernen der Tora, weil sie dir nicht als Erbe zukommt. Und alle deine Taten werden im Wille des Himmels sein." (Sprüche der Väter 2,17)

Rabbi Jose brachte zum Ausdruck, was die Bibel in seiner Zeit für eine Bedeutung hatte: Um ein wirkliches Erbe zu sein, ist es nicht genügend, dass sie gelesen und gelernt wird, die Bibel als Tora (Lehre) muss in jedem Wort immer wieder neu entdeckt werden, um ein persönliches Erbe für einen jeden Einzelnen zu werden. Um dies als Gemeinschaft zu erreichen, musst du, so Rabbi Jose, der Priester, lernen, das geistige Erbteil, das heißt die Interpretationen der anderen, wie deine eigenen zu respektieren. Nur so kann die Tora das wahrhaftige Erbteil der Gemeinde Jakobs werden.

In der jüdischen Tradition findet dieser Prozess auf zwei Ebenen statt, durch das Lernen und das Beten als zwei Möglichkeiten, Tradition zu stiften und die „Mitte der Zeit" mit Inhalt zu füllen.

Jüdische Hermeneutik als methodisches Bindeglied zwischen Text und Tradition beschäftigt sich nicht in erster Linie mit der Auslegung der Schrift, sondern vielmehr mit der Frage, wie menschliche Erfahrungen – die im Laufe der Jahrhunderte in der jüdischen Tradition in religiöser Sprache ausgedrückt und aufgezeichnet wurden – im Text aufleuchten. Die Kunst, die Heilige Schrift als das Wort Gottes „sprechen zu lassen", noch bevor eine bestimmte Bedeutung daran geknüpft wurde, ist ein Merkmal jüdischer Hermeneutik von ihren frühen Anfängen an gewesen, und die Sehnsucht nach den Geheimnissen der Tora hat zu jeder Zeit Gott und Mensch verbunden. Die Reflexion über die Rolle des Menschen und die menschliche Handlung steht im Mittelpunkt des hermeneutischen Diskurses. Manchmal deutet die Erörterung die Quelle, und manchmal dient die Quelle als Illustration der Erörterung. Wir haben es hier also weniger mit einer Interpretation zu tun, als vielmehr mit einer Begegnung mit der Schrift, die sich jeder Systematik entzieht und die sich immer wieder an jeder Auslegung orientieren muss. Jüdische Hermeneutik lässt sich also nicht aus einer Gesetzlichkeit ab- oder herleiten, sondern bedarf der freien Entscheidung des Menschen als Vorbedingung und ist deshalb durch den Menschen als frei wählendes Individuum bedingt. Diese Freiheit hebt die hermeneutische Handlung auf eine höhere Ebene, die den Bund mit Gott immer aufs Neue bestätigt.

Im Begriff „Tora" als Heilige Schrift, die durch die Übersetzung in eine mündliche Lehre dem Menschen erst zugänglich wird, eröffnet sich aus jüdischer Sicht eine Wirklichkeit, die konkret und erhaben neben der realen Wirklichkeit einen zentralen Ort im Leben des Volkes einnimmt. Das Diktum „Israel und die Tora sind eins" galt als Leitwort und erlaubte das offene und verborgene Sehen durch die Irrtümer und den Schein der Welt hindurch. In diesem Sinne ist Tora kein Ausdruck für Gesetz oder Glaube, Gebot oder Weisheit, sondern ein Ausdruck dafür, dass Gott Schöpfer der Welt ist und dass er diese Welt nur mit ihr und um ihretwillen erschaffen hat. Das Lernen der Tora als Lebensweg ist so zum Kern der jüdischen Hermeneutik geworden.

Die grundsätzliche Frage, wie es überhaupt möglich ist, die Begegnung zwischen Gott und Mensch in Sprache auszudrücken, haben die Rabbinen in einem Satz zu lösen versucht: *Dibra Tora kilschon adam* – „Die Tora redet *wie* in menschlicher Sprache."[1]

Der biblische Text ist nicht ohnmächtig gegenüber dieser Begegnung mit einer Wirklichkeit, die sich immer wieder sprachlich erneuert. Jedoch wählt der Schreiber bewusst und absichtsvoll diesen Weg: Er gestaltet mit der Schrift eine Art Leiter zwischen Mensch und Gott und dabei weiß er, dass es eben gerade nicht die Stufen dieser Leiter sind, die das Auf und Ab bestimmen und ermöglichen. Es sind die Abstände zwischen diesen Stufen, die den Weg bestimmen und ermöglichen, ihm gleichsam im Schweigen eine Stimme geben. Jede Begegnung mit einem religiösen Text, sei es im religiösen oder wissenschaftlichen Rahmen, muss diese Gleichzeitigkeit von Nähe und Ferne, das Anwesende und das Abwesende, die Fülle und die Leere mit einbeziehen. Im Bild der Leiter Jakobs ist das Verhältnis zwischen dem konkreten Text und der religiösen Erfahrung zu verstehen. Die Leerstellen zwischen den Stufen müssen entdeckt werden. In der Sprache einer alten jüdischen Redeweise[2]: „Die Tora wurde geschrieben, schwarzes Feuer auf weißes Feuer". Das schwarze Feuer sind die Buchstaben der Tora, die es uns ermöglichen, sie zu lesen; sie sind aber zugleich nur Rahmen für die auszufüllenden Zwischenräume.

Es ist wichtig, dass eine historische Betrachtung eines religiösen Textes die Möglichkeit einschließt, den Text in seinem historischen

Kontext a-historisch zu betrachten, das heißt einen religiösen Text immer in seiner grundlegenden Problematik zu sehen, nämlich in der Problematik von Sprache und Zeit. Sprache in dem Sinne, dass menschliche Sprache nie ausreichend ist, eine Brücke zwischen Mensch und Gott zu schlagen; und Zeit in dem Sinne, dass der Mensch eben endlich und bedingt, Gott aber unendlich und unbedingt ist. Einen religiösen Text verstehen heißt daher, in seiner Ohnmacht seine Stärke zu entdecken: Nur ohne Macht, das heißt ohne wirklich vollkommen begreifbar zu sein, also ohne den Leser ganz überzeugen zu wollen, kann seine Wirklichkeit entdeckt werden.

Einen religiösen Text „sprechen zu lassen" heißt, ihn für einen Augenblick aus seinem historischen Kontext zu lösen und ihn „wie am ersten Tag" zu hören. Die Abschiedsreden von Mose an das Volk Israel im Buch Deuteronomium sind ein Beispiel für dieses Brechen der Historizität des Textes, welches eine Begegnung mit einer anderen Wirklichkeit ermöglicht. Zwei Dinge werden hier nämlich erreicht; einerseits wird die Gegenwart mit der Vergangenheit verbunden und so als eine wirkliche Erfahrung erlebt, und andererseits wird die Gegenwart als Ewigkeit erlebt, die in jedem Augenblick wieder Gegenwart werden kann. Es geschieht also auf der horizontalen Ebene der Zeitlichkeit und auf der vertikalen, wo die Ewigkeit in die Zeit einbricht.

Eine rabbinische Auslegung soll dies verdeutlichen.

„R. Isaak lehrte: Das, was die Propheten in künftigen Generationen weissagten, hatten sie schon von der sinaitischen Offenbarung her empfangen. So sprach auch Mose zu den Israeliten: ‚Ich mache diesen Bund und diesen Eid nicht mit euch allein, sondern mit euch, die ihr heute hier seid und mit uns steht vor dem Herrn, unserm Gott, als auch mit denen, die heute nicht hier mit uns sind.' (Dtn 29:14)"

Es heißt hier nicht: „die heute nicht hier mit uns stehen", sondern: „die heute nicht hier mit uns sind". Das bezieht sich auf die Seelen, die erst in der Zukunft erschaffen werden sollen. Weil sie damals noch keine Realität hatten, wird das Wort „stehen" hier nicht für sie gebraucht. Obzwar sie also zu jener Stunde noch nicht existierten, erhielt doch damals schon jede Seele ihren Anteil. Darum heißt es auch (in Mal 1,1, dem letzten Propheten): „Die Bürde der Rede des Herrn durch Maleachi" (wörtlich: *in der Hand von Maleachi*). Es heißt hier nicht: „in den Tagen von Maleachi", sondern: „in der Hand von Maleachi". Denn er war schon seit dem Sinai im Besitz seiner Prophetie. Aber erst jetzt erhielt er die Erlaubnis zur Weissagung. So sprach auch Jesaja (Jes 48,16): „Von der Zeit an, da es ward, bin ich da. Und nun sendet mich der Herr Gott und sein Geist", als ob er sagen wollte: „Ich war dabei, als die Tora am Berge Sinai gegeben wurde, und damals erhielt ich meine Prophetie. Aber erst jetzt wurde mir die Erlaubnis zum Weissagen erteilt." Und es waren nicht nur die Propheten, die ihre Prophetie vom Sinai her erhielten, sondern auch von den Weisen aller zukünftigen Geschlechter erhielt ein jeder seine Weisheit am Sinai.[3]

Es geht nicht nur darum, die Propheten und die Weisen in Israel in ihren Aussagen zu legitimieren, sondern für jede Generation die Möglichkeit zu schaffen, den heiligen Text als das lebendige Wort Gottes wahrzunehmen, wie es erlebt wurde von der ersten Generation, die durch Gott aus Ägypten zum Berg Sinai geführt wurde. Die Heilige Schrift ist in dieser Hinsicht in jüdischer Tradition nämlich nur „Schrift", indem sie das gesprochene Wort Gottes darstellt.[4] Wie in Mose das Wort Gottes hervorbricht, so wird es durch den Bericht dieses Geschehens dem Volk ermöglicht, dem Gott zum Munde zu werden.[5] Durch das Sprechen Gottes werden Zeit und Ewigkeit in ihrer Widersprüchlichkeit aufgehoben.

In der jüdischen Tradition ist die Bibel, das heißt der *TeNaCH*: *Tora* (die fünf Bücher Mose), *Neviim* (die Propheten), *Ketuvim* (die Schriften), die sprachliche Form der Gotteserfahrung. Sie ist Heilige Schrift, weil sie immer wieder die mündliche Aussage Gottes nötig hat, um verstanden zu werden. Das gesprochene Wort Gottes findet ein ständiges Echo in der Interpretation, die das schriftliche Wort wieder in ein mündliches Wort zurückübersetzt. Die jüdischen Gelehrten machen daher eine Trennung zwischen schriftlicher und mündlicher Lehre, *Tora sche-bichtaw* und *Tora sche-be'al pe*, bestehen aber darauf, dass beide am Berge Sinai gegeben wurden. Die mündliche Lehre, die sich im Laufe der Jahrhunderte in der jüdischen Tradition entwickelte, ist der Ausdruck des geistigen und religiösen Lebens des Volkes.

Diese Lehre füllt die Leere zwischen Mensch und Gott. „Und diese Sache ist nicht leer von euch" betont Mose in seiner Abschiedsrede (Dtn. 32,47). Und der Midrasch sagt, „wenn sie leer ist, ist sie nur leer, weil ihr sie nicht gefüllt habt"[6].

Die Kunst, die Leere des biblischen Textes mit Lehre zu füllen, ist in der rabbinischen Diskussion im Talmud vorgegeben, in einem Text also, der sich – wie die Bibel – aus seinem Zusammenfließen von verschiedenen Texten zu einem Gewebe konstituiert und der sein Leben dem Akt des Kommentierens verdankt. Keine ganzheitliche Wahrheit ist hier vernehmbar, sondern das Gesagte wird immer wieder relativiert durch eine Vielfalt von Gegensätzen, die dem Text eine wunderbare Glaubwürdigkeit verschafft. Jedes Argument ist in den Urtext der Bibel eingebettet, gewinnt aber durch den argumentativen Kommentar einen Sinn, der in paradoxaler Weise ein Gegenargument auslöst. In Rede und Widerrede erscheinen Gott und Mensch – in der Gestalt von Text und Kommentar – als Gegner in einem nie aufhörenden Ringen um Bedeutung. Der „Streit um des Himmels Willen" – *machloket le-schem schamajim* – ist so eine der Grundformen der jüdischen Auslegungstradition.

Die jüdische Tradition hat jede neue Auslegung wieder auf die Tora und die Texte aus Midrasch und Talmud zurückgeführt. Jede neue Interpretation ist ein Kommentar zu dem Alten, jedoch nicht, weil es alt ist. Die Tora ist zeitlich ungebunden. Wann immer sie aufgeschlagen wird, wird sie wie am ersten Tag neu entdeckt. Was in einem früheren Dokument steht, wird nicht seines Alters wegen als höhere Autorität betrachtet, sondern wegen der ewigen Grunderkenntnisse, die darin zu finden sind.

Der Inhalt der Tora ist also nicht fixiert, er wächst immer mehr und man erwartet von dem Talmudschüler, dass er etwas Neues hinzuzufügen oder etwas für das Verständnis der Tora Neues zu finden hat. Das Studium ist ein Gespräch mit dem Text, ein Fragen, das zu einem tieferen Verständnis führen soll. Man stellt eine Frage und der Text antwortet. Öfters antizipiert er unsere Fragen und wir lesen sie laut als Antwort. Auch der Text selbst gibt dem Schüler Fragen auf, und erst wenn er sie beantwortet hat, kann er weiterlernen. Der Schüler muss betroffen sein, ein Teil des Denk- und Lernprozesses der vergangenen Generationen werden, um zu verstehen, was der Text sagen will. Abraham Joshua Heschel spricht vom Geheimnis der Offenbarung:

„Wir dürfen nicht versuchen, die Bibeltexte, die vom Sinaigeschehen handeln, wie Texte systematischer Theologie zu lesen. Ihre Absicht ist, das Geheimnis zu feiern; sie wollen uns damit bekanntmachen, nicht eindringen oder erklären. Als Bericht über die Offenbarung ist die Bibel selber ein Midrasch."[7]

In seinem Lernen erzählt der Schüler den Midrasch weiter und schlägt die Brücke zwischen schriftlicher und mündlicher Lehre: Offenbarung wird so zum Instrument der Erlösung. Eine chassidische Auslegung soll die Verbindung zwischen Schriftdeutung und Erlösung erläutern:

„R. Bunam kam einst in die Kammer seines Lehrers, des Jehudi. Der sah vom Buch auf wie einer, der seine Arbeit für einen Augenblick, jedoch nicht ungern, unterbricht, und sprach wie in einem Spiel: ‚Sag mir einen Vers in der Tora, und ich will ihn dir deuten.‘ Bunam sagte den Vers, der ihm als erster einfiel: ‚So redete Mose die Worte dieses Gesanges in die Ohren aller Versammlung Israels, bis sie vollendet waren.‘ ‚Bis sie vollendet waren‘, wiederholte der Jehudi und sah wieder ins Buch; die Unterredung war zu Ende. Rabbi Bunam ging in hoher Freude hinaus. Sein Gefährte, Rabbi Henoch, der mit ihm in der Kammer des Lehrers gewesen war, fragte ihn, worüber er sich freue, er habe doch die versprochene Deutung nicht zu hören bekommen. ‚Besinne dich!‘, sagte Bunam. Da verstand der andere: Mose hatte seinen Gesang wieder und wieder zu den Kindern Israel gesprochen, bis er sie zur Vollendung brachte.“[8]

Jüdische Antworten auf den Historismus und seine Ambivalenz

Der Historismus des neunzehnten Jahrhunderts, der Zeit, in der die Wissenschaft des Judentums als akademische Disziplin ihren Eingang in das europäische Denken – wenn auch nicht in seine Institutionen – fand, bildete eine neue Herausforderung für die Frage nach der Tradition als Grundlage für ein Lebensethos in bezug auf Judentum und Moderne. Es eröffnete den Blick auf das kulturelle Selbstverständnis und die daraus resultierenden Kulturvarianten, in denen die Fragen der Moderne gelöst werden. Dabei brachte er einerseits die dogmatische Struktur der Überlieferung hermeneutisch zu Bewusstsein, andererseits bestand die Gefahr, dass der Lebensbezug der Dokumente verloren ging. Jürgen Habermas schreibt 1978 in seiner Rede zum 80. Geburtstag von Gershom Scholem die daraus resultierende Ambivalenz der Geisteswissenschaften folgendermaßen:

„(…) So bewegten sie sich in jener merkwürdigen Ambivalenz zwischen der Erhellung von Dokumenten, aus denen wir noch Lebenswichtiges lernen können, und der Entzauberung ihrer dogmatischen Geltungsansprüche. Diese Ambivalenz beunruhigt eine an ihren Gegenständen Anteil nehmende Philologie bis auf den heutigen Tag.[9]

Das Auseinanderklaffen von Philosophie und Philologie und die Einordnung der Ethik als Spezialfach, erschwert die Lage der Wissenschaft des Judentums, in der die *Religion als Kultur* von Anfang an ein wichtiges Thema ist. Der zentrale Stellenwert der Ethik als Verantwortung für den Anderen und das Andere als erste Philosophie und als Beitrag aus der Urquelle des Judentums für das Abendland erweist sich dagegen als eine geistig gelungene Symbiose zwischen Judentum und Abendland im Bereich des europäischen Humanismus und dessen Ausprägungen auf den Gebieten der Wissenschaft, Philosophie und Kunst.

In der Begegnung von Individuum und Gesellschaft findet die Gestaltung von Tradition statt, und es ist möglicherweise das Verdienst der jüdischen Tradition als historisches Phänomen, welches dieses gerade in Europa am deutlichsten zeigt. So fällt auch der Verlust des europäischen Judentums, welches neben dem antiken griechisch-römischen Erbe, dem Christentum und dem Islam das Denken in Europa geprägt hat, als Riss ins Auge. Die Erfahrungen, die die Völker Europas am Ende des zwanzigsten Jahrhunderts und nun schon nach Beginn des dritten Millenniums machen mussten, sind ein Glied in der Kette, das – trotz oder gerade wegen der damit verbundenen Grausamkeiten – unentbehrlich ist, um weiterzuleben und um den kommenden Generationen dies auch in würdiger und richtiger Weise zu ermöglichen. Es ist notwendig, die Geschichte durch die Ordnungs- und Zweckbestimmtheiten hindurch zu lesen und damit die Gegenwartserfahrung aus dem Kreislauf der Wiederholungen zu erlösen und in etwas über sich Hinausweisendes zu verwandeln.

So gewinnen die politischen und gesellschaftlichen Umbrüche der letzten Jahre in Europa, die das Ende der Nachkriegsordnung markieren, an Bedeutung, die unmittelbare Konsequenzen hat für eine Reflexion über den Ort des jüdischen Denkens in der europäischen Geistesgeschichte.

In diesem Zusammenhang ist es wichtig, die Bedeutung von Tradition im Judentum zu betrachten. Erstens gibt es die Definition von Tradition (*Massoret*), die sich auf das genaue Wort-für-Wort Weitergeben des biblischen Textes als Heilige Schrift bezieht. Die zweite Definition von Tradition meint den ganzen Korpus der religiösen Schriften in ihren theoretischen und juristischen Aspekten. Dieser Korpus ist im Grunde der Ausdruck des fortdauernden Kommentars, der nicht vom Text selber zu trennen ist: Form und Inhalt sind eng miteinander verknüpft. Erst durch die Interpretation bekommt der Text seine Bedeutung, weil er, wie wir oben gezeigt haben, einerseits ein Text ist, der „wie in menschlicher Sprache" spricht, und andererseits auch, weil Tradition genau dieses Verhältnis von Text und Kommentar als dialektische Spannung zum Ausdruck bringt. In dieser Hinsicht gibt es keinen Unterschied zwischen dem Judentum und anderen positiven Religionen, die den menschlichen Kommentar auf die Offenbarung Gottes zur Grundlage ihres religiösen Lebens gemacht haben. Indem das religiöse Leben seine eigenen Wurzeln im Text schlug und so untrennbar damit verschmolzen wurde, bekommt Tradition einen religiösen Stellenwert und erweitert ihre eigene Bedeutung von der Sphäre des Textes zur Sphäre des Kommentars. Die Brüche im Text, die durch die historisch-kritische Methode der Bibelkritik des neunzehnten Jahrhunderts aufgedeckt wurden, sind – traditionell gesprochen – Kommentare auf den Text und Teil der biblischen Hermeneutik.

In diesen zwei Definitionen kommt jedoch nicht die vollständige Bedeutung von Tradition zum Ausdruck. Es gibt eine dritte, in der Tradition die Gesamtheit des Lebens bedeutet, die von einer Generation zur anderen überliefert wird. Der Übergang von den ersten beiden Bedeutungen zur dritten ist in bezug auf das Judentum insbesondere deshalb aufschlussreich, weil der überlieferte Text als literarisches Dokument nicht nur eine theoretische Bedeutung hat, sondern die Materie des religiösen und sozialen Lebens der Gesellschaft selbst konstituiert: Der Text ist ein essentieller Faktor für die historische Kontinuität der Gemeinschaft. Mit anderen Worten: Die Bibel beinhaltet Pflichten für den Einzelnen und die Gemeinschaft, und in dem Maße, in dem diese Pflichten einen historischen Stellenwert bekommen, entsteht eine notwendige Verbindung zwischen Text, Kommentar und der historischen Beschaffenheit der Gemeinschaft und ihrer Geschichte. Obwohl alle drei Definitionen sich im Laufe der Geschichte des jüdischen Volkes manifestieren, ist ihre Relation nicht nur historisch, sondern auch systematisch.[10] Das Judentum hat daher keine Geschichtsschreibung im klassischen Sinn vorgenommen; die entscheidenden Geschichtsvorstellungen der Bibel wurden von Priestern und Propheten, nicht von Historikern geschrieben. Den Kern der biblischen Geschichte bildet im Grunde die Aufzählung der Taten Gottes, die aber in den Berichten und Erzählungen von menschlichen Handlungen und den Taten Israels und anderer Völker gefasst sind. Sicherlich gründete die Geschichtsschreibung im alten Israel in der Überzeugung, dass die Geschichte Theophanie ist und dass die Deutung allen Geschehens in dieser Überzeugung zu suchen ist. Das Resultat war aber keine Theologie, sondern eine Geschichtsschreibung, wie es sie vorher noch nicht gegeben hatte.[11] Von Anfang an war es aus jüdischer Sicht also notwendig, die aktuelle Erfahrung der Gemeinschaft und des Einzelnen im Bezug zum Text als Erzählung über die göttliche Offenbarung in der Geschichte zum Ausdruck zu bringen.

Offenbarung ist aus jüdischer Sicht somit nicht nur eine Grundlage für Geschichtsbewusstsein, sondern das Geschichtsbewusstsein selbst, da Gott sich in der Geschichte, als Ursprung der Geschichte überhaupt, offenbart.

Einer der bedeutendsten jüdischen Religionsphilosophen der Moderne, der Neukantianer Hermann Cohen, hat in diesem Zusammenhang die Beziehung zwischen Kanon und Kultur zur Grundlage seiner Philosophie gemacht.

„Es darf überhaupt kein Moment im Leben und keine Hantierung des Lebens als profan gedacht werden. Alles im Menschlichen ist heilig; jede menschliche Handlung steht im Dienste, also unter dem Ideale der Heiligkeit. Die Heiligkeit ist ja vom Opfer auf die Sittlichkeit hinübergepflanzt worden."[12]

Hermann Cohen betont daher die Verbindung zwischen *Leben und Lehre* an vielen Stellen: „Es besteht im Judentum ursprünglich und an sich kein Unterschied zwischen Leben und Lehre."[13] Eines der wichtigsten Beispiele ist die Mischna, die am Anfang des Morgengebets gesagt wird: „Folgende sind die Dinge, denen kein Maß gesetzt ist: der Eckwinkel, die Erstlingsgabe, die Erscheinung (an den drei Festen), die Liebestätigkeit und das Studium der Tora."[14] Dies sind die allgemeinsten Vorschriften sittlicher und gesellschaftlicher Art, die zwischen Mensch und Mensch die Grundlage des Zusammenlebens bilden und die nie durch eine feste Norm maßgeblich bestimmt werden können, da sie Ausdruck des freien Willens des Menschen sind und bleiben müssen. Sie stehen unter dem Zeichen der Liebestätigkeit (*gemilut chassadim*), die eine Vergeltung der Liebestaten (*chessed*) Gottes sind, also eine *imitatio dei*[15], ausgedrückt in der Handlung am anderen Menschen. Das Studium der Tora dient dazu, als rein geistige Tugend, den Menschen ganzheitlich zu machen. Die Lehre soll Gotteserkenntnis sein, und die Handlungen des Menschen sollen in Übereinstimmung mit seiner Lehre sein: Theorie und Praxis dürfen nie getrennt bleiben, Lernen und Beten sind beide untrennbare Formen des religiösen Lebens, welche die Grundlage der jüdischen Hermeneutik bilden.

Dieses Gebet fährt wie folgt fort: „Diese sind die Dinge, deren Früchte der Mensch in seinem Leben genießt; das Hauptgut aber bleibt bestehen für das zukünftige Leben. Diese sind es: Verehrung für Mutter und Vater, Liebestätigkeit, das Frühaufstehen zum Lehrhaus morgens und abends, die Aufnahme der Wanderer, die Krankenpflege, die Aussteuer einer Braut, die Totenbestattung, die Andacht im Gebete, das Friedensstiften unter den Menschen, aber das Studium der Lehre übertrifft sie alle."[16] Es ist hier wichtig zu beobachten, dass ein Unterschied gemacht wird zwischen „Früchte" und „Hauptgut". Es ist hier nicht die Rede von „Lohn". (Eine bekannte Aussage der Rabbinen lautet: „Der Lohn einer *mitzva* ist die *mitzva*.") In diesem Leben gibt es die Früchte, aber in jenem Leben das Hauptgut, von dem keine Früchte gewonnen werden können. So gewinnt auch dieses Leben eine „ewige" Dimension als die „unendliche Entwicklung der Menschenseele". Dieses Motiv gewinnt eine besondere Bedeutung für das Gebet, die auf eine persönliche Innerlichkeit hinweist und im Grunde eine Erklärung liefert einerseits für das Prinzip der Maßlosigkeit der Handlung („dies sind die Dinge, die kein Maß haben") und andererseits für die Abkopplung des Prinzips des „Lohns" von der Handlung durch die Aussage über „Früchte" und „Hauptgut". Es handelt sich hier um die Innerlichkeit als Gesinnung – *Kawwana* (wörtlich „Richtung"), Cohen übersetzt „Zurichtung" und „Zurüstung": „Dieses Wort für Andacht allein würde schon hinlänglich die Gesinnung als Grundfaktor des jüdischen Gottesdienstes und aller religiösen Tätigkeit erweisen."[17] Es ist also die innerliche Haltung im Gebet intendiert, die im Mittelpunkt der Aufmerksamkeit steht. Hier folgt aber ein überraschender Schlusssatz: „[...] das Studium der Lehre übertrifft sie alle". Das Lernen der Tora übertreffe alle Tätigkeiten. Hiermit ist nicht der Intellektualismus gemeint oder gar die Askese oder die mystische Vertiefung, sondern das „Fundament der Religion, das keine Scheidung zwischen Theorie und Praxis zuläßt, daher auch in der Theorie die Wurzel für alle Erziehung und Entwicklung des Menschen zu behaupten vermag. Keine richtige Handlung, die nicht aus der richtigen Erkenntnis erwüchse; und keine richtige Erkenntnis, die nicht die richtige Handlung aus sich hervortriebe."[18]

Wir begegnen hier der Grundlage der jüdischen Hermeneutik bei Hermann Cohen, wie wir sie im ersten Teil unserer Ausführungen über die rabbinische Lehre dargestellt haben. Sie erinnert an die Unterscheidung im Deuteronomium zwischen Satzungen (*Chukim*) und Rechten (*Mischpatim*). Obwohl es bei den Rabbinen keine Trennung gegeben hat zwischen rein sittlichen und im strengeren Sinne religiösen Gesetzen, besteht doch eine Unterscheidung zwischen beiden Kategorien.

In der jüdischen Religionsphilosophie des Mittelalters wird diese Frage zu einem der Hauptdiskussionspunkte im Dialog mit dem Islam über Offenbarung und Tradition im Bereich der *ta'ame hamitzvot*, der vernünftigen Begründung der Gesetze. Wir können hier nicht weiter auf diese Thematik eingehen. Es sei nur erwähnt, dass die Religionsphilosophie von Bachja ben Josef Ibn Pakuda (ca. 1050–1120) in seinem Hauptwerk *Hovot Halevavot – Herzenspflichten* die Bedeutung der Gesinnung des Herzens zur richtigen Ausführung der religiösen Handlungen ins Zentrum rückt als Beweis der Einheit von Körper und Seele und der Einheit Gottes.[19] Hermann Cohen löst dieses Problem innerhalb seines Systems: dass nämlich die Gesetze ihre Grundlage nur im einzigen Gott haben, dieser aber identisch ist mit der Sittlichkeit. Da wir jedoch von seinem Wesen nur die Erkenntnis der Attribute der Handlungen haben, bleibt uns nur ein Urbild der Sittlichkeit als Grund des Gesetzes. Die Erkenntnis Gottes und die Erkenntnis der Sittlichkeit fallen hier also zusammen. Gott und die Sittlichkeit sind absolute Zwecke, die ihren eigenen Wert in sich haben. Hiermit ist die Korrelation mit den Menschen mit eingeschlossen und befestigt: Es gibt keinen Gegensatz zwischen Ziel und Zweck. Der Zweck ist das Ziel, und das Ziel ist der Zweck. Gott ist der Gott der Heiligkeit und der Sittlichkeit. So ist der Spruch von Saadja Gaon wahr geworden: „Unser Volk ist nur ein Volk durch seine Lehren"[20].

Dies ist auch der Grund für Hermann Cohens Argumentation für den Eigenwert des jüdischen Monotheismus als Religion der Vernunft aus den Quellen des Judentums innerhalb der allgemeinen Kultur, den er *wissenschaftlich* begründet:

„Denn wenn mehrere Religionen je ihren Anteil an der Vernunft haben, so darf keine derselben unterdrückt werden. Der Gedanke, eine Religion durch die andere ersetzen zu wollen, ist ebenso ein geschichtlicher Ungedanke, wie er der Geschichtsphilosophie widerspricht, welche den Gedanken der Absolutheit abzuwehren und in der Mannigfaltigkeit der Kulturerscheinungen den Anteil der Vernunft an ihnen zu erforschen hat."[21]

Um kulturelle Erscheinungen innerhalb der Gesellschaft zu verstehen, muss man ihre Quellen nicht nur historisch, sondern auch geschichtsphilosophisch, also in ihrem jeweiligen kulturellen Kontext und Sinn erforschen. Der ethnische und anthropologische Anteil der Kultur, der noch im modernen Begriff der Nation erhalten war, wurde in der Idealisierung des Staates als äußeres Gebilde aufgehoben und dadurch seiner Inhalte entleert. Mit einem scharfen Auge weist Cohen auf die Problematik dieser Situation im Bereich der Geisteswissenschaften hin:

> „Wenn religiöse Befangenheit zu einer wissenschaftlichen, zu einer methodischen wird und die Absolutheit des Christentums behauptet wird, so ist der Streit nicht auf dem Gebiet der wissenschaftlichen Methodik auszutragen, sondern schließlich an dem Streitproblem selbst. Wer den Monotheismus nur in der christlichen Form anerkennt, der begreift nicht die Einheit des jüdischen Monotheismus. ‚Er ist einzig, und kein Zweiter ist ihm zu vergleichen und ihm zu vergesellschaften‘, so heißt es in einem synagogalen Gedicht von Gott."[22]

Dies bedeutet aber, dass sein Name auch einzig ist. Der Name muss den Begriff zum Ausdruck bringen. „Es darf nicht vielerlei Namen, weil nicht vielerlei Begriffe von Gott geben."[23] Die historische Geisteswissenschaft ist hier besonders angesprochen, insbesondere im Bereich der Kulturwissenschaften, auf die die· tiefgehende Kulturkritik Hermann Cohens gegen den vom Christentum geprägten Historismus des neunzehnten Jahrhunderts, die hier ausgesprochen wird, zielt.[24] Sie hat ihre unauslöschlichen Spuren in der Entwicklung der Wissenschaft des Judentums hinterlassen und führt bis zum heutigen Tag zu heftigen Diskussionen über die Bestimmung und den Inhalt dieses Faches im akademischen und kulturellen Kontext.[25] Gegen die Argumente derjenigen, die eine Gefahr in der Isolierung des Judentums innerhalb der Kulturwelt sahen, plädiert Cohen für eine Isolierung nicht unter dem Gesichtspunkt des Gesetzes, sondern des reinen Monotheismus. „Mit dem Monotheismus steht die Kulturwelt selbst auf dem Spiele"[26]. Die allgemeine Kultur hat ja keinen festen Mittelpunkt:

> „[...] nur der einzige Gott des jüdischen Monotheismus kann diesen festen Mittelpunkt bilden, der der Kultur ein stabiles Gleichgewicht für die Vielheit ihrer Interessen zu bieten vermag. Für das Judentum ist daher, wie begrifflich so in der Kulturarbeit, eine Isolierung unumgänglich."[27]

Es geht hier aber nicht um eine Abtrennung, sondern um die Einbeziehung aller Bereiche des menschlichen Handelns in die Gottesbeziehung. Die Einbettung der Selbständigkeit und Souveränität des sittlichen Urteils in die Gottesverehrung als Maßstab für alle Richtungen und Bestrebungen der allgemeinen Kultur ist die Garantie dafür, dass Erkenntnis und Handlung *in der Tat* eins sind. Dies ist für Cohen eine Anfrage an die Wissenschaft, nicht nur an die Religion als Grund der Kultur.

Vom Bild zur Bildung

> „Gewiss ist es wichtig, was einer bekennt; aber noch wichtiger ist es, wie er bekennt. Dieses Wie ist kein ästhetisches und nicht einmal ein ethisches; es geht um Realität im genausten Sinn, um die ganze Realität, im Verhältnis zu der das Ästhetische und das Ethische nur Abstraktionen sind."[28]

Die Frage nach dem Sinn der Welt ist so alt wie die Welt selbst und die Antworten so zahlreich wie die Sterne am Himmel und der Sand des Meeres. Die Lebenswelt der Menschheit ist von ihren frühen Anfängen an geprägt von den Vorstellungen, die man sich von Himmel und Erde gemacht hat als Ort und Quelle der Sinnstiftung.

Im Abendland lässt sich der Weg dieser Suche nach Sinn verfolgen vom göttlichen Kosmos der Griechen über den Gott der Bibel bis zur Lehre des Menschen im Diesseits. Von Rabbi Bunam von Przysucha stammt die berühmte Aussage, dass er ein Buch verfassen wollte, das „Adam" heißen und den ganzen Menschen enthalten sollte. „Dann habe ich aber beschlossen, dieses Buch nicht zu schreiben." Und wenn Theodor W. Adorno sagt, dass das Ganze das Unwahre ist, so weigert er sich, diese Welt, so wie sie ist, als das letzte Wort anzuerkennen. Die Besinnung entweder auf die Welt oder auf Gott oder auf den Menschen als Ganzheit erweist sich als unzureichend, und es stellt sich die Frage, ob auch im Diskurs der Gegenwart, in einer Welt, in der verschiedene Deutungsmuster der Wirklichkeit nebeneinander existieren, die Frage nach der *Verbindung* dieser drei Ganzheiten befriedigend ist. Auch stellt es sich heraus, dass nicht die „Entzauberung der Welt", sondern eine Wiederkehr des Religiösen unsere Gegenwart mehr und mehr prägt. In anderen Worten, wir müssen den Weg zum Ursprung nochmals verfolgen, um zu sehen, wie religiöse Traditionen zu modernen Denkformen werden im jeweiligen kulturellen Kontext der drei monotheistischen Religionen in der Begegnung mit dem griechisch-römischen Erbe. Unsere Aufgabe wird es, wie bereits erwähnt, sein, diesen Prozess im Judentum zu verfolgen, das als erste biblische monotheistische Religion die abendländische Kultur geprägt hat.

Die klassische Orientierung des Menschen am Ganzen bricht zusammen, wo Gott als Schöpfer des Himmels und der Erde, als Alleinschöpfer von getrennten Orten des Daseins von Mensch und Gott, als Schöpfer also eines *Diesseits* und eines *Jenseits* gesehen wird. Zugleich wird mit dieser Trennung der Bezug jedoch ermöglicht: der Himmel ist eben nicht auf Erden, Gott ist nicht, wie im späteren Christentum, Mensch geworden, sondern der Mensch Gottes Ebenbild, ein Bild, das sich im Menschenbild, dem Bild, das der Mensch von sich und seinem Nächsten hat, erkennen lässt. Die *ethische* Dimension der Gottesbeziehung ist es, die den Kern des monotheistischen Durchbruchs ausmacht. „... und Gott sah, dass es gut war" ist ein ständig wiederholter Ausdruck der Freude, die Gott an seinem Schöpfungswerk hat und welches er dem Menschen zum Geschenk macht, es „zu pflegen und zu hüten" (Gen 2,15), wie es vom Paradies heißt. Der Mensch hat also vom Anfang an eine enge Beziehung sowohl zur Welt, zu Gott und sich selbst als Hüter der Welt, welche in der dramatischen Frage an Kain, nachdem er seinen Bruder Abel umgebracht hat: „Bin ich meines Bruders Hüter" (Gen 4,10) ihren Gipfel erreicht. Leben und Tod sind nicht nur in der Hand des allmächtigen Gottes, sondern zum Instrument der menschlichen Macht geworden, der Macht, die der Mensch über Leben und Tod seines Mitmenschen hat.

Das Bilderverbot im jüdischen Monotheismus hat hier seinen Ursprung und seine Bedeutung. Sich ein Bild von Gott zu machen hieße, die Voraussetzung der Mensch-Gott-Beziehung zunichte zu machen, eine Beziehung, die nicht nur das Unvollendete, Unerwartete und Unerdachte, sondern in erster Linie die menschliche Freiheit zum Handeln einschließt. Die Ebenbildlichkeit des Menschen in Bezug auf Gott drückt sich nämlich nicht in einer äußerlichen Form aus, sondern in einer *imitiatio dei* der Eigenschaften Gottes, die der Mensch durch seine Tugenden nachahmen kann. Es geht im biblischen Monotheismus nicht wie im griechischen Denken um die Wahrheit Gottes, sondern um die Wahrhaftigkeit, die Art und Weise, in der Gott und der Mensch haften für die Wahrheit, die vonseiten des Menschen in freier Entscheidung immer wieder der Wirklichkeit abgerungen werden muss, in einer Entscheidung über Gut und Böse.[29] Eine berühmte Auslegung des jüdischen mittelalterlichen Exegeten Raschi aus Worms zu Genesis 2,19-20, wo von der Benennung der Welt durch Adam die Rede ist, besagt, dass bevor Adam und Eva vom Baum der Erkenntnis gegessen hatten, sie wohl die Welt benennen konnten, aber nicht den Unterschied zwischen Gut und Böse wussten. Im jüdischen Verständnis gibt es also im Gegensatz zum griechisch geprägten Christentum, welches es als Hybris betrachtete, das göttliche Wissen erlangen zu wollen, keine Erbsünde: Die Paradiesgeschichte handelt hier vom Ort, wo *Gotteserkenntnis*, *Selbsterkenntnis* und *moralisches Bewusstsein* eins sind. Im Wissen um das Gute und das Böse erkennt der Mensch seine Lebenswelt, in der er zu jedem Augenblick herausgefordert ist, die freie Wahl zum Handeln zu haben. Es gibt also hier keine Trennung zwischen Erkenntnis und Handlung, zwischen Theorie und Praxis. Auch nicht zwischen Glauben und Wissen – das hebräische Verb *yadah* bedeutet menschliches und göttliches Wissen in allen Bereichen des Lebens. Es meint eine *biologische* (Gen 4,1) und *geistige* (Dtn 4,39) Erkenntnis, eine Zeugenschaft der menschlichen Tugenden, in der Körper und Seele, die Vernunft und das Herz nicht getrennt sind. Die Zehn Gebote sind Ausdruck dieser Doppelbeziehung: die ersten fünf reden von der Beziehung zwischen Mensch und Gott und die zweiten fünf von der Beziehung zwischen Mensch und Mensch. Den Übergang zwischen den beiden Teilen bilden das Schabbatgebot und das Gebot der Elternehrung. Das Schabbatgebot als Ausdruck der universalen Gerechtigkeit und des Friedens für die ganze Menschheit in der Zeit, und das Gebot, die Eltern zu ehren, als Ausdruck der Praxis, zu der man den ersten Bezugspersonen gegenüber verpflichtet ist als Vorbild der Beziehung zum Mitmenschen. Religiöse und humanistische Motive fließen hier von Anfang an zusammen und erlauben, wie wir im Weiteren sehen werden, den Übergang zwischen Religion und Moderne. Die zweiten fünf Gebote, als *ethische Grundlage der Weltordnung*, bedingen aus jüdischer Sicht die Schöpfung selbst. So werden Schöpfung und Offenbarung zu einem Ereignis zusammengeschmiedet.

Die rabbinische Antwort auf den griechischen Logos war schon ganz früh: *sof ma'aseh be-machschava techila* – es ist die Handlung, die als erste im Gedanken war. Also nicht eine Welt der Ideen oder eine der menschlichen Handlungen, sondern die menschliche Handlung bestimmt die Idee. Wie auch die Kinder Israels am Berge Sinai sagen: ,*Na'aseh ve-nischma* – Wir werden tun und wir werden hören'.

Die rabbinische Lehre bindet dies an den sechsten Tag der Schöpfung, an den Tag, wo der Mensch erschaffen wurde und Gott ihm die Schöpfung als Gabe gibt.

„Resch Lakisch sagte: Was bedeutet es, dass geschrieben steht ‚Abend ward und Morgen ward – *der* sechste Tag'? Was soll dieses überflüssige *der*? Es lehrt, dass der Heilige, gelobt sei er, mit dem Schöpfungswerk die Bedingung ausprach: Wenn Israel die Weisung annimmt, sollst du bestehen bleiben, wenn aber nicht, führe ich dich zurück in die Wüste und Leere."[30]

Die Rabbinen sahen eine direkte Verbindung zwischen Schöpfung und Offenbarung und daher die Notwendigkeit, die Zeit ‚umzudrehen'. Der Tag der Offenbarung (6. Tag im Monat Sivan) in der Zukunft des Volkes ist der selbe Tag am Ende der Schöpfung, an dem der Mensch geschaffen wurde. Es ist ein Tag, der durch die Verbindung zwischen Vergangenheit und Zukunft eine bestimmte Bedeutung in der Gegenwart gewinnt. Es ist kein Datum, sondern ein ‚Sinn'. Geschichte ist nicht zu trennen von Sinngebung im Sinne von ethischem Handeln am Nächsten. Die Welt ist nicht a priori „geschaffen" und damit Geschichte oder „Chaos", Unendlichkeit. Wenn sie im *menschlichen* Sinn verstanden wird, dann ist die Welt „erschaffen", sonst ist sie Chaos. Der monotheistische Durchbruch ist somit ein Durchbruch zu Gott, zum Mitmenschen und zur Welt.

Das moderne Streben nach Freiheit und Selbstbestimmung ist eng verbunden, nicht mit einer Jenseitserwartung, sondern mit einer Sehnsucht nach einem verlorenen Himmel, der als Ausweg aus einer festgelegten Ordnung der Natur das Selbst vor seinen eigenen Vorstellungen retten könnte. Es wirft die Frage auf: Wie lässt sich ein religiöses Denken mit einem aufgeklärten verbinden? Der Zusammenhang zwischen Diesseits- und Jenseitsentwürfen wird zur Chiffre einer unversöhnten Moderne, in der die Versöhnung in einer unerlösten Welt nur durch eine *verbindliche* Trennung aufhebbar scheint. Das Leben in einer völlig historisierten Welt, in der die Überzeugung herrscht, dass die Menschenwelt die einzige ist, die wir in Wahrheit verstehen können, da wir sie selbst geschaffen haben, öffnet jedoch möglicherweise einen Horizont des Denkens, wo die Menschheit als Welt für um des Menschen willen geschaffene oder vorhandene Welt eine neue Bedeutung gewinnen kann. Die Welt ist dann nicht entweder eine von Natur aus bestehende oder nach einem vorherbestimmten Zeitplan verlaufende, sondern hat aus *menschlicher* Sicht einen Anfang: An jedem Tag muss sich an einem einzelnen Menschen die Welt erneuern, um Menschenwelt zu werden. Das Verhältnis des Menschen zu Gott gewinnt so seinen Sinn im Verhalten des Menschen zur Welt, indem der Wille zur Schöpfung sinnvoll bewahrt bleibt. Der seiner Freiheit überlassene Mensch ist das Staunen und das Verzweifeln über diese Einsicht, die Brücke zwischen Schöpfung und Selbstschöpfung.

Dort, auf der schmalen Brücke, aufgespannt zwischen Himmel und Erde, bekommt die Suche nach Sein und Sinn einen Ort, wo die Endlichkeit der menschlichen Existenz der Unendlichkeit des Kosmos begegnet, jenseits der vorweggenommenen Antworten auf die ersten Fragen nach den letzten Dingen. Dort begegnen und befragen sich die Antworten auf die Fragen „Was kann ich wissen?" und „Was kann ich tun?" im historischen, und die Fragen „Was kann ich hoffen?" und „Was ist der Mensch?" im meta-historischen Bereich.

In diesem Frage- und Antwort-Spiel, das ein Spiel auf Leben und Tod ist, wie uns aus der Paradiesgeschichte bekannt ist, wächst der einsame Mensch in Hoffnung und Verzweiflung, in Skepsis und Vertrauen. Der Verzicht auf diesen Ort würde das Ende bedeuten, ein Ende, das auch den Anfang mit sich reißen würde in einen Abgrund, in dem Leben und Tod jeglichen Sinn verloren haben, wie uns aus der Geschichte der Henker in Auschwitz bekannt ist. Das Wissen um das Tun bewahrt die Hoffnung und den Menschen in einer Welt nach der Aufklärung, die als Einheit auseinander gefallen ist.

Für den modernen Menschen ist die Einsicht, dass wir in mehr als einer Welt leben, dass die Wirtschaft und die Politik, die Wissenschaft und die Künste, die Bildungssysteme und die Glaubensinstitutionen, die Technik und der Mensch verschiedene Bereiche der Wirklichkeit darstellen, nicht genügend als Ausgangspunkt für die Fragen nach dem Sinn der Dinge. Die Erkenntnis der Trennung dieser Bereiche zeigt die wachsenden Schwierigkeiten und die Ohnmacht des Menschen, seine eigene Existenz als Brücke zu benutzen, als Ort der Begegnung mit seiner Lebenswelt; es zeigt sich die Unfähigkeit des Menschen, die Sonderposition zu erkennen, die er als historisches Wesen im Ganzen einnimmt. Die menschliche Einbildungskraft, Lösungen für diese grundsätzliche Problematik zu finden, reicht über seine Kräfte hinaus und verweist auf seinen *état d'âme* – in dem die Armseligkeit ohne Echo zum Himmel schreit.

Im wissenschaftlichen Bereich können wir dies beobachten in der Arbeit an der Interdisziplinarität, wo jegliches Bedürfnis nach einem

Jenseits der Disziplinen ausgeblendet wird durch einen Diskurs, der von vornherein eine Trennung macht zwischen einer Außen- und einer Innenperspektive, so dass auch jedes Gefühl für diesen Austausch verschwindet.

Unterschieden zwischen *Oben* und *Unten*, *Außen* und *Innen*, *Himmel* und *Erde*, *Glauben* und *Wissen* kann man wissenschaftlich und menschlich – da es um beides geht, wenn man das Versprechen eines wissenschaftlichen Diskurses über die Grundfragen einlösen will – nur gerecht werden, wenn auch eine *Innenperspektive der Fragestellung* möglich ist. Dies hieße nicht, in ein dogmatisches Denken zu verfallen, sondern gerade in ein kritisches Befragen unserer aufgeklärten Kategorien und Begriffe, welches das erlösende Wort als Antwort auf Fragen sucht, die sich nicht aus den allgemeinen Begriffen nähren, sondern neben der Einmaligkeit des Einzelnen auch die Einmaligkeit der Welt will, nicht als religiöses Konstrukt, sondern als menschlich Zugängliches. Hinter dieser Suche nach der Besonderheit der Dinge verbirgt sich die Antwort auf die Frage nach der Sonderposition des Menschen in der Welt, die Rettung aus der Gefahr der menschlichen Hybris, die Welt in den Griff, der zu einem Würgegriff zu werden droht, bekommen zu können. Zu leben in der Ungewissheit ist in sich eine Überwindung des Todes. Es wirft die Frage nach dem *Sowohl-Als-auch* gegenüber einem *Entweder-Oder* auf, aber mehr noch die Frage nach der Sphäre des *Zwischen*, das die Wirklichkeit weder in der Innerlichkeit des Einzelnen noch in einer alles umfassenden und bestimmten Allgemeinwelt, in einer Totalität also, sucht; ein Zwischen, das seine Existenz immer wieder der Wirklichkeit abringen muss.

Judentum und Abendland

Der Religionsphilosoph Franz Rosenzweig, Schüler von Hermann Cohen, zieht praktische Konsequenzen aus diesen Einsichten in bezug auf die Verbindung zwischen Wissen und Bildung. In „Zweistromland" finden wir unter dem Gesamttitel „Zur jüdischen Erziehung" drei programmatische Aufsätze in Briefform, der erste von 1917 ist an seinen Lehrer Hermann Cohen gerichtet, der zweite ist daran anknüpfend datiert von 1920 und richtet sich an Eduard Strauß, der dritte an Martin Buber ist 1923 geschrieben. Alle drei handeln vom „Bildungswesen auf deutschen Boden" und tragen ein biblisches Motto als Titel und Leitwort.

In Franz Rosenzweigs Appell an Hermann Cohen geht es um das Verhältnis zu Gott: „Zeit ists zu tun für den Herrn – sie zernichten deine Lehre" (Psalm 119,126). Hier geht es um die Lehre der Quellen des Judentums – im religiösen wie im wissenschaftlichen Sinn, um die Brücke also zwischen Leben und Lehre. Er kreist um die Frage der Einbettung des Judentums in der christlichen Kultur, um die Lehrerfrage als Prüfstein der Gleichberechtigung der jüdischen Gemeinschaft als Kulturträger einer eigenen lebendigen Kultur:

„Ist erst eine solche Gleichberechtigung der Gemeinschaft, des Judentums, von uns erreicht, dann wird die Gleichberechtigung der Einzelnen, der Judenheit, von selber nachfolgen."[31]

Was auf dem Spiel steht, ist nicht in erster Linie die Emanzipation des Einzelnen, sondern die kulturelle Teilnahme der jüdischen Kultur in ihrer Eigenart.

„Wir haben gelernt, daß mit der paragraphierten Berechtigung der Einzelnen wenig gewonnen ist. Solange man den Einzelnen zwar unter Umständen als Einzelnen gerne mitwirken läßt, aber doch immer nur, indem man gegenüber der Tatsache seines Zugehörens zur Gemeinschaft nachsichtig ein Auge zudrückt, solange ist alles, was der Einzelne erreicht, selbst wenn er die Zugehörigkeit zu uns nicht verleugnet, höchstens materiell gesehen ein Nutzen für die Gemeinschaft, ideell gesehen aber nicht bloß kein Nutzen, sondern geradezu ein Schade."[32]

Er plädiert für eine Wirkung sowohl nach innen als auch nach außen, so dass wir nicht, wie er sagt, als „ein bestenfalls harmloser Makel"[33] betrachtet werden.

Im zweiten Aufrufbrief lautet das Motto „Es ist des Büchermachens kein Ende" (Prediger 12,12). Drei Jahre später wettert Rosenzweig gegen die Akademie für die Wissenschaft des Judentums in Berlin, die „der Absicht Hermann Cohens weit entfremdet worden" ist.

„Das Gesicht der Welt sieht heute so aus, daß man sich wohl wird entschließen müssen, manches an sich Wünschenswerte auf – nicht bessere Tage, sondern bessere Jahrhunderte zu vertagen. Und daß es dringlich – wohlverstanden: momentan dringlich – wäre, die Wissenschaft des Judentums zu organisieren, Menschen also, einerlei ob Juden oder Nicht-Juden, zum endlosen Büchermachen über jüdische Gegenstände anzuhalten, das wird wohl schwerlich jemand behaupten. Weniger als je bedürfen wir heut der Bücher. Mehr als je – nein, aber so sehr wie je bedürfen wir heut der Menschen."[34]

Judentum und Deutschtum kann, so Rosenzweig, zur Lösung der Problematik nur das Entweder-Oder des Eigensinns oder der Verleugnung sein.

„Aber es geschieht der Jüdischkeit des jüdischen Menschen Unrecht, wenn man sie auf eine Linie mit seinem Deutschtum stellt."[35] Deutschtum bedeutet ja nur eine Ausgrenzung von anderen Volkstümern, Franzosen- oder Engländertum. „Der Deutsche ist Deutscher, nicht ,deutscher Mensch'. Zwischen seinem Deutschtum und seinem Menschentum bestehen wohl Zusammenhänge, Zusammenhänge, über denen Geschichtsphilosophen grübeln mögen und die zu verwirklichen das Werk der lebendigen, schreitenden Geschichte selber sein mag. Aber zwischen seiner Jüdischkeit und seinem Menschentum bestehen keine ,Zusammenhänge', die erst entdeckt, ergrübelt, erst erlebt, erschaffen werden müßten. Hier ist es anders: als Jude ist er Mensch, als Mensch Jude. Ein ,jüdisch Kind' ist man mit jedem Atemzug."[36]

Im dritten Aufsatz geht es um das Problem des Gesetzes: „Die Bauleute", ein mittlerweile berühmter Brief an Martin Buber (1932), trägt als Motto einen Vers aus Jesaja 54,13: „Und all deine Kinder gelehrt vom Herrn und großen Frieden deinen Kindern!", und dazu die Aussage von Rabbi Elazar und Rabbi Chanina aus dem Babylonischen Talmud, Berachot: „lies nicht banajich: deine Kinder, sondern bonajich: deine Bauleute." Hier geht es wieder um die Verbindung von Leben und Lehre, ganz spezifisch um die Beziehung zwischen Innen und Außen.
Beide Welten, die jüdische verbotene, so Rosenzweig, und die des Erlaubten, Unjüdischen fließen ineinander, müssen ineinander fließen. Er polemisiert gegen eine 'Galut-Mentalität', eine Haltung der modernen Juden im Exil, die besagt, dass es bestimmte Sachen gibt, zu denen ein Jude nach innen hin verpflichtet ist, aber dass nach außen hin alles erlaubt ist, und plädiert vielmehr dafür, dass gerade *innerhalb* des Judentums, innerhalb der Grenzen der Halacha – des jüdischen Gesetzes – eine Erneuerung stattfinden muss. Martin Buber war der

Meinung, dass diese Erneuerung auch ohne die Halacha stattfinden kann.

Franz Rosenzweig, wie sein Lehrer Hermann Cohen vor ihm, entdeckt, dass die Schwierigkeiten der Einbettung des ‚Jüdischen' im Abendland im Bereich der philosophischen Tradition liegen, die den allgemeinen säkularen wie auch religiösen Kontext bestimmt. Die Geschichte der abendländischen Religionsphilosophie ist, so Rosenzweig, ein Versuch, die Wirklichkeit zu beherrschen, sie auf einen Nenner zu bringen: In der Antike wird alles auf die Welt zurückgeführt, das Denken ist eine Kosmologie. Im Mittelalter führt die Scholastik alles auf Gott zurück, also eine Theologie, und seit Descartes wird alles auf das Ich als denkendes Subjekt reduziert, also eine Anthropologie. Diese Denkart, die im Grunde in einer Trennung der menschlichen Existenz resultiert und dem Menschen die Möglichkeit der Wahrnehmung seiner Wirklichkeit verstellt, anstatt ihm den Zugang zu erlauben, kulminiert im Idealismus. Die Philosophie ist jetzt vollendet, es ist eine Philosophie der Totalität, die alle Wirklichkeit, auch den Philosophen, ausschließt. Aus dieser Lähmung muss der Mensch jetzt gerettet werden.

Wie Walter Benjamin später in seinem Aufsatz über das „Programm der kommenden Philosophie", plädiert Rosenzweig für eine *Philosophie der Erfahrung*:

„Denn die Erfahrung weiß ja nichts von Gegenständen; sie erinnert sich, sie erlebt, sie hofft und fürchtet. Allenfalls den Inhalt der Erinnerung könnte man als Gegenstand verstehen; das wäre dann eben ein Verstehen, und nicht der Inhalt selbst. Denn der wird ja nicht erinnert als mein Gegenstand; es ist nichts als ein Vorurteil der letzten drei Jahrhunderte, daß in allem Wissen das ‚Ich' mit dabei wäre; also daß ich keinen Baum sehen könnte, ohne daß ‚ich' ihn sähe. In Wahrheit ist mein Ich nur dabei, wenn es – dabei ist; wenn also z. B. ich betonen muß, daß ich den Baum sehe, weil ein andrer ihn nicht sieht; dann ist mein Wissen allerdings der Baum in Verbindung mit mir; aber immer sonst weiß ich nur von dem Baum und von nichts anderm; und die philosophieübliche Behauptung der Allgegenwart des Ich in allem Wissen verzerrt den Inhalt dieses Wissens."[37]

An dieser Stelle bricht Rosenzweig mit den abendländischen Wissensbegriffen seiner Zeit, was im Grunde eine scharfe Hegel-Kritik ist. Leitwort seiner Philosophie ist die Erfahrung, die Methode ist die des Erzählens. „Was heißt denn erzählen?", fragt er. „Wer erzählt, will nicht sagen, wie es ,eigentlich' gewesen, sondern wie es wirklich zugegangen ist."[38] Diese „Wirklichkeit" kann aber nur erkannt werden, wenn Zeit und Wirklichkeit zusammenfließen. Die Dinge sind nicht einmal passiert, sondern passieren heute für mich. Zeit ist „allzeit erneuerte" Zeit. In Rosenzweigs Worten: „Nicht in ihr [in der Zeit] geschieht, was geschieht, sondern sie, sie selber geschieht."[39]

Diese Kritik an einem historischen Zeitverständnis ist zugleich eine Wissenschaftskritik an den Methoden des Historismus des neunzehnten Jahrhunderts und eröffnet eine Kulturphilosophie der Moderne, in der nicht die Verschiedenheiten der religiösen Erfahrungen (William James, Varieties of Religious Experiences), sondern die Verschiedenheiten der *historischen* Erfahrungen als Grundlage für die geschichtliche Rekonstruktion der Vergangenheit dienen und identitätsstiftend weiterwirken, als Bildungsmodell.

Die historische Bedingtheit der Suche nach einer jüdisch bestimmten und von Juden gelebten Traditionslinie, die im abendländischen Denken aufgedeckt werden soll und die in der teilweise christlich geprägten Rezeption der Geistesgeschichte des Judentums, auch in ihrer aufgeklärten Form, weitgehend vergessen worden ist, könnte eine Verbindung zeigen zwischen der gegenwärtigen Krise der Geisteswissenschaften und dem Verlust an jüdischem und humanistischem Geistesgut, und neue Wege des Diskurses öffnen. Dies würde einen Horizont aufleuchten lassen, in dem die üblichen Unterscheidungen im abendländisch-wissenschaftlichen Diskurs zwischen Wissenschaft, Kunst, Religion und Philosophie als geistige Disziplinen aufgehoben und ineinander verflochten werden, um das Wissen in seiner Ganzheitlichkeit und so in seiner Brüchigkeit darzustellen.

Was „Jüdisches Denken in der europäischen Geistesgeschichte" für den Aufbau und die Erneuerung der Geisteswissenschaften und insbesondere der Kulturwissenschaften – die in der akademischen Landschaft als eine Art Nachfolgedisziplin der Theologie und Religionswissenschaften betrachtet werden können – in der Suche nach einem gemeinsamen, universal gültigen und relevanten Ethos für die Wissenschaft heute bedeutet, lässt sich am ehesten an den Modellen ablesen, die Hermann Cohen und Franz Rosenzweig wie auch Martin Buber in ihren Darstellungen der Philosophie bereitgestellt haben; denn der methodische Rückgang auf den religionsphilosophischen Begriff des Seins des Einzigen hält die Kenntnis der Übergänge gegenwärtig, an denen in der Geschichte der Kultur die Bedingungen für die Möglichkeit des Menschlichen sich im universalen Austausch der Kulturen aufgebaut haben.

Die Reflexion über das jüdische Erbe Europas dient somit nicht nur der Erinnerung an die Zerstörung und den Verlust, sondern sie öffnet auch ein Tor für ein neues Ethos der gemeinsamen europäischen Suche nach verlorenen Traditionen als Grundlage eines sozialen, wirtschaftlichen und politischen Zusammenlebens.

Martin Buber fasst dies in einem Satz zusammen:

> „Manche Religionen sprechen unserem Aufenthalt auf Erden den Charakter des wahren Lebens ab. Entweder lehren sie, dass alles, was uns hier erscheint, nur Schein sei, hinter den wir zu dringen haben, oder, dass es nur ein Vorhof zur wahren Welt sei, ein Vorhof, den wir zu durchlaufen haben, ohne seiner sonderlich zu achten. Anders das Judentum. Was ein Mensch jetzt und hier in Heiligkeit tut, ist nicht weniger wichtig, nicht weniger wahr als das Leben der kommenden Welt."[40]

Es ist der Ort, wo Kinder zu Bauleuten werden und Leben und Lehre sich begegnen.

Anmerkungen

[1] Sifre zu Num. 15,31 im Namen von Rabbi Ischmael.

[2] Midrasch Asseret ha-Dibbrot 1.

[3] Exodus Rabba 28,6.

[4] Es gab aus rabbinischer Sicht eine Zurückhaltung, die Lehre aufzuschreiben; die ausgesprochene Mündlichkeit der talmudischen Gelehrtheit, voll von Bibelzitaten, ist lebendiger Ausdruck dessen, wie lebendig das Wort Gottes in ihrem Mund war.

[5] Vgl. das hebräische Wort pi, das sowohl „mein Mund" als auch „Mund von" (Gott) bedeutet.

[6] Genesis Rabba 1,14; siehe auch Sifre Devarim Pesikta 336 und 385ff. Dort wird erklärt, dass der, der die Tora mit Auslegungen füllt, einen Lohn in dieser Welt erhält und auch ein ewiges Kapital für die kommende Welt. Dies gilt auch für die gemilut chassadim, das Tun von Wohltaten (Babylonischer Talmud Schabbat 127a, 127b).

[7] Abraham Joshua Heschel, „Gott sucht den Menschen" (1995, dt. 1980), in: Schalom Ben-Chorin und Verena Lenzen (Hg.), Jüdische Theologie im 20. Jahrhundert, München/Zürich 1988, S. 373.

[8] Jaakob Jitzschak von Pzysha („der Jehudi"), zit. nach Martin Buber, Der große Maggid und seine Nachfolger, Berlin 1937, S. 258.

[9] Jürgen Habermas, „Die verkleidete Tora. Rede zum 80. Geburtstag von Gershom Scholem", in: Merkur 1 (1978), S. 96.

[10] Vgl. Nathan Rotenstreich, Tradition and Reality. The Impact of History on Modern Jewish Thought, New York 1972, S. 7ff.

[11] Vgl. Yosef Hayim Yerushalmi, Zachor, Erinnere Dich! Jüdische Geschichte und Jüdisches Gedächtnis, Berlin 1988, S. 25ff.

[12] Hermann Cohen, Religion der Vernunft aus den Quellen des Judentums (1919), Nachdruck Darmstadt 1966, 1988, S. 404.

[13] Hermann Cohen, „Ethik und Religionsphilosophie in ihren Zusammenhängen", in: Schriften der Gesellschaft zur Förderung des Judentums, Berlin 1904, S. 8.

[14] Hermann Cohen, Religion der Vernunft aus den Quellen des Judentums, o.c., S. 405.

[15] „Als Heiliger ist Gott nicht sowohl Vorbild, das ja niemals erreicht werden kann, als vielmehr Urbild: mithin Idee, die für die Handlung die Bedeutung des Ideals hat." (Hermann Cohen, Religion der Vernunft aus den Quellen des Judentums, o.c., S. 188.)

[16] ebd., S. 407.

[17] ebd., S. 401.

[18] ebd., S. 408.

[19] Bachja ben Josef Ibn Pakuda, Hovot Halevavot – Herzenspflichten, dt. von M. E. Stern, Wien 1856; vgl. Eveline Goodman-Thau, „Die Jüdische Religionsphilosophie des Mittelalters", in: Norbert Rehrmann/Andreas Koechert (Hg.), Spanien und die Sepharden, Tübingen 1999, S. 185f.

[20] Hermann Cohen, Religion der Vernunft aus den Quellen des Judentums,o. c., S. 422.

[21] ebd., S.423.

[22] ebd.

[23] ebd.

[24] Vgl. Eveline Goodman-Thau, „Vom Mythos zur Symbolik. Ernst Cassirers Kulturphilosophie der ästhetischen und ethischen Formen und ihr Verhältnis zu Hermann Cohens Religionsphilosophie", In: Hermann Deuser und Michael Moxter (Hrsg.) Rationalität der Religion und Kritik der Kultur: Herman Cohens und Ernst Cassirers, Echter Verlag Würzburg, 2002.

[25] Vgl. Cohens Aufsatz zur Ethik und Religionsphilosophie von 1904 und sein Plädoyer für die Errichtung von Lehrstühlen in diesem Fach. Vgl. auch Nathan Rotenstreich, Tradition and Reality. The Impact of History on Modern Jewish Thought, New York 1972.

[26] Hermann Cohen, Religion der Vernunft aus den Quellen des Judentums, o.c, S. 426.

[27] ebd.

[28] Martin Buber, Reden über Erziehung, Heidelberg (1953) 1995, S. 61.

[29] Siehe meine Ausführungen zum Thema der „mosaischen Entscheidung" in Abgrenzung zur „mosaischen Unterscheidung" (Jan Assmann) in der Einführung zu Das Jüdische Erbe Europas. Krise der Kultur im Spannungsfeld von Tradition, Geschichte und Identität, hrsg. von Eveline Goodman-Thau und Fania Oz-Salzberger, Philo-Verlag, Januar 2004.

[30] Babylonischer Talmud, Schabbat 88a.

[31] Franz Rosenzweig: Zweistromland. Kleinere Schriften zur Religion und Philosophie, Berlin/Wien: Philo 2001, S. 28.

[32] ebd., S 29.

[33] ebd.

[34] ebd. S.32.

[35] ebd.

[36] ebd.

[37] Franz Rosenzweig, „Das neue Denken", in: Gesammelte Schriften 3, Zweistromland. Kleinere Schriften zu Glauben und Denken, hrsg. Reinhold und Annemarie Mayer, Dordrecht 1994, S. 147.

[38] ebd., S. 148.

[39] ebd. Vgl. das Wort von Paul Celan: „Die Stunde stellt sich vor die Uhr und befahl ihr richtig zu genhen." Also, diese Zeit muss gebrochen werden.

[40] Martin Buber, Reden über Erziehung, Heidelberg (1953), 1995

Monotheismus, Mystik und Memoria
Jüdische Formgebungen des kollektiven Gedächtnisses

„Der Jude hat das Wort und die Zeichen,
der Heide die Vernunft und die Weisheit."
Johann Georg Hamann

Biblische Geschichtsschreibung als erinnertes Gedächtnis

Im 17. Kapitel des zweiten Buchs Mose, das sich mit den Namen (hebr. *Schemot*)[1], mit der religiösen Identität des Volkes Israel beschäftigt und von den zentralen Ereignissen in der Geschichte des Volkes als religiöse Gemeinschaft – vom Auszug aus Ägypten und der göttlichen Offenbarung am Berge Sinai – erzählt, finden wir die Passage:

> „Und Gott sprach zu Mose: Schreibe dies (als) Erinnerung in ein Buch, und lege es in die Ohren Josuas, denn ich werde die Erinnerung an Amalek unter dem Himmel austilgen. Und Mose baute einen Altar und gab ihm den Namen ‚Gott ist mein Prüfer' [hebr. *nisi*]." (Ex 17,14-15)

Die Passage erscheint am Ende einer Beschreibung des ersten Kampfes der Kinder Israels mit einem Feind (Amalek), unmittelbar nach deren Rettung aus den Händen der Ägypter, beim Durchgang durch das Schilfmeer. Die Aufforderung Gottes, diese Geschichte in einem Buch aufzuschreiben, wirft die Frage auf nach der Tradierbarkeit von Geschichte und der gedächtnisstiftenden Funktion des Mythos als religiöse Hermeneutik in der jüdischen Tradition, mit der wir uns hier beschäftigen wollen.

Es ist nicht unsere Absicht einen historischen oder systematischen Überblick über dieses Thema zu geben. Wir wollen vielmehr anhand von Quellen aus der jüdischen Tradition und Texten moderner Denker Überlegungen anbieten, die – durch das Motiv der Erinnerung im weitesten Sinne – den besonderen Charakter der Verbindung zwischen Zeit und Ewigkeit, der in der jüdischen Tradition entwickelt worden ist, problematisieren. Im *ersten Teil* werden wir die biblischen Grundlagen untersuchen, und im *zweiten Teil* soll analysiert werden, wie in der Kabbala Mythos und Ritus belebt werden. Im *dritten Teil* wollen wir durch die Herausforderung des Historikers Yoseph Hayim Yerushalmi an Sigmund Freud und dessen Buch *Der Mann Moses* wieder einen Bogen zur Bibel schlagen. Zum Abschluss werden wir eine für unser Thema wichtige Denkfigur bei dem Philosophen Jacques Derrida aufzeigen.

Um den Kontext in der Bibel zu verstehen, ist es wichtig daran zu erinnern, dass im Kapitel davor (Ex 16) von der Speisung des Volkes durch das *Manna* erzählt wird. Auch hier handelt es sich um das Gedächtnis:

„Und es geschah am sechsten Tag, daß sie doppelt soviel Brot [*lechem*], zwei *Omer*, auflasen, anstatt einem. Und er [Mose] sprach zu ihnen: das ist, was Gott gesagt hat: Morgen ist Ruhetag, heiliger Schabbat für Gott. Was ihr backen wollt, das backt, was ihr kochen wollt, das kocht. Und alles was übrig ist, das legt beiseite, daß es aufgehoben wird zum nächsten Morgen [...]. Da sprach Mose: Eßt dies heute, denn heute ist Schabbat für Gott, denn heute werdet ihr nichts auf dem Felde finden [...]. Schaut hin, denn Gott hat Euch den Schabbat gegeben, darum gibt er Euch Brot für zwei Tage [...] und das Volk ruhte am siebten Tag und die Kinder Israels nannten seinen Namen *Manna* [...]. Und Mose sagte: das ist es, was der Herr geboten hat: füllt davon ein *Omer* ab, so daß sie das Brot sehen werden, das ich Euch zu essen gab in der Wüste, als ich Euch aus dem Lande Ägypten herausführte.

Und Mose sprach zu Aaron: Nimm ein Gefäß und tue ein volles *Omer Manna* hinein und stelle es hin vor Gott als Erinnerung für Eure Nachkommen [...]." (Ex 16,22-36).

Die Verbindung zwischen dem Volk Israel und Gott wird nach dem Auszug aus Ägypten als erstes durch die physische Grundnahrung von Brot und Wasser hergestellt, die eine Vorbereitung für die geistige Nahrung am Berge Sinai ist.[2] Das Wunder des Brotes (*Manna*) wird verbunden mit geistiger Speisung, die das Volk am siebten Tag, am Schabbat erfahren wird. An diesem Tag gibt es kein Brot vom Himmel – die Speisung an diesem Tag ist das Übriggebliebene. Einerseits deutet dies auf das Vertrauen auf Gott (an jedem anderen Tag verdirbt das Übriggebliebene), andererseits aber hebt es die Speisung auf eine neue Ebene, auf die Ebene des Wunders (hebr. *nes*). Die Tatsache, dass die Kinder Israels das Übriggebliebene für den nächsten Tag aufbewahrten, gab ihnen den Schabbat als Ruhetag, und das Aufheben dieses doppelten Maßes als Erinnerung für die nächsten Generationen hebt den Schabbat auf die Ebene der Ewigkeit. Der Schabbat wird so die Vorwegnahme des Ewigen Lebens, der Erlösung. Symbolisch gesehen, steht so auch ganz Israel für das Übriggebliebene, in den Worten der Propheten: *Sche'erit Israel* (der Rest Israel), der erlöst wird. Innerhalb der historischen Zeit ist es ein Eingedenken an Gottes Brotgabe, im Gedächtnis der nächsten Generationen wird es zum Zeichen des ewigen Bundes zwischen Gott und dem Volk Israel. Dieses Gedächtnis wird bis zum heutigen Tag als lebendiges Zeichen belebt durch das sichtbare Essen von zwei Schabbatzöpfen (hebr. *lechem mischne*) am siebten Tag. „Dies ist ein Volk, welches den Siebten heiligt."[3]

Wir beobachten hier, dass sich das Gedächtnis durch die Wiederholung eines Motivs einprägt. Das Buch Genesis erzählt ständig von derartigen Wiederholungen: Abraham, Jakob und seine Söhne gehen wegen einer Hungersnot herab nach Ägypten, und Joseph, der Lieblingssohn seines Vaters Jakob, ist derjenige, der dort für die Nahrung des Volkes sorgt, nachdem er die beiden Träume Pharaos in diesem Sinn gedeutet hat. Nahrung ist also das Thema, welches wiederholt werden muss, um in Erinnerung gebracht zu werden: Diese Erinnerung ist aber keine Wiederholung des Vergangenen, sondern wird neu erlebt und so für die Zukunft geöffnet. Die Vergangenheit muss erinnernd bestätigt werden durch den Sinn, den ihr der Erinnernde verleiht.[4]

Die Situation in unserer Passage ist die folgende: Das Volk hatte, nach dem Auszug aus Ägypten, darüber geklagt, dass es in der Wüste nichts zu essen gäbe und sie lieber durch Gott in Ägypten getötet worden wären, als hier in der Wüste des Hungers zu sterben. Darauf sagte Gott zu Mose:

„Sehe, ich lasse Euch Brot vom Himmel fallen,[5] [...] um [das Volk] zu prüfen, ob es in meiner Tora gehen wird oder nicht." (Ex 16,14)

Das hebräische Wort, welches hier für „prüfen" benutzt wird, stammt aus der Wurzel „*nes*" (Wunder). Das Thema ist also nicht Nahrung im physischen, sondern im geistigen Sinne. Das Geschehen wird so tradierbar und gedächtnisstiftend. Soweit zum Thema Brot.

Die nächste Station der Wüstenwanderung behandelt das Thema Wasser. Dies auch wieder in einer Wiederholungsbewegung. Sofort nach dem Durchgang durch das Schilfmeer, nach einer Reise von drei

Tagen in der Wüste, erreicht man den Ort *Mara,* wo das Wasser bitter ist (das hebr. Wort „*mara*" bedeutet „bitter"). Mose wirft dann, auf Gottes Anweisung, ein Stück Holz ins Wasser, woraufhin es trinkbar wird. In gewisser Weise ist auch dies wieder eine Wiederholung der Stabwunder Moses' in Ägypten und am Schilfmeer. Der Text macht es uns auch hier wieder ganz deutlich, dass es nicht nur um das Trinkwasser geht, sondern um eine Prüfung Gottes: „[...] und das Wasser wurde dort süß, und [dort] gab Gott ihm [dem Volk] Gesetze und Weisungen und dort prüfte Er es." (Ex 15,25) Diese Prüfung Gottes hat, laut Text, damit zu tun, dass Gott „nicht die Krankheit der Ägypter auf das Volk Israel bringt, sondern es heilen wird" (Ex 16,27).[6]

Nach dieser ersten Wasserprobe kommt jetzt die zweite nach der Ankunft in Refidim. Dort streitet sich das Volk wieder mit Mose und droht ihn zu steinigen. Daraufhin schlägt Gott vor, dass Mose mit seinem Stab, mit dem er auf den Nil geschlagen hat, zusammen mit den Ältesten des Volkes an dem Volk vorübergehen wird. „Und Ich," sagt Gott, „ich stehe vor dir, dort auf dem Felsen in Chorev und du schlägst auf den Felsen, und Wasser wird herauskommen und das Volk wird es trinken." (Ex 17,1)

In dieser Wiederholung arbeitet die Erinnerung in zwei Richtungen. Einerseits in der Retrospektive: der Nil in Ägypten und die Ältesten als Zeugen der Wunder; aber auch zukunftsorientiert: Der Felsen wird „*Chorev*" genannt, einer der Namen für den Berg Sinai, zu dem das Volk unterwegs ist. Gott steht hier, wie dort, auf dem Felsen vor Mose und dem Volk. Dieser Ort erhält jetzt durch Mose einen Doppelnamen: „*Massa Meriwa*". Der zweite Teil, „*Meriwa*", wird zuerst erklärt. Er handelt von dem Konflikt (hebr. *meriwa*): „wegen dem Konflikt [dem Streit] der Kinder Israels und wegen deren Prüfung Gottes, [d. h.] ist Gott unter uns oder nicht." (Ex 17,7)

Es geht hier also um zweierlei: den Konflikt und das Prüfen Gottes, wobei es sich um eine Doppelbewegung handelt: Das Prüfen Gottes durch das Volk und das Prüfen des Volkes durch Gott. Wie schon gesagt, ist das hebräische Wort für „prüfen" mit dem Ausdruck „Wunder" verbunden. Diese Doppelbewegung erlaubt das Erkennen des Wunders.[7] Die Vorbereitung auf *Das Wunder,* die Offenbarung Gottes am Berge Sinai, ist also nicht gedacht als eine einseitige Bewegung Gottes, sondern als eine Bewegung, in der beide aufeinander zugehen und der Konflikt über die Frage des Glaubens sozusagen als Voraussetzung der Begegnung eingebaut ist.[8] Der biblische Text ringt hier mit dem Problem, Gott und Mensch in einer sprachlichen Beschreibung einer Erfahrung, die nur in der Begegnung selber ihren wahren Ort hat, miteinander in Verbindung zu bringen. Dies ist die Verbindung zwischen *prüfen* und *Wunder*: Das Wunder der Begegnung wird geprüft an der Erfahrung der Begegnung als Wunder. Das *Manna* ist eben nicht die normale Speise, die aus der Erde wächst, das Wasser ist eben nicht das Wasser, welches aus dem Brunnen aufsteigt. Es wird erst trinkbar, wenn es aus dem Prüfstein entspringt. So verhält es sich auch mit dem Berg Sinai: einerseits ein Vulkan in der Wüste Midians, aber auch der *Berg der Offenbarung*. Worin besteht nun das Geheimnis dieser Verwandlung?

In Bezug auf jenes, welches sich später im Text als Gedächtnis ankündigt, haben wir es hier mit zwei Zeitdimensionen zu tun, die beide in der jüdischen Tradition das Gedächtnis konstituieren: Der hebr. Begriff *schana* (Jahr) erinnert, indem er eine Zeiteinheit beschreibt, an die zyklisch aufeinanderfolgende „Wiederholung" der Zeit und an den *schinui*, die „Unterschiedlichkeit", den „Wandel" der Zeit.

Die Zeit ist also kontinuierlich, folgt ihrem Lauf, doch ist sie ebenfalls Bewegung. Nur der Mensch allein hat einen Zeitbegriff, das Bewusstsein der Zeit, und doch kann er, auf den ersten Blick gesehen, ihren Lauf nicht aufhalten. Der Mensch erlebt die Zeit, er lebt auch in der Zeit. Die Zeit bildet den Rahmen, in dem sich die Ereignisse seines Lebens abspielen und in dem er seine Tätigkeiten entfaltet. Obwohl der Mensch in der Zeit lebt, kann er sie nicht ertragen, sondern muss sie im Gegenteil beherrschen, formen und ihr einen dauerhaften Inhalt verleihen. Der Zaddik, der „Gerechte", belegt jeden „Tag", indem er ihn mit Tora und Mizvoth füllt, er hält jede „Stunde" an, denn sie kann ihm die Gelegenheit bieten, „die Welt" – seine „da kommende Welt" in einer einzigen Stunde „zu erwerben", da er so die Zeit aus ihrer zyklischen Dimension erlöst und sie durch die Tora, die in der Ewigkeit verankert ist, in der Ökonomie der Ewigkeit für ihn - und so für ganz Israel – festmacht. Er verwandelt die „Gegenwart", den Augenblick, das Sofortige, in ein „gesegnetes", fruchtbares Ziel der Vergangenheit und in eine Quelle der „Segnung"[9] für die Zukunft. Für den Zaddik – und das ist das Ideal jedes Juden – besteht daher die Gleichförmigkeit des Aufeinanderfolgens und der Wiederholung der Zeit nicht; er ist bereit – und darauf kommt es an: auf seine Bereitschaft, seine freiwillige Entscheidung – die Zeit neu zu gestalten, nicht sie zu wiederholen, sondern zu verwandeln.

So wird die Tradierbarkeit und die Vergeschichtlichung des jüdischen Gedächtnisses ermöglicht. Die Entscheidung des Menschen ist in dieser Hinsicht ein Akt des Mordes gegenüber dem Gott Kronos, aber ein Akt der Befreiung des Gottes Israels, der nur so da sein kann – und ist – für sein Volk.

Wir kehren zu unserem Bibeltext zurück: Am selben Ort, Refidim, so wird erzählt, erscheint jetzt Amalek, um mit Israel zu streiten (Ex 17,8). Es scheint fast so, als ob der Erzähler dies en passant hier eingefügt hat: Schau hin, gerade hier kommt der Erzfeind Amalek.[10] Das hebräische Wort für „streiten" – „*wajelachem*" – hat dieselbe Wurzel wie „*lechem*" (Brot). Hier nimmt Mose, ohne erst Gott um Rat zu fragen, die Sache selbst in die Hand. Er befiehlt Josua, Männer zusammenzurufen und am nächsten Tag gegen Amalek in den Krieg zu ziehen.

> „Ich, Moses," sagt er, „werde den Stab Gottes in die Hand nehmen, und oben am Hügel [wie später Gott am Berge Sinai] zusammen mit Aharon und Chur sein." (Ex 17,9)

Und es stellt sich heraus, dass, sobald Mose seine Hand nach oben streckte, Israel siegte; und sobald seine Hand nach unten sank, Amalek der Sieger war. Hier vollzieht die Bibel eine brillante literarische Wende, um zu illustrieren, dass es eben nicht diese Bewegung Moses' ist, sondern Gott, der die Hände von Mose stärkt: Die Hände Moses' werden schwach, und er muss sich auf einem Stein niederlassen, und Aharon und Chur stützen ihn „von dieser Seite eine und von der Seite eine", und dann sagt die Bibel: „und seine Hände wurden Glauben (hebr. *emunah*) bis zum Sonnenaufgang". Die Hände Moses' werden in ihrer physischen Schwäche verwandelt in eine Metapher des Glaubens. „Sie werden Glauben," traut sich der Text zu sagen... Die Geschichte endet mit dem Satz: „Und Josua schwächte [Wiederholung der Schwäche Moses'] Amalek und sein Volk mittels dem Schwert." Die Schwäche stärkt also Mose und sein Volk, und die Starken (Amalek) werden zu Schwachen. Wieder erkennen wir die Motive der Wiederholung und der Verwandlung. Der nächtliche Streit mit Amalek, dem Menschen, kommt am Ende einem Prüfungs- und Gegenprüfungsprozess im Bereich der natürlichen Welt, zwischen Gott und dem Volk Israel, gleich.

Die Frage lautet nun: Wie wird dieser Prozess, der eben nicht (nur) ein historischer Prozess innerhalb der Geschichte ist, ein Teil des tradierbaren, mythologischen Gedächtnisses? An dieser Stelle beantwortet der biblische Text diese Frage durch die Anweisung Gottes an Mose, die Geschichte in einem Buch aufzuschreiben. Der Mythos kann seine gedächtnisstiftende Rolle erst erfüllen, wenn der Mensch die dahinfließende Zeit aufhält[11] – durch Geschichtsschreibung, die das göttliche Gedächtnis ersetzt, durch den Geist des Menschen, seine Selbstbestimmung und Entscheidung. Bei den Prüfungen von Brot und Wasser gab Gott die Anweisung. Bei Amalek hat Moses selbständig gehandelt. Dies muss er jetzt auch aufschreiben. Es ist nicht das Gedächtnis Gottes, welches die Zeit ordnet, sondern die Erfahrung des Menschen mit Gott.

Ursprünglich erfand der Mensch seine Mythen als Mittel der Auseinandersetzung mit der Natur. Hier begegnen wir einem Versuch, Natur und Gott als Schöpfer der Natur zu bewahren und den Mythos als Mittel der Tradierbarkeit des kollektiven Gedächtnisses zu funktionalisieren.[12] Dem Menschen ist so etwas Schöpferisches zuteil geworden, und die Zeit wird dadurch Träger des menschlichen Gedächtnisses. Das menschliche Gedächtnis verbindet sich mit dem göttlichen, dem Gott der Ewigkeit. So ist das Volk Israel jetzt historisch mit seinem Gott verbunden.

Der Mythos erinnert nochmals in einer lebendigen Erfahrung zwischen Moses und Gott, zwischen Volk und Gott an die Vorgeschichte der Ahnen mit dem Gott Israels, wie im ersten Buch Mose erzählt. Die Motive von Brot und Wasser beleben die alte Geschichte mit gegenwärtiger Relevanz und ermöglichen in dieser Weise die Gestaltung eines Gedächtnisses, welches das Volk auf seinem zukünftigen Weg mit Gott begleiten wird. Die Zeit des Menschen wird so zur Geschichte des Menschen. Wie es in der Liturgie der Hohen Feiertage – die „Tage der Erinnerung" genannt werden – heißt: „Durch die schreibende Hand eines jeden Menschen beschließt Gott, damit er alle Menschen erkenne, die er gemacht hat." Hier begegnen sich Gottes Führung der Welt und die menschliche Freiheit in einem religiösen Paradox, das durch den Mythos, wie wir es hier beschrieben haben, überbrückt wird. Karl Wolfskehl hat dies „Das jüdische Geheimnis" genannt:

„Das Judentum ist ganz Historie und ganz Metaphysik, es ist beides schlechthin: Voll Wirklichkeit und durchaus Idee. Das Volk hat als Volksganzes das Unzeitliche, das vom zeitlichen Zustand wesentlich verschiedene Moment der Wahrung, als Zeitlichkeit innerhalb dieses Hier, raumhaft ausgedrückt, es ist immer dagewesen und lebte immer woanders. Man kann es eigentlich nicht das ‚alte Volk' nennen, denn auch die Gesetze des Wachsens in der Zeit sind nicht seine Gesetze [...]. Was sonst Leben heißt, scheint hier in jedem Moment in Frage gebracht, ja überwunden, was sonst Denkformen sind, ist hier Erscheinung geworden. So ist das Judentum da [...], so ist es zugleich bildlos [...], ist es nicht Form, nicht Leib [...], unerlebbar den Völkern, die in seinem Allerheiligsten, da sie es sprengten, *nichts* fanden."[13]

In diesem Sinne nennt Mose den Altar, den er an dieser Stelle baut: „Gott ist mein Prüfer", welches eigentlich bedeutet: „Gott ist mein Wunder".[14] Hier begegnen sich Zeit und Ewigkeit in der menschlichen Erfahrung.

Im fünften Buch Mose wird im Rückblick auf die Wüstenwanderung die Prüfung Gottes nochmals in Erinnerung gebracht:

„Und gedenke des ganzen Weges, den dich der Herr, dein Gott, geleitet hat diese vierzig Jahre in der Wüste, auf daß Er dich peinigte und dich versuchte, damit kund wurde, was in deinem Herzen ist, ob du Seine Gebote halten würdest, oder nicht [...]. Er ließ dich hungern und speiste dich mit Manna, das du und deine Väter nie gekannt hatten, auf daß Er kundtat, daß der Mensch nicht lebt vom Brot allein, sondern von allem, was aus dem Mund Gottes geht. Deine Kleider sind nicht zerrissen und deine Füße sind nicht geschwollen diese vierzig Jahre." (Dtn 8,2-4).

Hier finden wir in der Tradition die Deutung der Geschichte der früheren Generationen als mythologisches Gedächtnis. Die Zeit in der Wüste mit Gott hebt jede irdische Wirklichkeit auf: Alle Bedürfnisse des Menschen kommen im realen Sinne von Gott, heute wie damals.

Auch die Geschichte Amaleks wird nochmals erwähnt, und wir können hier wieder die Verwandlungsfunktion der Wiederholung beobachten.

„Gedenke was Amalek dir angetan hat, als ihr aus Ägypten zogt; wie sie dich unterwegs angriffen und deine Nachzügler erschlugen, all die Schwachen, die hinter dir zurückgeblieben waren, und du warst müde und matt und er fürchtete Gott nicht. Wenn nun der Herr, dein Gott, dich vor all deinen Feinden ringsumher zur Ruhe bringt im Lande, das dir der Herr, dein Gott, zum Erbe gibt, es einzunehmen, so sollst du nicht vergessen, die Erinnerung an Amalek unter dem Himmel auszutilgen." (Dtn 25,17-19)

Hier wird sowohl die Schwäche der Kinder Israels in Erinnerung gebracht wie auch deren Verdienst, dass sie sich trotzdem auf Gott verlassen haben. So wie die schwachen Hände Moses Glauben wurden, so sind sie es auch im Gedächtnis aller Kinder Israels. Der Kampf mit Amalek wird erinnert als die feige Handlung eines starken Feinds, der eine lange, müde Kolonne von Flüchtlingen angreift, ein unfairer Akt also, selbst für Kriegszeiten. Daher, wenn Gott dir Ruhe von all deinen Feinden im Land gibt, sollst du in der Zeit (unter dem Himmel) die Erinnerung an Amalek austilgen. Du wirst keine Angst mehr vor ihm haben, weil du jetzt stark bist. Trotzdem sollst du nicht vergessen, was dir Amalek damals in der Wüste angetan hat, und dass du durch den Glauben an Gott deine Schwäche in eine Stärke zu verwandeln vermagst.

Man kann diese Aussage einerseits als eine ewige Feindschaft gegen Amalek deuten, aber im Sinne unseres Gedächtnisverständnisses heißt es: In deiner schwachen Position in der Wüste, wo du so matt und müde warst, hast du als Volk den Glauben an Gott als eine lebendige Wirklichkeit erfahren. Das Gedächtnis daran soll für immer und ewig (über dem Himmel) als Wunder bestehen bleiben. So kann auch „Und er fürchtete Gott nicht" gelesen werden als „Und du fürchtest Gott nicht" und brauchtest die Wunder des Brotes und des Wassers für den Glauben. Mose hat dies damals tatsächlich gezeigt und erinnert in seinen Abschiedsreden auch jetzt wieder daran, wie seine Hände Glauben wurden.

Als Übergang zur Kabbala wollen wir einen kurzen Blick auf einen mystischen Kommentar werfen, der sich mit der Beschreibung der Gottesbegegnung der Kinder Israel im oben zitierten biblischen Beispiel auseinandersetzt und der gewissermaßen die Texte aus Exodus und Deuteronomium verbindet.

„Es sprach Rabbi Abba: Was geschrieben steht – ‚Ist JHWH in unserer Mitte oder nicht?' – waren denn die Kinder Israels so töricht, daß sie dies nicht erkannten? Sahen sie doch die Schechina vor sich und die Wolken der Herrlichkeit, die jene umgaben, über sich und sprachen dennoch: ‚Ist denn der Herr in unserer Mitte oder nicht?'

Helden, die den kostbaren Glanz ihres Königs auf dem Meere sahen, und wir lernten ja, daß damals eine Magd auf dem Meere sah, was Ezechiel nicht sehen durfte. Und jene sollten so töricht gewesen sein zu fragen: ‚Ist denn JHWH in unserer Mitte oder nicht?'

Vielmehr, sagte Rabbi Schim'on, sie wollten den Unterschied wissen zwischen dem Alten, dem Verborgensten aller Verborgenen, der ,Nichts' genannt ist, und dem Kurzgesichtigen, der JHWH genannt ist. Deshalb auch heißt es nicht: ,Ist JHWH in unserer Mitte oder nicht?'; sondern: ,Ist JHWH in unserer Mitte oder Nichts?' Wenn aber so, weshalb wurden sie dann bestraft? Darum, weil sie eine Trennung schufen und eine Versuchung. Wie es heißt: ,Und weil sie JHWH versucht hatten' (2. Mose 17,7). Es sprach Israel: Ist das eine richtig, dann werden wir in der einen Weise fragen, wenn das andere, in der anderen. Und darum heißt es sogleich: ,Und es kam Amalek' (2. Mose 17,8)."[15]

„Ist JHWH in unserer Mitte oder nicht?" (Ex 17,7): Rabbi Abba staunt über diese Frage: Die Zeichen, die die Kinder Israels erhalten hatten, waren doch so deutlich! Wie konnten sie überhaupt daran zweifeln, dass Gott in ihrer Mitte war, nachdem sie die Wunder auf dem Schilfmeer gesehen hatten. Er zitiert dann auch eine berühmte Aussage der Rabbinen, die belegt, dass sogar eine einfache Magd damals mehr sah als der große Visionär Ezechiel. Es geht also offensichtlich um etwas anderes. Rabbi Schim'on gibt eine Erklärung: „Sie wollten den Unterschied wissen zwischen dem Alten, dem Verborgensten aller Verborgenen, der ,Nichts' genannt ist und dem Kurzgesichtigen, der JHWH genannt ist". Es geht also um die Offenbarung Gottes, nicht als JHWH, der Gottesname, unter dem Gott sich an die Kinder Israel bei dem Auszug aus Ägypten zeigt,[16] sondern als dem „Verborgensten aller Verborgenen, der ,Nichts' genannt wird". Wir begegnen hier einer besonders radikalen Interpretation des Bibelverses, welche aber typisch für die Kabbala ist: „oder nicht" wird gelesen als „oder Nichts" (*Ajin*). Das Wort „*Ajin*" (Nichts) ist in der kabbalistischen Terminologie eine der Ausdrucksformen für den verborgenen Gott: in seiner Unendlichkeit wird Gott „Ein (*Ajin*) Sof (ohne Ende) genannt.

Die Kinder Israels werden jetzt also darauf geprüft, ob sie Gott als eine vorgeschichtliche und geschichtliche Wirklichkeit - als Schöpfer und als Retter (Erlöser) – unter sich erleben, oder als „Nichts". Der Sohar-Text fragt: Warum werden sie aber bestraft? Die Antwort besteht aus zwei Teilen: Einerseits, weil die Kinder Israel zwischen der Unendlichkeit Gottes und seiner Endlichkeit in seiner geschichtlichen Erscheinung trennen wollten: zwischen Immanenz und Transzendenz, zwischen Himmel und Erde, zwischen Gott als Schöpfer der Welt und als Offenbarer. Wieder begegnen wir hier dem Versuch, das Physische und das Geistige zu vereinen: Gott als Schöpfer der Natur und Gott als Offenbarer der Tora. Der Versuch, diese beiden Ebenen zu trennen - „Ist das eine richtig, dann werden wir in der einen Weise fragen, wenn das andere, in der anderen," – wird mit dem Eintreffen von Amalek „bestraft", und die Geschichte Israels mit den Völkern setzt jetzt ein. Die Frage ist also nicht, ob Gott in ihrer Mitte ist oder nicht, sondern ob sie Gott als „Nichts" in ihrer Mitte erleben können.

Der kabbalistische Kommentar macht nochmals deutlich, was wir in unserer Textanalyse betont haben. Die Zeichen Gottes an das Volk – der Durchgang durch das Schilfmeer, die Wunder des Mannas und des Wassers – dienen dazu, den Kindern Israels die Verbindung zwischen Gott als Schöpfer der Welt und der geschichtlichen Realität deutlich zu machen. Die Zeichen sind mythologische Motive, die auf eine überweltliche Realität verweisen. Diese muss jetzt das Volk in eine geschichtliche Realität übersetzen.

Da die Kinder Israels aber weiterhin zwischen geschichtlicher und überweltlicher Realität trennten, erschien die historische Realität in der Gestalt Amaleks, was am Ende dazu führte, dass „Moses' Hände Glauben wurden". Es ist eben die Erinnerung an diese Verbindung, die Moses aufschreiben muss, da „Gott unter dem Himmel", d. h. in jeder geschichtlichen Realität, die Erinnerung an Amalek auslöschen wird. Die Geschichte mit Amalek kann nur einmal erlebt werden, wie die Schöpfung und die Offenbarung einmalig und unwiederholbar sind. Die Wunder und Zeichen bei der Erlösung aus Ägypten werden so zum Vorspiel der endgültigen Erlösung.

Die Mahnung an das Volk, bevor es in das Heilige Land einzieht,[17] hat so wieder die Absicht, dem Volk deutlich zu machen, dass es eine Realität „unter dem Himmel" und „über dem Himmel" gibt, die im Glauben eins werden. In der Welt sind nach der Schöpfung Himmel und Erde wohl getrennt, aber in der Begegnung zwischen Mensch und Gott wird diese Trennung aufgehoben. Die Erfahrung dieser Aufhebung ist die Urquelle des religiösen Gedächtnisses in der jüdischen Tradition.

Tradieren und Gedächtnis in der Kabbala

Die Frage, die es jetzt zu beantworten gilt, lautet: Welche Bedeutung hat das Gedächtnis in der Kabbala? Übernimmt die Kabbala das oben gezeigte Modell, oder können wir an zentralen Stellen eine Veränderung beobachten, die dadurch der Kabbala als eigenständigem und im Rahmen der jüdischen Tradition neuem Denken eine besondere Position einräumt?

Zum Verständnis der Fragestellung wollen wir Gershom Scholem zuhören, der die „wahre" Geschichte von einem „mir gut bekannten" jungen Mann erzählt (verbirgt sich dahinter möglicherweise der Meister selber?), der 1924, mit dem bescheidenen Mantel der modernen Philologie und Geschichtswissenschaften bekleidet, nach Jerusalem kam und eine Verbindung zum letzten Kreis der Kabbalisten suchte, der dort die esoterische Tradition der orientalischen Juden bewahrte. Nachdem er schließlich einen Kabbalisten gefunden hatte, der bereit war, ihn Kabbala zu lehren, gab es jedoch eine Bedingung, die zu erfüllen war, nämlich: *keine Fragen zu stellen.*

„Ein Denken," erzählt Scholem, „das nicht aus Frage und Antwort konstruierbar ist," ist „fürwahr [...] eine seltsame Erscheinung in der Republik der Juden, den leidenschaftlichsten Fragern der Welt, die ja dafür berühmt sind, daß sie auf Fragen sogar mit Fragen antworten". Dies ist, laut Scholem, möglicherweise ein „Hinweis auf den sich noch in spätesten Formen erhaltenden Gehalt eines erzählenden, aber nicht mehr fragenden Denkens, einer, um Schellings Ausdruck zu gebrauchen, ‚erzählenden Philosophie', wie sie dem großen Philosophen der Mythologie als Ideal erschien."[18]

Es handelt sich hier also um einen Versuch, nicht aus Frage und Antwort, also aus Analogie, Geschichte zu begreifen, sondern zu erzählen und die Erzählung selber als Urgrund des Verständnisses wiederzuentdecken.

Es besteht also zu einem bestimmten Zeitpunkt in der Entwicklung der jüdischen Tradition ein Bedürfnis zu erzählen, aber nicht nur im alten Sinn die bekannte Geschichte wiederzuerzählen, – wie dies jahrhundertelang von Vater auf Sohn weitergegeben wurde, wie in der Pessach-Haggadah aufgrund der Fragen des Sohnes die Geschichte des Auszugs aus Ägypten erzählt wurde –, sondern um neue Geschichten zu erfinden. Die Erzählungen waren bisher darauf gerichtet, das jüdische Volk und dessen Tradition zu konstituieren. Hier aber geht es um etwas anderes: Die Geschichte des jüdischen Volkes wird zur Deutung der Weltgeschichte verwendet. Abraham, Isaak und Jakob werden die wirklichen „Säulen der Welt".

Zur Erinnerung worum es hier geht, wollen wir drei Aspekte des Gedächtnisses nennen:

1. Gedächtnis als historisches Gedächtnis. Hier stellt sich die Frage: Was ist als datierbares Ereignis darzustellen und festzuhalten? 2. Gedächtnis als geschichtlich-religiöses Gedächtnis. Die Frage lautet hier: Was ist für die Verbundenheit des Menschen mit Gott und der Welt als strukturiertes Ereignis wichtig, um benannt und behalten zu werden? 3. Gedächtnis als Vollzugs-Gedächtnis. Hier ist die Frage nicht mehr in erster Linie eine Frage über etwas, sondern es geht um die Erzeugung eines Prozesses, mit dem die Verbundenheit des Menschen mit Gott und der Welt (noch) gehalten werden kann, und zwar gehalten werden kann im Vollzug von Handlungen, die das Gedächtnis wieder neu anregen.

Den letzteren Aspekt haben wir die Vergeschichtlichung des mythologischen Gedächtnisses genannt. Gershom Scholem hat in seinen Ausführungen „Kabbala und Mythos" dieses Bedürfnis so problematisiert:

„Von zwei Punkten her, eben den zwei Polen der religiösen Welt des Judentums, ist dies Wiederscheinen des Mythos in der Kabbala am klarsten zu begreifen: Von der Idee Gottes her und der des Gesetzes. Ist es doch evident, daß eben an den Punkten, die für den spezifischen Gehalt einer Religion entscheidend sind, ihre Transformation ins Mystische einsetzt und so den Charakter der jeweiligen religiösen Mystik als einer spezifischen historischen Erscheinung innerhalb einer konkreten Religion bewährt."[19]

Die Funktion eines neuen Mythos hinsichtlich der Gottes-Idee erlaubte den Kabbalisten, die Einheit Gottes nicht als eine statische, sondern lebendige und dynamische zu sehen, die zu jedem Zeitpunkt mit der Welt und den Menschen in Verbindung tritt. Die jüdischen Gelehrten des Mittelalters stritten sich um die Attribute Gottes, den Kabbalisten ging es um Gottes Potenzen, Hypostasen, die einen innergöttlichen Prozess ausdrücken. Die Bilder stammen aus der Natur: der Baum, der von Gott gepflanzt ist, wird selbst zum Bilde Gottes. Durch ihn wachsen die Kräfte Gottes in der Schöpfung; die Verbindung mit den Sephiroth ist hier angedeutet.

Der zweite Bereich der Re-Mythologisierung ist der Bereich des Gesetzes. Der Charakter des Gesetzes im rabbinischen Judentum war geprägt von einer strengen Ablösung des Gesetzes von allem kosmischen Vollzug. Das Gesetz wird nur noch zum Teil im rein historischen Eingedenken begründet, aber nicht mehr aus der kultischen Repräsentation eines mythischen Vorgangs.[20] Der Auszug aus Ägypten ist in diesem Sinn kein mythischer Vorgang mehr. Die Rabbinen fragten nicht mehr nach den Gründen der Gesetze, die sie genauestens einhielten. Die Kabbalisten hingegen benutzten gerade die Gesetze als Vehikel eines neuen und oft uralt anmutenden mythischen Bewusstseins.

Wir begegnen also „im Herzen der Kabbala einem Mythos der göttlichen Einheit als Verbindung der Urmächte allen Seins und einem Mythos der Tora als des unendlichen Symbols, in dem alle Bilder und Namen auf den Prozess hinweisen, in dem Gott sich selber mitteilt."[21]

Dieses letzte Phänomen erlaubt ein neues Lesen der Tora, welches auch wieder neue Erzählungen über Gott und die Schöpfung der Welt auslöst.

Das Motiv der Neuinterpretation wird bei der Kabbala noch klarer im Bereich des Ritus. Dort wird deutlich, dass nur die Vorstellungen für den Ritus fruchtbar geworden sind, die „vor einem Wiederanschluß an eine unmittelbar im Symbol greifbare oder allegorisch verkleidete, mythische Schicht stehen".[22] Spekulative Umdeutungen (und mögen sie noch so sublim sein), die sich hier mit den mythischen Bildern verschränken, gebären, wie Gershom Scholem zeigt, keine neuen Riten. Es handelt sich also um ein unmittelbares Symbol, welches nur im Vollzug der religiösen Handlung erinnert werden kann. Die Sprache reicht nicht aus, um die Erinnerung zu vollziehen. Wir begegnen hier einem ähnlichen Prozess, wie in der Geschichte von Mose mit Amalek: die Handlung Mose – das Heben seiner Hände – war nach dem Brot- und Wasser-Wunder nötig, um den Sieg zu bewirken. Die Geschichte kann nur durch eine Handlung des Menschen wieder lebendig werden. Es geht hier nicht um eine Reflexion oder Spekulation über die Bedeutung von Geschichte, sondern die menschliche Handlung selber bricht die Zeit auf und öffnet sie durch eine erinnernde Handlung in der Gegenwart in eine Dimension der Zukunft.

In diesem Zusammenhang müssen wir uns daran erinnern, dass der „religiöse Urantrieb des Judentums, der in dem ethischen Monotheismus der israelitischen Propheten seinen gültigen Ausdruck und in der jüdischen Religionsphilosophie des Mittelalters seine begriffliche Formulierung erhalten hat, von jeher als ein Gegenschlag gegen die Welt des Mythos angesehen worden" ist. „Gegen die pantheistische Alleinheit von Gott, Kosmos und Mensch im Mythos, gegen die Naturmythen der vorderasiatischen Religionen, suchte das Judentum einen Abgrund zwischen [...] dem Schöpfer und seiner Kreatur" aufzureißen, der im wesentlichen „unüberbrückbar" ist.[23]

Die erste Barriere war das Bilderverbot. Die bilderlose Gottesverehrung enthielt die Absage an eine mythische Welt, wo Bilder und Symbole eine direkte, unmittelbare Verbindung zwischen Schöpfer und Geschöpf herstellen. Hiermit wollte das Judentum die symbolische Macht des ungebrochenen mythischen Bildes brechen. Die zweite Barriere war die Offenbarung Gottes als sprachliche Rede: bei der Schöpfung der Welt als schöpferisches Wort und bei der Offenbarung als gebietendes Wort.

Dagegen wehrt sich die Kabbala. Umdeuten heißt nun nicht mehr, wie im rabbinischen Judentum, unendlich viele Antworten auf unendlich viele Fragen zu finden, um auf diese Weise das mythische Gedächtnis zu tradieren; sondern die ganze Geschichte von Schöpfung und Offenbarung und alles, was damit zusammenhängt, aufs neue zu denken und zu erzählen, nicht in einer Sprache der erzählenden Vernunft wie im rabbinischen Midrasch, sondern in einer Körpersprache, wo erst die körperliche Handlung des Menschen im Ritus die Geschichte wieder in Erinnerung bringen kann. Gerade in der jüdischen Religion und insbesondere in ihrer klassischen rabbinischen Form des Ritualismus, gerade an dem Punkt war es nötig, neu anzufangen. Was war der Grund dafür? Die Antwort liegt möglicherweise in der Tatsache, dass die Möglichkeit des Eingedenkens in Gefahr war, verloren zu gehen. Die Frage nach dem Gedächtnis wurde also die zentrale Frage. Um dies zu verstehen, ist es nötig, dass wir kurz etwas über das Problem des Rituals im rabbinischen Judentum sagen. Gershom Scholem beschreibt dieses Problem mit den folgenden Worten:

„Wir haben es hier einerseits mit einer ganz und gar auf ritualen Vollzug gestellten Lebensordnung zu tun, mit einer Tendenz, das Leben selbst in einem kontinuierlichen Ritual aufzufangen und zu durchdringen, nicht nur etwa an einzelnen Wendepunkten und Höhepunkten rituelle Akte aus seinem Strom auf auszeichnende Weise herauszuheben. Andererseits aber ist in diesem Judentum der Vollzug der heiligen Handlung, des Rituals, weitgehend von jenem Untergrund abgelöst, der die Mutter des Rituals von jeher ist: die Verbindung mit dem Mythischen, das im Ritus sich in Gesten oder dramatisch kompliziert zur Darstellung bringt."[24]

Es gibt einerseits eine „Lust am Ritus", und wie Scholem auch richtig sagt, ist der Ausdruck im Talmud, wo die Ekklesia Israels zu Gott sagt: „Herr der Welt, viel mehr Vorschriften als Du mir auferlegt hast, habe ich mir selber auferlegt und habe sie gehalten." Die Lust an der rituellen Ausführung der Gebote ist also da, aber die Selbstauferlegung durch eine Überdeterminierung ist in dieser Aussage auch eine Abschneidung von Gott als lebendigen „Geber der Gebote". Man verzichtet eher auf Gott, als auf die Gebote.

Wir beobachten hier nicht nur eine Ablösung von Gott, sondern auch von der Natur. Der Naturritus wandelt sich in einen Geschichtsritus, der nicht mehr den Kreislauf des natürlichen Jahres widerspiegelt, sondern an dessen Stelle die historische Erinnerung setzt.

Durch die drei großen Wallfahrtsfeste gibt es in der Bibel eine direkte Verbindung zwischen den Erntezeiten und den historischen Erinnerungen, aber gerade diese Feste werden dort nicht „Erinnerungsfeste" genannt. Die Urgeschichte, die hier erinnert wird, ist für das Bewusstsein die rituelle, nicht die historische Urgeschichte, die sich in einer anderen Zeitdimension vollzieht, die die geschichtliche Zeit mit einer meta-historischen verbindet, sondern es ist die wirkliche Geschichte des Volkes. Dies ist aber – auch für die Bibel – nicht genug.

Schon dort werden die drei Wallfahrtsfeste nicht „Feste der Erinnerung" genannt. Dieser Name ist für die zwei gerade nicht historischen Feste, nämlich *Rosch Haschana* und *Jom Kippur*, das Neujahrsfest und den Großen Versöhnungstag reserviert. Beide Feste werden auch mit dem Namen *Schabbaton* und *Schabbat Schabbaton* belegt. Was ist nun die Verbindung zwischen diesen Festen mit dem Schabbat und dem Motiv der Erinnerung? Der Schabbat ist der Tag in der Zeit, in den sieben Tagen der Schöpfung, der aber auch einen Tag außerhalb der Zeit bedeutet. Er wird im Exodus als ein „Zeichen" zwischen Gott und dem Volk Israel bezeichnet, ein Zeichen, welches einerseits die Heiligung ausdrückt und andererseits die Einbindung des Menschen in diese Heiligkeit darstellt. Durch diese Doppelbewegung wird eine neue Zeitdimension gestaltet, wo Zeit und Ewigkeit als gemeinsamer Zeitraum erinnert werden. Der Dekalog im Buch Exodus drückt dies im Bezug auf das Schabbatgebot so aus:

„Erinnere dich des Schabbats [...], denn in sechs Tagen hat Gott Himmel und Erde geschaffen und am siebten Tag hat er geruht."
(Ex 20,8-11)

Es handelt sich hier also um eine Erinnerung, die im menschlichen Sinn keine Bedeutung hat: Der Mensch war ja nicht da, als Gott die Welt schuf. Aber gerade dies hat sich als ein Gebot des Erinnerns eingeprägt. Ein Eingedenken, welches eben nicht historisch ist, sondern mythisch...
Dies ist anders im Buch Deuteronomium. Dort heißt es:

„Hüte den Schabbat [...], und [so] wirst du dich erinnern, denn auch du warst Knecht in Ägypten." (Dtn 5,12-16)

Hier wird der historische Moment des Auszugs aus Ägypten als ein Gebot des Bewahrens gegeben. Die Rabbinen sagen, dass „Erinnere" und „Bewahre" in einer Aussage gesagt worden sind. Das Historische und das Mythische sind eins und dasselbe, und gerade darum kann das Historische als das Meta-Historische erlebt werden, gerade weil beide Elemente im Schabbat-Gebot mitschweben. Dies ist der Grundgedanke des Gedächtnisses in der jüdischen Tradition - Erinnerung als das Geheimnis der Erlösung. Wer so erinnert, öffnet die Zeit für eine messianische Hermeneutik, eine messianische Öffnung, wo Himmel und Erde in Zeit und Raum unmittelbar miteinander verbunden sind.
Diese Idee liegt den Erinnerungsfesten, *Rosch Haschana* und *Jom Kippur*, zugrunde. Für den Menschen sind sie die Erinnerung an die unmittelbare Verbindung mit Gott und Gesetz. Am Neujahrsfest (*Rosch Haschana*) wird Gott als König gefeiert, und am Großen Versöhnungstag (*Jom Kippur*) wird Gott als Richter der Welt gefeiert, ein Motiv, welches im Judentum unmittelbar mit der Gesetzgebung und der Erlösung verbunden ist. Das Thema Gott und das Thema Gesetz sind also die Hauptthemen der Erinnerung. Gershom Scholem sieht im rabbinischen Judentum des Exils die Ablösung des Mythos vom Ritual:

„Die Riten der Erinnerung *wirken* nicht, sie schaffen keinen unmittelbaren Zusammenhang des Juden mit seiner ihn umgebenden Welt und Natur, und was sie so ganz ohne beschwörende Geste etwa ‚heraufbeschwören' ist nur das Eingedenken, die Gemeinschaft der Geschlechter und die Identifikation der Frommen mit der gründenden Erfahrung der Generation, die die Offenbarung empfing. Der Ritus des rabbinischen Judentums *wirkt nichts und verwandelt nichts*."[25]

Dies ist genau der Punkt: Im rabbinischen Judentum des Mittelalters, wurden unter dem Einfluss der Scholastik und des aristotelischen Denkens Überlegungen über die Bedeutung der Gesetze unternommen. Der wohl wichtigste Vertreter dieses Versuches war Maimonides, der auch zum ersten Mal in der jüdischen Geistesgeschichte eine Kodifizierung des Judentums vornahm. In seinem *Mischne Tora* (Deuteronomium) hören wir keinen Rabbi Jochanan und keinen Resch Lakisch mehr, und auch nicht die kontroversen Töne eines Rabbi Eliezer oder Rabbi Meir. Die Gesetze werden endgültig durch eine vernunftgeprägte Hermeneutik ausgelegt. Das höchste Ideal ist, Gott durch die Vernunft zu erkennen. Dies ist der Inhalt des Glaubens für Maimonides.

Hier setzt ein massiver, geistiger Protest ein: Das jüdische Pathos der Erinnerung will mehr als den Kopf - Gott fordert das Herz, sagten schon die alten Rabbinen. Scholem ist zu Recht erstaunt und fragt, wie es möglich sei, dass ein Ritual, das mit solchem Nachdruck und Bewusstsein auf allen kosmischen Vollzug verzichtet hat, sich viele Generationen lang in ungebrochener Kraft behaupten, ja immer weiter entwickeln konnte.

Die Frage, welcher Art eigentlich jene Mächte des Eingedenkens sind, die diese Leistung zuwege brachten, so wie die weitere Frage, ob nicht trotz allem im Geheimen doch noch andere Momente an dieser Kraft der Ausdauer teilgehabt haben, lässt er offen. Er weist richtig darauf hin,

„daß all jene Riten, die nicht auf die Kategorie des *Eingedenkens*, der historischen Erinnerung, zurückgehen, sondern auf die der *Heiligung des Menschen im Angesicht Gottes*, in der jüdischen Tradition von dem Pathos des mythischen Vollzugs ebenfalls vollständig losgelöst erscheinen. Sie appellieren an etwas im Menschen und versuchen etwas zu bändigen, was den Betrachter unter historischen Maßstäben an die Welt des Mythischen nahe genug herangerückt erscheint."[26]

Die Kabbala hat nun diesen Schleier zerrissen. Solange das Eingedenken auf beiden Ebenen, der historischen und der mythischen, möglich war – und die geistigen Kräfte des Judentums haben dies auch lang mit erstaunlicher Kraft geleistet –, gab es kein Bedürfnis für einen neuen Mythos. Sobald aber nicht mehr erinnert werden kann, sobald das Gedächtnis *nur* historisch ist (und das Messianische aus der Geschichte verbannt wird), sobald das Gedächtnis nur eine Wiederholung des alten Mythos ist, wehrt sich der freie und menschliche Geist des Juden. Offenbarung ist eben nicht nur ein mythischer Moment, wo Gott, in welcher Form auch immer, sich den Menschen offenbart, oder ein historischer, wo er den Menschen Lebensregeln gibt –, sondern ein Moment, wo der Mensch als Mensch, als frei wählender Mensch vor Gott steht: wo er erst Mensch wird. Wo er das Muster der ewigen Wiederholungen der Natur brechen kann und durch seine freie Entscheidung eine neue Geschichte erzählen kann.

„Wer nicht erzählt, sitzt noch in Ägypten," heißt es in der Pessach-Haggadah. Es geht und ging dem jüdischen Monotheismus immer um die Tradition, d. h. um den Sinn der Geschichte und nicht um die Geschichte selbst als Beschreibung der Tatsachen.

Gedächtnis in jüdischer Tradition ist identitätsstiftend: Durch das Erzählen wird man ein Glied in der Kette der Geschichte des jüdischen Volkes. Das Sagen zählte immer mehr als das Gesagte, und das Sagen ist ein Ausdruck des menschlichen Bewusstseins vom Ganzen.

Yoseph Hayim Yerushalmi und Jacques Derrida – Geschichte als Verwandlung und Versprechen

Wir wollen diese Überlegungen jetzt an zwei Denkern der jüdischen Moderne prüfen: den Historiker Yoseph Hayim Yerushalmi und den Philosophen Jacques Derrida.

Yerushalmi hat in seinem Buch *Zachor*[27] in eindrucksvoller Weise gezeigt, wie sich im Judentum nie eine Geschichtsschreibung im klassischen Sinn entwickelt hat. Geschichtsschreibung heißt Sinngebung, und dies kann nur geschehen, wenn Geschichte erzählt und so erinnert wird.

„Die biblische Aufforderung zur Erinnerung hat also mit der Neugier auf die Vergangenheit wenig zu tun. Israel wird aufgefordert, ein Reich der Priester und ein heiliges Volk zu werden; von einem Volk von Historikern ist nicht die Rede. Die Forderung, daß Israel sich erinnere, trägt der selektiven Natur des Gedächtnisses durchaus Rechnung […]. Die große Gefahr ist nämlich weniger, daß ein Ereignis an sich vergessen wird, als daß vergessen wird, wie es sich ereignete […]. Ritual und Rezitation waren die Hauptbahnen der Erinnerung […]; die entscheidenden Geschichtsvorstellung der Bibel wurden also nicht von Historikern, sondern von Priestern und Propheten geprägt […]."[28]

Die entscheidende Begegnung zwischen Mensch und Gott verlagert sich vom Reich der Natur und des Kosmos auf die Ebene der Geschichte, und damit rückt die menschliche Reaktion auf die göttliche Herausforderung zu erinnern ins Zentrum des Glaubens. Für Israels Glauben ist die Erinnerung von entscheidender Bedeutung. Es ist die Essenz seiner Existenz, welche die mythische Zeit der sich wiederholenden Geschichte durch die menschliche Tat des Erinnerns bricht. Die Gottesbegegnung der Kinder Israel als historisches Ereignis gewinnt ihre Bedeutung durch die Erinnerung als Rückkehr zu der Zeit und dem Ort, wo diese Begegnung einst stattgefunden hat. Die menschliche Erzählung des Ereignisses „wie es sich ereignet hat" macht das Ereignis sozusagen wahr. Aus dieser Sicht ist die Aufforderung, sich zu erinnern, ein religiöses Gebot.

Wir begegnen hier wieder dem Zusammenhang zwischen Mythos und Ritual: Das Ritual verwandelt die mythische Zeit der Natur in eine geschichtliche Zeit, die in der Geschichte des Volkes Israels mit seinem Gott konstituiert wird, wie wir dies im ersten Teil unserer Ausführungen über den biblischen Text, der als eine Art Vorbereitung auf die Offenbarung am Berge Sinai gelesen werden kann, gezeigt haben. Bevor das Volk die Offenbarung als übernatürliches Ereignis in der Geschichte erleben kann, braucht es die Prüfung des Wunders an einem historischen Ereignis (der Krieg mit Amalek)[29], das nie vergessen werden darf. Es handelt sich also um die Frage der Sinngebung und der Wirklichkeit, die ein gegenwärtiger Augenblick gewinnt, wenn er durch die Wiederholung eines Rituals, das Zitieren oder Darstellen eines Mythos und durch die Aufhebung der historischen Zeit Ausdruck findet, so dass die Menschen die wahre Zeit des Ursprungs und der Archetypen wiedererleben. Aber hier ist noch ein zusätzliches Element anwesend: Die Sinngebung selbst, die Verwandlung selbst („Gott ist mein Prüfer – Wunder") wird erinnert. Der Schabbat ist Schöpfung *und* Auszug aus Ägypten: Mythische und historische Zeit begegnen sich im Ursprung. Diese Begegnung muss erinnert werden zur Gestaltung der jüdischen Tradition.

Ein Beispiel für diese Verbindung finden wir in dem Bericht über den Rabbiner Yom Tob Lipmann Heller, der aufgrund der Judenverbrennungen im Jahre 1648 durch die Kosaken in den polnischen Gemeinden einige besondere *Selichot* (Bittgebete) einführte, die im 12. Jahrhundert nach den Judenverbrennungen in Blois (Frankreich) verfasst wurden. Diese sollten am 20. Siwan, der als allgemeiner Fasttag eingeführt wurde, zum Gedenken an die Pogrome rezitiert werden.

„Was sich jetzt ereignet hat, gleicht den Verfolgungen früherer Zeiten, und alles was den Vorvätern geschehen, geschah auch ihren Nachkommen. Zu den früheren Ereignissen, verfaßten schon die früheren Generationen *selichot* und erzählten sie. *Es ist alles eins.* Also sage ich mir: ich werde mir daraus einige aussuchen, denn bedeutender ist der Fingernagel der Ersteren ‚als der Leib der Späteren' (Joma 9b). Auch deshalb, weil unsere Gebete eher erhört werden, wenn wir die ihrigen sprechen, da man die Worte, die die Kleinen äußern, nicht mit denen der Großen vergleichen kann. Und so werden sich im Grabe ihre Lippen bewegen und ihre Worte werden wie eine Leiter sein, auf der unser Gebet zum Himmel steigt."[30]

Das Gedächtnis der jetzigen Generationen gewinnt seine Bedeutung durch die Erinnerung an die Sinngebung der früheren Generationen. „Es ist alles eins," aber wir haben die Worte der Verstorbenen nötig als Leiter zum Himmel.

Yerushalmi entwickelt diese Ideen weiter in seinem Buch über Freud, wo er sich mit der Theorie des Vatermords in Freuds *Der Mann Moses und die monotheistische Religion* (1939) auseinandersetzt. In einer brillanten historischen Analyse endet Yerushalmi mit einem offenen Brief an „Vater Freud", wo er ihm zeigt, dass der Vatermord vielleicht überhaupt nicht stattgefunden hat und dass es daher keine Schuld dafür gibt, aber dass die Fähigkeit des Gedächtnisses den Menschen aus dem Kreislauf der Wiederholungen retten kann, wenn er sein jüdisches Gedächtnis wirken lässt.

Yerushalmi erinnert Freud daran, dass Völker und Gruppen sich zu jeder Zeit nur an die „Vergangenheit" erinnern, die ihnen bewusst überliefert wurde und die sie als bedeutungsvoll akzeptiert haben. Umgekehrt „vergisst" ein Volk, wenn die Generation, die gerade im Besitz der Vergangenheit ist, diese nicht an die nächste weitergibt oder wenn die letztere das Erbe ablehnt und es nicht weiterreicht... Selbst, wenn die meisten „vergessen", gibt es doch einige, und seien es auch nur wenige einzelne, die sich „erinnern".

„Um mich Ihrer zu bedienen, Prof. Freud: Die meisten mögen Geschehnisse verdrängen. Einige jedoch nicht, und an bestimmten Wendepunkten in der Geschichte spielen oft wenige, die an der Erinnerung teilhatten, eine Schlüsselrolle beim Wiedererinnern (bei der Wiederkehr des Verdrängten, wie Sie sagen würden) durch die Gruppe als Ganzes."[31]

Ein wichtiger Beweis, den Yerushalmi hier für seine These anbringt, ist die Tatsache, dass Gott sich gegenüber Mose mit einem neuen Namen vorstellt, was zeigt, dass die von Mose geprägte Religion wirklich Neues enthielt. Dies passiert aber nicht nur in der Geschichte am Dornbusch, wie Yerushalmi zeigt, sondern sofort am Anfang, wenn Gott sagt: „Ich bin Abraham, Isaak und Jakob als *El-Schaddai* erschienen, aber meinen Namen JHWH habe ich denen noch nicht mitgeteilt." (Ex 6,3)

Mose ist also nicht nur Erneuerer und Helfer beim Wiedererinnern, sondern Gott selber setzt dies als Kondition für das Gedächtnis voraus. Nur so kann der Auszug aus Ägypten als Vollzug des Gedächtnisses weitergegeben werden. Es geht hier also nicht um den Vatermord durch den Sohn, sondern dieser Gott, der derselbe ist, dem auch die Väter begegnet sind, bekommt jetzt bei den Söhnen einen anderen Namen, eine neue Bedeutung. Dieser Name ist eine Neu-Offenbarung, die den Söhnen erst später mitgeteilt werden kann, da die historische Wirklichkeit sich jetzt geändert hat. Die Erkenntnis wird aber noch aufgeschoben bis zur Ankunft am Berge Sinai, wie in der Geschichte vom Dornbusch angedeutet wird (Ex 3,12), und die Frage, ob die Kinder Israel tatsächlich Gott am Berge Sinai *dienen* werden, bleibt offen. „Das ist dein Zeichen," sagt Gott zu Moses, und daraus ergibt sich die Erkenntnis Gottes und seines Namens.

Yerushalmi zeigt im Weiteren richtig, dass die Konfrontation in der Bibel sich eben nicht zwischen Vater und Sohn abspielt, sondern zwischen den Brüdern. Wir wollen zeigen, wie die Person Joseph hier als Schlüsselfigur für das verwandelnde Gedächtnis funktioniert. Erst seine Deutung der Träume Pharaos erlaubt eine Deutung der Zeit als Ende des Exils. Es ist das Exil Josephs, aber auch in einer neuen „Interpretation" (nicht durch Wiederholung, sondern Verwandlung) das Ende des Exils für das ganze Volk Israel. Dies wird erst deutlich am Ende des Buches Genesis in der Konfrontationsszene: Die Brüder haben Angst, dass Joseph sie jetzt nach dem Tod des Vaters bestrafen wird für die Missetaten, die sie ihm angetan haben. Sie haben ihn töten wollen. Aber durch seine eigene Wahl, durch seine Interpretation der Träume, seine eigene Initiative, ist er gerettet worden und wurde der Retter seiner Brüder und des ägyptischen Volkes vor der Hungersnot. Auch hier wird zunächst wieder das Natürliche als Basis gelegt für das Geistige. Jetzt wenden sich die Brüder an ihn mit der letzten Botschaft des Vaters Jakob, die er seinen Söhnen am Sterbebett mitgegeben hat.

„Dein Vater hat uns, bevor er starb, aufgetragen: So sagt zu Joseph: Trage doch deinen Brüdern ihre Untat und Sünde, denn Schlimmes haben sie Dir angetan. Nun also trage doch die Untat der Knechte des Gottes Deines Vaters. Und Joseph fing an zu weinen als sie zu ihm redeten. Und die Brüder gingen dann hin und fielen vor ihm nieder und sagten: Hier sind wir als deine Sklaven. Und Joseph antwortete denen: Fürchtet Euch nicht. Stehe ich an Gottes Stelle? Ihr habt Böses gegen mich im Sinne gehabt. Gott aber hatte Gutes im Sinn, um zu erreichen was heute passiert: ein großes Volk lebendig zu machen." (Gen 50,16-20)

Joseph und seine Brüder erhalten von ihrem Vater die Deutung ihres Lebens und des Schicksals des Volkes. Die Frage „Stehe ich an Gottes Stelle?" und die Antwort *„Nein"* sind der Schlüssel zum Verständnis dieses Textes. Der Mensch ist eben nicht im Zwiespalt zwischen Gottsein (Herr) oder ohnmächtig sein (Sklave). Er braucht keine Angst zu haben, dass Gott der Vater ihn bestrafen wird, braucht darum auch den Gott nicht umzubringen und sich „zum Gott zu machen", mit der Schuld daran zu leben und immer Wiederholungen dieses Ereignisses auszuleben. Es gibt eine andere Lösung: dass der Vater selbst (Jakob, oder Gott) nicht ihm verzeiht – das wäre das christliche Modell –, sondern ihm den Schlüssel zur Verwandlung gibt, so dass der Mensch selber das Böse in das Gute verwandeln und so seine Erlösung erleben kann. Vater Jakob hatte doch jeden Grund auf seine Söhne böse zu sein, die ihm seinen Lieblingssohn genommen hatten. Aber der Mord war kein Mord, das wilde Tier hatte Joseph nicht gefressen, das Blut war nicht Josephs Blut, und Joseph selbst redet nicht über Schuld oder Verzeihung, über Opfer oder Täter, sondern über Erlösung: „Wenn Ihr aus Ägypten zieht, sollt Ihr meine Gebeine heraufnehmen." (Gen 50,85)

Leiden hat eben nicht mit Schuld zu tun, sondern mit freier Wahl. Vater Jakob setzt so Joseph und seine Brüder frei. Es geht also nicht um die Schuldfrage, sondern um die Verwandlung des Bösen in das Gute.[32] Die Wahrheit ist eben bei Gott, der Mensch kann nur das Böse in das Gute verwandeln, durch seine Handlung, die ihm durch den Vater und durch Gott erlaubt wird. Es wird nicht geboten, sondern erlaubt...

Freud selbst konnte leider das Testament seines eigenen Vaters Jakob nicht annehmen, da er „sein wollte wie Gott" im Sinne der absoluten Wahrheit, die ja immer die Wiederholung suchen muss. Es gibt nur eine Wahrheit... Die Interpretation Freuds im „Mann Moses" deutet, wie auch seine Interpretation der Skulptur Moses von Michelangelo, die er in Rom nach seinem Bruch mit C. G. Jung besucht hat - und worüber er ausführlich geschrieben hat,[33] – in diese Richtung. Er identifiziert sich mit diesem Mose, der die Lehre Gottes bringen muss und erzählt, wie er eigentlich „mit dem Gesindel" sein wollte, das um das Goldene Kalb tanzt. Die Rebellion gegen den Vater ist für Freud unvermeidlich...

Es ist um so tragischer, dass er nie das Testament seines eigenen Vaters Jakob zur Kenntnis genommen hat. Es ist in einer hebräischen Widmung enthalten, die sein Vater in eine Bibel schrieb, die er ihm als Geschenk zu seinem 35. Geburtstag überreichte:

„Sohn, mein teurer, Schelomo. Im siebten der Tage Deiner Lebensjahre fing der Geist des HERRN an, Dich umzutreiben, und sprach in Dir: Auf, lies in meinem Buch, das ich schrieb, und die Quellen des Verstandes, der Urteilskraft und der Vernunft werden Dir aufspringen. Siehe, es ist das Buch der Bücher, in dem die Weisen schürften und die Gesetzgeber Wissen und Urteil lernten. Du erschautest die Offenbarung des Allmächtigen, hörtest und bemühtest Dich; schweben wirst Du auf den Fittichen des Windes. Seitdem war das Buch verwahrt wie die zerbrochenen Gesetzestafeln in einem Schrein bei mir. Für den Tag, an dem Du fünfunddreißig wurdest, gab ich ihm eine neue Lederhaut und nannte es: ‚Brunnen, steige auf! Singet von ihm!' Und ich bringe Dir dieses zum Gedächtnis und als Erinnerung der Liebe Deines Vaters, der Dich ewig liebt, Jakob, Sohn des R. Schelomo Freid [sic]. In der Hauptstadt Wien, 29. Nisan [5]651, 6. Mai [1]891."[34]

Vater Jakob erinnert hier seinen Sohn Sigmund daran, dass die „Quellen des Verstandes, der Urteilskraft und der Vernunft" verbunden werden können mit der „Offenbarung des Allmächtigen". Er bietet seinem Sohn eine „neue Lederhaut" an, durch dieses Buch, eine Möglichkeit der Verwandlung. Bisher war das Buch im Schrank seines Vaters, wie die zerbrochenen Gesetzestafeln. Jetzt bietet er es seinem Sohn an als Quelle des Gedächtnisses und „als Erinnerung an die Liebe Deines Vaters".

Freud hat diese Stimme leider nicht gehört. In seiner offenen Polemik gegen die Religion hat er alle Religion auf die Sehnsucht nach dem Vater reduziert, und diese Sehnsucht ist immer negativ besetzt. Diese Reduktion geht aber im Judentum nicht auf. Das Über-Ich und nicht das Ich, geschweige denn das Es, ist in gewissem Sinn die jüdische der psychischen Instanzen.

Die Verdrängung ist jedoch keine jüdische Geste. Der Vater wird in jeder Geste der Interpretation, in der die Bedeutung des Textes gebrochen werden muss, in Erinnerung gebracht - wie die ersten Gesetzestafeln –, um das Wort Gottes für den Menschen verständlich zu machen. Mose hat die Tafeln für, aber auch gegen Gott gebrochen, so dass wir jetzt das Licht des Vollkommenen trotz unserer Unvollkommenheit wie in einem gebrochenen Spiegel sehen. Wenn Freud - ohne Schuldgefühle - diesen Mut gehabt hätte, dann wäre seine Wissenschaft, und nicht nur im historischen Sinne, eine „jüdische" gewesen.

Ein anderer neuer Denker ist Jacques Derrida. In seinem Aufsatz „Das andere Kap. Erinnerungen, Antworten und Verantwortungen", der in Turin am 20. Mai 1990 vorgetragen und in der Zeitschrift Liber abgedruckt wurde,[35] setzt sich der französische Philosoph mit dem Problem der Identität Europas auseinander. Er bezieht sich hier auf einen Aufsatz von Paul Valéry „La Liberté de l'Esprit". Dieser Aufsatz, der zwischen den beiden Weltkriegen geschrieben wurde und sich mit dem Schicksal der europäischen Kultur beschäftigt, enthält einen entscheidenden Rekurs auf das Wort Kapital: Valéry greift darauf zurück, weil er damit gerade die Kultur und den Mittelmeerraum definieren möchte. Er evoziert die Schifffahrt, den Kapitän, den Warenaustausch und jenes Schiff, das gleichzeitig „die Waren und die Götter, die Ideen und die Verfahrensweisen" mitbrachte.

„So ist der Schatz entstanden, dem unsere Kultur fast alles verdankt, zumindestens in seinen Ursprüngen; ich darf behaupten, daß der Mittelmeerraum eine wahre Maschine zur Herstellung von Zivilisation gewesen ist. Dies alles stiftete zwangsläufig die Freiheit des Geistes, während es gleichzeitig das Geschäftswesen schuf. Am Ufer des Mittelmeers finden wir also eng vereint: Geist, Kultur und Handel."

Nachdem Valéry dieses Prinzip der Analyse auf die am Rhein liegenden Städte, wie Basel, Strassburg und Köln, erweitert hat, wie auch auf die Hansestädte, die es durch den Bund von Bankwesen, Handwerk und Druckerei als „strategische Stellungen des Geistes" zu betrachten gilt, macht sich Valéry die Mehrdeutigkeit des Wortes Kapital zunutze, welches nicht nur Hauptstadt, sondern auch Geld bedeutet, sowie alles, was erwerblich ist.

„Kultur und Zivilisation sind recht unbestimmte Ausdrücke; man kann sich damit beschäftigen, sie zu unterscheiden, sie einander entgegenzusetzen oder sie miteinander zu vereinigen. Ich werde mich damit nicht aufhalten. Wie ich Ihnen bereits mitgeteilt habe, handelt es sich für mich um ein Kapital, das entsteht, sich erhält, sich vermehrt, sich verwenden läßt und zu schwinden beginnt - es verhält sich nicht anders als jedes erdenkliche Kapital überhaupt: am bekanntesten ist wohl jenes Kapital, das wir unseren Körper nennen...",[36]

Valéry erklärt, dass der Körper Europa in Gefahr ist, da das Kapital als Kulturkapital gefährdet ist. Das Kapital supponiert die Wirklichkeit des Gegenstandes, also materielle Kultur, aber auch das Dasein des Menschen. Die Rhetorik Valérys ist zugleich kulturell, ökonomisch, technisch, wissenschaftlich und strategisch-militärisch. Der Körper ist das bekannteste Kapital, und Valéry weist auf ihn als das Vertrauteste hin, so als würde der Körper dem Kapital seinen eigentlichen und wahrhaft wörtlichen Sinn verleihen, einen Sinn, der sich in unmittelbarer Nähe zum Haupt und zum *Kap* verdichtet: den Ort, an dem sich die Frage der Sprache – und auch die Frage nach dem Kap – stellt.

Derrida nimmt diese Idee des *Kap* auf und fragt, wie Europa sich dem anderen Kap, dem anderen Ufer des Mittelmeers wirklich öffnen kann. Kann Europa wirklich offen sein für andere Kulturen? Die Selbstbehauptung einer Identität erhebt stets den Anspruch, sagt Derrida, auf den Anruf oder die Anweisung des Universellen zu antworten. Dieses Gesetz duldet keine Ausnahme. Keine kulturelle Identität stellt sich als der undurchlässige Körper eines Idioms dar, im Gegenteil: jede erscheint immer als die unersetzbare Einschreibung des Universellen in das Singuläre, als das einzigartige Zeugnis des menschlichen Wesens und des Eigentlichen des Menschen.

„Der Begriff des Allgemeinen oder Universellen und der mit ihm verbundene Wert kapitalisieren hier alle Antinomien, weil sie sich an Begriff und Wert des Beispielhaften binden müssen; dieses schreibt das Universelle dem Leib eines Singulären, eines Idioms oder einer Kultur ein."[37]

Darum muss das *Kap* sich öffnen für das andere Ufer, nicht nur aus Verantwortlichkeit, sondern um seine eigene Singularität zu entdecken. Es muss erinnernd bestätigt werden, es muss nicht archiviert, nicht registriert, sondern wahrgenommen werden in seiner Einzigartigkeit als Teil des Universellen.

„Das Kap hat begonnen," sagt Derrida, „sich *dem anderen Ufer eines anderen Kaps* zu öffnen – mag dieses andere Kap auch ein entgegengesetztes Kap sein," und „das Kommen dieses anderen zu sehen und zu hören". Es mag sein, dass dieses Öffnen „auch im Krieg geschieht, aber das andere Ufer wird jetzt wahrgenommen."

Diese Öffnung erlaubt ein neues Sehen, und hier können wir beobachten, wie die Sprache Derridas sich hautnah an eine religiöse Sprache anlehnt. Gott und das Judentum kommen nicht in einem Diskurs vor, aber ein fast prophetisches Pathos durchleuchtet alles:

> „Aus solcher Sicht ist es die *Pflicht*, dem Ruf, dem Appell des europäischen Gedächtnisses zu antworten, zu folgen und jenes in Erinnerung zu bringen, erneut zu identifizieren, was sich unter dem Namen Europa als Versprechen ankündigte, nicht daran zu messen, was man gemeinhin als ,Pflicht' bezeichnet. Könnte man indes nicht sagen, daß jede andere Pflicht diese stillschweigend voraussetzt?
>
> Diese *Pflicht* hält uns auch dazu an, Europa von dem Kap aus, dessen Ufer sich teilt, auf jenes hin zu öffnen, was nie europäisch gewesen ist und was nie europäisch sein wird.
>
> *Dieselbe Pflicht* zwingt uns des weiteren nicht nur, den Fremden aufzunehmen, um ihn einzugliedern, sondern auch, ihn aufzunehmen, um seine Andersheit zu erkennen und anzunehmen. [...]"[38]

Was hier gemeint ist, „ist eine Demokratie, die sich durch die Struktur des *Versprechens* ausweisen muß - *und folglich durch das Gedächtnis dessen, was hier und jetzt zukunftsträchtig* ist".[39] Derrida spricht von der „*Religion des Kapitals*", welche kritisch zu betrachten ist. Die Frage ist: „Was werden Sie HEUTE tun?"[40] Es ist die Frage nach einem Ereignis, das die Ordnung der Gegenwart und Anwesenheit, der Erscheinung und Vergegenwärtigung, übersteigen muss:

> „Was für die Geschichte – als Wissenschaft – noch nicht eingetreten ist, ist das kapitale *Ereignis* eines Begriffs, einer Denkmöglichkeit, die es dieser Wissenschaft gestatten würde, zunächst einmal das *Ereignis* als solches zu denken."[41]

Derrida selbst geht diesen Schritt, nicht unbedingt als Jude, sondern als Europäer, der am anderen Ufer des Kaps geboren ist, aber dessen Schicksal – als jüdischer Europäer nach der Schoa – unmittelbar mit dieser Erfahrung verbunden ist, und der (wie auch die alten Rabbinen nach der Zerstörung des Tempels die geistige Kraft dazu aufwiesen) die Hoffnung auf das Ereignis nicht aufzugeben vermag. Was der Inhalt dieses Ereignisses ist, darüber sind unsere Meinungen sicher geteilt, wichtig jedoch ist, dass dasjenige, was noch nicht auf einen Begriff zu bringen ist, was zum erinnerten Gedächtnis werden soll, im Kommen bleiben muss aus demselben Grund, den Derrida „Difference" zu nennen wagt.

Im jüdisch-europäischen Kontext erinnert das Wort *Kap* an die Münze, die der römische Kaiser Vespasianus nach der Zerstörung des Tempels in Jerusalem hat schlagen lassen und die sein Abbild und die Inschrift *Judaea Capta* trägt, als Zeichen des Sieges über das jüdische Volk. Sie zeigt einen römischen Soldaten mit Speer, der, sich mit dem Fuß auf seinen Helm stützend, einen trauernden Judäer, der unter einem Palmbaum sitzt, bewacht.[42]

Die Auslöschung des europäischen Judentums als Ereignis des 20. Jahrhunderts wirft somit nicht nur die Frage nach dem jüdischen, sondern auch nach dem Erbe Europas auf, welches als Versprechen im Buch der Erinnerung und des Lebens eines jeden einzelnen eingeschrieben ist.

Anmerkungen

[1] Schemot ist der hebräische Name des Buches Exodus.

[2] Das Motiv von Nahrung und Erkenntnis finden wir zum ersten Mal in der Paradiesgeschichte, wo das Essen von allen Bäumen im Garten – die physische Nahrung – dem Essen vom Baum der Erkenntnis – die geistige Nahrung – gegenübergestellt wird.

[3] Der Schabbat als Vollendung der Schöpfung und Symbol der Vollkommenheit wird von Gott geheiligt (Gen 2,3), und das Volk Israel gewinnt seine Heiligkeit durch das Heiligen dieses Tages. „Am mekadesche schwii" - ein Volk, das den Siebten heiligt - heißt es in der Schabbatliturgie.

[4] Der Anlass für den Neid der Brüder Josephs sind seine beiden Träume: In dem einen geht es um die Ähren am Felde und im zweiten um die Lichter am Himmel. Die Erde und der Himmel werden hier schon am Anfang als symbolische Leitmotive eingeführt, deren Bedeutung erst im weiteren entfaltet wird und am Ende des Buches Genesis eine messianische Dimension gewinnt.

[5] Das hebräische Wort für „fallen lassen" ist hier „mamtir" welches in Gen 2 am Anfang des zweiten Schöpfungsberichtes die Verbindung zwischen Schöpfer und Mensch ausdrückt.

[6] Vgl. Mirjams Aussätzigkeit (Num 12).

[7] Vgl. die Geschichte von Abrahams Opfer in Gen 22, die anfängt mit „... und Gott prüfte Abraham". Der rabbinische Kommentar in Genesis Rabba zu dieser Stelle lautet: „Prüfte" (hebr. nissa) ist abgeleitet vom Wort nes (Wunder).

[8] Vgl. das Verbot vom Baum der Erkenntnis zu essen, und die Übertretung dieses Verbots durch Adam und Eva.

[9] Gottes Segen an Abraham in Gen 12 lautet: „Du sollst ein Segen sein"

[10] Laut der jüdischen Tradition gibt es in jeder Generation einen Erzfeind Israels, wie Haman, Hitler oder Saddam Hussein. Diese Auffassung sollte nicht verwechselt werden mit der Idee eines Feindbildes, welches ständig da sein müsse. Den Feind in einen Freund zu verwandeln ist das höchste Ideal, aber die Geschichte des jüdischen Volkes ist leider so voller Verfolgungen, dass dieses Ideal nur schwierig zu verwirklichen ist. Der Händedruck zwischen Rabin und Arafat am 13. September 1993 in Washington war Symbol dieser Verwirklichung des Unmöglichen.

[11] Vgl. das Hawdala-Gebet am Ausgang des Schabbats, am Ende des Tages, wo Gott die Aussonderung der Zeit in der Schöpfung vollzog, als erstes Zeichen zwischen Gott, dem Schöpfer der Welt und den Kindern Israels. Der Schabbat ist so das Zeichen des immerwährenden Bundes zwischen Volk und Gott.

[12] vgl. Christoph Jamme, „Gott an hat ein Gewand". Grenzen und Perspektiven philosophischer Mythos-Theorien der Gegenwart, Frankfurt a. M. 1991.

[13] Karl Wolfskehl, „Das jüdische Geheimnis", in: Almanach des Schocken Verlages für das Jahr 5697, Berlin 1936/37, 155 f.

[14] Die gebräuchliche Übersetzung „Gott ist mein Schild" vergisst die symbolische Bedeutung dieses Benennens: Nomen ist Omen in der Bibel.

[15] Sohar II, 64b, zit. aus: Der Sohar. Das Heilige Buch der Kabbala, nach dem Urtext ausgewählt, übertragen und hg. v. Ernst Müller.

[16] Vgl. Ex 6,3.

[17] Der Abschnitt über Amalek steht hier am Ende der Perikope „Kitezele-mi/chmama „ – „Wenn Du in einen Krieg ziehst" (Dtn 21, 10). Die darauffolgende Perikope heißt: „Kitavoe/ ha-aretz" – „Wenn du in das Land kommst".

[18] Gershom Scholem, Zur Kabbala und ihrer Symbolik, 6. Aufl., Frankfurt a. M. 1989, 117.

[19] ebd. S. 126.

[20] Vgl. ebd., 127.

[21] ebd., 128.

[22] ebd., 161.

[23] ebd., 118.

[24] ebd., 161 f.

[25] ebd. S. 163 f.

[26] ebd., 164.

[27] Yoseph Hayim Yerushalmi: Zachor: Erinnere Dich! Jüdische Geschichte und jüdisches Gedächtnis, Berlin 1988.

[28] ebd., 23ff.

[29] Der Abschnitt über Amalek steht hier am Ende der Perikope „Ki teze le-milchmama" – „Wenn Du in einen Krieg ziehst" (Dtn 21,10). Die darauffolgende Perikope heißt: „Ki tavo el ha-aretz" – „Wenn du in das Land kommst".

[30] Yoseph Hayim Yerushalmi: Zakhor, o.c., S.62ff

[31] Yosef Hayim Yerushalmi, Freuds Moses. Endliches und Unendliches im Judentum, dt. Übersetzung, Berlin 1992, S. 130ff

[32] Hier ausgedrückt das Ritual der Heraushebung der Gebeine Josephs beim Auszug aus Ägypten.

[33] Sigmund Freud, Der Moses des Michelangelo, (1914, 1927), In: Studienausgabe, Bd. x, Frankfurt a.M., 1980

[34] ebd. S. 149

[35] Jacques Derrida, Das andere Kap, (dt. Übsersetzung), Frankfurt a.M., 1972

[36] Paul Valéry. Oeuvres II, Paris 1957, S. 1089.; zit. nach Derrida, o.c., S. 49.

[37] Jacques Derrida, o.c., S. 64 (Anm.:2).

[38] ebd, S. 55.

[39] ebd. S. 57.

[40] Paul Valéry, Oeuvres I, o.c., S. 931; vgl. Jaques Derrida, Das andere Kap, o.c., S. 14.

[41] Jacques Derrida, Das andere Kap, o.c., S. 64 (Anm.:2).

[42] In einer Geste der verwandelten Erinnung trägt eine Geldmünze im Staat Israel dieses Bild des Palmbaumes.

Weltgeschehen und Heilsgeschichte –
Judentum zwischen Formation und Transformation

Einführung

Eine der späten Erkenntnisse der Aufklärung besteht darin, dass die Säkularisierung nicht nur die Überwindung der Religion, sondern auch die Verweltlichung religiöser Bilder und Inhalte mit sich brachte. So stellt sich die Frage nach der „Wiederkehr der Religion" nicht nur im Zusammenhang mit Randerscheinungen der modernen Gesellschaften – Subkulturen oder Populärphilosophien – sondern auch im Verhältnis zu den allgemeinen sozialen und politischen Entwicklungen in Moderne und Postmoderne.

Die Gesetze, nach denen die modernen Gesellschaften „funktionieren", sind nicht geschrieben und nicht laut benannt. Aber die Struktur jede dieser Gesellschaften ist bestimmt von Fragen eines sie konstituierenden Zusammenhalts, unabhängig davon, ob sie ihre Legitimation aus der „Überwindung" des Religiösen oder aus dessen „Wiederbelebung" in alternativen kulturellen Formen bezieht.

Das Zusammenwirken von verschiedenen Weltdeutungen ist eines der Merkmale unseres Weltgefühls geworden im Zeitalter der Globalisierung, zu einer Chiffre der „geistigen Situation der Zeit", in der Mensch und Welt ihre „Selbstverständlichkeit" jedoch grundsätzlich zu verlieren scheinen. Multikulturalität wird somit zur Falle: anstatt in der Welt zuhause zu sein, empfindet der Mensch oft seine Umgebung als Bedrohung, und der Kampf zwischen den Kulturen gewinnt eine existentielle Dimension.

Kultur als Ausdruck der Selbstvergewisserung des Menschen in modernen Gesellschaften, birgt zwei einander widerstreitende Diskurse in sich.

Einerseits bezeichnet „Kultur" im Rückgriff auf die Ästhetik des 18. Jahrhunderts die Produktion des schöpferischen Genies, die als die Fähigkeit zur Überschreitung des Alltäglichen angesehen wird. Das künstlerische Genie vermag sich über das Gewöhnliche zu erheben und Neues zu entdecken, weil es in der Lage ist, den göttlichen Schöpfungsprozess, der aus dem Nichts ein ganzes Universum entstehen lässt, in seinem Werk nachzuvollziehen. Es ist eine kreative Tätigkeit, *poiesis*, die wenige ausgewählte Menschen in die Lage versetzt, bedeutungsträchtige Werke herzustellen, die die Kultur als Gesamtheit repräsentieren. Das Individuelle und Besondere wird nach dieser Auffassung zum eigentlichen Träger der kulturellen Werte.

Andererseits hat der zweite Diskurs über die Kultur als Weltdeutung etwas anderes im Sinn: die anthropologische Beschreibung von einzelnen Kulturen konzentriert sich auf das Gewöhnliche, d.h. die Formen des standardisierten, überlieferten Verhaltens, die selbst über Generationen hinweg einen Fortbestand von Traditionen sichern. Somit kommt dem Begriff der Kultur die Bedeutung eines dauerhaften Systems zu, das sich als Ausdruck des kollektiven und schöpferischen Geistes einer Gesellschaft versteht.

Zu Beginn des 20. Jahrhunderts verdichtete sich die im Kulturbegriff angelegte Ambivalenz zum Motiv einer Krise: Die zunehmende Geschwindigkeit der Modernisierungsprozesse und die damit einhergehenden gesellschaftlichen Veränderungen und Umbrüche werfen auf der einen Seite die Frage nach dem kreativen Potential der Kultur auf, neu entstehenden Verhältnisse deuten und Handlungsperspektiven eröffnen zu können. Auf der anderen Seite stellt sich die Frage nach der Bedeutung dauerhafter Institutionen der europäischen Kultur und ihrer Kompetenz, bei allen Neuerungen die Tradition und damit zugleich die Identität der abendländischen Menschheit sichern zu können.

Die Krise der Kultur wird zum Paradigma der Krise der Moderne, die gekennzeichnet ist von einer Erstarrung derjenigen symbolischen Formen, in denen der menschliche Geist von jeher Philosophie, Wissenschaft, Religion und Kunst identitätsstiftend und integrierend in eine ‚Selbstverständlichkeit der Welt' einzubinden vermochte – als Ausdruck des menschlichen In-der-Welt-Seins. Weltentfremdung und Selbstentfremdung sind zwei Seiten derselben Münze, die an der Schwelle des 21. Jahrhunderts in den stürzenden Türmen von Manhattan ihren Stempel auf das kollektive Gedächtnis der Menschheit eingeprägt haben.

Die antike und mittelalterliche Philosophie haben verschiedene Wege der Weltdeutung aufgezeigt, die alle darauf beruhen, dass der Mensch der Mittelpunkt der Welt sei. Diese Kosmologie gerät in der Neuzeit aus den Fugen: „Man as claim to being the centre of the universe has lost its foundation.' – erinnert uns Ernst Cassirer in seinen „Essay on Man".[1] Diese Dezentrierung des Menschen wird in der Moderne weiter radikalisiert, und die Erforschung der Struktur der menschlichen Seele und der menschlichen Kultur – die zu einer einheitlichen Theorie führen sollte – führt tatsächlich zu mehreren in sich kohärenten und miteinander konkurrierenden Ansätzen: Nietzsches Wille zur Macht, Freuds Entdeckung des Unbewussten als Triebkraft der Kultur und Marx' Kritik der politischen Ökonomie entmachten die Vorstellung von der Vernunftherrschaft. Sie sind jeweils für sich Theorien, die es erlauben, empirische Fakten in einem Wirkungszusammenhang anzuordnen und auf diese Weise eine Weltdeutung vorzunehmen. Jede dieser Weltdeutungs-Theorien hat den Anspruch von Totalität und verbindet diesen Herrschaftsanspruch mit der ihr eigenen Ideologisierung. Dies ist aber auch der Grund dafür, warum sie dem Anspruch auf eine alleinige und umfassende Deutung des Menschen-in-der-Welt nicht nachkommen, die Notwendigkeit der Selbsterkenntnis von Mensch und Welt nicht umsetzen.

Wir leben in einer Zeit der Trennungen, trotz der wachsenden Globalisierung und Versuche technischer und medialer Gleichschaltung scheint es immer schwieriger zu werden, die verschiedenen Bereiche des menschlichen Lebens in ein Ganzes zusammenzufügen, welches nicht nur im Äußeren, sondern auch im Inneren kohärent ist: als *Ethos*. Die Verbindung zwischen Wissenschaft und Kunst, Religion und Gesellschaft, ist in allen Kulturen, die die westliche Tradition geprägt haben, von ihren frühen Anfängen bis auf heute, eine politische Aufgabe gewesen, und so ist es möglicherweise ein hoffnungsvolles Zeichen für unsere Zeit, dass es keine endgültige Antwort auf die Grundfragen gegeben hat: jede Generation muss in einer ständigen Auseinandersetzung mit sich und ihrer Umwelt die Verbindung als Verbindlichkeit in allen Bereichen ihrer Lebenswelt die eigenen Antworten finden.

Es ist wichtig zu bedenken, dass diese Antworten nicht in einer Leere entstehen: sie sind die Summe des gelebten Erbes, das wir Tradition nennen und das wir an die nächste Generation als Erbgut weitergeben. Im Nehmen und Geben entsteht also Kultur im Zusammenwirken von Entscheidungen – nicht Unterscheidungen – von wahr und unwahr jede Generation haftet durch ihre wahrhaftigen Entscheidungen für die Wahrheit.

„Politische Wahrheit beginnt damit, dass in der Mehrheit des Volkes der Einzelne sich für die Politik seines Gemeinwesens haftbar fühlt – dass er nicht nur begehrt und schilt – dass er vielmehr von sich verlangt, Realität zu sehen und nicht zu handeln aus dem er in der Politik falsch angebrachten Glauben an ein irdisches Paradies, das nur aus bösem Willen und Dummheit der anderen nicht verwirklicht werde – dass er vielmehr weiß: Politik sucht in der konkreten Welt den je gangbaren Weg, geführt von dem Ideal des Menschseins als Freiheit."[2]

1.

Die Frage nach Formation und Transformation des Judentums macht es notwendig, der Geschichte des Jüdischen Monotheismus nachzuspüren. Von Beginn an war das Judentum durch die Begegnung mit fremden Kulturen gekennzeichnet. In einem Prozess von Abgrenzung und Anpassung kristallisierte sich allmählich eine Identität heraus, die Exklusivität und Inklusivität, Partikularismus wie Universalismus erlaubt. Im Dialog mit sich und der Umwelt, im Individuellen wie im Gesellschaftlichen, entstand im Laufe der Jahrhunderte ein Denken, das eine gegenseitige Rezeptionsgeschichte zwischen dem Judentum und den Kulturen, mit denen es in Berührung kam, aufzeigt. In dem Maße, in dem die jüdische Tradition von fremdem Geistesgut inspiriert wurde, floss auch jüdisches Gedankengut in allen Epochen bis zur Gegenwart in das Abendland ein, wobei die spezifisch jüdischen Züge nie verloren gingen. In dieser Hinsicht stellt das Judentum ein Phänomen in der europäischen Geistesgeschichte dar: Trotz der vielen Brüche und Verschmelzungen ist ein Kontinuum zu beobachten, welches stets eine Vermittlerrolle zwischen den Kulturen einnahm. Diese Funktion liegt dem monotheistischen Durchbruch von Anfang an zugrunde, der Gott, Mensch und Welt als getrennte und selbständige Orte erkennt, und wo der Mensch, durch Selbstreflexion, seine Beziehung zu Gott und Welt zu bestimmen versucht, in Anpassung und Abgrenzung.

Die Frage nach der Bedeutung des menschlichen Daseins hat somit den jüdischen Monotheismus von seinen frühen Anfangen an grundsätzlich geprägt. Laut der biblischen Schöpfungserzählung ist der Mensch bekanntlich Ende und Ziel des göttlichen Schöpfungswerkes, ein Geschöpf, welches durch die von Gott bestimmte Ebenbildlichkeit sowohl der Welt als auch Gott gegenüber steht. So gewinnt die Schöpfung von Anfang an einen anthropologischen Charakter, der in der Suche des Menschen nach einer Beziehung zu Gott und zum Nächsten – Mensch und Natur – seine Konturen gewinnt. Der Mensch schafft sozusagen die Bedingungen seines Mensch-seins selbst. Das Bewusstsein seiner Eigenständigkeit und Unabhängigkeit ist jedoch für den Menschen ein zweischneidiges Schwert: zwar ist die Möglichkeit der Freiheit gegeben, diese muss aber immer wieder erneut als sittliche

Handlung errungen werden. Aus dieser Spannung wachst nicht nur der biblische Mensch, sie ist auch die Grundlage der jüdischen – und menschlichen, wenn wir in säkularer Sprache sprechen – Suche nach Identität, am Schnittpunkt von Geschichte und Biographie, wenn die absolute Wahrheit durch die freie Entscheidung eines jeden Einzelnen gebrochen wird.

Eine Kultur kann ihre Existenz und ihre spezifischen Merkmale als eine Selbstverständlichkeit oder als einen natürlichen Teil der Beschaffenheit der Welt betrachten. Beides galt für die jüdische Kultur und Geschichte von der biblischen Zeit bis zum heutigen Tag nicht. Die Bedingtheit des menschlichen Zusammenlebens wurde von Anfang an gekoppelt an eine Weltordnung: kein formeller Vertrag zwischen Partnern, sondern ein Vertrag zwischen Gott und Mensch, wobei der Mensch als Partner Gottes aus einem Akt der Freiheit sich immer wieder mit jeder Entscheidung innerhalb der Geschichte in den Bund mit Gott stellt, einen Bund, der vonseiten Gottes – trotz aller Vertragsbrüche vonseiten der Menschen – gehalten wird, und der als Versprechen für den Bestand der Menschheit in der Welt steht. Religion und Kultur sind daher aus jüdischer Sicht untrennbar: für den Gläubigen bedeutet dies eine bedingungslose Hingabe an das Gebot Gottes und für den Säkularen eine bedeutungsvolle Aufgabe, das jüdische Erbe zu leben und weiterzugeben. Beide sind aufgehoben in der Aussage von Rabbi Tarfon: „Du brauchst die Arbeit nicht zu vollenden, aber du bist auch nicht frei, dich ihr zu entziehen." (Sprüche der Väter 2,21)

Die menschliche Handlung als Ausdruck der Freiheit ist die Voraussetzung des Gesetzes: das Gott-Mensch Verhältnis basiert in jüdischer Tradition auf einer freien Entscheidung auf beiden Seiten. Diese Entscheidung ist als Gabe gegeben und findet ihren Ausdruck im hebräischen Wort chessed, das Entschluss zur und Vollzug von tätiget Liebe bedeutet. Tätige Liebe lässt sich nicht aus dem Gesetz ab- oder herleiten, sondern bedarf der freien Entscheidung des Menschen als Vorbedingung und ist deshalb durch den Menschen, als frei wählendes Individuum, bedingt. Diese Freiheit hebt die Tat des Menschen auf eine höhere Ebene, die den Bund mit Gott immer aufs neue bestätigt. Von seinen frühen Anfangen an hat das jüdische Denken sich in dieser Weise gegen jede Form des Geschichtsdeterminismus gewehrt und das Paradoxe zwischen der Allwissenheit Gottes und der menschlichen Entscheidung ausgehalten. Die Frage nach der Auswirkung der menschlichen Handlung bleibt offen, der Mensch soll sich ihr aber auch nicht entziehen.[3] Die Perspektiven des Menschseins bewegen somit die Bibel und die jüdische Tradition, wie aus der folgenden tahmudischen Diskussion deutlich wird:

„Was bedeutet: Denn dies ist der ganze Mensch" (Prediger 12,13)? Rabbi Elieser sagte: Die ganze Welt wurde allein um seinetwillen erschaffen. Rabbi Abba, Kahanes Sohn, sagte: Dieser wiegt die Welt ganz und gar auf. Schimon, Asias Sohn, sagt, manche sagen: Schimon, Somas Sohn, sagt: Die ganze Welt wurde allein ihm zur Gemeinschaft erschaffen." (Babylonischer Tahnud, Schabbat 30b)

In diesen überlieferten Lehrmeinungen finden wir einen Kern der Frage des Menschseins. Wie so oft nehmen die Rabbinen eine allgemeine Aussage zum Anlass, die Differenz in der Einheit zu zeigen. Es ist unmöglich, eine ganzheitliche Aussage über den Menschen zu machen, nicht nur weil ein Mensch eine andere Meinung hat als ein anderer, oder weil die Interessen und Bestrebungen der Menschen so verschieden sind, sondern weil der biblische Text, und insbesondere die Weisheitsliteratur, aus der der angeführte Vers aus Prediger „Denn dies ist der ganze Mensch" stammt, einen Kern der monotheistischen Lehre zum Ausdruck bringen will, nämlich die Frage, was Sinn und Sache des Menschen im Kosmos ist und zu bedeuten hat. Der Mensch ist einerseits ein Naturwesen und somit Teil der Naturordnung als Schöpfung Gottes, aber zugleich geht an ihn die Forderung, sich zu besinnen auf seinen Ort und seine Aufgabe innerhalb dieser Ordnung. Es wirft somit die Kernfrage des Mensch-seins auf, die im monotheistischen Durchbruch das Interesse am Kosmos oder an den Göttern durchbricht. Der Mensch steht nicht nur Gott und der Welt gegenüber, sondern sein Mensch-sein als nackte Existenz ab, in welcher Weise er diese Beziehung erfahrt, da zugleich die Welt als Schöpfung einen Sinn erhält.

Die oben zitierten Meinungen aus dem Abschnitt Schabbat des Babylonischen Talmud bieten verschiedene Lösungen für diese Frage. Rabbi Elieser ist der Meinung, dass die Welt nur um des Menschen willen geschaffen worden ist. Rabbi Abba geht einen Schritt weiter und meint, dass er (der Mensch) gegen die ganze Welt aufwiegt: der Mensch ist in sich ein Kosmos, er ist nicht ein Teil der Weltordnung, aber gegenüber der natürlichen Ordnung der Welt gibt es eine andere, eine menschliche Ordnung der Welt, die das „Ganze" seines Menschseins ausmacht, wie es heißt „(. ..)dies ist der ganze Mensch". Zum Schluss wird vom Redaktor des Talmud eine weitere Meinung überliefert, die besagt, dass die ganze Welt ihm allein zur Gemeinschaft erschaffen wurde.

Hier wird diese Beziehung verstanden als Gemeinschaft zwischen Mensch und Welt, nicht als Machtanspruch des Menschen gegenüber der Schöpfung, sondern als gemeinsame Aufgabe – zur Nährung und Versorgung von Mensch und Tier durch die Fruchtbarkeit der Welt. Die Behaustheit des Menschen in einer freundlichen, nicht feindseligen Welt ist hier angesprochen, ein Vertrauen, welches sich in der Welt als Gottesvertrauen verstehen lässt: der Schöpfergott hat diese Welt dem Menschen zur Gemeinschaft gegeben. ‚Von hier erstreckt sich dann die Einsicht einer Weltgemeinschaft, wo alle Menschen, Tiere und Pflanzen in harmonischer Gemeinschaft miteinander und füreinander leben.

Die Besinnung entweder auf die Welt oder auf Gott oder auf den Menschen als Ganzheit erweist sich als unzureichend, und es stellt sich die Frage, ob auch im Diskurs der Gegenwart, in einer Welt, in der verschiedene Deutungsmuster der Wirklichkeit nebeneinander existieren, die Frage nach der Verbindung dieser drei Ganzheiten befriedigend ist. Auch stellt es sich heraus, dass nicht die „Entzauberung der Welt", sondern eine Wiederkehr des Religiösen unsere Gegenwart mehr und mehr prägt. In anderen Worten, wir müssen den Weg zum Ursprung nochmals verfolgen, um zu sehen, wie religiöse Traditionen zu modernen Denkformen werden im jeweiligen kulturellen Kontext der drei monotheistischen Religion in der Begegnung mit dem griechischrömischen Erbe. Unsere Aufgabe wird es, wie bereits erwähnt, sein, diesen Prozess im Judentum zu verfolgen, das als erste biblische monotheistische Religion die abendländische Kultur geprägt hat.

Die klassische Orientierung des Menschen am Ganzen bricht zusammen, wo Gott als Schöpfer des Himmels und der Erde, als Alleinschöpfer von getrennten Orten des Daseins von Mensch und Gott, als Schöpfer also eines Diesseits und eines Jenseits gesehen wird. Zugleich wird mit dieser Trennung der Bezug jedoch ermöglicht: der Himmel ist eben nicht auf Erden, Gott ist nicht, wie im späteren Christentum, Mensch geworden, sondern der Mensch Gottes Ebenbild, ein Bild, das sich im Menschenbild, dem Bild, das der Mensch von sich und seinem Nächsten hat, erkennen lässt. Die ethische Dimension der Gottesbeziehung ist es, die den Kern des monotheistischen Durchbruchs ausmacht. „(...) und Gott sah, dass es gut war" ist ein ständig wiederholter Ausdruck der Freude, die Gott an seinem Schöpfungswerk hat und welches er dem Menschen zum Geschenk macht, „zu pflegen und zu hüten" (Gen 2,15), wie es vom Paradies heißt. Der Mensch hat also vom Anfang an eine enge Beziehung sowohl zur Welt, zu Gott und sich selbst als Hüter der Welt, welche in der dramatischen Frage an Kain, nachdem er seinen Bruder Abel umgebracht hat: „Bin ich meines Bruders Hüter" (Gen 4,10) ihren Gipfel erreicht. Leben und Tod sind nicht nur in der Hand des allmächtigen Gott, sondern zum Instrument der menschlichen Macht geworden, der Macht, die der Mensch über Leben und Tod seines Mitmenschen hat.

Das Bilderverbot im jüdischen Monotheismus hat hier seinen Ursprung und seine Bedeutung. Sich ein Bild von Gott zu machen hieße, die Voraussetzung der Mensch-Gott-Beziehung zunichte zu machen, eine Beziehung, die nicht nur das Unvollendete, Unerwartete und Unerdachte, sondern in erster Linie die menschliche Freiheit zum Handeln einschließt. Die Ebenbildlichkeit des Menschen im Bezug auf Gott drückt sich nämlich nicht in einer äußerlichen Form aus, sondern in einer imitatio dei der Eigenschaften Gottes, die der Mensch durch seine ‚fugenden nachahmen kann. Es geht im biblischen Monotheismus nicht wie im griechischen Denken um die Wahrheit Gottes, sondern um die Wahrhaftigkeit, die Art und Weise, in der Gott und der Mensch haften für die Wahrheit, die vonseiten des Menschen in freier Entscheidung immer wieder der Wirklichkeit abgerungen werden muss, in einer Entscheidung über Gut und Böse. Eine berühmte Auslegung des jüdischen mittelalterlichen Exegeten Raschi aus Worms zu Genesis 2,19-20, wo von der Benennung der Welt durch Adam die Rede ist, besagt, dass bevor Adam und Eva vom Baum der Erkenntnis gegessen hatten, sie wohl die Welt benennen konnten, aber nicht den Unterschied zwischen Gut und Böse wussten. Im jüdischen Verständnis gibt es also im Gegensatz zum griechisch geprägten Christentum, welches es als Hybris betrachtete, das göttliche Wissen erlangen zu wollen, keine Erbsünde: Die Paradiesgeschichte handelt hier vom Ort, wo Gotteserkenntnis, Selbsterkenntnis und moralisches Bewusstsein eins sind. Im Wissen um das Gute und das Böse erkennt der Mensch seine Lebenswelt, in der er zu jedem Augenblick herausgefordert ist, die freie Wahl zum Handeln zu haben. Es gibt also hier keine Trennung zwischen Erkenntnis und Handlung, zwischen Theorie und Praxis. Auch nicht zwischen Glauben und Wissen – das hebräische Verb *yadah* bedeutet menschliches und göttliches Wissen in allen Bereichen des Lebens. Es meint eine biologische (Gen 4,1) und geistige (Dtn 4,39) Erkenntnis, eine Zeugenschaft der menschlichen Tugenden, in der Körper und Seele, die Vernunft und das Herz nicht getrennt sind. Die Zehn Gebote sind Ausdruck dieser Doppelbeziehung: die ersten Fünf reden von der Beziehung zwischen Mensch und Gott und die zweiten Fünf von der Beziehung zwischen Mensch und Mensch. Den Übergang zwischen den beiden Teilen bilden das Schabbatgebot und das Gebot der Elternehrung. Das Schabbatgebot als Ausdruck der universalen Gerechtigkeit und des Friedens für die ganze Menschheit in der Zeit, und das Gebot, die Eltern zu ehren, als Ausdruck der Praxis, zu der man den ersten Bezugspersonen gegenüber verpflichtet ist Vorbild der Beziehung zum Mitmenschen.

Die zweiten fünf Gebote, als ethische Grundlage der Weltordnung, bedingen aus jüdischer Sicht die Schöpfung selbst. So werden Schöpfung und Offenbarung zu einem Ereignis zusammengeschmiedet.

Die rabbinische Antwort auf den griechischen Logos war schon ganz früh: *sof maaseh be-machshava techila* – es ist die Handlung, die als erste im Gedanken war. Also nicht eine Welt der Ideen oder eine der menschlichen Handlungen, sondern die menschliche Handlung bestimmt die Idee. Wie auch die Kinder Israels am Berge Sinai sagen: ‚Naaseh ve-nishma – Wir werden tun und wir werden hören".

Die rabbinische Lehre bindet dies an den 6. Tag der Schöpfung, an den Tag, wo der Mensch erschaffen wurde und Gott ihm die Schöpfung als Gabe gibt.

„Resch Lakisch sagte: Was bedeutet es, dass geschrieben steht, Abend ward und Morgen ward – der sechste Tag'? Was soll dieses überflüssige der? Es lehrt, dass der Heilige, gelobt sei er, mit dem Schöpfungswerk die Bedingung aussprach: Wenn Israel die Weisung annimmt, sollst du bestehen bleiben, wenn aber nicht, führe ich dich zurück in die Wüste und Leere."[4] Die Rabbinen sahen eine direkte Verbindung zwischen Schöpfung und Offenbarung und daher die Notwendigkeit, die Zeit, umzudrehen'. Der Tag der Offenbarung (6. Tag im Monat Sivan) in der Zukunft des Volkes ist derselbe Tag am Ende der Schöpfung, an dem der Mensch geschaffen wurde. Es ist ein Tag, der durch die Verbindung zwischen Vergangenheit und Zukunft eine bestimmte Bedeutung in der Gegenwart gewinnt. Es ist kein Datum, sondern ein ‚Sinn'. Geschichte ist nicht zu trennen von Sinngebung im Sinne von ethischem Handeln am Nächsten. Die Welt ist nicht a priori „geschaffen" und damit Geschichte oder „Chaos", Unendlichkeit. Wenn sie im menschlichen Sinn verstanden wird, dann ist die Welt „erschaffen", sonst ist sie Chaos. Der monotheistische Durchbruch ist somit ein Durchbruch zu Gott, zum Mitmenschen und zur Welt.

Der erste Mensch, der diesen Durchbruch zum Mitmenschen erlebt, ist Abraham. Gott fordert ihn auf, aus seinem Land, aus seinem Elternhaus, aus allem, was ihm lieb und vertraut ist, zu ziehen, in „[...] ein Land, das ich dir zeigen werde" (Gen 12,1). Abraham steht im Judentum als der Stifter von Gemeinschaft. Er hatte keinen Lehrer, sondern ein Urvertrauen in die Welt und in den Menschen. Er ist es, der Gottes Ruf aufnimmt, um sich um das Schicksal der Menschheit zu kümmern, „und ich werde dich machen zu einem großen Volk und dich segnen [...] und du sollst ein Segen sein" (Gen 12, 2).

Abraham wird selbst zu einer Quelle des Segens werden dadurch, dass er sich aus seiner eigenen Existenz heraus begibt in eine Welt, die ihm einerseits fremd ist, aber vertraut durch das Bewusstsein des Segens Gottes. Sein Menschsein hat eine neue Dimension bekommen; es geht nicht mehr darum, was die Beziehung zwischen ihm und der Welt ist, sondern die Beziehung zum Mitmenschen ist zum Mittelpunkt seines Lebens geworden.

2.

Die jüdische Tradition beruht, wie auch andere religiöse Traditionen, auf einem schriftlich festgelegten Kanon, der einerseits die Geschichte des Volkes Israel beinhaltet, aber darüber hinaus auch die Grundlage bildet für den jüdischen Glauben. Das Epos der Bibel ist Erzählung ist dem Sinne, dass es immer wieder erzählt werden muss. Im Erzählen wird die Zeit zur Wirklichkeit. Im Munde des Erzählers wird das Ereignis herausgerissen aus der Vergangenheit und in die Gegenwart gerückt Als Erzähler bewirkt der Mensch seine eigene Verwirklichung – er bekommt einen Namen und erlöst damit sich selbst und die Geschichte aus ihrer Anonymität. Er schreibt die Geschichte und wird so auch in die Geschichte eingeschrieben, dadurch, dass er die Geschichte als seine eigene benennt. Sie ist nun nicht mehr die Geschichte von anderen, die ihm fremd ist, sondern im Antlitz der Geschichte erkennt er sein eigenes „Menschsein". Ebenso ist die rabbinische Hermeneutik weniger interessiert an einer Rekonstruktion der Vergangenheit als an einer glaubwürdigen Gegenwart als Lehre für die Zukunft. Sie benutzt keine historisch-kritische, sondern eine traditionsstiftende Methode. Nicht, was empfangen wird, kann je mit Sicherheit festgestellt werden; was weitergegeben wird an die nächste Generation, ist jedoch von höchster Bedeutung, um die Zukunft zu ermöglichen. So wurde die Heilige Schrift sorgfältig aufgeschrieben, jede Rolle, jeder Satz, ja sogar jeder Buchstabe wurde mit größter Behutsamkeit behandelt. Die Lehre, die Moses geboten hatte, wurde „zum Erbteil der Gemeinde Jakobs" (Deuteronomium 33,4). Aber zugleich bestand ein Drang, nicht nur Hüter dieser Erbschaft zu sein. Rabbi Jose, ein Priester aus dem ersten Jahrhundert, lehrte in diesem Sinn:

> „Möge das geistige Gut deines Nächsten dir so kostbar sein wie dein eigenes, und widme dich dem Lernen der Tora, weil sie dir nicht als Erbe zukommt. Und alle deine Taten werden im Wille des Himmels sein." (Sprüche der Väter 2,17)

Rabbi Jose brachte zum Ausdruck, was die Bibel in seiner Zeit für eine Bedeutung hatte: Um ein wirkliches Erbe zu sein, ist es nicht genügend, dass sie gelesen und gelernt wird, die Bibel als Tora (Lehre) muss in jedem Wort immer wieder neu entdeckt werden, um ein persönliches Erbe für einen jeden Einzelnen zu werden. Um dies als Gemeinschaft zu erreichen, musst du, so Rabbi Jose, der Priester, lernen, das geistige Erbteil, das heißt die Interpretationen der anderen, wie deine eigenen zu respektieren. Nur so kann die Tora das wahrhaftige Erbteil der Gemeinde Jakobs werden.

In der jüdischen Tradition findet dieser Prozess auf zwei Ebenen statt, durch das Lernen und das Beten als zwei Möglichkeiten, Tradition zu stiften und die „Mitte der Zeit" mit Inhalt zu füllen. Jüdische Hermeneutik als methodisches Bindeglied zwischen Text und Tradition beschäftigt sich nicht in erster Linie mit der Auslegung der Schrift, sondern vielmehr mit der Frage, wie menschliche Erfahrungen – die im Laufe der Jahrhunderte in der jüdischen Tradition in religiöser Sprache ausgedrückt und aufgezeichnet wurden – im Text aufleuchten. Die Kunst, die Heilige Schrift als das Wort Gottes „sprechen zu lassen", noch bevor eine bestimmte Bedeutung daran geknüpft wurde, ist ein Merkmal jüdischer Hermeneutik von ihren frühen Anfangen an gewesen, und die Sehnsucht nach den Geheimnissen der Tora hat zu jeder Zeit Gott und Mensch verbunden. Die Reflexion über die Rolle des Menschen und die menschliche Handlung steht im Mittelpunkt des hermeneutischen Diskurses. Manchmal deutet die. Erörterung die Quelle, und manchmal dient die Quelle als Illustration der Erörterung. Wir haben es hier also weniger mit einer Interpretation zu tun, als vielmehr mit einer Begegnung mit der Schrift, die sich jeder

Systematik entzieht und die sich immer wieder an jeder Auslegung orientieren muss. Jüdische Hermeneutik lässt sich also nicht aus einer Gesetzlichkeit ab- oder herleiten, sondern bedarf der freien Entscheidung des Menschen als Vorbedingung und ist deshalb durch den Menschen als frei wählendes Individuum bedingt. Diese Freiheit hebt die hermeneutische Handlung auf eine höhere Ebene, die den Bund mit Gott immer aufs Neue bestätigt.

Im Begriff „Tora" als Heilige Schrift, die durch die Übersetzung in eine mündliche Lehre dem Menschen erst zugänglich wird, eröffnet sich aus jüdischer Sicht eine Wirklichkeit, die konkret und erhaben neben der realen Wirklichkeit einen zentralen Ort im Leben des Volkes einnimmt. Das Diktum „Israel und die Tora sind eins" galt als Leitwort und erlaube das offene und verborgene Sehen durch die Irrtümer und den Schein der Welt hindurch. In diesem Sinne ist Tora kein Ausdruck für Gesetz oder Glaube, Gebot oder Weisheit, sondern ein Ausdruck dafür, dass Gott Schöpfer der Welt ist und dass er diese Welt nur mit ihr und um ihretwillen erschaffen hat. Das Lernen der Tora als Lebensweg ist so zum Kern der jüdischen Hermeneutik geworden. Die grundsätzliche Frage, wie es überhaupt möglich ist, die Begegnung zwischen Gott und Mensch in Sprache auszudrücken, haben die Rabbinen in einem Satz zu lösen versucht: *dibra tora kilschon bene adam* – „Die Tora redet wie in menschlicher Sprache."[5]

Der biblische Text ist nicht ohnmächtig gegenüber dieser Begegnung mit einer Wirklichkeit, die sich immer wieder sprachlich erneuert. Jedoch wählt der Schreiber bewusst und absichtsvoll diesen Weg: Er gestaltet mit der Schrift eine Art Leiter zwischen Mensch und Gott und dabei weiß er, dass es eben gerade nicht die Stufen dieser Leiter sind, die das Auf und Ab bestimmen und ermöglichen. Es sind die Abstände zwischen diesen Stufen, die den Weg bestimmen und ermöglichen, ihm gleichsam im Schweigen eine Stimme geben. Jede Begegnung mit einem religiösen Text, sei es im religiösen oder wissenschaftlichen Rahmen, muss diese Gleichzeitigkeit von Nähe und Ferne, das Anwesende und das Abwesende, die Fülle und die Leere mit einbeziehen. Im Bild der Leiter Jakobs ist das Verhältnis zwischen dem konkreten Text und der religiösen Erfahrung zu verstehen. Die Leerstellen zwischen den Stufen müssen entdeckt werden. In der Sprache einer alten jüdischen Redeweise[6]: „Die Tora wurde geschrieben, schwarzes Feuer auf weißes Feuer". Das schwarze Feuer sind die Buchstaben der Tora, die es uns ermöglichen, sie zu lesen; sie sind aber zugleich nur Rahmen für die auszufüllenden Zwischenräume.

Es ist wichtig, dass eine historische Betrachtung eines religiösen Textes die Möglichkeit einschließt, den Text in seinem historischen Kontext a-historisch zu betrachten, das heißt einen religiösen Text immer in seiner grundlegenden Problematik zu sehen, nämlich in der Problematik von Sprache und Zeit. Sprache in dem Sinne, dass menschliche Sprache nie ausreichend ist, eine Brücke zwischen Mensch und Gott zu schlagen; und Zeit in dem Sinne, dass der Mensch eben endlich und bedingt, Gott aber unendlich und unbedingt ist. Einen religiösen Text verstehen heißt daher, in seiner Ohnmacht seine Stärke zu entdecken: Nur ohne Macht, das heißt ohne wirklich vollkommen begreifbar zu sein, also ohne den Leser ganz überzeugen zu wollen, kann seine Wirklichkeit entdeckt werden.

Einen religiösen Text „sprechen zu lassen" heißt, ihn für einen Augenblick aus seinem historischen Kontext zu lösen und ihn „wie am ersten Tag" zu hören. Die Abschiedsreden von Mose an das Volk Israel im Buch Deuteronomium sind ein Beispiel für dieses Brechen der Historizität des Textes, welches eine Begegnung mit einer anderen Wirklichkeit em1öglicht. Zwei Dinge werden hier nämlich erreicht; einerseits wird die Gegenwart mit der Vergangenheit verbunden und so als eine wirkliche Erfahrung erlebt, und andererseits wird die Gegenwart als Ewigkeit erlebt, die in jedem Augenblick wieder Gegenwart werden kann. Es geschieht also auf der horizontalen Ebene der Zeitlichkeit und auf der vertikalen, wo die Ewigkeit in die Zeit einbricht.

Eine rabbinische Auslegung soll dies verdeutlichen.

„R. Isaak lehrte: Das, was die Propheten in künftigen Generationen weissagten, hatten sie schon von der sinaitischen Offenbarung her empfangen. So sprach auch Mose zu den Israeliten: ‚Ich mache diesen Bund und diesen Eid nicht mit euch allein, sondern mit euch, die ihr heute hier seid und mit uns steht vor dem Herrn, unserm Gott, als auch mit denen, die heute nicht hier mit uns sind." (Dtn 29: 14)

Es heißt hier nicht: „die heute nicht hier mit uns stehen", sondern: „die heute nicht hier mit uns sind". Das bezieht sich auf die Seelen, die erst in der Zukunft erschaffen werden sollen. Weil sie damals noch keine Realität hatten, wird das Wort „stehen" hier nicht für sie gebraucht. Obzwar sie also zu jener Stunde noch nicht existierten, erhielt doch damals schon jede Seele ihren Anteil. Darum heißt es auch (in Mal 1,1, dem letzten Propheten): „Die Bürde der Rede des Herrn durch

Maleachi" (wörtlich: in der Hand von Melachi). Es heißt hier nicht: „in den Tagen von Maleachi", sondern: „in der Hand von Maleachi". Denn er war schon seit dem Sinai im Besitz seiner Prophetie. Aber erst jetzt erhielt er die Erlaubnis zur Weissagung. So sprach auch Jesaja (Jes 48,16): „Von der Zeit an, da es ward, bin ich da. Und nun sendet mich der Herr Gott und sein Geist", als ob er sagen wollte: „Ich war dabei, als die Tara am Berge Sinai gegeben wurde, und damals erhielt ich meine Prophetie. Aber erst jetzt wurde mir die Erlaubnis zum Weissagen erteilt." Und es waren nicht nur die Propheten, die ihre Prophetie vom Sinai her erhielten, sondern auch von den Weisen aller zukünftigen Geschlechter erhielt ein jeder seine Weisheit am Sinai.[7]

Es geht nicht nur darum, die Propheten und die Weisen in Israel in ihren Aussagen zu legitimieren, sondern für jede Generation die Möglichkeit zu schaffen, den heiligen Text als das lebendige Wort Gottes wahrzunehmen, wie es erlebt wurde von der ersten Generation, die durch Gott aus Ägypten zum Berg Sinai geführt wurde. Die Heilige Schrift ist in dieser Hinsicht in jüdischer Tradition nämlich nur „Schrift", indem sie das gesprochene Wort Gottes darstellt.[8] Wie in Mose das Wort Gottes hervorbricht, so wird es durch den Bericht dieses Geschehens dem Volk ermöglicht, dem Gott zum Munde zu werden.[9] Durch das Sprechen Gottes werden Zeit und Ewigkeit in ihrer Widersprüchlichkeit aufgehoben.

In der jüdischen Tradition ist die Bibel, das heißt der *Tenach*: Tora (die fünf Bücher Mose), *Neviim* (die Propheten), *Ketuvim* (die Schriften), die sprachliche Form der Gotteserfahrung. Sie ist Heilige Schrift, weil sie immer wieder die mündliche Aussage Gottes nötig hat, um verstanden zu werden. Das gesprochene Wort Gottes findet ein ständiges Echo in der Interpretation, die das schriftliche Wort wieder in ein mündliches Wort zurückübersetzt. Die jüdischen Gelehrten machen daher eine Trennung zwischen schriftlicher und mündlicher Lehre, *Tora sche-bichtaw* und *Tora sche-bee'al pe*, bestehen aber darauf, dass beide am Berge Sinai gegeben wurden. Die mündliche Lehre, die sich im Laufe der Jahrhunderte in der jüdischen Tradition entwickelte, ist der Ausdruck des geistigen und religiösen Lebens des Volkes.

Diese Lehre füllt die Leere zwischen Mensch und Gott. „Und diese Sache ist nicht leer von euch" betont Mose in seiner Abschiedsrede (Dtn. 32,47). Und der Midrasch sagt, „wenn sie leer ist, ist sie nur leer, weil ihr sie nicht gefüllt habt"[10]. Die Kunst, die Leere des biblischen Textes mit Lehre zu füllen, ist in der rabbinischen Diskussion im Talmud vorgegeben, in einem Text also, der sich – wie die Bibel- aus seinem Zusammenfließen von verschiedenen Texten zu einem Gewebe konstituiert Md der sein Leben dem Akt des Kommentierens verdankt. Keine ganzheitliche Wahrheit ist hier vernehmbar, sondern das Gesagte wird immer wieder relativiert durch eine Vielfalt von Gegensätzen, die dem Text eine wunderbare Glaubwürdigkeit verschafft. Jedes Argument ist in den Urtext der Bibel eingebettet, gewinnt aber durch den argumentativen Kommentar einen Sinn, der in paradoxaler Weise ein Gegenargument auslöst. In Rede und Widerrede erscheinen Gott und Mensch – in der Gestalt von Text und Kommentar – als Gegner in einem nie aufhörenden Ringen um Bedeutung. Der „Streit um des Himmels Willen" – *machloket leschem schamajim* – ist so eine der Grundformen der jüdischen Auslegungstradition.

Die jüdische Tradition hat jede neue Auslegung wieder auf die Tora und die Texte aus Midrasch und Talmud zurückgeführt. Jede neue Interpretation ist ein Kommentar zu dem Alten, jedoch nicht, weil es alt ist. Die Tora ist zeitlich ungebunden. Wann immer sie aufgeschlagen wird, wird sie wie am ersten Tag neu entdeckt. Was in einem früheren Dokument steht, wird nicht seines Alters wegen als höhere Autorität betrachtet, sondern wegen der ewigen Grunderkenntnisse, die darin zu finden sind.

Der Inhalt der Tara ist also nicht fixiert, er wächst immer mehr und man erwartet von dem Talmudschüler, dass er etwas Neues hinzuzufügen oder etwas für das Verständnis der Tora Neues zu finden hat. Das Studium ist ein Gespräch mit dem Text, ein Fragen, das zu einem tieferen Verständnis fuhren soll. Man stellt eine Frage und der Text antwortet. Öfters antizipiert er unsere Fragen und wir lesen sie laut als Antwort. Auch der Text selbst gibt dem Schüler Fragen auf, und erst wenn er sie beantwortet hat, kann er weiterlernen. Der Schüler muss betroffen sein, ein Teil des Denk- und Lernprozesses der vergangenen Generationen werden, um zu verstehen, was der Text sagen will. Abraham Joshua Heschel spricht vom Geheimnis der Offenbarung:

„Wir dürfen nicht versuchen, die Bibeltexte, die vom Sinaigeschehen handeln, wie Texte systematischer Theologie zu lesen. Ihre Absicht ist, das Geheimnis zu feiern; sie wollen uns damit bekannt machen, nicht eindringen oder erklären. Als Bericht über die Offenbarung ist die Bibel selber ein Midrasch."[11]

In seinem Lernen erzählt der Schüler den Midrasch weiter und schlägt die Brücke zwischen schriftlicher und mündlicher Lehre: Offenbarung wird so zum Instrument der Erlösung. Eine chassidische Auslegung soll die Verbindung zwischen Schriftdeutung und Erlösung erläutern:

„R. Bunam kam einst in die Kammer seines Lehrers, des Jehudi. Der sah vorn Buch auf wie einer, der seine Arbeit für einen Augenblick, jedoch nicht ungern, unterbricht, und sprach wie in einem Spiel: ‚Sag mir einen Vers in der Tora, und ich will ihn dir deuten.' Bunarn sagte den Vers, der ihm als erster einfiel: „So redete Mose die Worte dieses Gesanges in die Ohren aller Versammlung Israels, bis sie vollendet waren.' ‚Bis sie vollendet waren', wiederholte der Jehudi und sah wieder ins Buch; die Unterredung war zu Ende. Rabbi Bunam ging in hoher Freude hinaus. Sein Gefährte, Rabbi Henoch, der mit ihm in der Kammer des Lehrers gewesen war, fragte ihn, worüber er sich freue, er habe doch die versprochene Deutung nicht zu hören bekommen. ‚Besinne dich!', sagte Bunam. Da verstand der andere: Mose hatte seinen Gesang wieder und wieder zu den Kindern Israel gesprochen, bis er sie zur Vollendung brachte."[12]

3.

Im islamischen Kulturbereich des mittelalterlichen Spanien entsteht eine neue philosophische Bewegung innerhalb des Judentums. Ihr Beginn liegt spätestens am Anfang des 9. Jahrhunderts und reicht über das Mittelalter hinaus bis in die Moderne. Während dieser ganzen Epoche hat die Philosophie das geistige Leben des Judentums beeinflusst und ist durch das Streben gekennzeichnet, die Ideale der Bibel und des Talmuds mit einem universellen Bildungsideal zu vereinen. Die Philosophie steht als Krönung der Wissenschaften im Mittelpunkt dieser Bildung, und so ist die philosophische Erkenntnis die höchste Erkenntnisform, der nicht nur die profanen Wissenschaften untergeordnet sind, sondern die auch die höchste Form religiösen Wissens darstellt. Dies ist im Grunde der Kern der jüdischen Religionsphilosophie, die zwischen Religion und Philosophie keinen Gegensatz sieht und die im Mittelalter nicht nur ein bloßes theoretisches Programm entwickelt, sondern ihren Ausdruck auch in einer Realität des geistigen Lebens im Austausch mit der islamischen Kulturwelt und großenteils in der arabischen Sprache findet.

So steht die jüdische Religionsphilosophie des Mittelalters ganz und gar unter dem Einfluss der islamischen Philosophie und schließt sich in ihren Anfangen vorwiegend dem religionsphilosophischen Gedanken des islamischen Kalaams an. Obwohl sie später mehr und mehr unter den Einfluss des Neuplatonismus und des Aristotelismus gerät, bleibt der Zusammenhang mit der islamischen Philosophie bestehen. Die jüdischen Neuplatoniker schöpfen aus den ins Arabische übertragenen neuplatonischen Quellen ebenso stark wie aus der Literatur des islamischen Neuplatonismus, insbesondere der Enzyklopädie der „Lauteren Brüder" von Basra. Weiterhin sehen wir, dass die jüdischen Aristoteliker sich an die Einsichten des arabischen Aristotelismus halten, wobei der Einfluss von Alfarabi, Ibn Sina und Ibn Rosd nicht zu übersehen ist. Im späteren Mittelalter übernehmen die Juden in christlichen Ländern diese, durch den Kalaam beeinflusste jüdische Philosophie. In den christlichen Teilen der Provence, wie auch in Italien, bleibt der Einfluss der islamisch-philosophischen Gedankenwelt bewahrt, trotz der überwiegenden christlichen Scholastik. Dies kann u. a. beobachtet werden durch die ins Hebräische übersetzten Werke von Ibn Rosd, die den Juden viel näher waren als die Werke der griechischen Philosophie.[13]

Wie in der Philosophie, so hat auch in allen anderen Bereichen der Kultur und der Sprache die islamische Welt einen tiefgehenden Einfluss auf das Judentum ausgeübt. Die gegenseitige Befruchtung der beiden Kulturen bedeutete eine Blütezeit. Das Studium der Astronomie, der Mathematik und der Medizin der Gelehrten aus dem jüdischen wie auch aus dem islamischen Kulturbereich hat dabei die Gesellschaft mehr geprägt als die lateinische Gelehrtenwelt des scholastischen Denkens.

Die Teilnahme der Juden an der islamischen Bildung, die zu einer umfangreichen Philosophie, Dichtung und Literatur in der arabischen Sprache führte, bedeutete für das Judentum einerseits eine Chance, sich nach außen zu öffnen – ohne seine religiösen Überzeugungen preiszugeben. Andererseits begegnen wir hier in der jüdischen Religionsphilosophie einer neuen und eigenständigen geistigen Schöpfung, die insbesondere in der Philosophie eine bisher ungedachte Alternative zur christlich geprägten Trennung zwischen Philosophie und Theologie darstellte.

Diese Tatsache ist wichtig, wenn wir bedenken, dass das Judentum im Grunde nie eine systematische Philosophie entwickelt hatte. Das jüdische Philosophieren beginnt jedoch bereits in der Bibel, wo über die

Grundideen der Philosophie, wie Anfang, Gottesbeziehung, Mensch als frei wählendes Subjekt, Realität und Offenbarung, Geschichte, Determinismus, Geschlechterverhältnis, Vernunft und Glauben, Liebe und Hass, Gut und Böse, Belohnung und Strafe, wie auch Tradition reflektiert wird. Die Auseinandersetzung mit anderen philosophischen Anschauungen, die in der jüdischen Umwelt vorhanden waren, bot in jeder Epoche einen Anlass, die eigenen Prämissen nochmals kritisch zu überprüfen. Nicht das System war wichtig, sondern die Prämissen und die Grundlagen. Jüdische philosophische Systeme entstanden daher in der Antike, im Mittelalter wie auch in der Moderne weniger aus dem Versuch, die Kategorien des Hellenismus, des islamischen Aristotelismus, des Kantianismus oder anderer zeitgenössischer Strömungen auf das Judentum anzuwenden, sondern aus einer tiefgehenden Fragestellung bezüglich der kulturphilosophischen Grundlagen im Judentum im Vergleich zu den anderen Kulturen, in denen die jeweiligen Systeme entstanden waren. Die Aufnahme von fremdem Kulturgut ging immer einher mit einer grundsätzlichen Kulturkritik. Der kulturelle Hintergrund eines Systems als prägende Größe war von Anfang an in der jüdischen Diskussion des philosophischen Systems – das nach innen wie auch nach außen gerichtet war – ein zentraler Bestandteil. Dies erklärt auch die Fähigkeit, neues Gedankengut aufzunehmen, ohne das Eigene aufzugeben und die Fähigkeit, Philosophie und Theologie miteinander zu verbinden. Das religiöse Denken war vom Anfang an ein Teil der Reflexion über Mensch und Welt und die Bibel redet, wie oben bemerkt, „wie in menschlicher Sprache".[14] Das Denken über die Verbindung von Gott, Mensch und Welt wurde vom Anfang an, auch im religiösen Bereich, in menschlicher Sprache erst verständlich. Daher muss auch Gott sich in dieser Sprache ausdrükken, in der das Göttliche ins Menschliche übersetzt wird.[15] Dies bildet die Grundlage für die menschliche Sprache überhaupt als Ausdruck des menschlichen Reflexionsvermögens.

Der erste jüdische Religionsphilosoph – in oben beschriebener Weise – war Philo von Alexandrien, der im Grunde fortsetzte, was bereits im rabbinischen Schrifttum des Midrasch, Mischna und Talmud als Weiterführung der Bibel entwickelt worden war. Inspiriert von beiden Seiten, vom jüdischen und vom griechischen Denken, versuchte er eine Synthese zwischen beiden – mit einer Begrifflichkeit, die ihm im Platonismus und in der Stoa begegneten. Für Philo war die menschliche Sprache das Griechische, und er betrachtete es daher als seine

Aufgabe, das uralte Wissen seines Volkes, das in der Heiligen Schrift in Hebräisch niedergeschrieben vorlag – einer Sprache, die seinen jüdischen Zeitgenossen nicht mehr geläufig war-, in die Sprache und Kultur seiner Zeit zu übersetzen. Die Übersetzung von einer Sprache in die andere ist jedoch nicht nur eine rein semantische Frage, sondern hat unmittelbar mit kulturphilosophischen und gesellschaftlichen Unterschieden zu tun: An die Quellen des historischen Gedächtnisses, in diesem Fall an die Heilige Schrift, werden andere Fragen gestellt. Es sind weniger, wie in der rabbinischen Lehre, Fragen der religiösen Praxis und der Gottesbeziehung, vielmehr geht es hier um ein grundsätzliches Problem: Wie ist es möglich, Aussagen über die menschlichen Grundfragen aus einem Kulturbereich in den anderen zu übersetzen.

Philo wählt die Methode der Allegorie, die es ermöglicht, die biblischen Erzählungen über die Gestalten der Geschichte des erwählten Volkes, welche ein Zeugnis der göttlichen Wahrheit als Bund mit Gott und als Pflicht dargestellt hatten, in Bilder metaphysischer Wahrheiten zu verwandeln. Die Personen selbst treten dabei vor dem Bericht über den Kampf innerhalb ihrer Seele um Erlösung in den Hintergrund. Philo schöpft aus der Fülle der platonischen Ideenlehre und der Stoa, wenn er den göttlichen Kräften zwischen Gott und Welt einen rein geistigen Charakter gibt. Das lebendige Wort Gottes wird zum Logos der Vernunft, die von nun an die Materie als Urstoff, wie auch den Urgrund mit dem schöpferischen Sprechakt verbindet. Was in der Bibel und im rabbinischen Judentum noch lebendige Begegnung zwischen Gott, Mensch und Welt war, wird hier überhöht zum Logos als Instrument nicht nur göttlicher Schöpfung, sondern auch der menschlichen Fähigkeit, der Welt als Schöpfung Gottes zu begegnen. Der Bruch und die Trennung zwischen Himmel und Erde ist damit endgültig vollzogen und verliert seine dialektische Spannung: Der Weg des Abendlandes vom göttlichen Kosmos der Griechen über den Gott der Bibel bis zur Lehre des Menschen im Diesseits ist damit vorgezeichnet.[16] Die Verbindung, die Philo zwischen dem reinen Gottesbegriff und sozial-ethischen Prinzipien herstellte, haben das klassische Altertum für das jüdisch-biblische Denken empfänglich gemacht; Kirchenväter bewahrten seine Schriften zwar auf, auf die weitere Entwicklung der jüdischen Religionsphilosophie hat Philo von Alexandrien jedoch keinen unmittelbaren Einfluss gehabt.

Fast neun Jahrhunderte gab es keinen jüdischen Versuch, eine Philosophie zu entwickeln. Auch die Zeichen der alten Kultur wurden durch die Schließung der Philosophenschulen in Athen und Alexandrien langsam, aber nahezu vollständig bis an den Rand des römischen Reiches verdrängt, wo sich die Gelehrten im christlichen Orient in die griechische Philosophie vertieften. Nachdem die Araber das Mittelmeergebiet erobert hatten, brachten sie nicht nur den Islam in diese Gebiete, sondern auch die Mathematik, Astronomie und Medizin der Griechen, die sie, wie die griechische Philosophie, aus dem Syrischen ins Arabische übersetzt hatten. Hieraus entstand jedoch wieder, wie im Falle der Berührung zwischen Judentum und griechischer Philosophie, eine neue Synthese, diesmal zwischen dem Islam und den Aristotelismus und Neuplatonismus. Den arabischen Gelehrten war es wichtig, das Verhältnis zwischen dem Islam und den Prinzipien der griechischen Philosophie zu untersuchen, um die Glaubensaussagen des Korans gegen die Philosophie zu verteidigen, sie waren weniger daran interessiert, beide Wege um jeden Preis in Einklang zu bringen. Aus dieser fruchtbaren Interaktion entsteht eine scholastisch geprägte Religionsphilosophie der Kalaam, deren Vertreter Mutakallimun genannt werden. Die jüdische Religionsphilosophie steht in großem Maße unter dem Einfluss des Kalaams, der seinerseits nicht nur beeinflusst von den theologischen Fragen der Ostkirche war, sondern auch von dem jüdischen Gedankengut des Philo von Alexandrien, das den arabischen Gelehrten erst durch die Vermittlung des Origines bekannt geworden war. So bekam das Judentum im Mittelalter sein eigenes Gedankengut durch einen christlichen und einen islamischen Filter wieder.

Wie in der Antike die griechische Sprache und Kultur dominierten und die jüdischen Gelehrten in dieser Zeit eine griechisch geprägte Religionsphilosophie entwickelt hatten, so wirkte nun der Kalaam auf das Judentum ein und führte zur Entwicklung einer völlig neuen Religionsphilosophie im Judentum – diesmal durch den Versuch, ihre Religion gegen die Philosophie zu verteidigen, um damit denselben Anspruch auf ausschließliche Geltung erheben zu können wie der Islam im arabischen Raum zwischen Spanien und Persien. Es ging also von Anfang an um einen Geltungsanspruch sowohl auf der Ebene der Religion wie auf der Ebene der Philosophie. Das Judentum bedient sich der Methoden des islamischen Rationalismus, um sich als positive Weltreligion zu rechtfertigen. Und so nehmen Juden seit der Entstehung des Islams aktiv teil an der kulturellen Entwicklung, die auf vielen Gebieten durch den Islam angeregt wurde. Der Islam erkennt das Judentum als offenbarte Religion an, ist aber der Meinung, dass die biblische Offenbarung ihre Gültigkeit verloren hat. Das Judentum indessen betrachtet den Islam im Gegensatz zum Christentum nicht als Götzendienst, da Mohammed Prophet ist und nicht Gottes Sohn. Die arabische Kultur hinterlässt somit ihre Spuren auf allen Gebieten des Lebens und der Gesellschaft; insbesondere deshalb, weil es nicht, wie in den christlichen Ländern, eine sprachliche Trennung gab – die lateinische Sprache der dortigen Gelehrten war den Juden nur ausnahmsweise bekannt. So sprachen Juden Arabisch im Alltag, und weil der Islam als Religion keine Bedrohung für sie darstellte, gab es auf allen Ebenen einen regen gesellschaftlichen Austausch zwischen Juden und Muslimen. Die arabische Dichtkunst wird den Juden neben der Philosophie zum Vorbild, und so entsteht eine Fülle von hervorragenden geistigen Schöpfungen, die zu den glänzendsten und fruchtbarsten Erscheinungen in der jüdischen Geistesgeschichte gezählt werden: Sie drücken die Suche nach einer eigenen Identität innerhalb der arabischen Lebenswelt aus.

4.

Die Bedeutung von Offenbarung und Tradition, die im Mittelalter einen fast natürlichen Ort hatten, der nicht erst begründet werden musste, gewinnt in den philosophischen und historischen Debatten der späteren Epochen wachsende Bedeutung und wird im 19. Jahrhundert zu einem zentralen Problem, welches die Entwicklung der modernen Jüdischen Religionsphilosophie prägt.

Im Judentum hat es zwei gegensätzliche Lösungen zum Problem des Verhältnisses zwischen Offenbarung und Tradition gegeben. Die mystische oder „ekstatische" Lösung versucht die Grenzen des normalen Bewusstseins zu sprengen und die Möglichkeit zu öffnen für das Bewusstsein des Menschen, in einen transzendentalen Wissensinhalt aufgenommen zu werden. Der Mystiker entleert sich – sozusagen – selbst von jedem Wissen und jeder Fragestellung und fixiert sich auf Gott, oder die göttlichen Buchstaben. Die Polarität zwischen Inhalt und Bewusstsein ist damit aufgehoben durch die Unterordnung des letzteren unter das erstere. Eine zweite Lösung ist das Konzept der schöpferischen Vernunft, ausgearbeitet in der modernen Religionsphilosophie von Hermann Cohen:

„Das Werden ist durch das Sein bedingt, Diese logische Bedingtheit wird nicht mehr gestört durch die mythologischen Vorstellungen der Emanation. Aus der Mannigfaltigkeit des Werdens aber erhebt sich das Spezialproblem der menschlichen Vernunft. Die allgemeine logische Bedingtheit muss ihre eminente Bedeutung erlangen für diese spezifische Bedingtheit. Die Einzigkeit Gottes muss sich in der Relation zu diesem Spezialproblem bewähren.Dieser allgemeine Sinn ist zugleich der eigentlich (….) Gott offenbart sich überhaupt nicht in Etwas, sondern nur an Etwas, in dem Verhältnis zu Etwas, Und das entsprechende Glied dieses Verhältnisses kann nur der Mensch sein."[17]

Offenbarung ist mit einem Inhalt an den Menschen gerichtet. Für die Schöpfung ist die Offenbarung nicht nötig, und die Korrelation von Gott und Mensch als eine notwendige Kategorie der Vernunft macht die Offenbarung zu etwas, was sie sein soll – Ausdruck der Einzigartigkeit Gottes und des Menschen in seiner und ihrer Ebenbildlichkeit. Durch die Offenbarung entsteht, so Hermann Cohen, erst das Vernunftswesen des Menschen. Hieraus ergibt sich auch der Ursprung der sittlichen Vernunft, die ihren Sitz in Gott hat:

„Wenn anders nun die Vernunft nicht allein die Natuererkenntnis, die ihre besonderen Grundlagen hat, zu bedeuten hat, als vielmehr vorzugsweise die Erkenntnis des Sittlichen, so muss der Ursprung dieser sittlichen Vernunft auf Gott gelegt werden, der das einzige Sein ist, mithin auch die Vorbedingung für die Erkenntnis des Sittlichen."[18]

„Die Offenbarung dient hier nicht nur dafür, dass der Mensch Gott näher kommen kann, auch nicht dafür, dass es von nun an eine Beziehung zwischen Gott und Mensch geben kann, sondern für die Erkenntnis der Sittlichkeit als moralisches Ich ist die Offenbarung notwendig, Die Ethik hat nicht nur die Vernunft, sondern die Religion nötig, da es nur auf diese Weise eine immanente Verbindung gibt zwischen Sein und Sollen."[19]

Im Judentum muss jedoch noch eine weitere Verbindung gesucht werden, die nicht deduziert werden kann aus der formalen Idee der Tradition, die aber wohl die wichtigste für ein Verständnis des jüdischen Volkes ist. Die historische Gemeinschaft, das jüdische Volk als eine Gemeinschaft, die ihre Leben innerhalb der Zeit lebt, wird selber zur Substanz für die Materialisierung. Hier finden wir die Verbindung zwischen Religion und Gemeinschaft, zwischen Lehre und Leben. Die Gemeinschaft, die durch die Offenbarung zum Substratum der Normen gemacht wurde, wird selbst zur Norm, und das Leben der Gemeinschaft ist so eingebunden in die Sphäre der Religion, Tradition, jüdische gesprochen, ist somit Ausdruck des Lebens, und es gibt keine Trennung zwischen Heiligem und Profanem: Ein Leben im Anblick des Anderen, Gott, ist ein Leben im Anblick des Anderen, Mensch, und umgekehrt. In Bezug auf die Sittlichkeit, aber auch in Bezug auf das historische Bewusstsein im Sinne einer historischen Realität überhaupt, ist dies das tragende Moment. Ohne Tradition, sagt das Judentum, ist der Mensch verloren. Das Leben der Gemeinschaft bildet den Urstoff der Tradition in jeder Epoche aufs neue, nämlich im Ebenbild des Alten, und so sind die Generationen eingebunden in eine absolute Sphäre von Normen, die ihre internen Relationen über die zeitliche Dimension hinaus bewahrt.

Franz Rosenzweig, ein Schüler Hermann Cohens, knüpft im 20 .Jahrhundert nicht nur an die Offenbarungsphilosophie Schellings an, sondern auch an einen der wichtigsten Dichter und Denker des jüdischen Mittelalters, Jehuda Halevi (ca.1075-1141), dessen Gedichte er ins Deutsche übersetzt.

Der Philosoph Franz Rosenzweig nennt seine neue Orientierung „Neues Denken", ein Sprachdenken, in dem er nicht nur das Denken, sondern in erster Linie die Bibel zur Sprache bringt, sie aus ihren Kontext in die Gegenwart übersetzt.[20]

Im radikalen Bruch mit dem deutschen Idealismus versucht er die Philosophie durch einer neuen Begegnung mit der Heiligen Schrift vor ihrem eigenen Untergang zu retten. „Wissenschaftlich erfassbar und nachprüfbar ist die Bedeutung der Bibel allein an ihrer Wirkung und an ihrem Schicksal: die weltgeschichtliche Bedeutung also an ihrer weltgeschichtlichen Wirkung und an ihrem weltgeschichtlichem Schicksal."[21]

Das ganze Werk Rosenzweigs ist ein groß angelegter Versuch, Philosophie durch eine neue Begegnung mit der Bibel – nicht als Theologie, sondern als Weltliteratur die in verschiedenen historischen und kulturellen Kontexten in einer neuen Sprache übersetzt wurde – zu retten. Rosenzweig betont die konstitutive Bedeutung dieser Übersetzungen „schon unter vollen Licht der Geschichte", als „Grundbuch einer Nationalliteratur" und zeigt die kultur- und weltgeschichtliche Wirkung der biblischen Quellen. „Ungefähr gleichzeitig übersetze aus dem Griechischen ein Kriegsgefangener in Rom die Odyssee und übersetzen ins Griechische siedelnde Juden in Alexandria das Buch ihres Volkes. Auf dem Zusammenwachsen dieser beiden ursprünglich nur in dem, dort empfangenden, hier spendenden Griechentum verbundenen Ereignisse und ihre Folgen ruht, was sich heute an Einheit des Geistes und des Willens über fünf Kontinente dieser Erde hin findet."[22]

In seinem Nachwort zur deutschen Übersetzung einer Auswahl von Hymnen und Gedichten Jehuda Halevis betont Rosenzweig, dass es ihm hier nicht um ein „Nachdichten" geht, darum, „das Fremde einzudeutschen, sondern das Deutsche umzufremden." Dies erscheint ihm notwendig, soll die Dichtung Jehuda Halevis in seiner Sprache der fremde Ton nicht genommen werden.

„Die schöpferische Leistung des Übersetzens kann nirgends anders liegen als da, wo die schöpferische Leistung des Sprechens selber liegt…Wer etwas zu sagen hat, wird es neu sagen. Er wird zum Sprachschöpfer. Die Sprache hat nachdem er gesprochen hat ein anderes Gesicht als zuvor. Der Übersetzer macht sich zum Sprachrohr der fremden Stimmen, die er über den Abgrund des Raums oder der Zeit vernehmlich macht."[23]

In diesem Zusammenhang sieht Franz Rosenzweig auch die unmittelbare Wirkung des Alten Testaments – die jüdische Bibel – im Gegensatz zum Neuen Testament: „Jene sind, wie stark immer am Einzelnen Punkt, doch gerade weltgeschichtlich gesehen sporadisch, diese sind der unentbehrliche Mörtel des weltgeschichtlichen Zusammenhangs.

Christliche Kirche, christlicher Staat, christliche Wirtschaft, christliche Gesellschaft – all das war und ist vom NT aus nicht zu begründen, weil dieses die Welt schlechthin in der Krise vor das Gericht gestellt sieht; im Gegensatz zu seinen pointierten Paradoxen bot die aus der ganzen Breite einer Nationalliteratur erwachsende jüdische Bibel mit ihr selbst noch in der scheidenden und ausscheidenden prophetischen Polemik lebendigen tiefen Schöpfungsgläubigkeit tragfähigen Grund für ein Bauen in und an der Welt. Die Gebäude konnten, eben wegen jener „breiten" Ursprünge des Buchs, untereinander so verschieden, ja so entgegengesetzt sein wie eben die verschiedenen Seiten und Aspekte eines nationalen Lebens: Monarchisten und Monarchomanen, Kirchen und Sekten, Päpste und Ketzer, Reaktion und Revolution, Eigentumsrecht und Sozialreform, Kriegsfrömmigkeit und Pazifismus können sich auf es berufen, taten und tun es."[24]

So bezeichnet Rosenzweig das Neue Testament im Gegensatz zu der Bibel des Judentums, als „in einer heißen Verdichtung der langatmigen Erlosungshoffnung zu einer kurzfristigen, nämlich auf die „erfüllte Zeit" abgestellten Erlösungsglauben."
Was sich hier auf tut ist der Abgrund nach der Zerstörung des 2. Tempels zwischen Judentum und Christentum. Das Judentum hatte sich geschworen nicht auf die Barrikaden zu gehen und das Reich Gottes zu jedem Preis auf Erden zu etablieren. Die jüdische Bibel blieb – und ist bis auf dem heutigen Tag – das Geschichtsbuch des jüdischen Volkes, und sicher ist auch der reale Kulturkampf der im Staat Israel seit 60 Jahren mit der Arabischen Welt geführt wird, nur auf diesem Hintergrund wirklich zu verstehen.

Im Gegensatz zum Griechentum kam es im Judentum erst spät zu einer Geschichtsschreibung im klassischen Sinn: Geschichte musste zu jeder Zeit gedeutet werden aus der Perspektive der Gegenwart. Geschichtsschreibung wird hier zur messianischen Hermeneutik,[25] historisches und a-historisches Denken vereinigt. In Texten aus verschiedenen Epochen und kulturellen Kontexten stellt sich die Frage nach der Erlösung aus der Weltgeschichte geprägt von ewigen Kriegen als „Pretext" einer Grundhaltung des religiösen Lebens in der Zeit im vollen Bewusstsein das der ewige Frieden noch nicht eingetreten ist. Diese Grundhaltung sprengt die Zeit aber zugleich und öffnet sie für die Ewigkeit, in den Worten des Rabbi „Du brauchst die Arbeit nicht zu vollenden, aber du bist auch nicht frei dich ihr zu entziehen."[26]
Für die Rabbinnen war der Einbruch in die Zeit, trotz der Verschiedenheit der Ansätze und Meinungen über das Kommen des Messias und der Erlösung, in jedem Augenblick eine wirkliche Möglichkeit. Die Zwischenzeit wurde mit Inhalt gefüllt durch ein Leben in der Spannung zwischen Zeit und Ewigkeit, eine geistig fruchtbare Quelle, die dem Leben trotz – oder gar im Lichte – allen Verfolgungen einen Sinn und zugleich einen Entwurf für die Endzeit als Erfüllung aller Hoffnungen und Verheißungen erlaubte. Weltgeschichte und Heilsgeschehen sind im Judentum in dieser Spannung aufgehoben.

Aus dem Warten wächst die Erwartung der Erlösung, die nach der jeweiligen historischen Situation des Volkes und die Rückbindung an frühere Ereignisse ihr Gewand wechselt. So finden wir eine messianische Hermeneutik der Vergangenheit wie auch der Zukunft, die sich durch die Deutung der Gegenwart gegenseitig befruchten: die Vergangenheit wird durch die Zukunft und die Zukunft durch die Vergangenheit ausgelegt. Die Vision des Idealen wird nie aufgegeben und jeder Tag bringt die Erlösung näher ohne das jedoch die kommende Welt durch Gewalt herbeigeführt werden dürfte.

Die Reflexion über die Rolle des Menschen gewinnt hier an Bedeutung, der durch seine Handlungen den Sprung aus der Geschichte als Moment der geistigen Erneuerung immer wieder wagt: eine Aufhebung, die das Alte mit dem Neuen verbindet im Paradox des Wartens. Diese Handlung lässt sich nicht aus dem Gesetzt ab-oder herleiten, sondern bedarf der freien Entscheidung des Menschen als Vorbedingung und ist deshalb durch den Menschen als frei wählendes Individuum bedingt. Diese Freiheit hebt die Tat des Menschen auf einer höheren Ebene, die den Bund mit Gott und die Rückbindung and die jüdische Bibel als Erlösungsglauben immer aufs neue bestätigt.

„Dass das Christentum dann als „dieses Geschlecht dahin und „diese Welt" gleichwohl noch nicht vergangen war, fortbestehen konnte…..das schulden Christentum und Neue Testament ihre Bindung an das Judentum und das Alte Testament…Denn der Gang der einen Weltgeschichte, der eben in diesem Buche angehoben hat, kann zwar seine Träger wechseln, aber nicht den Zusammenhang mit seinem Ursprung und mit jedem Punkt seines Verlaufs. Denn eben dieser Zusammenhang ist ja, was wir Weltgeschichte nennen."[27]

Rosenzweig reflektiert dann über den fortschreitenden Prozess der Säkularisierung in dem Ecclesia und Synagoga ihre identitätsstiftende Funktion verlieren und stellt fest, dass die Bedeutung der Bibel trotzdem stetig wechselt. Die Schrift kann so ihre ursprüngliche Aufgabe wiedergewinnen um den „Zusammenhang zwischen den Geschlechtern zu stiften", die Bibel wurde „weiter bereit liegen, dass die Menschheit auf ihrem Wege sie um eben diesen Wege befrage und, sie um- und umwendend „alles in ihr" finde."[28]

5.

Der Erste Weltkrieg hatte den Gedanken der philosophischen Tradition des Abendlandes endgültig gebrochen: dass die Welt vernünftig sei und dass der Mensch in einem logischen Universum, in der allgemeinen Ordnung der Dinge einen Ort hat, dass die Gesetze der Vernunft zur wahrhaftigen Harmonie im Leben führen. Rosenzweig weiß, dass der anthropos philosophikos aufgehört hat zu herrschen, dass Hegel zwar Recht hatte, als er erklärte, das Ende der Philosophie zu sein, dass aber trotz allem noch immer der Protest des Individuums, des „Dennoch-Individuums", von einem Ende der Welt bis zum anderen hallt:

> „Wollte die Philosophie sich nicht vor dem Schrei der geängstigten Menschheit die Ohren verstopfen, so musste sie davon ausgehen – und mit Bewusstsein ausgehen – dass *das Nichts des Todes ein Etwas, jedes neues Todesnichts ein neues, immer neu furchtbares, nichtwegzuredendes Etwas ist.* Und an der Stelle des einem und allgemeinen, vor dem Schrei der Todesangst den Kopf in den Sand steckendes Nichts, das sie dem einen und allgemeinen Erkennen einzig vorangehen lassen will, musste sie den Mut haben, jenem Schrei zu horchen und ihre Augen vor der grauenhafte Wirklichkeit nicht verschließen. Das Nichts ist nicht Nichts, es ist Etwas."[29]

Aus der Erfahrung in den Schützengräben am Balkan, in den Schrekkensstunden der Sterbenden im Krieg, fängt Franz Rosenzweig an, die politische Geschichte Europas philosophisch neu zu schreiben. Seine Geschichtsphilosophie ist eine Erneuerung aus den Quellen des Judentums, die zugleich eine tiefgehende Kulturkritik des Abendlandes bedeutet, die in unserer Zeit eine neue Brisanz gewinnt.

Es geht Rosenzweig darum, den archimedischen Punkt zu finden, eine Ordnung des Lebens, die jenseits des Buches zu finden ist, die aus dem Nichts den Schrei des Einzelnen als Ich hört, jenseits des Selbstzweckes eines philosophischen Systems, da die Grenzen des Denkens eben nicht mit der Wirklichkeit identisch sind. Das Problem Rosenzweigs war von Anfang an die Zeit gewesen, d.h. die Verabsolutierung der Zeit und damit der Geschichte im hegeischen Sinn, die die Zeit von der Ewigkeit abtrennt, statt beide zu verbinden, und die das Reich Gottes vorwegnimmt, das ja erst im Kommen ist. Hier finden wir die grundlegendste und schärfste Kritik Rosenzweigs am christlichen und säkularen Abendland, gegen das Christentum und seinen philosophischen Weg, den er im Stern von hinten nach vorne, vom Ende zum Anfang also, zurücklegt.

„Der Gang der Weltgeschichte versöhnt, solange das Reich Gottes nicht erst kommt, immer nur die Schöpfung in sich selbst immer nur ihren nächsten Augenblick dem vorigen. Die Schöpfung selber als Ganzes aber wird mit der Erlösung in alle Zeit, solange die Erlösung noch im Kommen ist, zusammengehalten nur durch das aus *aller Welt-Geschichte herausgestellte Ewige Volk.*"[30]

Das Christentum lebt eine Geschichtslüge, so Rosenzweig, weil es in der Geschichte das Reich Gottes, die Ewigkeit zu erkennen glaubt, eine Wahnidee, die im Weg der Gewalt den Weg Gottes erkennen will, um so die Ewigkeit zu erzwingen. „Der Arm der Gewalt mag das Neueste mit dem Letzten zusammen zwingen zu einer allerneusten Ewigkeit."[31]

Jedes Ereignis wird mit dem Letzten gleichgesetzt und in das Gebäude der Erlösung als neuer Stein eingefügt. Das Judentum zeigt hingegen ein anderes Bild des Daseins: „(...) dass die Ewigkeit nichts Neuestes ist".[32] Rosenzweig spricht hier von einem Begriff der Ewigkeit, der nicht abgetrennt ist von der Zeit und daher nicht der Gefahr ausgesetzt ist, die Zeit und die Geschichte als Maßstab und Substitution der Ewigkeit zu setzen.

Die Mitte der Zeit gewinnt somit eine herausragende Bedeutung für Rosenzweig, die im Offenbarungsgeschehen das Erlebnis der Liebe Gottes ganz zeitlich als „augenblicksentsprungenes Geschehen", „ereignetes Ereignis"[33], Zeit und Ewigkeit verbindet. Offenbarung ist für Rosenzweig aber, im Gegensatz zu Eugen Rosenstock, nicht nur Orientierung als ein „wirkliches, nicht mehr zu relativierendes Oben und Unten in der NaturHimmel und ‚Erde' – (...] und ein wirkliches festes Früher und Später in der Zeit"!, es bedeutet viel mehr: „Die Offenbarung ist also fähig, Mittelpunkt zu sein, fester, unverrückbarer Mittelpunkt. Und warum? Weil sie dem Punkt geschieht, dem starren, tauben, unverschiebbaren Punkt, dem trotzigen Ich, das, ich nun einmal bin".[34] Das Bewusstsein des Angesprochenseins des Selbst, des Anrufes, sprengt nicht nur die Zeit, sondern erlöst das Ich aus seiner Isolation, seiner Selbstentfremdung: es gewinnt einen Eigennamen. „Mit dem Anruf des Eigennamens trat das Wort der Offenbarung in die wirkliche Wechselrede ein; im Eigennamen ist die Bresche in die starre Mauer der Dinghaftigkeit gelegt. Was einen eigenen Namen hat, kann nicht mehr Ding, nicht mehr jedermanns Sache sein; er ist unfähig, restlos in die Gattung einzugehen, denn es gibt keine Gattung, der es zugehörte, er ist seine eigene Gattung. Es hat auch nicht mehr seinen Ort in der Welt, seinen Augenblick im Geschehen, sondern es trägt sein Hier und Jetzt mit sich herum; wo es ist, ist es ein Mittelpunkt, und wo es den Mund öffnet, ist ein Anfang."[35]

Im Spannungsfeld von Weltgeschichte und Heilsgeschehen bleibt das Judentum somit in der Dynamik von Formation und Transformation und so steht auch die Gründung des Staates Israel als jüdischer und demokratischer Staat, im Zeichen einer ständigen, fruchtbaren Suche nach Identität für Israelis und Juden in der ganzen Welt. Dies betrifft auch das Verhältnis zum christlichen und islamischen Abendland. Das biblisch-prophetische Streben nach Frieden und Gerechtigkeit ist und bleibt trotz allem eine gemeinsame Grundlage und Ethos des Judentums bis zum heutigen Tag.

Anmerkungen

[1] Ernst Cassirer. Essay on Man, New Haven 1944, S. 21.

[2] Karl Jaspers, Die Schuldfrage, erstmals erschienen in Heidelberg 1946, Neuauflage Mai 1987, S. 821.

[3] Vgl. Eveline Goodman-Thau, Zeitbruch. Zur messianischen Grunderfahrung in der jüdischen Tradition, Akademie Verlag, Berlin 1995.

[4] Babylonischer Talmud, Schabbat 88a

[5] Sifre zu Num. 15,31 im Namen von Rabbi Ischmael.

[6] Midrasch Asseret ha-Dibbrot 1

[7] Exodus Rabba 28,6.

[8] Es gab aus rabbinischer Sicht eine Zurückhaltung, die Lehre aufzuschreiben; die ausgesprochene Mündlichkeit der talmudischen Gelehrtheit, voll von Bibelzitaten, ist lebendiger Ausdruck dessen, wie lebendig das Wort Gottes in ihrem Mund war.

[9] Vgl. das hebräische Wort pi, das sowohl „mein Mund" als auch „Mund von" (Gott) bedeutet.

[10] Genesis Rabba 1,14: siehe auch Sifre Devarim Pesikta 336 und 385ff. Dort wird erklärt dass der, der die Tora mit Auslegungen füllt, einen Lohn in dieser Welt erhält und auch ein ewiges Kapital für die kommende Welt. Dies gilt auch für die gemilut chassadim, das Tun von Wohltaten (Babylonischer Talmud Schabbat 127a, 127b).

[11] Abraham Joshua Heschel, „Gott sucht den Menschen" (1995, dt. 1980), in: Schalom Ben-Chorin und Verena Lenzen (Hg.), Jüdische Theologie im 20, Jahrhundert, München/Zürich 1988, S. 373.

[12] Jaakob Jitzschak („der Jehudi"), zit. nach Martin Buber. Der große Maggid und seine Nachfolger, Berlin 1937, S. 258.

[13] Julius Guttmann : Die Philosophie des Judentums, Wiesbaden 1985 (1933), 56f.

[14] Vgl. Eveline Goodman-Thau: „Meyer Heinrich Hirsch Landauer – Bibel Scholar and Kabbalist" In: K.E./J.Dan Grözinger, (Hrg.):Mysticism, Magic and Kabbala in Ashkenazi Judaism. Berlin/New York 1995, 15-40

[15] Vgl. Gerschom Scholem: „Der Name Gottes und die Sprachtheorie der Kabbala" (Vortrag auf der Eranos-Tagung 1970). In: Judaica 3. Frankfurt a.M. 1987, 7-70, und Walter Benjamin: „Die Aufgabe des Übersetzers" In: Gesammelte Schriften Bd.IV.1., hrsg. V. Tiedermann, R./Schweppenhäuser, H. Frankfurt a.M. 1978, 21ff.

[16] Vgl. Eveline Goodman-Thau, (Hrsg.): Von Jenseits. Jüdisches Denken in der europäischen Geistesgeschichte. Berlin 1996, 9ff.

[17] Hermann Cohen : Religion der Vernunft aus den Quellen des Judentums. Darmstadt 1966 82f.

[18] ebd. S.83.

[19] Vgl. Eveline Goodman-Thau, „Gott auf der Spur Biblischer Humanismus in der Philosophie des Anderen von Emmanuel Levinas." In: Wolfdietrich Schmied-Kovazik, (hrsg.) Vergegenwärtigungen des zerstörten jüdischen Erbes, Kassel 1997, 106 - 135.

[20] Vgl. Walter Benjamin, „Literaturgeschichte und Literaturwissenschaft" in: Gesammelte Schriften, hrg. von Rolf Tiedemann und Hermann Schweppenhäuser, Frankfurt a.M., 1978.

[21] Franz Rosenzweig, „Weltgeschichtliche Bedeutungen der Bibel (1929) in: Kleinere Schriften, Berlin 1937 S.124).

[22] ebd.

[23] Franz Rosenzweig: Vorwort zu den Hymnen und Gedichten von Jehuda Halevi, in: Der Mensch und sein Werk, Gesammelte Schriften, Bd.4, 1 Jehuda Halevi: Fünfundneunzig Hymnen und Gedichte hrg. Raphael Rosenzweig, Dordrecht 1984, S. 3.

[24] ebd.

[25] Vgl. Eveline Goodman-Thau, Zeitbruch, zur messianischen Grunderfahrung in der Jüdischen Tradition, Berlin, 1995

[26] Sprüche der Väter 2,21.

[27] Franz Rosenzweig, „Weltgeschichtliche Bedeutung der Bibel"; in: Die Schrift, Königstein/Ts. S. 126f.

[28] Vergl. Hafoch ba hafoch ba kula ba, Eine rabbinische Aussage in den Sprüchen der Väter.

[29] Ebd., S. 5; Hervorhebungen E. G.-T.

[30] Ebd., S. 372; Hervorbebung E. G.-T.

[31] Franz Rosenzweig, GS II, S. 372.

[32] Franz Rosenzweig, Der Stern der Erlösung, S. 372.

[33] ebd. S. 178.

[34] Franz Rosenzweig, GS III, S. 133.

[35] Franz Rosenzweig, Der Stern der Erlösung, Frankfurt a.M. 1988, S. 372.

Hans Jonas –
Vom Prinzip Verantwortung zum Prinzip Hoffnung

> *„Der endgültig entfesselte Prometheus, dem*
> *die Wissenschaft nie gekannte Kräfte und die*
> *Wirtschaft den rastlosen Antrieb gibt, ruft*
> *nach einer Ethik, die durch freiwillige Zügel*
> *seine Macht davor zurückhält, dem Menschen*
> *zum Unheil zu werden."*
> (Hans Jonas, Das Prinzip Verantwortung)

Einleitung

Hans Jonas steht in der Tradition großer Denker, die sich in ihrer Zeit
nicht nur bemüht haben, die philosophischen Grundfragen der Vergangenheit zu reflektieren, oder Vertreter eines bestimmten Zeitgeistes zu sein, sondern die sich bewusst waren, dass der Mensch immer
in der Gefahr lebt, zwischen Nichts und Ewigkeit verloren zu gehen:
ein Philosoph im klassischen Sinn, der im Zeitalter der Metaphysik-
kritik und Wissenschaft hartnäckig an den alten Fragen nach Mensch,
Welt und Gott festhielt und bemüht war, wider die Gleichgültigkeit
der Welt den Menschen, aber mehr noch die Menschheit vor dem Abgrund zu retten, sich zu besinnen auf seine Verantwortung für das
Ganze, dessen unabtrennbarer Teil der Mensch als Naturwesen, aber
im Bewusstsein seiner Freiheit, ist. Was dies im Konkreten bedeutet,
zeigt sich im Lebensweg und Œuvre dieses Menschen, dessen Name
einerseits mit der Gnosis verbunden ist, aber andererseits mit dem
Prinzip Verantwortung. Für Jonas gibt es keinen Gegensatz zwischen
den Polen von Gnosis und Ethik: Das Wissen um Gott, das Wissen um
den Menschen und das Schicksal der Welt begegnen sich in fast jedem
Satz seiner Schriften.

Im nachplatonischen Zeitalter versucht Jonas die Seinsfrage
nochmals zu stellen; dies bedeutet für ihn, *historisch* den Gründen
der nihilistischen Erfahrung nachzufragen, um *ontologisch* das Wesen der menschlichen Freiheit im Verhältnis zur Lebenswelt, sogar
zur ganzen Natur neu zu bestimmen. In der Entdeckung der inneren Transzendenz jener Freiheit findet Jonas die Anzeichen dafür,
metaphysisch einen neuen Sinn von Transzendenz und Ewigkeit zu
konstituieren.

Letztendlich führen Jonas' philosophische Untersuchungen ihn zu metaphysischen Vermutungen, die unmittelbar mit der Grundfrage des biblischen Monotheismus in Berührung stehen: die Sonderposition des Menschen in der Schöpfung als Zeugnis einerseits der „Ohnmacht Gottes", andererseits aber das seiner Freiheit und Verantwortung bewusste Subjekt, das die Aufgabe einer kosmischen Pflicht gegenüber dem „Wagnis Gottes" übernimmt.

Sein Denken ist ein Versuch, die „Wesenskluft, die jüdischer Schöpfungsglaube, griechische Vernunftmetaphysik und – beide einbegreifend – christlicher Transzendentalismus [...] zwischen Mensch und Natur im abendländischen Denken aufgerissen hatten, zu überbrücken"[1]. Die Begründung dieses Versuches formuliert Jonas folgendermassen:

„Die Suche nach dem Wesen des Menschen muss ihren Weg, die Begegnung des Menschen mit dem Sein nehmen. In solchen Begegnungen kommt dieses Wesen nicht nur zum Vorschein, sondern überhaupt zustande, indem es sich jeweils darin entscheidet. Das Vermögen zur Begegnung selber aber ist das Grundwesen des Menschen: dies ist seine Freiheit, und ihr Ort die Geschichte, die ihrerseits nur durch jenes transhistorische Grundwesen des Subjektes möglich ist. Jedes, aus geschichtlicher Begegnung entstehende, Bild der Wirklichkeit schließt ein Bild des Ich ein, und diesem gemäß existiert der Mensch, solange das Bild seine Wahrheit ist. Die im Menschen gelegene Bedingung der Möglichkeit von Geschichte aber – eben seine Freiheit – ist selber nicht geschichtlich sondern ontologisch; und sie wird selber, wenn entdeckt, zum zentralen Faktum in der Evidenz, aus der jede Seinslehre schöpfen muß."[2]

Die Einbettung des Menschen in eine ontologische Wirklichkeit – sein Geschaffensein in Gottes Ebenbild, biblisch ausgedrückt, wobei, wie Jonas betont, der Nachdruck dort auf dem Unterscheidungsvermögen zwischen Gut und Böse lag[3], im Vergleich zur aristotelischen Formel „zóon lógon échon, homo" - das Tier, das Sprache (bzw. Vernunft) besitzt - ist die Grundlage des Wissens um die Wahrheit des Seins. Es ist nämlich die Freiheit des Menschen, wie die schöpferische Freiheit Gottes, die Geschichte erst ermöglicht. Jede Seinslehre schöpft aus dieser Verbindung zwischen Nichts (in der jüdischen Mystik mit *Ajin* bezeichnet, das aber in einer Umkehrung der Buchstaben das Wort *Ani* – Ich – ergibt) und Ewigkeit; zwischen der noch nicht sichtbaren Welt und ihrer Urquelle. In den Bildern des Seins ist „Zwischen" ein wichtiger Hilfsbegriff und wird zum Ort der Trennung, zugleich aber auch der Verbindung zwischen Transzendenz und Immanenz. Hans Jonas versteht sich in dieser Hinsicht wie Platon, der das „Werden als ein Mittleres zwischen Nichtsein und Sein" betrachtete, und er sieht es als seine Aufgabe, das Wesen der menschlichen Freiheit als Grundlage einer neuen Naturphilosophie, die die Natur des Menschen reflektiert, die im Zeitalter des endgültig entfesselten Prometheus dem menschlichen Sein aus eigenem Tun erwachsen ist und jetzt das Ganze bedroht, zu entwickeln.

Dem Prinzip der Hoffnung, das auf einer mehr und mehr globalisierten Fortschrittsdynamik basiert, die im Bunde mit der Technik die Utopie zum ausdrücklichen Ziel erhoben hat, setzt Jonas in einer eingehenden Kritik des utopischen Ideals das Prinzip einer Verantwortungsethik gegenüber: das Gebot einer Pflicht, geboren aus einer „Heuristik der Furcht", die zugleich eine Ehrfurcht vor der menschlichen Würde wie der Würde der Natur bedeutet. Sein „Tractatus technologica-ethicus" wehrt sich gegen den *Übermut* der Utopie, plädiert dagegen für die *Demut* und zugleich den *Mut* zur Verantwortung, eine, wie er betont,

„bescheidenere Aufgabe [...], welche Furcht und Ehrfurcht gebieten: nämlich dem Menschen in der verbleibenden Zweideutigkeit seiner Freiheit, die keine Änderung der Umstände je aufheben kann, die Unversehrtheit seiner Welt und seines Wesens gegen die Übergriffe seiner Macht zu bewahren."[4]

Gegenüber dem Übermaß des menschlichen Machtanspruchs stellt Jonas den Machtverzicht Gottes zugunsten kosmischer Autonomie und ihrer Chancen, die in der Verantwortung des Menschen seinen Ausdruck gewinnt, da wir wissen, „daß mit uns und in uns", so Jonas, „in diesem Teil des Alls und in diesem Augenblick unserer verhängnisvollen Macht, die Sache Gottes auf der Waage zittert"[5].

Verantwortung ist für Jonas die Bürde der Freiheit eines Tatsubjektes, unabhängig davon, ob jemand da ist, der mich zur Verantwortung zieht. „Das Sein, wie es sich selbst bezeugt, gibt Kunde nicht nur davon, was es ist, sondern auch davon, was wir ihm schuldig sind"[6]. Hier treffen sich Judentum und Abendland in Hans Jonas, dessen Denkweg ein Ringen um einen verlorenen Himmel zeigt, dem wir im Folgenden nachspüren wollen.

Es ist der Verdienst von Hans Jonas, dessen 100. Geburtstag in diesem Jahr ist, ein *Ethos der Verantwortung* entwickelt zu haben, welches als Ergänzung zum „Prinzip Hoffnung" (Ernst Bloch) einerseits eine kausale Zurechnung begangener Taten voraussetzt, andererseits aber eine „Pflicht zur Zukunft" postuliert, die durch die besondere Position, die der Mensch als biologisches *und* für seine Taten verantwortliches Wesen im Ganzen einnimmt, eine Brücke legt zwischen Natur- und Geisteswissenschaften.

Die Fragestellungen von Jonas im Spannungsfeld von Ideal- und Realwissen gewinnen insbesondere in den angewandten Wissenschaften eine Brisanz im Zuge der historischen Erfahrungen des Nationalsozialismus und der zunehmenden Verknüpfung von Technologie, Wirtschaft und Politik in der Gegenwart.

Es ist für die Thematik dieser Tagung „Österreich und der Nationalsozialismus" besonders bemerkenswert, dass Jonas als Brücke zwischen Verantwortung und Hoffnung eine Erinnerungsethik entwickelt hat, die wir zum Schluss beleuchten möchten.

Hans Jonas ist ein Mensch des zwanzigsten Jahrhunderts – geboren 1903 in Mönchengladbach, gestorben 1993 in New York. Ein Weg, den viele deutsche Juden gegangen sind, aber wenige mit so viel Engagement und mit so viel Geist der Erneuerung wie Jonas. 1933 – der Boykott jüdischer Geschäfte – sein Vater war Kaufmann – bedeutete einen Wendepunkt. Hans Jonas ist als 16-jähriger Zionist mitgerissen durch Martin Bubers *Reden über das Judentum*. Als Student ist er aber in keiner Hinsicht ein politischer Mensch. Er malt und wendet sich den Religionswissenschaften und der Philosophie zu. Von Anfang an bestimmt ihn ein Gefühl für das Gute. Ein Leitwort ist der Kantische Satz: „Es ist nichts in der Welt noch außerhalb derselben zu denken möglich, was ohne Einschränkung könnte für gut gehalten werden, als einzig ein guter Willen."

Italien liegt ihm mehr als Deutschland, das offene Gespräch, manchmal laut und gestikulierend betont, bringt ihn dazu zu sagen: „Hier bin ich zu Hause, hier sprechen die Menschen so, wie es uns liegt." Die zwanziger Jahre verbringt Jonas in Berlin, Freiburg und

Marburg. Seine Lehrer sind Husserl, Heidegger und später Bultmann. Er will *Chalutz*, Pionier, werden, nach Palästina gehen, um dort Lehrer zu werden: er lernt auf einem Bauernhof Landwirtschaft und praktiziert Landbau: Pflügen, Säen, Ernten, mit Pferden umgehen, und dann wieder ein Semester bei Husserl und Heidegger. Dann einige Seminare in Berlin: Studium der Wissenschaft des Judentums, Psychologie bei Eduard Spranger, Geschichte bei Ernst Troeltsch. Danach wieder in Marburg, wo Heidegger und Bultmann lehren. Den Bultmannschen Begriff der Entmythologisierung hat Hans Jonas 1930 in seinem ersten Buch *Augustin und das paulinische Freiheitsproblem* geprägt.

Auch Hannah Arendt ist in dieser Zeit Heideggers Schülerin, und es beginnt eine lebenslange Freundschaft zwischen den beiden: Jonas hält die Todesrede an ihrem Grab 1975. Wie sie wird auch er zwanzig Jahre später im Exil sterben.

Die Studenten um Heidegger leben ein grundsätzlich unpolitisches Leben. Der Schock ist daher unerwartet: 1933 kommen die Nazis an die Macht. Jonas rettet sich in seine zionistische Welt – geht nach Palästina. 30. Januar 1933 – Jerusalem ist eine Insel, dort findet Jonas die deutsch-jüdische Einwandererelite, sucht sich Trost und Stütze. 1936 beginnen die arabischen Aufstände gegen die jüdischen Siedler ernsthafte Dimensionen anzunehmen, und Jonas tritt in die Haganah ein. 1939, mit Ausbruch des Krieges, tritt Jonas, der inzwischen einen britischen Pass hat, in die britische Armee ein. Man errichtet eine Jewish Brigade, die bei der Invasion nach Italien eingesetzt wird, dringt nach Deutschland vor mit einer Flugabwehrbatterie. Seinen Schwur, 1933 ausgesprochen, nicht mehr nach Deutschland zurückzukommen, es sei denn als Soldat einer erobernden Armee, macht er wahr. Es war aber zugleich eine Begegnung mit einer anderen Wahrheit; der Tod seiner Mutter, die 1942 nach Auschwitz deportiert und dort ermordet wurde. Er berichtet:

„Diese Tatsache hat mein weiteres Verhältnis zu Deutschland auf viele, viele Jahre bestimmt. Ich wollte nicht einmal mehr ein Buch in Deutschland erscheinen lassen. Nur zwei Menschen wollte ich noch besuchen: Jaspers und Bultmann. Heidegger wollte ich nicht mehr wiedersehen, weil er sich zu Hitler bekannt und seinen Lehrer Husserl so schmählich verraten hatte."

Als Jonas 1933 Deutschland verließ, hatte er in einem letzten Gespräch mit seiner Mutter erklärt, dass man von diesem Regime nur durch einen Krieg abkommen kann, er hatte aber nicht geahnt, dass der Preis so hoch sein würde.

Wissenschaft war ihm zum ‚persönlichen Erlebnis' geworden, geprägt von, wie er bezeugt, einer ‚einmaligen Zufälligkeit', in der Persönliches und Sachliches verwandt sind.[7]

Erinnerungsethik als Brücke zwischen Verantwortung und Hoffnung

In seinem Aufsatz „Unsterblichkeit und heutige Existenz" hatte Hans Jonas vorgeschlagen, unser sittliches Sein, auf dem Kant die Unsterblichkeit der Person gründen zu können glaubte – als Postulat der praktischen, nicht der theoretischen Vernunft -, zu ergänzen um den Begriff einer „Unsterblichkeit der Taten"[8].

Er bedient sich dabei der jüdischen Idee eines „Buches des Lebens", das in der jüdischen Überlieferung eine Art himmlisches Hauptbuch meint, in dem unsere Namen gemäss unserer Verdienste eingeschrieben werden: zum Leben.

„Aber anstatt Taten als Verdienst anzusehen, die dem Täter gutzuschreiben sind, können wir sie auch für sich selbst zählend ansehen – gewissermaßen als ‚Dinge an sich' und dann den Begriff des Buches anders fassen, nämlich so, daß es sich nicht mit den Namen und Anrechnungen, sondern mit den Taten selbst füllt. Mit anderen Worten, ich spreche von der Möglichkeit, daß Taten *sich selbst* eintragen in ein ewiges Register der Zeitlichkeit; daß, was immer hier gehandelt wird – jenseits seiner Fortwirkung und schließlich Verflüchtigung im Kausalgewebe der Zeit -, sich in aller Zukunft einem transzendenten Reiche einfügt und es prägt nach Gesetzen der Wirkung, die anders sind als die der Welt, immer das unabgeschlossene Protokoll des Seins anschwellend und immer neu die angstvolle Bilanz verschiebend."[9]

Und hier wagt sich Jonas noch einen Schritt weiter und stellt die Hypothese auf, dass, „was wir so der Urkunde hinzufügen, von überragender Bedeutung ist – wenn auch nicht für unser eigenes *künftiges Schicksal*, so doch für das Interesse jener geistigen Summe selber, die das *vereinende Erinnernder Dinge* fortlaufend zieht"[10]. In dieser Weise wäre es möglich, dass wir, obwohl wir als sterbende „Täter" keinen Einsatz in der Ewigkeit haben, doch durch unsere Taten, und durch das, was wir aus unserem Leben machen, dass dies gerade der Einsatz ist, „den eine noch unentschiedene und verwundbare Ewigkeit in uns hat [...]. Und welch gewagter Einsatz angesichts unserer Freiheit!"[11] Die Zeit wird so zur Handlung zwischen Mensch und Gott, zur Brücke zwischen Zeit und Ewigkeit, und die Tat ist der Ort, wo beide sich begegnen. In Jonas Worten:

> „Jede in ihrem Lauf sich neu auftuende Dimension der Weltverantwortung bedeutet eine neue Modalität für Gott, sein verborgenes Wesen zu erproben und durch die Überraschungen des Weltabenteuers sich selbst zu entdecken."[12]

Der Mensch hat, so Jonas, abgesehen von dieser ontologischen Überlegung keinen moralischen Anspruch auf die Gabe des ewigen Lebens. Es gibt nämlich keine Notwendigkeit, dass die Welt sei, und das Dasein kann niemals als metaphysisches Axiom dastehen.

Eine der bewegtesten Überlegungen über die Shoa finden wir an dieser Stelle bei Hans Jonas. Es ist nämlich nicht genug für ihn, auf das Geheimnis der 36 Gerechten zu vertrauen, die die Welt aus jüdischer Sicht erhalten, oder ein philosophisches Gebäude, wie genial es auch sei, zu errichten. Alles bricht ja zusammen vor der geschichtlichen Wirklichkeit.

„Wie ist es mit denen", so fragt Jonas, „die sich niemals in das Buch des Lebens eintragen konnten, weder mit guten noch bösen Taten, großen oder kleinen, weil ihr Leben abgeschnitten ward, bevor sie ihre Gelegenheit hatten". Er erinnert an die ermordeten, vergasten und verbrannten Kinder von Auschwitz, an die gesichtslosen, entmenschten Gespenster der Lager und an alle anderen zahllosen Opfer unser Zeit. Er weiß, dass ihre Namen schnell vergessen sein werden, ausgelöscht durch neue Greueltaten der Menschheit, aber er weigert sich zu glauben, dass ihr Schrei nicht gehört wurde, wenn sie nicht rückwirkend Zeugnis der Ewigkeit für uns sind.

> „Es wäre rechtens [...], wenn *die Gemordeten diesen Anteil an der Unsterblichkeit* hätten, *und ihretwegen eine große Anstrengung von uns Lebenden* verlangt wäre, den Schatten unserer Stirn zu lüften und denen, die nach uns kommen, eine neue Möglichkeit der Seelenheiterkeit dadurch zu verschaffen, daß wir sie der unsichtbaren Welt zurückgeben."[13]

Jonas zeigt hier nicht nur eine Lehre des Martyriums im klassischen Sinn, sondern eine *Erinnerungsethik*, die für die Nachkriegsgeneration hier in Deutschland so wichtig ist. Es ist nämlich m.E. Zeit, nicht zur Normalität zurückzukehren, sondern die *Geschichte der Täter* im Sinne Jonas' zu schreiben. Erst auf dieser Grundlage gilt es, Formen des gemeinsamen Umgangs zu finden. Wenn es darum gehen soll, hier in Deutschland ein gemeinsames Erinnern aufzubauen, Mitverantwortung für eine gemeinsame Geschichte von Opfern und Tätern zu gestalten, dann wird diese nur durch eine positive Beschäftigung mit den moralischen Grundlagen im historischen Bewusstsein der Gesellschaft als Ganzes möglich sein. Denn das Gewissen und die Erinnerung von Opfer und Täter sind miteinander verwoben, jenseits der Schuldfrage.

Jonas erinnert uns daran, dass wir eine zweifache Verantwortung haben, eine nach der Maßgabe der weltlichen Kausalität und eine andere nach der Maßgabe ihres Einfalls in den ewigen Bereich. Die erste ist gewissermaßen durch die Komplexität der Dinge ein Spielball von Zufall und Glück, die andere ist eingebettet in der „Sicherheit wißbarer Normen, wie es heißt ‚Denn es ist das Wort ganz nah bei dir in deinem Munde und in deinem Herzen, daß du es tust' (Dt. 30,14)."[14]

Wenn wir wirklich ein Wagnis der Schöpfung sind, dann musste der schöpferische Urgrund, wie Jonas sagt, „auch das Leben wollen, wie es in dem schönen Gottesprädikat heißt, das wir Juden so oft im Gebet rezitieren: *chafetz bachajim*, der das Leben will"[15]. Nicht nur der lebendige Gott, sondern der Gott, *der das Leben will*. Und das Leben wollen bedeutet im Judentum, die Tradition weiterzugeben als Erinnerung, die mentale Präsenz der Vergangenheit in die Gegenwart zu rücken, nicht als theologisches Konstrukt oder als logische Folgerung, sondern - und hier zitiere ich Jonas - „wirkliche Erinnerung, die das Partikulare und Individuelle [...] bewahrt, nicht ‚Denken', das im ‚Allgemeinen' und Notwendigen kreist. Hier helfen nicht die ewigen Formen Platos, noch der ‚intelligible Kosmos' Plotins, auch nicht Hegels absoluter Geist" weiter, sondern nur eine „Subjektivität, die das konkrete Tatsächliche, wie es sich begibt, erlebt und ihrem wachsenden Gedächtnis einverleibt"[16].

Es gibt ja kein universelles Gedächtnis, dies würde, so Jonas, unser ganzes Streben, Bemühen, Hoffen und Bangen, auch Bereuen und Trauern zu einer bloßen Illusion machen. „Vor allem hebt es die Freiheit auf."[17] Zeuge der Geschichte zu sein bedeutet, sich ihrer als Aufgabe anzunehmen. Im Kontext einer Ethik der Mit-Verantwortung im

Sinne einer Erinnerungsethik bedeutet dies ein Lesen der Geschichte durch die Ordnungs- und Zweckbestimmtheit hindurch, ein Lesen, das die Gegenwartserfahrung aus dem Kreislauf der Wiederholungen erlöst und in etwas über sich Hinausverweisendes verwandelt. Durch die Wahl des freien hermeneutischen Handelns wird nämlich eine Verfügbarkeit hergestellt, in der eine Kontinuität der Tradition, basierend auf einer vielfältigen Verarbeitung der Vergangenheit im Lichte der Möglichkeiten, in der die Wirklichkeit sich dem Menschen in jedem Augenblick darbietet, aufleuchtet.

Im deutschen Geschichtsbewusstsein bedeutet Verantwortung eine Entscheidung für die Geschichte, für eine Lebensform, wo Geschichte und Biographie sich kreuzen: Zukunft ist nur dann verantwortlich zu gestalten, wenn man sich des Weges, den man bisher zurückgelegt hat, bewusst ist. Hans Jonas hat dies in seiner Lebensphilosophie praktiziert. Es geht, wie er am Ende vom *Prinzip Verantwortung* betont, um die Hütung des „Ebenbildes", als gemeinsames Bildnis von Mensch und Gott, als Begegnung mit der Heiligkeit und dem beständigen Urgrund des Seins. „Die Ehrfurcht allein, indem sie uns ein ‚Heiliges', das heißt unter keinen Umständen zu Verletzendes enthüllt (und das ist auch ohne positive Religion dem Auge erscheinbar)", so Jonas, „wird uns auch davor schützen um der Zukunft willen die Gegenwart zu schänden, jene um den Preis dieser kaufen zu wollen"[18]. Im Wissen, dass wir „in alle Zukunft im Schatten drohender Kalamität leben müssen," wird jedoch, wie Jonas erklärt, das *Licht der Hoffnung* sichtbar.

„So kommt am Ende doch das Prinzip Verantwortung mit dem Prinzip der Hoffnung zusammen – nicht mehr die überschwengliche Hoffnung auf ein irdisches Paradies, aber die bescheidenere auf eine Weiterwohnlichkeit der Welt und ein menschenwürdiges Fortleben unserer Gattung auf dem ihr anvertrauten, gewiß nicht armseligen, aber doch beschränkten Erbe."[19]

Möglicherweise ist dies der Ort, wo die Ohnmacht Gottes als „selbstauferlegte Beschränkung" und die Pflicht zur Verantwortung des Menschen, in Furcht und Zittern, hoffend gemeinsam heimkehren.

Anmerkungen

[1] Hans Jonas, Philosophische Untersuchungen und metaphysische Vermutungen, Frankfurt a. M. (1992) 1994, S. 16.

[2] Hans Jonas, Zwischen Nichts und Ewigkeit – Zur Lehre des Menschen, Göttingen 1987, S. 3.

[3] Vgl. Hans Jonas, Philosophische Untersuchungen o.c., S. 34.

[4] Hans Jonas, Das Prinzip Verantwortung, Frankfurt a. M. 1979, S. 9.

[5] Hans Jonas, Gedanken über Gott, Frankfurt a. M. (1992) 1994, S. 104.

[6] Hans Jonas, Herausforderung Zukunftsverantwortung, hg. v. Dietrich Böhler und Rudi Neuberth, Münster/Hamburg (1992) 1993, S. 116.

[7] Hans Jonas, Wissenschaft als persönliches Erlebnis, Göttingen 1987, S. 7ff.

[8] Hans Jonas, Zwischen Nichts und Ewigkeit, o.c, S. 52.

[9] ebd., S. 53.

[10] Hervorhebungen von mir.

[11] ebd.

[12] ebd. S.57.

[13] ebd. S.61f.

[14] ebd., S. 76.

[15] Hans Jonas, Gedanken über Gott, o.c., S. 94.

[16] ebd., S. 24.

[17] ebd.

[18] ebd., S. 393.

[19] Hans Jonas, Dem bösen Ende näher, Frankfurt a. M. 1993, S. 102.

Epilog

DIE LEGENDE VOM VERBRANNTEN DORNBUSCH[1]

„ *... Und so mehrten sich die Stimmen jener, die da sagten, daß die Tage der Finsternis zu lange gedauert hatten; zu lange hatte man darauf gewartet, daß das Versprechen des Glücks Wirklichkeit und die Verkündung des Lichts Wahrheit würde. Und sie sagten: ,Kommt, laßt uns unsere Wohnungen rund um den Dornbusch bauen, der seit Ewigkeit brennt. Die Tage der Finsternis und der Kälte werden dahin sein, für immer, denn immer wird der Dornbusch brennen und nie wird er verbrennen.'*

Also sprachen die Mutigsten unter ihnen, jene, in welchen die Zukunft lebte wie das Ungeborene im Leibe der Trächtigen, jene, die da nicht die Orakel fragten: ,Was wird sein?', sondern allein den eigenen Mut, die eigene Großmut: ,Was werden wir tun?'

Und ob sie schon Hindernisse fanden und Feindschaft allerorten, so folgten ihnen doch viele auf dem steilen, steinigen Wege zum brennenden Dornbusch. Und sie richteten sich ein, in seinem Lichte zu leben.

Da aber geschah es, daß seine Zweige zu verkohlen begannen, und sie fielen ab und wurden zu Asche. Selbst die Wurzel verbrannte und wurde zu Asche. Und wieder brach die Finsternis herein und die Kälte.

Da erhoben sich Stimmen, die also sprachen: ,Sehet, wie alle unsere Hoffnung getäuscht worden ist — ist da nicht Schuld? Prüfen wir, wessen Schuld es ist!'

Da ließen die neuen Herren alle jene töten, die so sprachen, und sie sagten: ,Ein jeglicher, der da aufsteht und will es wahrhaben, daß der Dornbusch verbrannt ist, soll eines schändlichen Todes sterben. Denn nur dem Feinde leuchtet sein Licht nicht, nur er friert in seiner Wärme.' So sprachen die neuen Herren auf dem Aschenhügel; um sie war eine große Helle, sie kam vom Lichte der Fackeln in den Händen der neuen Sklaven.

Und wieder standen welche auf, in ihnen lebte die Zukunft wie das Ungeborene in der Trächtigen, die sagten: „Der Dornbusch ist verbrannt, weil es bei uns aufs neue Herren gibt und Sklaven, ob wir ihnen schon andere Namen geben, Weil es Lüge bei uns gibt und Niedertracht und Erniedrigung und Gier nach Macht. Kommt, laßt uns anderswo neu beginnen.'

Doch die neuen Herren befahlen den Sklaven, überall und zu jeder Stunde das Lob vom brennenden Dornbusch zu singen. In den Finsternissen hörte man sie singen: ,Heller als je vorher leuchtet uns das Licht'; sie bebten vor Kälte, doch sie sangen: 'Uns wärmt des Dornbuschs ewiges Feuer.'

Die neuen Schergen der neuen Herren gingen aus, jene auszurotten, die die Wahrheit sagten, die Namen jener in Schande auszulöschen, die davon sprachen, aufs neue zu beginnen. Doch so viele sie ihrer auch töteten, sie konnten die Hoffnung nicht vernichten, die alt ist wie die Trauer und jung wie die Morgendämmerung.

Es gibt einen anderen Dornbusch, man muß ihn suchen — verkünden die geheimen Stimmen jener, denen die Schergen der alten und der neuen Herren auf den Fersen sind — und finden wir ihn nicht, so werden wir ihn pflanzen.

Gesegnet seien, die so sprechen. Daß doch die steinigen Wege ihren Füßen nicht zu hart werden und ihr Mut nicht geringer als unser Jammer."

So sprach der Fremde, ehe er uns wieder verließ. Wir versuchten, ihn schnell zu vergessen, ihn und den bittern Geschmack seiner Hoffnung, Wir waren müde des ewigen Anfangs.

Manès Sperber

ANMERKUNG

[1]Text von Manès Sperber, Wie eine Träne im Ozean, Roman-Trilogie, DTV, München 1980; S. 9f

Drucknachweise

Aufgehoben in der Arche des Textes in: Heimatschichten Anthropologische Grundlegung eines Weltverhaeltnisses, Joachim Klose Hrsg. Springer VS Wiesbaden 2013

Wien – Geschichte einer Taeuschung in: Illa Meisels Erinnerung der Herzen, Czernin Verlag Wien 2004

Bedingte Zeit. Dankwort anlaesslich der Verleihung der Ehrenmedallie in Silber der Stadt Wien im Wappensaal des Wieder Rathauses am Mitwoch den 22. Juni 2005

Traenen im Ozean – Manes Sperber im Spiegel der Zeit. In: Manes Sperber – Ein politischer Moralist. Wiener Jahrbuch fuer juedische Geschichte, Kultur und Museumswesen, hrg. Von Marcus G. Patka im Auftrag des Juedischen Museum der Stadt Wien, Bd. 7 2006/5767

Zeugendes Erinnern. In: Eveline Goodman-Thau (Hrg.) Das Eigene Erinnern. Gedenkkultur zwischen Rationalitaet und Normalitaet. Passagenverlag Wien 2007.

Das Eigene Erinnern – Zwiegespraech ohne Partner? In: Eveline Goodman-Thau (Hg.) Das Eigene Erinnern. Gedenkkultur zwischen Rationalitaet und Normalitaet. Passagenverlag Wien 2007.

Erinnerte Geschichte und Kollektives Gedaechtnis. Zur Frage des historischen Bewusstseins in Europa aus juedischer Sicht, Wien 2006

Furcht und Angst – Kulturkritische Betrachtungen nach Auschwitz, Muenchen 2008

Traum, Trauma und Trauer. In: Die Macht der Traeume. Antworten aus Philosophy, Psychoanalyse, Kultursoziologie und Medizin. Dieter Korczak (Hrg.) Ansanger Verlag, Kroenung, 2008

Ich bin weder Anfang noch Ende – Erinnern als Zeitluecke des Erfahrens, in: Marianne Leuzinger-Bohleber, Wolfdietrich Schmied-Kowaryik (Hrg.) „Gedenk und Vergiss – im Abschaum der Geschichte" Trauma und Erinnern. Hans Keilson zu Ehren, Tuebingen 2001

Monotheismus, Mystik und Memoria. In: Gesine Palmer (Hrg.) Fragen nach dem einen Gott. Die Monotheismusdebatte im Kontext (FEST/ Reihe: Religion und Aufklärung, Mohr Siebeck) Tübingen 2007.

Gesamtverzeichnis Verlag Edition AV

Anarchie ♦ Theorie ♦ Pädagogik ♦ Literatur ♦ Lyrik ♦ Theater ♦ Geschichte

Werner Abel & Enrico Hilbert ♦ Sie werden nicht durchkommen ♦ Deutsche an der Seite der Republik und der sozialen Revolution ♦ Band 1 ♦ 978-3-86841-112-6 ♦ 45,00 €

Werner Abel, Enrico Hilbert & Harald Wittstock ♦ Sie werden nicht durchkommen ♦ Deutsche an der Seite der Republik und der sozialen Revolution ♦ Band 2 ♦ Bilder und Materialien ♦ 978-3-86841-113-3 ♦ 24,50 €

Gwendolyn von Ambesser ♦ Die Ratten betreten das sinkende Schiff ♦ Das absurde Leben des jüdischen Schauspielers Leo Reuss ♦ 978-3-936049-47-3 ♦ 18,00 €

Gwendolyn von Ambesser ♦ Schaubudenzauber ♦ Geschichten und Geschichte eines legendären Kabaretts ♦ 978-3-936949-68-8 ♦ Preis 18,00 €

Gwendolyn von Ambesser ♦ Schauspieler fasst man nicht an! ♦ Eine Axel von Ambesser Biographie ♦ 978-3-86841-045-7 ♦ Preis 19,90 €

Allan Antliff ♦ Anarchie und Kunst ♦ Von der Pariser Kommune bis zum Fall der Berliner Mauer ♦ ISBN 978-3-86841-052-5 ♦ 18,00 €

Yair Auron ♦ Der Schmerz des Wissens ♦ Die Holocaust- und Genozid-Problematik im Unterricht ♦ ISBN 978-3-936049-55-8 ♦ 18,00 €

Autorinnenkollektiv ♦ Das Frauenkommunebuch ♦ Alltag zwischen Partriarchat und Utopie ♦ ISBN 978-3-86841-227-3 ♦ 24,50€

AutorInnenkollektiv ♦ Pueblo en Armas ♦ Bürgerkrieg und Revolution in Spanien (1936 – 1939) ♦ ISBN 978-3-86841-055-6 ♦ 10,00 €

Franz Barwich ♦ Das ist Syndikalismus ♦ Die Arbeiterbörsen des Syndikalismus ♦ ISBN 978-3-936049-38-1 ♦ 11,00 €

Anna-Maria Benz ♦ Freiheit oder Tod ♦ Harriet Tubman ♦ Afroamerikanische Freiheitskämpferin ♦ ISBN 978-3-86841-022-8 ♦ 18,00 €

Alexander Berkman ♦ Der bolschewistische Mythos. Tagebuch aus der russischen Revolution 1920 – 1922. ♦ ISBN 978-3-936049-31-2 ♦ 17,00 €

Wolfram Beyer (Hg.) ♦ Internationale der Kriegsdienstgegner/innen ♦ Beiträge zur Geschichte. Pazifismus - Antimilitarismus - Gewaltfreiheit ♦ ISBN 978-3-86841-187-4 ♦ 14,00 €

Bilkis Brahe ♦ Tragödien sind albern ♦ Frida Kahlo (1907-1954), eine mexikanische Malerin ♦ ISBN 978-3-936049-80-0 ♦ 16,00 €

Ralf Burnicki ♦ Anarchismus & Konsens. Gegen Repräsentation und Mehrheitsprinzip: Strukturen einer nichthierarchischen Demokratie ♦ ISBN 978-3-936049-08-4 ♦ 16,00 €

Ralf Burnicki ♦ Die Straßenreiniger von Teheran ♦ Lyrik ♦ ISBN 978-3-936049-41-1 ♦ 9,80 €

Ralf Burnicki ♦ Zahnweiß ♦ Kaufhaus-Poetry ♦ ISBN 978-3-936049-78-7 ♦ 9,80 €

Ralf Burnicki & Findus ◆ **Hoch lebe sie – die Anarchie!** ◆ Anarcho-Poetry ◆ ISBN 978-3-86841-102-7 ◆ 9,80 €

Rolf Cantzen ◆ **Mordskarma** ◆ Krimi ◆ ISBN 978-3-86841-103-4 ◆ 16,00 €

Cornelius Castoriadis ◆ **Autonomie oder Barbarei** ◆ Ausgewählte Schriften, Band 1 ◆ ISBN 978-3-936049-67-1 ◆ 17,00 €

Cornelius Castoriadis ◆ **Vom Sozialismus zur autonomen Gesellschaft** ◆ Über den Inhalt des Sozialismus ◆ Ausgewählte Schriften ◆ Band 2.1. ◆ ISBN 978-3-936049-88-6 ◆ 17,00 €

Cornelius Castoriadis ◆ **Vom Sozialismus zur autonomen Gesellschaft** ◆ Gesellschaftskritik und Politik nach Marx ◆ Ausgewählte Schriften ◆ Band 2.2. ◆ ISBN 978-3-86841-002-0 ◆ 17,00 €

Cornelius Castoriadis ◆ **Das imaginäre Element und die menschliche Schöpfung** ◆ Ausgewählte Schriften ◆ Band 3 ◆ ISBN 978-3-86841-035-8 ◆ 17,00 €

Cornelius Castoriadis ◆ **Philosophie, Demokratie, Poiesis** ◆ Ausgewählte Schriften ◆ Band 4. ◆ ISBN 978-3-86841-063-1 ◆ 17,00 €

Cornelius Castoriadis ◆ **Psychische Monade und autonomes Subjekt** ◆ Ausgewählte Schriften ◆ Band 5 ◆ ISBN 978-3-86841-081-5 ◆ 17,00 €

Cornelius Castoriadis ◆ **Kapitalismus als imaginäre Institution** ◆ Ausgewählte Schriften ◆ Band 6 ◆ ISBN 978-3-86841-094-5 ◆ 17,00 €

Cornelius Castoriadis ◆ **Ungarn 56 – Die ungarische Revolution** ◆ Ausgewählte Schriften ◆ Band 7 ◆ ISBN 978-3-86841-178-8 ◆ 16,00 €

Katja Cronauer ◆ **Kommunizieren, organisieren und mobilisieren über E-Mail Listen** ◆ Handbuch für AktivistInnen ◆ ISBN 978-3-86841-010-5 ◆ 11,80 €

Roman Danyluk ◆ **Freiheit und Gerechtigkeit** ◆ Die Geschichte der Ukraine aus libertärer Sicht ◆ ISBN 978-3-86841-029-7 ◆ 11,00 €

Roman Danyluk ◆ **Befreiung und soziale Emanzipation** ◆ Rätebewegung, Arbeiterautonomie und Syndikalismus ◆ ISBN 978-3-86841-065-5 ◆ 18,00 €

Roman Danyluk ◆ **Partisanen und Milizen** ◆ Zum Verhältnis von Gewalt und Emanzipation ◆ ISBN 978-3-86841-100-3 ◆ 18,00 €

Roman Danyluk ◆ **Kiew: Unabhängigkeitsplatz** ◆ Verlauf und Hintergründe der Bewegung auf dem Majdan ◆ ISBN 978-3-86841-105-6 ◆ 14,00 €

Hans Jürgen Degen ◆ **Die Wiederkehr der Anarchisten** ◆ Anarchistische Versuche 1945-1970 ◆ ISBN 978-3-86841-015-0 ◆ 24,50 €

Hans Jürgen Degen ◆ **„... den rostigen Tod einer Maschine."** ◆ Vom Unfug des Staates ◆ Streitschrift ◆ ISBN 978-3-86841-049-5 ◆ 14,00 €

Hans Jürgen Degen ◆ **„Das Paradies ist offen."** ◆ Über das Elend des Individuums ◆ Streitschrift ◆ ISBN 978-3-86841-048-5 ◆ 10,00 €

Hans Jürgen Degen ◆ **„... aller Laster Anfang."** ◆ Über die Freiheit ◆ Streitschrift ◆ ISBN 978-3-86841-061-7 ◆ 14,00 €

Hans Jürgen Degen ◆ **Kapitalismus in der Insolvenz** ◆ Über Kapitalismus ◆ Streitschrift ◆ ISBN 978-3-86841-071-6-7 ◆ 14,00 €

Pierre Dietz ♦ **Briefe aus der Deportation** ♦ Französischer Widerstand und der Weg nach Auschwitz ♦ ISBN 978-3-86841-042-6 ♦ 16,00 €

Pierre Dietz ♦ **Das Geister-Festungsfest** ♦ Roman ♦ ISBN 978-3-86841-077-8 ♦ 16,00 €

Jane Doe ♦ **Die andere Farm der Tiere** ♦ Roman ♦ ISBN 978-3-936049-94-7 ♦ 16,00 €

Helge Döhring ♦ **Anarcho-Syndikalismus** ♦ Einführung in die Theorie und Geschichte einer internationalen sozialistischen Arbeiterbewegung ♦ 978-3-86841-143-0 ♦ 16,00 €

Helge Döhring ♦ **Syndikalismus in Deutschland 1914-1918** ♦ „Im Herzen der Bestie" ♦ ISBN 978-3-86841-083-9 ♦ 17,00 €

Helge Döhring ♦ **Syndikalismus im „Ländle"** ♦ Die Freie Arbeiter-Union Deutschlands (FAUD) in Würtemberg 1918 – 1933) ♦ ISBN 978-3-936049-59-6 ♦ 16,00 €

Helge Döhring ♦ **Damit in Bayern Frühling werde!** ♦ Die syndikalistischer Arbeiterbewegung in Südbayern von 1914 bis 1933 ♦ ISBN 978-3-936049-84-8 ♦ 17,00 €

Helge Döhring & Martin Veith ♦ **Eine Revolution für die Anarchie** ♦ Zur Geschichte des Anarcho-Syndikalistischen Jugend **& Aus den Trümmern empor** ♦ Anarcho-Syndikalismus in Württemberg ♦ ISBN 978-3-86841-005-1 ♦ 22,00 €

Helge Döhring (Hg.) ♦ **Generalstreik** ♦ Streiktheorien und -diskussionen innerhalb der deutschen Sozialdemokratie vor 1914 ♦ ISBN 978-3-86841-019-8 ♦ 14,00 €

Helge Döhring ♦ **Schwarze Scharen** ♦ Die anarcho-syndikalistische Arbeiterwehr (1929 – 1933) ♦ ISBN 978-3-86841-054-9 ♦ 14,90 €

Helge Döhring ♦ **Mutige Kämpfergestalten** ♦ Syndikalismus in Schlesien 1918 – 1930 ♦ ISBN 978-3-86841-064-8 ♦ 12,00 €

Sam Dolgoff ♦ **Anarchistische Fragmente** ♦ Memoiren eines amerikanischen Anarchosyndikalisten ♦ ISBN 978-3-86841-501 ♦ 16,00 €

Wolfgang Eckhardt ♦ **Von der Dresdner Mairevolte zur Ersten Internationalen** ♦ Untersuchungen zu Leben und Werk Michail Bakunins ♦ ISBN 978-3-936049-53-4 ♦ 14,00 €

Sarah Endsee ♦ **Der Tag dazwischen** ♦ Kriminalroman ♦ 978-3-86841-148-5 ♦ 18,00 €

Michael Englishman ♦ **laut und klar** ♦ Aus der Asche des Holocaust ♦ 978-3-86841-147-8 ♦ 14,00 €

FAU Mannheim (Hrsg.) ♦ **Mannheims „andere" Arbeiterbewegung** ♦ Beispiele eines lokalen Arbeiterradikalismus ♦ ISBN 978-3-86841-108-9 ♦ 14,80 €

Sébastien Faure ♦ **Die Anarchistische Synthese und andere Texte** ♦ Herausgegeben, bearbeitet und mit Annotationen versehen von Jochen Knoblauch ♦ ISBN 978-3-936049-85-5 ♦ 10,00 €

FAU-Bremen ♦ **Die CNT als Vortrupp des internationalen Anarcho-Syndikalismus** ♦ Die Spanische Revolution 1936 – Nachbetrachtung und Biographien ♦ 978-3-936049-69-5 ♦ 14,00 €

Lutz Finkeldey ♦ **Denkwerkzeuge zum soziokulturellen Verstehen** ♦ ISBN 978-3-86841-099-0 ♦ 12,00 €

Lutz Finkeldey ♦ **Im Kino der Gesellschaft** ♦ Eine soziologische Skizze zwischen Wirklichkeit und Wahrheit ♦ ISBN 978-3-86841-154-6 ♦ 18,00 €

Lutz Finkeldey ♦ **Zum Beispiel** ♦ Biographisches Verstehen in soziokulturellen Lebenswelten ♦ ISBN 978-3-86841-204-8 ♦ 17,00 €

Francisco Ferrer ♦ **Die Moderne Schule** ♦ Herausgegeben und kommentiert von Ulrich Klemm ♦ ISBN 978-3-936049-21-3 ♦ 17,50 €

Ursula Frost, Johannes Waßmer & Hans-Joachim Werner (Hrsg.) ♦ **Dialog und Konflikt** ♦ Das dialogische Prinzip in Philosophie, Religion und Gesellschaft ♦ ISBN 978-3-86841-205 ♦ 19,90 €

Louis Gill ♦ **George Orwell** ♦ Vom Spanischen Bürgerkrieg zu 1984 ♦ ISBN 978-3-86841-066-2 ♦ 16,00 €

Günter Gerstenberg & Cornelia Naumann ♦ **Steckbriefe gegen gegen Eisner, Kurt und Genossen wegen Landesverrates** ♦ Ein Lesebuch über Münchner Revolutionärinnen und Revolutionäre im Januar 1918 ♦ ISBN 978-3-86841-173-7 ♦ 24,90 €

William Godwin ♦ **Caleb Williams oder Die Dinge wie sie sind** ♦ Historischer Roman (Libertäre Bibliothek 1) ♦ ISBN 978-3-936049-86-2 ♦ 19,00 €

Moritz Grasenack ♦ **Spitznamen in Montevarese** ♦ Eine interdisziplinäre Untersuchung im Spannungsfeld von Autorität, Gewalt und Rebellion in Namensgebung und Alltag eines kalabresischen Dorfes) ♦ ISBN 978-3-86841-084-6 ♦ 24,50 €

Moritz Grasenack (Hg.) ♦ **Die libertäre Psychotherapie von Friedrich Liebling** ♦ Eine Einführung in seine Großgruppentherapie anhand wortgetreuer Abschriften von Therapiesitzungen ♦ Mit Original-Tondokument und Video auf CD-ROM ♦ ISBN 978-3-936049-51-0 ♦ 24,90 €

Marijana Gršak, Ulrike Reimann & Kathrin Franke ♦ **Frauen und Frauenorganisationen im Widerstand** ♦ In Kroatien, Bosnien und Serbien ♦ ISBN 978-3-936049-57-2 ♦ 17,00 €

Stefan Gurtner ♦ **Die Straßenkinder von Tres Soles** ♦ Von zerstörten Kindheiten, Selbstorganisation und einem Theater der Unterdrückten in Bolivien ♦ inkl. einer DVD ♦ 978-3-936049-79-4 ♦ 18,00 €

Stefan Gurtner ♦ **Das grüne Weizenkorn** ♦ Eine Parabel aus Bolivien ♦ Jugendbuch ♦ ISBN 978-3-936049-40-4 ♦ 11,80 €

Stefan Gurtner ♦ **Die Abenteuer des Soldaten Milchgesicht** ♦ Historischer Roman ♦ ISBN 978-3-936049-62-6 ♦ 14,00 €

Stefan Gurtner ♦ **Der verkaufte Fluss** ♦ Freilichtspiel ♦ ISBN 978-3-86841-018-1 ♦ 11,80 €

Stefan Gurtner ♦ **Guttentag** ♦ Das Leben des jüdischen Verlegers Werner Guttentag zwischen Deutschland und Bolivien ♦ ISBN 978-3-86841-069-3 ♦ 24,50 €

Stefan Gurtner & Andreas W. Hohmann ♦ **Werner Guttentag** ♦ Leben - Wirken - Zeitgeschehen ♦ ISBN 978-3-86841-183-4 ♦ 14,00 €

Michael Halfbrodt ♦ **entscheiden & tun. drinnen & draußen.** ♦ Lyrik ♦ ISBN 978-3-936049-10-7 ♦ 9,80 €

Frank Harris ♦ **Die Bombe** ♦ Roman ♦ ISBN 978-3-86841-053-2 ♦ 14,00 €

Wolfgang Haug & Michael Wilk ♦ **Herrschaftsfrei statt populistisch** ♦ Aspekte anarchistischer Gesellschaftskritik ♦ ISBN 978-3-86841-207-9 ♦ 12,00 €

Gorden Hill ♦ **Fünf Jahrhunderte indigener Widerstand** ♦ Roman ♦ ISBN 978-3-86841-011-2 ♦ 9,80 €

Gorden Hill ♦ **Indigener Widerstand** ♦ Comic ♦ ISBN 978-3-86841-085-3, ♦ 14,00 €

Gorden Hill ♦ **Antikapitalistischer Widerstand** ♦ Comic ♦ ISBN 978-3-86841-104-1, ♦ 14,00 €

Andreas W. Hohmann (Hg.) ♦ **ehern, tapfer, vergessen.** ♦ Die unbekannte Internationale♦ ISBN 978-3-86841-093-8♦ 18,00 €

Andreas W. Hohmann & Jürgen Mümken (Hgg.) ♦ **Kischenew.** Das Pogrom 1903 ♦ ISBN 978-3-86841-123-2♦ 16,00 €

Mathieu Houle-Courcelles ♦ **Auf den Spuren des Anarchismus in Quebec (1860-1960)** ♦ ISBN 978-3-86841-051-8 ♦ 16,00 €

Maria Regina Jünemann ♦ **Die Anarchistin** ♦ Historischer Roman ♦ ISBN 978-3-936049-92-3 ♦ 14,00 €

Oskar Kanehl ♦ **Kein Mensch hat das Recht, für Ruhe und Ordnung zu sorgen** ♦ herausgegeben von Wolfgang Haug ♦ 978-3-86841-146-1 ♦ 18,00 €

Ernst Kaufmann ♦ **Wiener Herz am Sternenbanner** ♦ Bruno Granichstaedten ♦ Stationen eines Lebens ♦ ISBN 978-3-86841-096-9 ♦ 18,90 €

Fred Kautz ♦ **Weh der Lüge! Sie befreiet nicht...!** ♦ Der Umgang mit der NS-Vergangenheit im 'Stadtlexikon Darmstadt' ♦ Ein deutsches Beispiel ♦ ISBN 978-3-936049-95-4 ♦ 16,00 €

Fred Kautz ♦ **Die Holocaust-Forschung im Sperrfeuer der Flakhelfer** ♦ Vom befangenen Blick deutscher Historiker aus der Kriegsgeneration ♦ ISBN 978-3-936049-09-1 ♦ 14,00 €

Fred Kautz ♦ **Im Glashaus der Zeitgeschichte** ♦ Von der Suche der Deutschen nach einer passenden Vergangenheit ♦ ISBN 978-3-936049-34-3 ♦ 12,50 €

Philippe Kellermann (Hgg.) ♦ **Die Verfolgung des Anarchismus in Sowjetrussland** ♦ 1918-1922 ♦ ISBN 978-3-86841-184-3 ♦ 17,00 €

Philippe Kellermann ♦ **Marxistische Geschichtslosigkeit** ♦ Von Verdrängung, Unwissenheit und Denunziation: Die (Nicht-)Rezeption des Anarchismus im zeitgenössischen Marxismus ♦ ISBN 978-3-86841-060-0 ♦ 19,50 €

Philippe Kellermann ♦ **Anarchismusreflexionen** ♦ Zur kritischen Sichtung des anarchistischen Erbes ♦ ISBN 978-3-86841-082-2 ♦ 17,00 €

Philippe Kellermann (Hg.) ♦ **Anarchismus und Geschlechterverhältnis** ♦ Band 1 ♦ 978-3-86841-139-3 ♦ 16,00 €

David Kessel ♦ **Außenseitergedichte** ♦ Lyrik ♦ ISBN 978-3-936049-77-0 ♦ 9,80 €

Michaela Kilian ♦ **Keine Freiheit ohne Gleichheit** ♦ Louise Michel (1830 – 1905), Anarchistin, Schriftstellerin, Ethnologien, libertäre Pädagogin ♦ 978-3-936049-93-0 ♦ 17,00 €

Michaela Kilian ♦ **Entlarvte Illusionen** ♦ Marina Iwanowna Zwetajewa (1892 – 1941) ♦ 978-3-86841-044-0 ♦ 19,50 €

Ulrich Klemm ♦ **Bildung ohne Zwang** ♦ Texte zur Geschichte der anarchistischen Pädagogik ♦ 978-3-86841-037-2 ♦ 16,00 €

Ulrich Klemm ♦ **Mythos Schule** ♦ Warum Bildung entschult und entstaatlicht werden muss ♦ Eine Streitschrift ♦ 978-3-86841-003-7 ♦ 11,80 €

Ulrich Klemm ♦ **Anarchisten als Pädagogen** ♦ Profile libertärer Pädagogik ♦ ISBN 978-3-936049-05-3 ♦ 9,00 €

Ulrich Klemm ♦ **Freiheit & Anarchie** ♦ Eine Einführung in den Anarchismus ♦ ISBN 978-3-936049-49-7 ♦ 9,80 €

Rachel Kochawi ♦ **Die Blut-Braut** ♦ Eine politische Liebesgeschichte ♦ Roman ♦ ISBN 978-3-936049-89-3 ♦ 16,00 €

Rachel Kochawi ♦ **Nakajima** ♦ Eine Erzählung ♦ inkl. DVD „Das 23. Jahr" ♦ ISBN 978-3-86841-007-5 ♦ 16,00 €

Rachel Kochawi ♦ **Das Brot der Armut** ♦ Die Geschichte eines versteckten jüdischen Kindes ♦ ISBN 978-3-86841-034+1 ♦ 18,00 €

Norbert „Knofo" Kröcher ♦ ... warum mir die Linke ♦ Knieschüsse oder Die Kritik als Waffe ♦ ISBN 978-3-86841-080-8 ♦ 12,00 €

Andreas Losch, Thomas Reichert, Johannes Waßmer (Hg.) ♦ **Alles in der Schrift ist echte Gesprochenheit** ♦ Martin Buber-Studien ♦ Band 2 ♦ ISBN 978-3-86841-117-1 ♦ 19,90 €

Gustav Landauer ♦ **Internationalismus** ♦ Ausgewählte Schriften ♦ Band 1 Herausgegeben von Siegbert Wolf ♦ ISBN 978-3-936049-89-3 ♦ 18,00 €

Gustav Landauer ♦ **Anarchismus** ♦ Ausgewählte Schriften ♦ Band 2 ♦ ISBN 978-3-86841-012-9 ♦ 18,00 €

Gustav Landauer ♦ **Antipolitik** ♦ Ausgewählte Schriften ♦ Band 3.1 ♦ ISBN 978-3-86841-31-0 ♦ 18,00 €

Gustav Landauer ♦ **Antipolitik** ♦ Ausgewählte Schriften ♦ Band 3.2 ♦ ISBN 978-3-86841-36-5 ♦ 18,00 €

Gustav Landauer ♦ **Nation, Krieg und Revolution** ♦ Ausgewählte Schriften ♦ Band 4 ♦ ISBN 978-3-86841-046-4 ♦ 18,00 €

Gustav Landauer ♦ **Philosophie und Judentum** ♦ Ausgewählte Schriften ♦ Band 5 ♦ ISBN 978-3-86841-068-6 ♦ 22,00 €

Gustav Landauer ♦ **Literatur** ♦ Ausgewählte Schriften ♦ Band 6.1 ♦ ISBN 978-3-86841-090-7 ♦ 18,00 €

Gustav Landauer ♦ **Literatur** ♦ Ausgewählte Schriften ♦ Band 6.2 ♦ ISBN 978-3-86841-091-4 ♦ 18,00 €

Gustav Landauer ♦ **Skepsis und Mystik** ♦ Ausgewählte Schriften ♦ Band 7 ♦ ISBN 978-3-86841-059-4 ♦ 18,00 €

Gustav Landauer ♦ **Wortartist** ♦ Ausgewählte Schriften ♦ Band 8 ♦ ISBN 978-3-86841-101-0 ♦ 18,00 €

Gustav Landauer ♦ **Aufruf zum Sozialismus** ♦ Ausgewählte Schriften ♦ Band 11 ♦ ISBN 978-3-86841-133-1 ♦ 18,00 €

Gustav Landauer ♦ **Friedrich Hölderlin in seinen Gedichten** ♦ Ausgewählte Schriften ♦ Band 12 ♦ ISBN 978-3-86841-152-2 ♦ 18,00 €

Gustav Landauer ♦ **Die Revolution** ♦ Ausgewählte Schriften ♦ Band 13 ♦ ISBN 978-3-86841-168-3 ♦ 18,00 €

Gustav Landauer ♦ **Ein Weg zur Befreiung der Arbeiter-Klasse** ♦ Ausgewählte Schriften ♦ Band 14 ♦ ISBN 978-3-86841-194-2 ♦ 18,00 €

Tilman Leder ♦ **Die Politik eines „Antipolitikers"** ♦ Eine politische Biographie Gustav Landauers ♦ ISBN 978-3-86841-098-3 ♦ 49,90 €

Samuel Lewin ♦ **Dämonen des Blutes** ♦ Eine Vision ♦ ISBN 978-3-86841-079-2 ♦ 12,00 €

Andreas Losch, Thomas Reichert, Johannes Waßmer (Hgg.) ♦ **Alles in der Schrift ist echte Gesprochenheit** ♦ Martin Buber-Studien ♦ Band 2 ♦ ISBN 978-3-86841-117-1 ♦ 19,90 €

Albert Londres ♦ **Die Flucht aus der Hölle** ♦ ISBN 978-3-86841-038-9 ♦ 12,00

Miriam Magall ♦ **Kindheit in Ägypten** ♦ Roman ♦ ISBN 978-3-86841-111-9 ♦ 18,00 €

Miriam Magall ♦ **Auf dem Obasute-Yama** ♦ oder: Verwirf' mich nicht in meinem Alter! ♦ Roman ♦ ISBN 978-3-86841-097-6 ♦ 19,50 €

Miriam Magall ♦ **O, Deutschland! Deine Dichter und Denker** ♦ Wie deutsche Schriftsteller, Politiker und Kirchen Juden und Israel heute sehen ♦ ISBN 978-3-86841-150-8 ♦ 18,00 €

Subcomandante Marcos ♦ **Der Kalender des Widerstandes.** Zur Geschichte und Gegenwart Mexikos von unten ♦ ISBN 978-3-936049-24-4 ♦ 13,00 €

Mathias Mendyka ♦ **Libertäre Schulkritik und anarchistische Pädagogik** ♦ ISBN 978-3-86841-155-3 ♦ 14,00 €

Stefan Mozza ♦ **Abschiet** ♦ Roman ♦ ISBN 978-3-936049-50-3 ♦ 16,00 €

Jürgen Mümken; Freiheit, Individualität & Subjektivität. ♦ Staat und Subjekt in der Postmoderne aus anarchistischer Perspektive. ♦ ISBN 978-3-936049-12-1 ♦ 17,00 €

Jürgen Mümken ♦ **Anarchosyndikalismus an der Fulda.** ♦ ISBN 978-3-936049-36-7. ♦ 11,80 €

Jürgen Mümken (Hg.) ♦ **Anarchismus in der Postmoderne** ♦ Beiträge zur anarchistischen Theorie und Praxis ♦ ISBN 978-3-936049-37-4 ♦ 11,80 €

Jürgen Mümken ♦ **Kapitalismus und Wohnen** ♦ Ein Beitrag zu Geschichte der Wohnungspolitik im Spiegel kapitalistischer Entwicklungspolitik und sozialer Kämpfe ♦ ISBN 978-3-936049-64-0 ♦ 22,00 €

Jürgen Mümken ♦ **Die Ordnung des Raumes** ♦ Foucault, Bio-Macht und die Transformation des Raumes in der Moderne ♦ ISBN 978-3-86841-070-9 ♦ 16,00 €

Jürgen Mümken / Siegbert Wolf ♦ **„Antisemit, das geht nicht unter Menschen"** ♦ Anarchistische Positionen zu Antisemitismus, Zionismus und Israel ♦ Band 1: Von Proudhon bis zur Staatsgründung ♦ ISBN 978-3-86841-088-4 ♦ 18,00 €

Jürgen Mümken / Siegbert Wolf ♦ **„Antisemit, das geht nicht unter Menschen"** ♦ Anarchistische Positionen zu Antisemitismus, Zionismus und Israel ♦ Band 2: Von der Staatsgründung bis heute ♦ ISBN 978-3-86841-118-8 ♦ 18,00 €

Cornelia Naumann / Günther Gerstenberg ♦ **Steckbriefe** ♦ gegen Eisner, Kurt und Genossen wegen Landesverrates ♦ ISBN 978-3-86841-173-7 ♦ 24,90 €

Cornelia Naumann ♦ **Ich hoffe noch, dass aller Menschen Glück nahe sein muss** ♦ Fragmente eines revolutionären Lebens ♦ ISBN 978-3-86841-190-4 ♦ 19,90 €

Ernest Nyborg ♦ **Lena Halberg – Paria 97** ♦ Thriller ♦ ISBN 978-3-86841-125-6 ♦ 14,50 €

Ernest Nyborg ♦ **Lena Halberg – New York 01** ♦ Thriller ♦ ISBN 978-3-86841-128-7 ♦ 14,50 €

Ernest Nyborg ♦ **Lena Halberg – London 05** ♦ Thriller ♦ ISBN 978-3-86841-130-0 ♦ 14,50 €

Wolfgang Nacken ♦ **auf'm Flur** ♦ Roman ♦ ISBN 978-3-936049-28-2 ♦ 11,80 €

Stefan Paulus ♦ **Zur Kritik von Kapital und Staat in der kapitalistischen Globalisierung** ♦ ISBN 978-3-936049-16-9 ♦ 11,00 €

Abel Paz & die Spanische Revolution ♦ Bernd Drücke, Luz Kerkeling, Martin Baxmeyer (Hgg.) ♦ Interviews und Vorschläge ♦ 978-3-936049-33-6 ♦ 11,00 €

Abel Paz ♦ Feigenkakteen und Skorpione ♦ Eine Biographie (1921 – 1936) ♦ 978-3-936049-87-9 ♦ 14,00 €

Abel Paz ♦ Anarchist mit Don Quichottes Idealen ♦ Innenansichten aus der Spanischen Revolution ♦ Eine Biographie (1926 – 1939) ♦ 978-3-936049-97-8 ♦ 16,00 €

Abel Paz ♦ Im Nebel der Niederlage ♦ Vertreibung und Flucht ♦ Eine Biographie (1939 – 1942) ♦ 978-3-86841-016-7 ♦ 16,00 €

Abel Paz ♦ Am Fuß der Mauer ♦ Widerstand und Gefängnis ♦ Eine Biographie (1942 – 1954) ♦ 978-3-86841-033-4 ♦ 19,50 €

Alfons Paquet ♦ Kamerad Fleming ♦ Ein Roman über die Ferrer-Unruhen ♦ ISBN 978-3-936049-32-9 ♦ 17,00 €

Benjamin Péret ♦ Von diesem Brot esse ich nicht ♦ Sehr böse Gedichte ♦ ISBN 978-3-936049-20-6 ♦ 9,00 €

Oliver Piecha ♦ Roaring Frankfurt ♦ Ein kleines Panorama der Frankfurter Vergnügungsindustrie in der Weimarer Republik ♦ ISBN 978-3-936049-48-0 ♦ 17,00 €

Pierre J. Proudhon ♦ Die Bekenntnisse eines Revolutionärs. ♦ ISBN 978-3-9806407-4-9 ♦ 12,45 €

Èmile Pouget ♦ Die Revolution ist Alltagssache ♦ Schriften zur Theorie und Praxis des revolutionären Syndikalismus ♦ ISBN 978-3-86841-105-8 ♦ 18,00 €

Jean-Bernard Pouy ♦ Mord im Paradis der Nackten ♦ Krimi ♦ ISBN 978-3-86841-017-4 ♦ 16,00 €

Manja Präkels ♦ Tresenlieder ♦ Gedichte ♦ ISBN 978-3-936049-23-7 ♦ 10,80 €

Michel Ragon ♦ Das Gedächtnis der Besiegten ♦ Roman ♦ ISBN 978-3-936049-66-4 ♦ 24,80 €

Michel Ragon ♦ Georges & Louise ♦ Der Vendeer und die Anarchistin ♦ Roman ♦ ISBN 978-3-86841-001-3 ♦ 16,00 €

Heinz Ratz ♦ Taumel ist mein Leben ♦ Gedichte ♦ ISBN 978-3-86841-181-2 ♦ 10,00 €

Heinz Ratz ♦ Der Mann, der stehen blieb ♦ 30 monströse Geschichten ♦ ISBN 978- 3-936049-45 9 ♦ 18,00 €

Heinz Ratz ♦ Tourgeschichten ♦ ISBN 978-3-936049-74-9 ♦ 16,00 €

Heinz Ratz ♦ ...um da zu sein für Deine Widerstände ♦ Ein lyrisches Trotz-, Trost-, Liebes- und Beziehungskarusell ♦ 978-3-86841-028-0 ♦ 12,00 €

Heinz Ratz ♦ Die Rabenstadt ♦ Ein Poem ♦ ISBN 978-3-936049-27-5 ♦ 11,80 €

Heinz Ratz ♦ Apokalyptische Lieder ♦ Gedichte ♦ ISBN 978-3-936049-22-0 ♦ 11,00 €

Heinz Ratz ♦ Hitlers letzte Rede ♦ Satire ♦ ISBN 978-3-936049-17-6 ♦ 9,00 €

Elisée Reclus ♦ Geschichte eines Berges ♦ Prosa ♦ ISBN 978-3-86841-087-7 ♦ 16,00 €

Ela Rojas ♦ Einer dieser chilenischen Tage ♦ Roman ♦ ISBN 978-3-86841-032-7 ♦ 14,00 €

Thomas Reichert, Meike Siegfried, Johannes Waßmer (Hgg.) ♦ Martin Buber: Neu gelesen ♦ Band 1 ♦ ISBN 978-3-86841-075-4 ♦ 19,90 €

Günter Rücker ♦ **Das Karbit-Kommando** ♦ Edelweißpiraten gegen Miesmolche ♦ Comic ♦ ISBN 978-3-86841-142-3 ♦ 14,00 €

Han Ryner ♦ **Nelti** ♦ Roman ♦ ISBN 978-3-86841-006-8 ♦ 14,00 €

Renate Sattler ♦ **Risse im Gesicht** ♦ Roman ♦ ISBN 978-3-86841-157-7 ♦ 16,00 €

Walter Schiffer & Thomas Reichert ♦ **Rückbesinnung und Umkehr** ♦ Zur Bedeutung der jüdischen Tradition bei Martin Buber und Aharon Appelfeld ♦ ISBN 978-3-86841-086-0 ♦ 11,80 €

Walter Schiffer ♦ **Das Andenken verlängern** ♦ Grabsteininschriften der jüdischen Displaced Persons auf dem Zentralfriedhof in Bergen-Belsen ♦ ISBN 978-3-86841-185-0 ♦ 11,80 €

Birgit Schmidt ♦ **Das höchste Ehrgeizideal war, für die Freiheit gehängt zu werden** ♦ Russische Revolutionärinnen ♦ ISBN 978-3-86841-013-6 ♦ 11,80 €

Birgit Schmidt ♦ **Andere Wege: Zwischen Surrealismus, Avantgarde und Rebellion** ♦ Künstlerinnen und Wissenschaftlerinnen in Mexiko ♦ ISBN 978-3-86841-041-9 ♦ 11,80 €

Birgit Schmidt ♦ **Wer war Ruth Oesterreich?** ♦ Auf den Spuren einer vergessenen Sozialistin ♦ ISBN 978-3-86841-058-7 ♦ 11,80 €

Birgit Seemann ♦ **Mit den Besiegten** ♦ Hedwig Lachmann (1865-1918), Deutsch-jüdische Schriftstellerin und Antimilitaristin ♦ ISBN 978-3-86841-073-0 ♦ 16,00 €

Birgit Seemann ♦ **Ein „FEATHER WEIGHT CHAMPION CASSIUS CLAY".** ♦ Eleonore Sterling (1925–1968). ♦ Deutsch-jüdische Kämpferin gegen Antisemitismus und Rechtsextremismus ♦ ISBN 978-3-86841-078-5 ♦ 18,00 €

Massoud Shirbarghan ♦ **Die Nacht der Heuschrecken** ♦ Roman aus Afghanistan ♦ ISBN 978-3-936049-30-5 ♦ 11,80 €

Syfo ♦ **Forschung & Bewegung** ♦ Magazin ♦ 10,00 €

Nivi Shinar-Zamir ♦ **ABC der Demokratie** ♦ Demokratie-Erziehung für Kinder vom Kindergarten bis zur 6. Klasse ♦ 978-3-936049-61-9 ♦ 29,80 €

Augustin Souchy ♦ **Bei den Landarbeitern von Aragon** ♦ Der freiheitliche Kommunismus in den befreiten Gebieten ♦ ISBN 978-3-86841-067-9 ♦ 11,00 €

Augustin Souchy ♦ **Die tragische Woche im Mai 1937** ♦ ISBN 978-3-86841-164-5 ♦ 16,00 €

Sulamith Sparre ♦ **Eine Frau jenseits des Schweigens** ♦ Die Komponistin Fanny Mendelssohn- Hensel ♦ ISBN 978-3-936049-60-2 ♦ 12,00 €

Sulamith Sparre ♦ **Denken hat kein Geschlecht** ♦ Mary Wollstonecraft (1759 – 1797), Menschenrechtlerin ♦ ISBN 978-3-93604-70-1 ♦ 17,00 €

Sulamith Sparre ♦ **Rahel Levin Varnhagen** ♦ Salonière, Aufklärerin, Selbstdenkerin, romantische Individualistin, Jüdin ♦ ISBN 978-3-93604-76-3 ♦ 16,00 €

Sulamith Sparre ♦ **Das Herz eines Caesar im Busen einer Frau** ♦ Artemisia Gentileschi (1593-1654), Malerin ♦ ISBN 978-3-86841-000-6 ♦ 16,00 €

Sulamith Sparre ♦ **Aber Göttlich und Außerordentlich reimt sich** ♦ Bettine von Arnim (1785 – 1859), Muse, Schriftstellerin, politische Publizistin ♦ ISBN 978-3-86841-009-9 ♦ 17,00 €

Sulamith Sparre ♦ **Man sagt, ich sei ein Egoist. Ich bin eine Kämpferin** ♦ Dame Ethel Mary Smyth (1858-1944), Komponistin, Dirigentin, Schriftstellerin, Suffragette ♦ ISBN 978-3-86841-038-9 ♦ 17,00 €

Sulamith Sparre ♦ **Hier bin ich, die Wegweiserin** ♦ Flora Tristan (1803-1844), Sozialistin, Feministin, Schriftstellerin ♦ ISBN 978-3-86841-074-7 ♦ 19,50 €

Sulamith Sparre ♦ **La Liberté – die Freiheit ist eine Frau** ♦ Der Kampf der Frauen um ihre Bürger- und Menschenrechte in der Französischen Revolution ♦ ISBN 978-3-86841-163-8 ♦ 24,50 €

Sulamith Sparre ♦ **Es gibt ein Gedicht, das ist ein Ungedicht** ♦ Netti Boleslaw und Tuvia Rüber: Schreiben im Schatten von Auschwitz ♦ ISBN 978-3-86841-188-1 ♦ 16,00 €

Oliver Steinke ♦ **Füchse der Ramblas** ♦ Historischer Roman ♦ ISBN 978-3-936049-46-6 ♦ 14,00 €

Valentin Tschepego (Hg.) ♦ **Machno – Zeugnisse einer Bewegung** ♦ Von Freund und Feind ♦ ISBN 978-3-86841-095-1 ♦ 11,90 €

Valentin Tschepego (Hg.) ♦ **Machno – Zeugnisse einer Bewegung** ♦ Aus Machnos Feder ♦ ISBN 978-3-86841-159-1 ♦ 12,00 €

Leo Tolstoi ♦ **Libertäre Volksbildung** ♦ Herausgegeben und kommentiert von Ulrich Klemm ♦ ISBN 978-3-936049-35-0 ♦ 14,00 €

Rubén Trejo ♦ **Magonismus** ♦ Utopie und Praxis in der Mexikanischen Revolution 1910 – 1913 ♦ ISBN 978-3-936049-65-7 ♦ 17,00 €

Martin Veith ♦ **Unbeugsam** ♦ Ein Pionier des rumänischen Anarchismus – Panait Musoiu ♦ ISBN 978-3-86841-076-1 ♦ 19,90 €

Rodrigo Vescovi ♦ **Edelmütige Banditen** ♦ Comic ♦ ISBN 978-3-86841-181-2 ♦ 19,90 €

Kurt Wafner ♦ **Ausgeschert aus Reih' und Glied** ♦ Mein Leben als Bücherfreund und Anarchist ♦ Autobiographie ♦ ISBN 978-3-9806407-8-7 ♦ 14,90 €

Kurt Wafner ♦ **Ich bin Klabund. Macht Gebrauch davon!** ♦ Biographie ♦ ISBN 978-3-936049-19-0 ♦ 10,80 €

Ruth Weiss ♦ **Der Aufstieg** ♦ Roman ♦ ISBN 978-3-86841-169-0 ♦ 16,00 €

Ruth Weiss ♦ **Der Niedergang** ♦ Roman ♦ ISBN 978-3-86841-170-6 ♦ 16,00 €

Ruth Weiss ♦ **Schwere Prüfung** ♦ Roman ♦ ISBN 978-3-86841-171-3 ♦ 16,00 €

Ruth Weiss ♦ **Wege im harten Gras** ♦ Erinnerungen an Deutschland, Südafrika und England ♦ ISBN 978-3-86841-162-1 ♦ 18,00 €

Ruth Weiss ♦ **Zimbabwes Diktator** ♦ Die Perle, die den Glanz verlor ♦ ISBN 978-3-86841-175-1 ♦ 14,90 €

Friede Westerhold ♦ **Secha Tage Libeccio** ♦ Kriminalroman ♦ ISBN 978-3-86841-166-9 ♦ 16,00 €

Boff Whalley ♦ **Anmerkungen*** ♦ zu Chumbawamba und mehr ♦ ISBN 9787-3-86841-021-1 ♦ 18,00 €

Michael Wilk, Bern Sahler (Hgg.) ♦ **Strategische Einbindung** ♦ Von Mediationen, Schlichtungen, runden Tischen ... und wie Protestbewegungen manipuliert werden ♦ Beiträge wider die Beteiligung ♦ ISBN 9787-3-86841-095-2 ♦ 14,00 €

David H. T. Wong ♦ **Flucht zum Goldenen Berg** ♦ Comic ♦ ISBN 978-3-86841-144-7 ♦ 19,90 €

Lily Zográfou ♦ **Beruf: Porni [Hure]** ♦ Kurzgeschichten ♦ ISBN 9787-3-936049-71-0 ♦ 16,00 €

Lily Zográfou ♦ **Deine Frau, die Schlampe** ♦ Roman ♦ ISBN 9787-3-936049-83-1 ♦ 16,00 €

Lily Zográfou ♦ **Ein Aschenputtel mit fünfzig** ♦ Roman ♦ ISBN 9787-3-86841-014-3 ♦ 14,00 €

immer aktuell

www.edition-av.de